Datenbanken
Inhaltsverzeichnis

8	**Normalformen**	**72**
8.1	Einführung	72
8.2	Erste Normalform (1NF)	73
8.3	Zweite Normalform (2NF)	73
8.3.1	Wie kann man Spalten bestimmen, die Redundanzen enthalten?	74
8.3.2	Wie kann die Tabelle in die 2NF überführt werden?	76
8.4	Dritte Normalform (3NF)	77
8.4.1	Wie kann man Spalten bestimmen, die Redundanzen enthalten?	77
8.4.2	Wie kann die Tabelle in die 3NF überführt werden?	79
8.5	**NF-Anwendungsbeispiel Fehlerhafte ER-Modelle**	**80**
8.5.1	Die m:m-Beziehungen	80
8.5.2	Die 1:m-Beziehung	81
8.6	**NF-Anwendungsbeispiel Unnormalisierte Tabelle**	**82**
8.7	**Weitere Normalformen**	**85**
8.7.1	Boyce-Codd-Normalform (BCNF)	85
8.7.2	Vierte Normalform (4NF)	86
8.7.3	Fünfte Normalform (5NF)	89
8.8	**Fehler und Grenzen der Normalisierung**	**91**
8.8.1	Denormalisierung (Entität, aufgeteilt auf mehrere Tabellen)	91
8.8.2	Denormalisierung (Tabellen, die keiner Entität entsprechen)	91
8.8.3	Redundanzen, die nicht gefunden werden	93
9	**Phasen des DB-Entwurfs**	**94**
9.1	Arbeitsschritt 3: Integration und Abstimmung	95
9.2	Arbeitsschritt 6: Referenzielle Integrität	95
9.2.1	Referenzielle Integrität bei 1:m-Beziehungen	96
9.2.2	Referenzielle Integrität bei 1:1-Beziehungen	96
9.2.3	Referenzielle Integrität bei m:m- und Mehrfach-Beziehungen	97
9.2.4	Anwendungsregel für die referenzielle Integrität	97
9.2.5	Abweichungen von der Regel	98
9.3	Arbeitsschritt 7: Konsistenzbedingungen	99
9.4	Arbeitsschritt 9: Zugriffsanalyse	99
9.5	Arbeitsschritt 10: Zugriffsoptimierung	99
9.5.1	Heap-Datei	100
9.5.2	Hash-Verfahren	100
9.5.3	ISAM	101
9.5.4	B*-Baum	102
9.5.5	Sekundärindex	103
9.5.6	Die Qual der Wahl	104
10	**SQL**	**105**
10.1	**Grundlagen**	**105**
10.1.1	Eigenschaften von SQL	105
10.1.2	Erstes Beispiel	105
10.1.3	Aufgaben von SQL	106
10.1.4	SQL-Dialekte	106
10.1.5	MySQL	106
10.1.6	SQL-Werkzeug phpMyAdmin	107
10.1.7	QBE (Query By Example)	107
10.1.8	SQL-Befehlsdateien	107
10.2	**DB- und Tabellenstruktur**	**108**
10.2.1	Datenbankstruktur	108
10.2.2	Datentypen	108
10.2.3	Tabellenstruktur	109
10.3	**Benutzerverwaltung**	**109**
10.3.1	Zugriffsrechte	110
10.4	**Datenmanipulation**	**110**
10.5	**Abfragen auf einer Tabelle**	**111**
10.5.1	Eine Bedingung	112
10.5.2	Mehrere Bedingungen	112
10.5.3	Aggregationsfunktionen	113
10.5.4	Einfache Rechenoperationen	114
10.5.5	Datumsfunktionen	114
10.5.6	Vergleichsfunktionen	116
10.6	**Abfragen auf mehreren Tabellen**	**117**
10.6.1	Equi-Join	118
10.6.2	Left- und Right-Join	119
10.6.3	Self-Join	123
10.7	**Unterabfragen, INSERT-SELECT-Abfrage, VIEW**	**124**
10.7.1	Unterabfragen (ein Rückgabewert)	124
10.7.2	Variablen	124
10.7.3	Unterabfragen (mehrere Rückgabewerte)	125
10.7.4	INSERT-SELECT-Abfragen	127
10.7.5	VIEW (Sicht)	127
10.8	**Sortieren, gruppieren, kombinieren**	**129**
10.8.1	Sortieren ORDER BY	129
10.8.2	Gruppieren GROUP BY	130
10.8.3	Kombinieren	132
10.8.4	Reihenfolge und Bedeutung der Schlüsselwörter in einer SQL-Abfrage	133
10.9	**Trigger, Transaktionen und Indizes**	**133**
10.9.1	Trigger	133
10.9.2	Transaktionsverwaltung	134
10.9.3	Index	135
10.10	**Prozeduren und Funktionen**	**135**

Inhaltsverzeichnis

11	**Benutzerschnittstelle**	**136**
11.1	**LAMP/XAMPP**	**136**
11.1.1	LAMP	136
11.1.2	XAMPP	138
11.2	**Beispiel Gästebuch**	**138**
11.2.1	PHP Gästebuch anzeigen	139
11.2.2	PHP Include-Dateien/Funktionen	140
11.2.3	PHP Klassen und Objekte	141
11.2.4	PHP Dateneingabe	141
11.2.5	HTML Formulardatei 'eingabe1.html'	141
11.2.6	Kontrolle der Übergabeparameter	143
11.2.7	Gästebucheintrag speichern 'eingabe2.php' (Speicherdatei)	143
11.2.8	PHP Gästebucheinträge löschen 'loeschen1php' (Formulardatei)	144
11.2.9	PHP Gästebucheinträge löschen 'loeschen2php' (Löschdatei)	145
11.3	**Sicherheit**	**146**
11.3.1	SQL-Inclusions	146
11.3.2	Sicherheitshinweise für WEB-Server	148
11.3.3	Angriffe erkennen	149
12	**Übungen und Aufgaben**	**150**
12.1	**Einführung/Grundlagen**	**150**
12.1.1	Fehlerhafte Tabelle	150
12.1.2	Datenbankmodelle	150
12.1.3	Schlüssel und Fremdschlüssel	150
12.1.4	Grundbegriffe	151
12.2	**Daten erheben**	**151**
12.2.1	Webanwendungen	151
12.2.2	Kindertagesstätte	151
12.2.3	Sonne und Meer (mehr)	152
12.3	**Nominalextraktion**	**152**
12.3.1	CD-Sammlung	152
12.3.2	Anforderungslisten analysieren	152
12.4	**ER-Modellerstellung**	**153**
12.4.1	Mietshaus	153
12.4.2	Unternehmen (Teil I)	153
12.4.3	Sonne und Meer (mehr)	153
12.4.4	Bücherei	154
12.4.5	Unternehmen (Teil II)	154
12.4.6	Kindertagesstätte	155
12.4.7	Fußball-Weltmeisterschaft	155
12.4.8	Krankenhausdatenbank	156
12.5	**Überführungsregeln**	**157**
12.5.1	Mietshaus	157
12.5.2	Unternehmen (Teil I)	157
12.5.3	Sonne und Meer (mehr)	157
12.5.4	Bücherei	158
12.5.5	Unternehmen (Teil II)	158
12.5.6	Kindertagesstätte	158
12.5.7	Fußball-Weltmeisterschaft	158
12.5.8	Krankenhausdatenbank	158
12.6	**Erweiterungen**	**159**
12.6.1	Anzahlangaben bei Dreifachbeziehungen	159
12.6.2	Kaufverhalten (Teil I)	160
12.6.3	Fehlerhafte Tabellenkorrektur	160
12.6.4	Kaufverhalten (Teil II)	160
12.6.5	Berufskolleg Olsberg	161
12.7	**Objektorientierte Sicht**	**162**
12.7.1	Vorteile der Generalisierung	162
12.7.2	Generalisierungsarten	162
12.7.3	Fehlerhafte Tabellen	163
12.7.4	Krankenhausdatenbank	164
12.7.5	Amtsgericht	165
12.7.6	UML-Darstellung	166
12.8	**Normalformen**	**166**
12.8.1	Anomalien und Redundanzen 1NF (Erste Normalform)	166
12.8.2	2NF (Zweite Normalform)	167
12.8.3	3NF (Dritte Normalform)	168
12.8.4	Normalformen und ER-Modell	169
12.8.5	Unnormalisierte Tabellen	170
12.8.6	BCNF	171
12.8.7	4NF (Vierte Normalform)	171
12.8.8	5NF (Fünfte Normalform)	171
12.8.9	Allgemeine Aufgaben zum Thema Normalformen	171
12.9	**Phasen des DB-Entwurfs**	**172**
12.9.1	Arbeitsschritte	172
12.9.2	Referenzielle Integrität	172
12.9.3	Konsistenzbedingungen	172
12.9.4	Sekundärindex	172
12.9.5	Speicherstrukturen	172
12.10	**SQL**	**173**
12.10.1	Datenbank- und Tabellenstruktur	174
12.10.2	Benutzerverwaltung	175
12.10.3	Datenmanipulation	175
12.10.4	Abfragen auf einer Tabelle	176
12.10.5	Abfragen auf mehreren Tabellen	178
12.10.6	Unterabfragen, INSERT-SELECT-Abfrage, VIEW	179
12.10.7	Sortieren, Gruppieren, Kombinieren	180
12.10.8	Trigger, Transaktion, und Indizes	182
12.11	**Benutzerschnittstelle**	**183**
12.11.1	XAMPP-System installieren	183
12.11.2	Gästebuch	183
12.11.3	WEB-Umfrage	183
12.11.4	WEB-Shop	183
12.11.5	Sicherheit	183

Vorwort

Dieses Buch ist anders. Vielleicht hat Sie dieser Hinweis auf dem Rücken dieses Modulbandes aus der Reihe „Angewandte Informatik" verwundert, vielleicht sogar irritiert, sicherlich aber neugierig gemacht. Was ist an diesem Buch anders und warum ist es anders?

Der Blick in die verschiedenen Rahmenrichtlinien, Rahmenpläne und Curricula zeigt es: Die didaktischen Anforderungen an die Unterrichtenden betreffen schon längst nicht mehr nur die fachlichen Inhalte, vielmehr sollen diese so aufgearbeitet werden, dass die Lernenden zu beruflicher Handlungskompetenz gelangen können. Bei der Umsetzung dieser Anforderungen entsteht allerdings sehr schnell ein scheinbar unlösbarer Widerspruch: Wie soll das dringend notwendige fundierte Grundwissen einerseits vermittelt werden und gleichzeitig die Fähigkeit zur Vernetzung dieses Wissens zu einem Anwendungswissen erlernt werden? Wie kann dieses Anwendungswissen zu nachhaltigem Können vertieft und gefestigt werden? Leider bleibt diese Frage fast immer offen.

Hier setzt dieses Buch an: Es stellt sich diesem Widerspruch. In einem ersten Teil (Handlungssituation) wird in zwei ganzheitlich angelegten Handlungssituationen ein lösungsorientiertes Vorgehen dargestellt und die Anwendung der fachlichen Inhalte gezeigt. Links in den Handlungssituationen verweisen auf die spezifischen Inhalte im fachsystematischen Teil (Informationen). Dieser ist klassisch fachsystematisch angelegt und erlaubt das Erarbeiten und Erlernen der in der Handlungssituation angesprochenen fachlichen Inhalte. Nachhaltigkeit und Können entsteht aber erst durch Übung und Neuverknüpfung für veränderte Anforderungssituationen. Dies erfolgt im Teil (Übungen und Aufgaben). Die unterschiedliche Komplexität der Übungen und Aufgaben erlaubt das Wiederholen und Festigen der erworbenen fachlichen Kenntnisse ebenso wie deren Anwendung in neuen Handlungszusammenhängen. Der vierte Teil (Nachschlagewerk) enthält Befehlsübersichten und Zusammenfassungen der wesentlichen Lerninhalte des Informationsteils. Er erlaubt das einfache und effiziente Nachschlagen und Auffrischen bereits erlernter Techniken und Befehle.

Die Anforderungen der Lernfelder an die IT-Berufe, die Vollzeitklassen mit Informatikschwerpunkt, aber auch die Fachgymnasien werden übergreifend berücksichtigt.

Dieses Buch kann im Informatik-Unterricht in unterschiedlichen Schulformen eingesetzt werden.

Da es modular aufgebaut ist, bietet es vielfältige Einstiegsmöglichkeiten in den Bereich der Datenbanken.

Einsatzmöglichkeiten

- Eine interessante Möglichkeit, sich das Thema Datenbanken zu erschließen, bieten die praxisnahen Handlungssituationen aus Kapitel 1. In zwei unterschiedlich komplexen Beispielen wird das Vorgehen beim Erstellen einer Datenbankanwendung gezeigt und der Zusammenhang zu den fachlichen Informationen im 2. Teil hergestellt.

- Einen Einblick in die Thematik des Datenbankentwurfes bieten die Kapitel 2 'Einführung', 3 'Datenanalyse', 4 'ER-Modell' und 5 'Tabellen', die als untrennbare logische Lerneinheit, alle notwendigen Grundkenntnisse zum Entwickeln einfacher Datenbanken vermitteln.

- Sollen diese Grundkenntnisse vertieft oder erweitert werden, können schrittweise die Kapitel 6 'ER-Modell-Erweiterungen' und 7 'Objektorientierte Sicht' hinzugenommen werden.

- Das Kapitel 9 'DB-Entwurfskonzept' kann zu einem beliebigen Zeitpunkt nach dem Kapitel 5 'Tabellen erstellen' behandelt werden.

- Einen alternativen Einstieg in die Datenbankentwurfsthematik bietet das Kapitel 8 'Normalformen'. Unabhängig von anderen Themen wird gezeigt, wie eine Datenbank mit Hilfe der Normalformen entwickelt werden kann.

- Wer SQL erlernen möchte, kann auch direkt mit dem Kapitel 10 'SQL' beginnen. Anhand vorgegebener Beispieldatenbanken kann der Umgang mit der Datenbankmanipulations- und Abfragesprache SQL einfach und schnell erlernt werden.

- Das komplexe Thema 'Benutzerschnittstelle' in Kapitel 11, in dem das Erstellen WEB-basierter Benutzeroberflächen mit Hilfe von PHP beschrieben wird, setzt die Kapitel 2 bis 5 sowie Basiskenntnisse in SQL und PHP-Kontrollstrukturen voraus.

Autor und Verlag
Braunschweig 2011

Datenbanken

Inhaltsverzeichnis

Kapitelübersicht .... Umschlaginnenseite
Aufbau des Buches .... Umschlaginnenseite
Vorwort 3

1	**Handlungssituationen**	**8**
1.1	Zeitschriftenarchiv	8
1.1.1	Planungsphase	9
1.1.2	Umsetzungsphase	10
1.2	Telefonladen	13
1.2.1	Planungsphase	13
1.2.2	Umsetzungsphase	20
1.2.3	Benutzerschnittstelle	24
1.2.4	Testphase/Optimierungsphase	25
2	**Einführung**	**26**
2.1	Bedeutung des DB-Entwurfes	26
2.2	Eine erste Tabelle	26
2.3	Grundlegende Datenbankbegriffe	27
2.4	Eine erste Beziehung	28
2.5	Eine zweite Beziehung	31
2.6	Eine dritte Beziehung	32
2.7	Eine fehlerhafte Beziehung	33
3	**Datenanalyse**	**34**
3.1	Daten erheben	34
3.1.1	Interview	34
3.1.2	Anforderungsliste	35
3.2	Analyse	35
3.2.1	Entitäten	35
3.2.2	Beziehungen	35
3.2.3	Anzahlangaben/Beziehungsarten	35
3.2.4	Merkmale	36
3.2.5	Analyse der Anforderungsliste	36
4	**ER-Modell**	**38**
4.1	Ein vorläufiges ER-Modell	38
4.2	Anzahlangaben im ER-Modell	38
4.3	Merkmale im ER-Modell	39
4.4	Einsatz des ER-Modells bei der Datenanalyse	39
5	**Tabellen erstellen**	**40**
5.1	Vergleich ER-Modell/Tabellen	40

5.2	Entitäten	41
5.3	1:m-Beziehungen	41
5.4	1:1-Beziehung	41
5.5	m:m-Beziehung	41
6	**ER-Modell-Erweiterungen**	**42**
6.1	Beziehungen auf einer Entität	42
6.1.1	Die 1:m-Beziehung	42
6.1.2	Die m:m-Beziehung	42
6.1.3	Die 1:1-Beziehung	43
6.2	Mehrfachbeziehung	43
6.2.1	Fehlerhafte Umsetzung durch mehrere Teilbeziehungen	43
6.2.2	Unsaubere Umsetzung durch Umwandlung zur Entität	44
6.2.3	Richtige Umsetzung von Mehrfachbeziehungen	45
6.2.4	Anzahlangaben bei Mehrfachbeziehungen	46
6.2.5	Schlüsselbildung bei Mehrfachbeziehungen	47
6.3	Beziehung oder Entität	49
6.3.1	Die 1:m-Beziehungen (Praktikumsbetreuung)	49
6.3.2	Die m:m-Beziehung (Beispiel Möbelhaus)	51
6.3.3	Mehrfachbeziehung (Beispiel Prüfung)	53
6.4	Entität oder Merkmal	54
6.4.1	Extreme Zerlegung	54
6.4.2	Grenzfälle: Entität oder Merkmal?	55
7	**Objektorientierte Sicht**	**56**
7.1	Generalisierung/Spezialisierung (Vererbung)	57
7.1.1	Umsetzung einer G/S	57
7.1.2	Darstellung im ER-Modell	58
7.1.3	G/S-Arten	58
7.2	Anwendungsregel für Generalisierung/Spezialisierung	61
7.3	Fehler beim Einsatz der G/S	64
7.4	Nachträgliche ER-Modell-Anpassung	65
7.5	Objektorientierung	67
7.5.1	Grundbegriffe	67
7.5.2	Programmstruktur	68
7.5.3	Datenbankstruktur	69
7.5.4	Parallelen: Objektorientierung und relationaler Datenbankentwurf	69
7.5.5	Unterschiede: Objektorientierung und relationaler Datenbankentwurf	69
7.6	ER-Modell und UML	70
7.6.1	Was ist UML?	70
7.6.2	Diagramme in UML	70
7.6.3	Modellelemente des Klassendiagramms	70
7.6.4	Für und Wider des UML-Einsatzes	71

Datenbanken
Inhaltsverzeichnis

13	Nachschlagen	184
13.1	Begriffe	184
13.2	Datenanalyse	185
13.2.1	Daten erheben	185
13.2.2	Daten analysieren	185
13.3	ER-Modell	186
13.3.1	Darstellungen	186
13.3.2	Vorgehensweise	186
13.4	Überführungsregeln	187
13.5	ER-Modellerweiterungen	188
13.5.1	Beziehungen auf einer Entität	188
13.5.2	Mehrfachbeziehungen	188
13.6	Objektorientierte Sicht	189
13.6.1	Assoziation/Aggregation	189
13.6.2	Generalisierung/Spezialisierung	189
13.6.3	UML-Diagramme	190
13.7	Normalformen	191
13.7.1	Redundanz/Anomalie	192
13.7.2	Erste Normalform 1NF	192
13.7.3	Zweite Normalform 2NF	192
13.7.4	Dritte Normalform 3NF	193
13.7.5	Weitere Normalformen	193
13.8	Phasen des DB-Entwurfs	194
13.8.1	Referenzielle Integritäten	194
13.8.2	Speicherstrukturen	194
13.9	SQL-Übersicht	195
13.9.1	DB- und Tabellenstruktur	195
13.9.2	Benutzerverwaltung	195
13.9.3	Datenmanipulation	196
13.9.4	Abfragen auf einer Tabelle	196
13.9.5	Abfragen auf mehreren Tabellen	197
13.9.6	Unterabfragen, INSERT-SELECT-Abfragen, VIEW	198
13.9.7	Sortieren, Gruppieren, Kombinieren	198
13.9.8	Trigger, Transaktionen und Indizes	199
13.9.9	SQL im Internet	199
13.10	HTML-Formulare	200
13.10.1	Formular-Definition	200
13.10.2	Eingabefelder (einzeilig)	200
13.10.3	Eingabefelder (mehrzeilig)	200
13.10.4	Auswahllisten	200
13.10.5	Menüstruktur	201
13.10.6	Radiobutton/Checkboxen	201
13.10.7	Verstecktes Eingabefeld	201
13.10.8	Formularupload	201
13.10.9	Schalter (Startet Script)	201
13.10.10	Absende- und Resetschalter	201
13.10.11	Allgemeine Funktionen	202
13.10.12	Parameterübergabe	202
13.10.13	HTML im Internet	202
13.11	PHP-Befehlsübersicht	203
13.11.1	Variablen	203
13.11.2	Array	203
13.11.3	Prüfen von Variablen	204
13.11.4	Umgebungsvariablen	204
13.11.5	Operatoren	204
13.11.6	Anweisungen	204
13.11.7	MySQL-Funktionen	206
13.11.8	Strukturiertes Programmieren	207
13.11.9	PHP im Internet	208
Stichwortverzeichnis		**209**
Inhalte der Buch-CD		**216**
Bildnachweis		**216**
Abkürzungen		**216**

Teil 1: Handlungssituationen

1.1 Zeitschriftenarchiv

Handlungssituationen

1 Handlungssituationen

In diesem Kapitel werden zwei Handlungssituationen vorgestellt.

Zeitschriftenarchiv

Bei der ersten Handlungssituation „Zeitschriftenarchiv" sollen Artikel einer wissenschaftlichen Fachzeitschrift über eine relationale Datenbank verwaltet werden, um so den Zugriff auf die Inhalte der Artikel zu beschleunigen. Die Artikel liegen als PDFs (**P**ortable **D**ocument **F**ile) in einem Datei-Verzeichnisbaum vor. Bei dieser selbstgeschriebenen Dokumentenverwaltung spielt die Benutzerschnittstelle keine Rolle. Es reicht aus, die Datenbasis zu erstellen und die Informationsbeschaffung über SQL-Abfragen zu ermöglichen.

Telefonladen

Die zweite Handlungssituation ist deutlich komplexer. Die bei den Arbeitsprozessen in einem Telefonladen anfallenden bzw. benötigten Daten sollen in einer relationalen Datenbank abgebildet werden. Dabei sind unter anderem Kunden-, Mitarbeiter-, Produkt- und Vertragsdaten zu berücksichtigen. Zudem soll für diese Datenbank eine webbasierte Benutzerschnittstelle erstellt werden.

Datenbankentwurfsphasen

Um den Datenbankentwurf sinnvoll zu strukturieren, wird er in drei Phasen unterteilt.

1. Planungsphase
2. Umsetzungsphase
3. Test- und Optimierungsphase

Bei der ersten Handlungssituation „Zeitschriftenarchiv" wird, auf Grund der geringen Datenmenge, auf die Test- und Optimierungsphase verzichtet.

1.1 Zeitschriftenarchiv

Situationsbeschreibung

Die Fachzeitschrift „EL-I.te" für Elektro- und Informationstechnologie erscheint einmal im Quartal und enthält fundierte Artikel zu aktuellen Themen. Jede Ausgabe enthält eine Heft-CD, auf der unter anderem auch die Artikel der jeweiligen Ausgabe im PDF-Format gespeichert sind. Die Schüler der Technik-AG nutzen diese PDF-Dateien, um die Artikel auf einer Dateiablage zu archivieren. Für jedes Jahr wird ein eigenes Verzeichnis angelegt. Für jede in diesem Jahr erschienene Ausgabe wird wiederum ein Unterverzeichnis erstellt, in dem alle Artikel dieser Ausgabe zu finden sind.

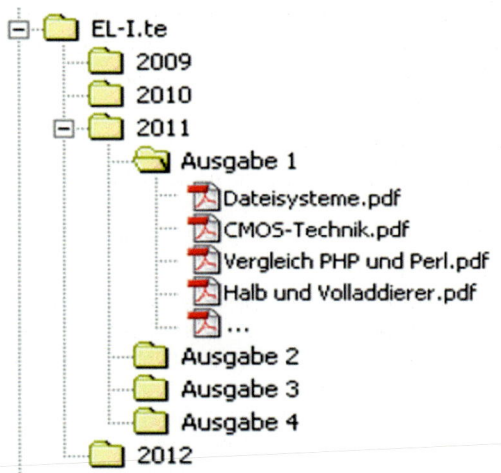

Teil 1: Handlungssituationen
1.1 Zeitschriftenarchiv

Problembeschreibung

Leider wird vom Verlag der Zeitschrift „EL-I.te" keine datenbankgestützte Suchfunktion zum effizienten Auffinden von Artikeln zur Verfügung gestellt. Es hat sich aber gezeigt, dass mit zunehmender Menge das Auffinden der einzelnen Artikel immer schwieriger wird. Obwohl die Artikel systematisch und konsequent in dem Verzeichnisbaum abgelegt worden sind, wird das Auffinden bestimmter Artikel immer zeitaufwändiger. So müssen bei folgenden Fragestellungen sehr viele unterschiedliche Artikel geöffnet und gelesen werden. Erschwert wird dies noch dadurch, dass die Artikel über verschiedene Unterverzeichnisse verteilt sind.

Fragestellungen
- Welche Artikel gibt es zur Rubrik „Datenbanken"?
- In welchen Artikeln kommt das Schlüsselwort „My-SQL" vor?
- Welche Artikel in der Rubrik „Datenbanken" gibt es, in denen das Schlüsselwort „PHP" vorkommt?
- Wie viele Artikel in der Rubrik „Datenbanken" sind vom Autor „Volker Janßen"?
- Welche Artikel des Autors „Volker Janßen" gibt es in der Rubrik „Datenbanken", die das Schlüsselwort „XAMPP" enthalten?

1.1.1 Planungsphase

Um den Aufwand zum Auffinden von Artikeln zu minimieren, haben sich die Schüler der Technik-AG überlegt, eine Datenbank einzusetzen. Die Planungsphase umfasst das Erheben und Auswerten der Informationen, die zum Erstellen einer solchen Datenbank notwendig sind. Die Datenbank soll lediglich Metadaten (d.h. Informationen über die Artikel, aber nicht die Artikel selbst) speichern, mit deren Hilfe das effiziente Auffinden der Artikel im Verzeichnisbaum ermöglicht wird. Auf diese Weise kann die Dateiablage unverändert erhalten bleiben.

Informationen sammeln

In einer Diskussionsrunde haben die Schüler der Technik-AG zunächst zusammengetragen, welche Metadaten in der Datenbank abgelegt werden müssen.

- Um zu einem Artikel die zugehörige Position der Datei im Verzeichnisbaum bestimmen zu können, muss das Jahr, die Ausgabe und der Dateiname gespeichert werden.
- Einem bestimmten Artikel müssen ein oder auch mehrere Autoren zugeordnet werden können. Ein Autor soll über seinen Vor- und Nachnamen oder über das Autorenkürzel bestimmt werden können.
- Das Thema des Artikels muss angegeben werden.
- Zudem müssen einem Artikel mehrere Schlüsselwörter zugeordnet werden können.

Den Schülern der Technik-AG war aufgefallen, dass alle Artikel der Zeitschrift „EL-I.te" eindeutigen, immer wiederkehrenden Rubriken zugeordnet wurden. Diese Rubriken sind:

- Halbleitertechnik
- Digitaltechnik
- Regelungstechnik
- Kommunikationstechnik
- Betriebssysteme
- Programmiersprachen
- Datenbanken
- Sonstiges

Um eine einfache Suche zu ermöglichen, wurde beschlossen, diese vorgegebenen Rubriken beizubehalten und als zusätzliche Artikelinformation zu speichern.

Anforderungsliste erstellen

Zur besseren Abstimmung unter den Schülern innerhalb der Technik-AG und zur Vereinfachung der Datenanalyse werden die wesentlichen Informationen nochmals in einer Anforderungsliste[1] zusammengestellt. Die Anforderungsliste enthält kurze, allgemein verständliche Fragen, zu denen die Datenbank Informationen bereitstellen muss.

> **Anforderungsliste**
> 1. Welche Artikel gibt es?
> 2. Um die Position des Artikels im Verzeichnisbaum eindeutig bestimmen zu können, muss das Jahr, die Ausgabe und der Dateiname gespeichert werden.
> 3. Zusätzlich muss zu jedem Artikel ein Thema angegeben werden.
> 4. Welche Autoren gibt es?
> 5. Ein Autor wird über den Vor- und Nachnamen oder das Autorenkürzel eindeutig bestimmt.
> 6. Ein oder mehrere Autoren schreiben einen Artikel.
> 7. Welche Schlüsselwörter gibt es?
> 8. Das Schlüsselwort selbst wird gespeichert.
> 9. Ein Schlüsselwort kommt in mehreren Artikeln vor.
> 10. In einem Artikel können mehrere Schlüsselwörter vorkommen.
> 11. Welche Rubriken gibt es?
> 12. Eine Rubrik hat eine Bezeichnung.
> 13. Jeder Artikel kann eindeutig einer Rubrik zugeordnet werden.

---

[1] Die Anforderungsliste wird häufig auch als Lastenheft bezeichnet.

Teil 1: Handlungssituationen

1.1 Zeitschriftenarchiv

Datenanalyse/ER-Modell erstellen

Bei der Datenanalyse können aus der Anforderungsliste Mengen von gleichartigen Objekten, so genannte Entitäten, aber auch Beziehungen zwischen den Entitäten abgeleitet werden. Beispielsweise sind die unterschiedlichen Artikel gleichartige Objekte, die sich zu einer einheitlichen Menge, der Entität 'Artikel', zusammenfassen lassen. Das ER-Modell (Entity-Relationship-Modell/Entitäten- und Beziehungs-Modell) dient der grafischen Darstellung dieser Zusammenhänge.

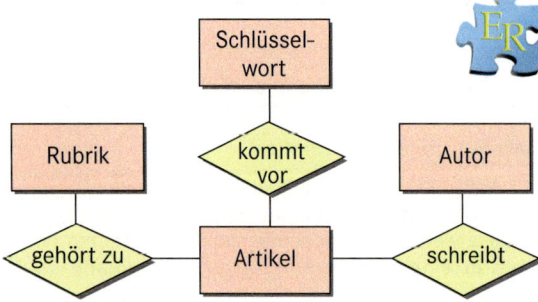

Ebenso können aus der Anforderungsliste die Merkmale und die Anzahlangaben extrahiert werden. So lassen sich beispielsweise die Anzahlangabe der Beziehung 'gehört zu' zwischen den Entitäten 'Rubrik' und 'Artikel' aus den Angaben

- „ein Artikel kann genau **einer** Rubrik zugeordnet werden" und
- „zu einer Rubrik gehören **mehrere** Artikel" ableiten.

Die Merkmale mit Anzahlangabe werden im ER-Modell ergänzt.

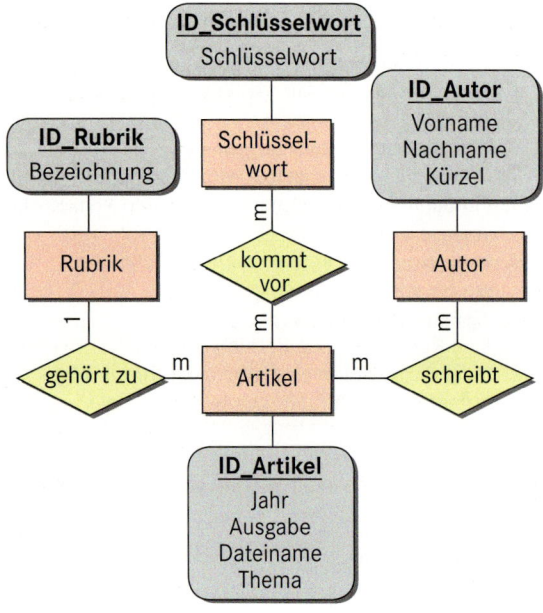

1.1.2 Umsetzungsphase

In der Umsetzungsphase wird im Wesentlichen das ER-Modell anhand von Überführungsregeln in das Tabellenschema überführt. Gemäß dieser Regeln bekommt beispielsweise jede Entität eine eigene Tabelle. Aber auch jede m:m-Beziehung muss durch eine eigene Beziehungstabelle umgesetzt werden. Daher entstehen die sechs Tabellen 'Rubrik', 'Schlüsselwort', 'kommt vor', 'schreibt', 'Autor' und 'Artikel'.

Tabellenschema erstellen

Das Tabellenschema mit einigen Beispieldatensätzen:

Rubrik

ID_Rubrik	Bezeichnung
1	Datenbanken

Schlüsselwort

ID_Schlüsselwort	Bezeichnung
1	MySQL
2	PHP

kommt vor

ID_Artikel	ID_Schlüsselwort
1	1
1	2

schreibt

ID_Autor	ID_Artikel
1	1

Autor

ID_Autor	Vorname	Nachname	Kürzel
1	Volker	Janßen	JAN

Artikel

ID_Artikel	Jahr	Ausgabe	Dateiname	...
1	2011	1	DB_Anbindung.pdf	

...	Thema	ID_Rubrik
	MySQL Anbindung mit PHP	1

'ID_Rubrik' realisiert die Beziehung 'gehört zu'

Tabellenumsetzung

Diese Tabellen können nun auf einem RDBMS (relationales Datenbankmanagementsystem) angelegt und mit Werten gefüllt werden. Dies kann beispielsweise mit der Datenmanipulations- und Abfragesprache SQL (Structured-Query-Language) erfolgen. Mit SQL kann die Tabelle 'Autor' wie folgt angelegt werden.

Teil 1: Handlungssituationen
1.1 Zeitschriftenarchiv

Erzeuge die Tabelle 'Autor' mit folgendem Aufbau.

Autor

ID_Autor	Vorname	Nachname	Kürzel

```
CREATE TABLE Autor
(
        ID_Autor        BIGINT
                        NOT NULL
                        AUTO_INCREMENT
                        PRIMARY KEY ,
        Vorname         VARCHAR( 25 ),
        Nachname        VARCHAR( 25 ),
        Kuerzel         VARCHAR( 5 )
)
```

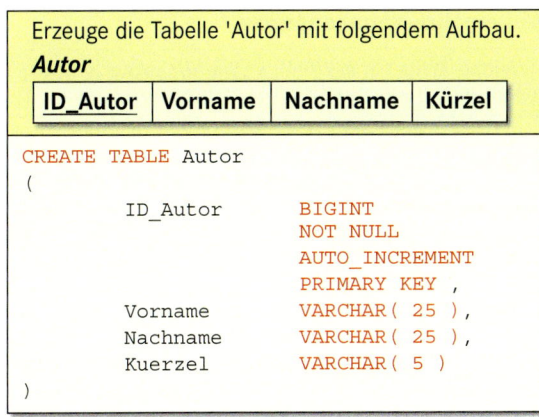

'ID_Rubrik' realisiert die Beziehung 'gehört zu'

Dabei bildet das Merkmal 'ID_Autor' den Schlüssel der Tabelle. Daher wird dieses Merkmal als PRIMARY KEY festgelegt, dessen Datenfeldwerte automatisch generiert und niemals NULL werden dürfen. BIGINT ist ein Datentyp, der das Abspeichern sehr großer ganzer Zahlen ermöglicht. Bei der Wahl des Datentyps VARCHAR(25) bzw. VARCHAR(5) für die Merkmale 'Vorname' und 'Nachname' bzw. 'Kürzel' wurde davon ausgegangen, dass nicht mehr als 25 bzw. 5 Zeichen zum Speichern der entsprechenden Werte benötigt werden.

Auch das Einfügen der Datensätze in bereits existierende Tabellen kann mit Hilfe von SQL mittels des Befehls INSERT erfolgen.

Füge die Rubrik 'Datenbanken' in die Tabelle 'Rubrik' ein.

```
INSERT INTO Rubrik
VALUES( '1', 'Datenbanken')
```

Beziehungen zwischen Tabellen

Die Informationen werden durch den Datenbankentwurf auf mehrere Tabellen verteilt. Diese „Zerstückelung" der Daten ist notwendig um die Informationen ohne Redundanzen, also ohne ständige Wiederholung, speichern zu können. Um aus einem Tabellenschema alle notwendigen Informationen wieder auslesen zu können, müssen die Tabellen in Beziehung gesetzt werden. Dies geschieht durch die Gleichsetzung der zugehörigen ID_Werte. Dabei wird das Schlüsselmerkmal einer Tabelle als Fremdschlüssel in einer anderen Tabelle aufgenommen. Dieser Zusammenhang zwischen den Schlüsseln und den Fremdschlüsseln wird exemplarisch anhand der vier Tabellen 'Schlüsselwort', 'gehört zu', 'Artikel' und 'Rubrik im nebenstehenden Tabellenschema verdeutlicht.

An diesen Verknüpfungen ist erkennbar, dass der Artikel 1 mit dem Thema „MySQL Anbindung mit PHP" der Rubrik „Datenbanken" zugeordnet ist und unter den Schlüsselwörtern „MySQL" und „PHP" zu finden sein wird.

Datenauswertung

Für die Datenauswertung werden die „zerstückelten" Daten in SQL-Abfragen mittels so genannter 'Joins' (Verknüpfungen) wieder miteinander verbunden. Dabei werden 'Joins' ebenfalls über die Gleichsetzung der ID-Werte aus den unterschiedlichen Tabellen realisiert. Auf diese Weise können nun die anfangs gestellten Fragestellungen in SQL einfach beantwortet werden. Beispielsweise lautete die erste Frage:

Welche Artikel gibt es zur Rubrik „Datenbanken"?

Diese Frage ist noch sehr ungenau gestellt. Um sie zu präzisieren, muss zunächst geklärt werden, welche Daten tatsächlich angezeigt werden sollen: Sollen alle verfügbaren Informationen zu den Artikeln oder nur Teilinformationen angezeigt werden? Wenn nur das Thema der Artikel für die Ausgabe genügt, dann könnte die Frage so konkretisiert werden:

Zeige die Themen aller Artikel an,
die es in der Rubrik „Datenbanken" gibt!

Die Informationen über Artikel und Rubriken sind in der Datenbank auf zwei Tabellen aufgeteilt worden. Die beiden Tabellen müssen durch Gleichsetzung von Schlüssel (Rubrik.ID_Rubrik) und Fremdschlüssel (Artikel.ID_Rubrik) in Beziehung gesetzt werden. Eine Formulierung, die diese Sachverhalte berücksichtigt, lautet:

Teil 1: Handlungssituationen

1.1 Zeitschriftenarchiv

> Zeige die Themen aller Artikel auf der Grundlage der Tabellen 'Artikel' und 'Rubrik' an, für die gilt:
> - Der Datenfeldwert des Merkmals 'Bezeichnung' in der Tabelle 'Rubrik' muss gleich 'Datenbanken' sein.
> - Der Datenfeldwert des Merkmal 'ID_Rubrik' der Tabelle 'Rubrik' muss mit dem des Merkmals 'ID_Rubrik' der Tabelle 'Artikel' übereinstimmen.

Diese Formulierung korrespondiert zu der in SQL formulierten Datenbankabfrage:

```
SELECT    Artikel.Thema
FROM      Artikel, Rubrik
WHERE     Rubrik.Bezeichnung
            = 'Datenbanken'
  AND     Artikel.ID_Rubrik
            = Rubrik.ID_Rubrik;
```

Auf diese Art und Weise lassen sich auch die anderen Fragestellungen als SQL-Abfrage definieren.

> **In welchen Artikeln kommt das Schlüsselwort „My-SQL" vor?**
> ```
> SELECT    Artikel.Thema
> FROM      Artikel, Schlüsselwort, kommt_vor
> WHERE     Artikel.ID_Artikel
>             = kommt_vor.ID_Artikel
>   AND     Schlüsselwort.ID_Schlüsselwort
>             = kommt_vor.ID_Schlüsselwort
>   AND     Schlüsselwort.Bezeichnung
>             = 'MySQL';
> ```

Die SQL-Anweisung kann wie folgt gelesen werden:
SELECT   Artikel.Thema
Selektiere das Merkmal 'Thema' der Tabelle 'Artikel' ...
FROM   Artikel, Schlüsselwort, kommt_vor
... basierend auf Daten der Tabellen 'Artikel', 'Schlüsselwort' und der Beziehungstabelle 'kommt_vor', ...
**WHERE   Artikel.ID_Artikel
        = kommt_vor.ID_Artikel**
... wobei der Datenfeldwert des Schlüssels 'ID_Artikel' in der Tabelle 'Artikel' mit dem Datenfeldwert des Fremdschlüssels 'ID_Artikel' in der Beziehungstabelle 'kommt_vor' übereinstimmen muss.
**AND   Schlüsselwort.ID_Schlüsselwort
        = kommt_vor.ID_Schlüsselwort**
Außerdem muss der Datenfeldwert des Schlüssels 'ID_Schlüsselwort' in der Tabelle 'Schlüsselwort' mit dem Datenfeldwert des Fremdschlüssels 'ID_Schlüsselwort' in der Beziehungstabelle 'kommt_vor' übereinstimmen.
**AND   Schlüsselwort.Bezeichnung
        = 'MySQL'**
Auch die Bedingung, dass der Datenfeldwert des Merkmals 'Bezeichnung' der Tabelle 'Schlüsselwort' mit dem Text 'MySQL' übereinstimmt, muss erfüllt sein.

Weitere SQL-Abfragen lauten:

> **Welche Artikel in der Rubrik „Datenbanken" gibt es, in denen das Schlüsselwort „PHP" vorkommt?**
> ```
> SELECT    Artikel.Thema
> FROM      Artikel, Rubrik,
>           kommt_vor, Schlüsselwort
> WHERE     Artikel.ID_Artikel
>             = kommt_vor.ID_Artikel
>   AND     Schlüsselwort.ID_Schlüsselwort
>             = kommt_vor.ID_Schlüsselwort
>   AND     Schlüsselwort.Bezeichnung
>             = 'PHP'
>   AND     Artikel.ID_Rubrik
>             = Rubrik.ID_Rubrik
>   AND     Rubrik.Bezeichnung
>             = 'Datenbanken';
> ```

> **Wie viele Artikel in der Rubrik „Datenbanken" sind vom Autor „Volker Janßen"?**
> ```
> SELECT    COUNT(*)
> FROM      Artikel, schreibt, Autor, Rubrik
> WHERE     Artikel.ID_Artikel
>             = schreibt.ID_Artikel
>   AND     Autor.ID_Autor
>             = schreibt.ID_Autor
>   AND     Autor.Vorname = 'Volker'
>   AND     Autor.Nachname = 'Janßen';
>   AND     Artikel.ID_Rubrik
>             = Rubrik.ID_Rubrik
>   AND     Rubrik.Bezeichnung = 'Datenbanken'
> ```

Die Funktion COUNT(*) ist eine Aggregationsfunktion, die die Anzahl aller gefundenen Datensätze ermittelt.

> **Welche Artikel des Autors „Volker Janßen" gibt es in der Rubrik „Datenbanken", die das Schlüsselwort „LAMP" enthalten?**
> ```
> SELECT    Artikel.Thema
> FROM      Artikel, Rubrik,
>           kommt_vor, Schlüsselwort,
>           schreibt, Autor
> WHERE     Artikel.ID_Artikel
>             = kommt_vor.ID_Artikel
>   AND     Schlüsselwort.ID_Schlüsselwort
>             = kommt_vor.ID_Schlüsselwort
>   AND     Schlüsselwort.Bezeichnung
>             = 'LAMP'
>   AND     Artikel.ID_Rubrik
>             = Rubrik.ID_Rubrik
>   AND     Rubrik.Bezeichnung
>             = 'Datenbanken'
>   AND     Artikel.ID_Artikel
>             = schreibt.ID_Artikel
>   AND     Autor.ID_Autor
>             = schreibt.ID_Autor
>   AND     Autor.Vorname = 'Volker'
>   AND     Autor.Nachname = 'Janßen';
> ```

1.2 Telefonladen

Ein Telefonladen mit drei Mitarbeitern und angeschlossener Werkstatt hat einen externen Datenbankentwickler beauftragt, zur Optimierung der Arbeitsabläufe eine webbasierte Datenbankanwendung zu erstellen, mit der sämtliche Daten der Geschäftsprozesse abgebildet werden können. So soll die Datenbank neben den Kunden- und Mitarbeiterdaten auch Informationen über abgeschlossene Verträge und deren Laufzeiten enthalten. Informationen über Bestellungen sollen ebenso erfasst werden, wie der Status von Reparaturaufträgen.

1.2.1 Planungsphase

Die zentralen Arbeitsschritte während der Planungsphase sind:

- Die Beschaffung aller Daten, die für den Datenbankentwurf wichtig sind, sowie
- die Datenanalyse. Mit der Datenanalyse geht die Entwicklung und Anpassung eines ER-Modells einher.
- Im letzten Arbeitsschritt, muss überprüft werden, ob und wie die neue Datenbank in die bereits bestehenden Datenstrukturen des Auftraggebers eingepasst werden kann.

Informationen sammeln

Bevor man die für den Datenbankentwurf notwendige Datenanalyse durchführt, müssen die Daten erst einmal beschafft und zusammengetragen werden. Diese Aufgabe ist keinesfalls einfach. Gerade wenn der Auftraggeber keine Kenntnisse vom Datenbankentwurf und gleichzeitig der Datenbankentwickler keinerlei Bezug zur fachlichen Problemstellung hat, wird es fast zwangsläufig zu Missverständnissen und Fehlinterpretationen kommen. Deshalb ist gerade zu Beginn eines Datenbankentwicklungsprojektes eine intensive Kooperation zwischen Auftraggeber und Auftragnehmer zwingend erforderlich. Es gibt die unterschiedlichsten Möglichkeiten sich die notwendigen Informationen für den Datenbankentwurf zu beschaffen. Sinnvoll ist es beispielsweise, wenn der Auftraggeber zunächst versucht alle Aufgaben und Ziele zu benennen, die durch die geplante Datenbankanwendung optimiert werden sollen.

Aufgaben und Ziele

1. Wir müssen Kunden bei der Wahl des Telefons/Handys optimal beraten können.
2. Wir möchten dem Kunden möglichst den für ihn optimalen Telefon-/Handyvertrag anbieten. Dabei sind mögliche Kombinationen zwischen Gerät und Vertrag zu berücksichtigen.
3. Wir möchten die Kunden über neue und für sie vorteilhafte Produkte und Tarife informieren.
4. Kunden sollen zu besonderen Anlässen wie Geburtstagen oder Jubiläen Glückwunsch- oder Gutscheinkarten erhalten. Dabei wird zwischen Geschäfts- und Privatkunden unterschieden.
5. Reparaturaufträge sollen schnellst möglich bearbeitet werden.
   Dem Kunden muss jederzeit Auskunft über den Zustand der Reparatur gegeben werden können.
6. Kundenbestellungen müssen aufgenommen und abgewickelt werden können.

Aus diesen Aufgaben und Zielen lassen sich viele Informationen für den Datenbankentwurf ableiten. Beispielsweise ist aus der Forderung 'Kunden sollen zu besonderen Anlässen wie Geburtstagen oder Feiertagen Glückwunsch- oder Gutscheinkarten erhalten' ableitbar, dass in der Datenbankanwendung zu jedem Kunden die Adresse und das Geburtsdatum abgespeichert werden muss. Um die Einsatzgebiete und den Nutzen eines Datenbanksystems genauer abschätzen zu können, müssen neben den zentralen Aufgaben und Zielen auch die aktuellen Arbeitsprozesse genauer analysiert werden. So kann aus den aktuellen Arbeitsschritten etwa bei der Abwicklung von Reparaturaufträgen abgeleitet werden, welche Daten dafür benötigt werden und welche Verbesserungen bzw. Optimierungen durch das neue Datenbanksystem zu erwarten sind.

Arbeitsschritte bei Reparaturaufträgen

1. Ein Mitarbeiter des Telefonladens nimmt den Reparaturauftrag z.B. ein defektes Gerät an. Dazu werden auf einem Formular alle notwendigen Daten erhoben.
2. Ein weiterer Mitarbeiter aus dem Werkstattbereich des Telefonladens untersucht das defekte Gerät und versucht den Fehler zu beheben.
3. Bei schwerwiegenden Defekten, die nicht in der Werkstatt des Telefonladens behoben werden können, wird das Gerät an den Hersteller geschickt.
4. Nach erfolgreicher Reparatur wird der Kunde benachrichtigt und kann das Gerät wieder abholen.
5. Bei nicht erfolgreicher Reparatur erhält der Kunde im Garantiefall ein gleichwertiges Ersatzgerät und ebenfalls eine Benachrichtigung.

Teil 1: Handlungssituationen

1.2 Telefonladen

Dem Auftraggeber sind die Schwachstellen und Probleme bei den Arbeitsprozessen oft bekannt. Häufig veranlasst gerade das Wissen um diese Probleme den Auftraggeber zu dem Schritt, eine neue Datenbankanwendung entwickeln zu lassen. Diese Probleme müssen offen benannt werden.

> **Probleme beim Arbeitsprozess Reparaturauftrag**
>
> Die Bearbeitung von Reparaturaufträgen ist nicht transparent genug. Es ist für den Mitarbeiter im Telefonladen nicht nachvollziehbar, ob ein defektes Gerät noch in der ladeneigenen Werkstatt oder bereits an den Hersteller weitergeschickt worden ist. Kundenanfragen können somit nur unzureichend beantwortet werden.

Der Datenbankentwickler hat nun ein relativ genaues Bild von den Zielen und Wünschen des Auftraggebers. Dennoch müssen in weiteren Gesprächen noch offene Punkte geklärt werden. Dabei sollte nicht nur mit dem „alles dominierenden, aber vielleicht ahnungslosen Chef", sondern insbesondere mit den direkt betroffenen Mitarbeitern Kontakt aufgenommen werden. Diese Mitarbeiter sind es, die die Arbeitsprozesse genauestens kennen und später mit der Datenbank arbeiten müssen.

In dem Telefonladen, wurde mit allen drei Mitarbeitern eine gemeinsame Sitzung durchgeführt. Es wurde das folgende Gespräch geführt:

> **Anmerkung**
> Der Einfachheit halber wird nicht zwischen den Mitarbeitern unterschieden, sondern lediglich vom Auftraggeber gesprochen.

Datenbankentwickler:

Sie möchten die Kunden bei der Wahl des Telefons bzw. Handys aber auch bei der Wahl des Telefontarifes optimal beraten. Daher benötigen Sie die Daten der Handymodelle und deren Hersteller aber auch Daten zu den unterschiedlichen Handytarifen und deren Anbietern. Welche Daten sind das im Einzelnen?

Auftraggeber:

Zum einen ist das die Bezeichnung des Handymodells und zum anderen der Name des Herstellers. Bei den Tarifen genügt die Bezeichnung des Tarifs und der Name des Tarifanbieters.

Datenbankentwickler:

Sie möchten die Kunden über neue Produkte und Tarife informieren. Zudem sollen an Geburtstagen Gutscheine oder Glückwünsche an die Kunden gesendet werden. Dabei soll zwischen Geschäfts- und Privatkunden unterschieden werden. Daher benötigen Sie die Adresse (Straße, PLZ, Ort), das Geburtsdatum, die Information über Geschäftskunde (Ja oder Nein) und die Art der Verträge, die Sie mit dem Kunden abgeschlossen haben. Benötigen Sie weitere Informationen, die zu Kunden oder Geschäftskunden abgespeichert werden sollen?

Auftraggeber:

Wir führen für jeden Kunden eine interne Kundennummer, die ebenfalls in der Datenbank abgelegt werden soll. Zudem sind die Bankdaten (Kontonummer, Bankleitzahl, Bankinstitut) und weitere Kontaktdaten wie Telefon, Fax, E-Mail von Bedeutung. Bei den Geschäftskunden sollte zudem die Website (URL), die Unternehmensform (GmbH, GbR, AG) und der Handelsregistereintrag speicherbar sein. Zudem muss nachvollziehbar sein, welcher Kunde welchen Vertrag abgeschlossen, und welcher Kunde eine Reparatur in Auftrag gegeben hat. Auch bei den Bestellungen muss der Zusammenhang zum Kunden ersichtlich sein.

Datenbankentwickler:

Eine weitere Forderung ist die nach mehr Transparenz und einer Optimierung bei der Bearbeitung von Reparaturaufträgen. Wie weit soll diese Transparenz gehen? Genügt es zu wissen, wann und wo sich ein defektes Gerät befindet oder möchten Sie sogar nachvollziehen können, welcher Mitarbeiter ein defektes Gerät angenommen bzw. welcher Mitarbeiter es repariert hat?

Auftraggeber:

Es muss nachvollziehbar sein, welche Mitarbeiter an dem Reparaturvorgang beteiligt waren.

1.2 Telefonladen

Datenbankentwickler:

Dann werden auch Daten und Informationen zu den Mitarbeitern des Telefonladens benötigt. Welche Informationen zu den Mitarbeitern sollen denn neben Vor- und Nachname noch gespeichert werden?

Auftraggeber:

Das Mitarbeiterkürzel. Außerdem muss nachvollzogen werden können, welcher Mitarbeiter eine Reparatur oder Bestellung aufgenommen bzw. einen Vertrag abgeschlossen hat, und welche Mitarbeiter eine Reparatur durchgeführt haben.

Datenbankentwickler:

Noch mal zurück zu dem Reparaturvorgang. Ob eine Reparatur ein Garantiefall ist, muss der Kunde sicherlich durch seinen Kaufbeleg nachweisen. Welche Zusatzinformationen sind für die Reparaturabwicklung noch notwendig?

Auftraggeber:

Beginn und Ende einer Reparatur müssen ebenso festgehalten werden, wie eine kurze Fehlerbeschreibung und der Preis. Zudem sollte man vermerken können, ob ein Gerät zur Reparatur bereits an den Hersteller weitergeleitet worden ist. Jeder Reparaturauftrag wird zudem bei uns unter einer eigenen Reparaturnummer geführt.

Datenbankentwickler:

Welche weiteren Informationen neben dem Abschlussdatum sind für den Vertrag noch wichtig?

Auftraggeber:

Der Vertrag wird von einem Kunden und einem Mitarbeiter abgeschlossen. Der Vertrag basiert auf einem Tarif und betrifft immer genau ein Handy- oder Telefonmodell. Wenn ein Kunde mehrere Handys oder Telefone kaufen möchte, schließen wir auch mehrere Verträge ab. Neben dem Datum für den Vertragsabschluss ist die Vertragslaufzeit und die Rufnummer von Bedeutung.

Datenbankentwickler:

Bleiben noch die Bestellungen. Sollen neben dem Mitarbeiter, der eine Bestellung aufgenommen hat auch der Kunde, der die Bestellung aufgegeben hat, aus dem Datenbestand der Datenbank erkennbar sein?

Auftraggeber:

Ja! Die Bestellungen werden fortlaufend nummeriert. Zudem muss der Einkaufspreis, der Verkaufspreis und der Status der Bestellung gespeichert werden. Dabei zeigt der Bestellstatus an, ob etwa die Bestellung schon abgeschickt oder ob die Ware bereits eingetroffen ist.

Die Schwierigkeit für den Datenbankentwickler bei einem solchen Gespräch besteht darin, die richtigen Fragen zu stellen, um wirklich alle für den Datenbankentwurf notwendigen Informationen zu erhalten. Erst mit einiger Erfahrung und Routine wird das gelingen. Ein erfahrener Datenbankentwickler weiß, dass auch die Anzahlangaben bei Beziehungen von Bedeutung für das spätere Tabellenschema sind. Daher wird er auch Fragen wie die folgenden stellen:

Datenbankentwickler:

Betrifft eine Bestellung immer genau ein Gerät oder kann eine Bestellung auch mehrere Geräte umfassen?

Auftraggeber:

Mehrere!

Datenbankentwickler:

Wird mit der Reparatur eines defekten Gerätes immer genau ein Mitarbeiter beauftragt oder können auch mehrere Mitarbeiter die Reparatur durchführen?

Auftraggeber:

In der Regel einer. Es kann aber vorkommen, dass auch mehrere Mitarbeiter (nacheinander) die Reparatur durchführen.

Anforderungsliste erstellen

Der Datenbankentwickler muss alle zusammengetragenen Informationen auswerten und die wesentlichen Informationen in Form einer Anforderungsliste mit einfachen, leicht verständlichen Sätzen zusammenfassen. Diese Anforderungsliste bietet die Vorteile:

1. **Datenreduktion**
   auf entwurfsrelevante Informationen.
2. **Leicht verständlich**
   sowohl für den Auftragnehmer als auch für den Auftraggeber.
3. **Vertragsbasis.**
   Die Anforderungsliste bildet die vom Auftraggeber als auch vom Auftragnehmer akzeptierte Basis für die weitere Datenbankentwicklung.

Somit bietet die Anforderungsliste eine Absicherung für beide Vertragsparteien. Einerseits kann der Auftraggeber nicht umgesetzte Punkte der Anforderungsliste einfordern. Andererseits kann sich der Auftragnehmer vor unbezahlten Zusatzleistungen schützen, da alle über die Anforderungsliste hinausgehenden Wünsche zusätzlich in Rechnung gestellt werden können. In unserem Beispiel hat der Datenbankentwickler aus den schriftlichen Vorgaben des Auftraggebers und seinen Gesprächsnotizen folgende Anforderungsliste zusammengefasst.

Teil 1: Handlungssituationen

1.2 Telefonladen

Anforderungsliste[1]

1. Welche Kunden gibt es?
2. Bei dem Kunden müssen die Informationen Kundennummer, Anrede, Nachname, Vorname, Adresse, Geburtsdatum, Telefon, Fax, E-Mail und seine Bankverbindung gespeichert werden.
3. Welche Geschäftskunden gibt es?
4. Geschäftskunden sind Kunden mit den zusätzlichen Merkmalen Website (URL), Unternehmensform (GmbH, GBR, AG), Handelsregistereintrag.
5. Welche Hersteller (von Handys) gibt es?
6. Es muss nur der Name des Herstellers gespeichert werden.
7. Welche Modelle (Handymodelle) gibt es?
8. Bei einem Modell ist nur die Bezeichnung (Modellbezeichnung) wichtig.
9. Welcher Produzent produziert welches Modell?
10. Ein Hersteller produziert mehrere Modelle.
11. Ein Modell wird immer nur von einem Hersteller produziert.
12. Welche Anbieter (von Telefontarifen) gibt es?
13. Nur der Anbietername muss zum Anbieter gespeichert werden.
14. Welche Tarife (Handy-, Telefontarife) gibt es?
15. Nur die Bezeichnung des Tarifs ist von Bedeutung.
16. Welcher Anbieter bietet welchen Tarif an?
17. Ein Anbieter hat mehrere Tarife.
18. Einen bestimmten Tarif gibt es immer nur bei einem Anbieter.
19. Welche Mitarbeiter hat der Telefonladen?
20. Ein Mitarbeiterkürzel, der Nachname und der Vorname der Mitarbeiter muss gespeichert werden.
21. Welche Verträge gibt es?
22. Zu einem Vertrag muss das Vertragsabschlussdatum, die Laufzeit und die Rufnummer gespeichert werden.
23. Welcher Kunde schließt welchen Vertrag ab?
24. Ein Kunde kann mehrere Verträge abschließen.
25. Ein Vertrag wird immer nur von einem Kunden abgeschlossen.
26. Welches Modell ist Bestandteil welches Vertrages?
27. Ein bestimmtes Modell kann Bestandteil von mehreren Verträgen sein.
28. Einem Vertrag wird immer genau ein Modell zugeordnet!
29. Auf welchem Tarif basiert ein Vertrag?
30. Ein Tarif wird die Basis von mehreren Verträgen bilden.
31. Ein Vertrag basiert immer auf genau einem Tarif.
32. Welche Reparaturen (Reparaturaufträge) gibt es?
33. Zu jeder Reparatur müssen die Reparaturnummer, eine Fehlerbeschreibung, der Endpreis, der Reparaturbeginn und das Reparaturende gespeichert werden. Zudem muss in einem Merkmal gespeichert werden, ob sich das Gerät zur Reparatur beim Hersteller befindet.
34. Welcher Kunde gibt welche Reparatur in Auftrag?
35. Ein Kunde kann mehrere Reparaturen in Auftrag geben.
36. Eine bestimmte Reparatur wird immer von genau einem Kunden beauftragt.
37. Welche Reparatur betrifft welches Modell?
38. Eine Reparatur betrifft immer nur ein Modell.
39. Ein Modell kann (nacheinander) von mehreren Reparaturen betroffen sein.
40. Welcher Mitarbeiter nimmt welche Reparatur auf?
41. Ein Mitarbeiter nimmt mehrere Reparaturen auf.
42. Eine bestimmte Reparatur wird immer nur von einem Mitarbeiter aufgenommen.
43. Welche Mitarbeiter führen welche Reparatur durch?
44. Ein Mitarbeiter führt mehrere Reparaturen durch.
45. Eine Reparatur kann von mehreren Mitarbeitern durchgeführt werden.
46. Welche Bestellungen gibt es?
47. Bestellungen werden fortlaufend nummeriert. Zudem muss der Einkaufs-, und der Verkaufspreis sowie ein Status (bestellt, eingetroffen, ...) mitgeführt werden.
48. Welche Bestellung betrifft welches Modell?
49. Ein Bestellung kann mehrere Modelle betreffen.
50. Ein Modell kann Bestandteil von mehreren Bestellungen sein.
51. Abhängig von der Bestellung und dem bestellten Modell soll das Datum, an dem die Bestellung aufgegeben wurde, und das Datum, wann die Bestellung abgewickelt worden ist, gespeichert werden.
52. Welcher Kunde gibt welche Bestellung auf?
53. Ein Kunde kann mehrere Bestellungen aufgeben.
54. Eine Bestellung kann immer nur von einem Kunden aufgegeben werden.
55. Welcher Mitarbeiter nimmt welche Bestellung auf?
56. Ein Mitarbeiter wird mehrere Bestellungen aufnehmen.
57. Eine Bestellung wird immer nur von einem Mitarbeiter aufgenommen.

Diese Anforderungsliste wird mit dem Auftraggeber besprochen und muss von ihm als richtig und vollständig bestätigt werden. Oft fallen dabei noch vergessene Punkte auf. In einem solchen Fall muss die Anforde-

---

[1] Die Anforderungsliste wird häufig auch als Lastenheft bezeichnet.

Teil 1: Handlungssituationen

1.2 Telefonladen

rungsliste ergänzt und die Abstimmung mit dem Auftraggeber wiederholt werden. In dem konkreten Fall des Telefonladens fällt dem Auftraggeber noch ein, dass zwischen Festnetz- und Mobiltelefonverträgen unterschieden werden muss. Deshalb muss die Anforderungsliste um folgende Punkte ergänzt und dem Auftraggeber nochmals vorgelegt werden.

Anforderungsliste (Ergänzung)

58. Welche Festnetzverträge gibt es?
59. Festnetzverträge sind Verträge mit dem zusätzlichen Merkmal 'Festnetz-Kundenname'.
60. Welche Mobiltelefonverträge gibt es?
61. Mobiltelefonverträge sind Verträge mit dem zusätzlichen Merkmal 'Kartennummer'.

Datenanalyse

Bei der Datenanalyse werden aus der Anforderungsliste die Entitäten, Merkmale, Beziehungen und Anzahlangaben ermittelt.

Nomen oder Substantive einer Anforderungsliste kommen sehr häufig als Entitäten oder Merkmale für den Datenbankentwurf in Betracht. Dabei sind Entitäten Mengen gleichartiger Objekte während Merkmale lediglich der genaueren Beschreibung bzw. Charakterisierung dieser Objekten dienen. Bei der Bestimmung der für den Datenbankentwurf relevanten Nomen muss jedoch berücksichtigt werden,

1. dass sich Entitäten oder Merkmale auch aus Umschreibungen ergeben können.
   Die Formulierung „.... Bestellungen werden fortlaufend nummeriert ..." umschreibt das Merkmal 'Bestellnummer'. Der Punkt 47 der Anforderungsliste muss entsprechend umformuliert werden.

2. Nicht alle Nomen einer Anforderungsliste müssen für den Datenbankentwurf von Bedeutung sein.
   Im Punkt 19 der Anforderungsliste „Welche Mitarbeiter hat der Telefonladen?" ist das Nomen Telefonladen für den Datenbankentwurf unbedeutend, da dadurch zwar ein konkretes Objekt aber eben keine Menge gleichartiger Objekte und somit keine Entität beschrieben wird.

3. Unterschiedliche Nomen der Anforderungsliste können bedeutungsgleich sein und müssen zusammengefasst werden.
   In den Punkten 9 und 10 der Anforderungsliste ist sowohl vom 'Produzent' und als auch vom 'Hersteller' die Rede. Da in beiden Fällen dasselbe gemeint ist muss die Anforderungsliste so verändert werden, dass nur noch eine der beiden Bezeichnungen verwendet wird.

4. Dasselbe Nomen kann für unterschiedliche Sachverhalte verwendet werden.
   Das Nomen 'Bezeichnung' kommt in der Anforderungsliste in den Punkten 8 und 15 vor. In dem einen Fall ist die Modellbezeichnung eines Telefons, im anderen Fall aber die Bezeichnung eines Telefontarifes gemeint. Diese unterschiedlichen Bedeutungen dürfen bei der Datenanalyse nicht verloren gehen. Eine Umbenennung in ''Modellbezeichnung' und 'Tarifbezeichnung' gewährleistet die eindeutige Zuordnung.

5. Hinter einem einzelnen Nomen können sich mehrere Teilinformationen verbergen. Ein solches Nomen muss so ersetzt werden, dass jede Teilinformation durch ein eigenes Nomen umschrieben wird.
   Im Punkt 2 der Anforderungsliste ist von 'Adresse' und 'Bankverbindung' der Kunden die Rede. Hinter diesen beiden Bezeichnungen verbergen sich weitere Teilinformationen. Das Nomen 'Adresse' muss durch die Nomen: 'Straße', 'PLZ', 'Ort' und das Nomen 'Bankverbindung' durch die Nomen: 'Geldinstitut', 'Bankleitzahl' und 'Kontonummer' ersetzt werden.

Aus der Menge der bei diesem Prozess der Nominalextraktion aus der Anforderungsliste extrahierten Nomen können anschließend die Entitäten und Merkmale bestimmt werden.

- **Entitäten**: Nomen, die Mengen von gleichartigen aber unterscheidbaren Objekten bezeichnen, wie 'Kunde' oder 'Vertrag', die außerdem durch weitere Merkmale wie 'Nachname' oder 'Laufzeit' genauer bestimmt werden, sind Kandidaten für Entitäten.
  Entitäten: Bestellung, Reparatur, Anbieter, Hersteller, Tarif, Modell, Mitarbeiter, Vertrag, Festnetzvertrag, Mobiltelefonvertrag, Kunde, Geschäftskunde

- **Merkmale**: Nomen, die lediglich ein Objekt wie einen 'Mitarbeiter' genauer beschreiben wie die Nomen 'Name' oder 'Kürzel' und die selbst keine eigenen Merkmale besitzen, sind mit ziemlicher Sicherheit Merkmale.
  Merkmale der Entität Mitarbeiter: Kürzel, Vorname, Nachname

Beziehungen beschreiben den Zusammenhang zwischen einzelnen Objekten unterschiedlicher Entitäten. Bei der Datenanalyse müssen auch die Beziehungen aus der Anforderungsliste bestimmt werden. Verben in den Formulierungen deuten oft auf Beziehungen hin.
Das Verb 'abschließen' in dem Punkt 23 der Anforderungsliste „Welcher Kunde schließt welchen Vertrag ab?" spiegelt eine Beziehung zwischen den Entitäten 'Kunde' und 'Vertrag' wieder.

Nachdem die Entitäten und Beziehungen bestimmt worden sind, kann ein vorläufiges ER-Modell erstellt werden. Die weitere Datenanalyse wie das Festlegen der Anzahlangaben sollte parallel zur ER-Modell-Erstellung erfolgen.

Teil 1: Handlungssituationen

1.2 Telefonladen

ER-Modell erstellen

Das ER-Modell dient zur Unterstützung und Visualisierung der Datenanalyse. Entitäten (Mengen gleichartiger Objekte wie z.B. 'Kunden' oder 'Vertrag') und deren Beziehungen zueinander (z.B. 'abschließen' als Beziehung zwischen den Entitäten 'Kunde' und 'Vertrag'), werden in einem ER-Modell wie folgt dargestellt.

In diesem vorläufigen ER-Modell sind die bereits bei der Nominalextraktion ermittelten Merkmale noch nicht enthalten. Auch die Anzahlangaben sind noch nicht festgelegt worden. Diese Angaben müssen ebenfalls aus der Anforderungsliste abgeleitet werden. So lassen sich die Anzahlangabe der Beziehung 'abschließen' zwischen den Entitäten 'Kunde' und 'Vertrag' aus den Angaben

- „ein Vertrag wird immer von genau einem Kunden abgeschlossen" und
- „ein Kunde kann mehrere Verträge abschließen"

bestimmen. Diese zusätzlichen Informationen werden im ER-Modell ergänzt.

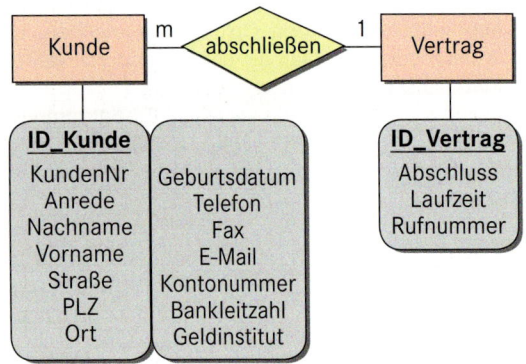

Eine besondere Form der Beziehung ist die Generalisierung/Spezialisierung, die ein „ist-ein"-Beziehungsverhältnis zwischen Entitäten darstellt. In dem Telefonladen-Beispiel tritt diese Beziehung zwischen den Entitäten 'Vertrag', 'Festnetzvertrag' und 'Mobiltelefonvertrag' auf. Dabei ist 'Vertrag' die generelle Entität, die alle Gemeinsamkeiten der spezielleren Entitäten 'Festnetzvertrag' und 'Mobiltelefonvertrag' zusammenfasst. Bei der späteren Umsetzung einer solchen Generalisierung/Spezialisierung ist auch die Generalisierungsart wichtig. Bei einer disjunkten Generalisierung/Spezialisierung sollte ein zusätzliches Merkmal 'Kategorie' eingeführt und in das ER Modell aufgenommen werden.

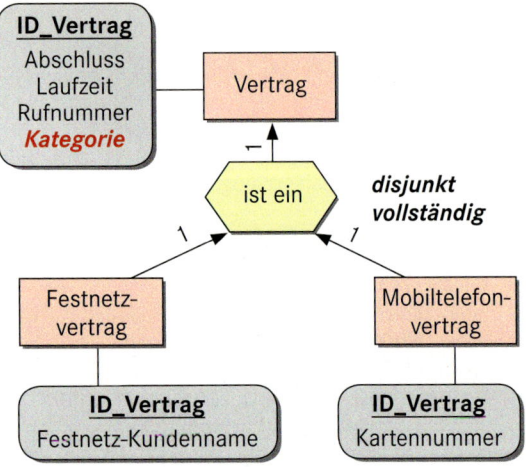

Das ER-Modell zu der Anforderungsliste für den Telefonladen mitsamt den Ergänzungen ist auf der folgenden Seite zu sehen. Erst wenn der Auftraggeber sowohl die Anforderungsliste als auch das zugehörige ER-Modell akzeptiert, d.h. die Richtigkeit und Vollständigkeit gegengezeichnet hat, sollte mit dem Datenbankentwurf fortgefahren werden.

Integration und Abstimmung

In der Regel wird man eine neue Datenbank nicht „auf der grünen Wiese" planen und entwickeln können. Der Normalfall wird sein, dass die Datenbankanwendung in ein bestehendes System aus betrieblichen Informationsquellen und Datenbanken integriert werden muss. Im günstigsten Fall können die Datenbestände existierender Systeme durch geeignete Schnittstellen wie ODBC/JDBC direkt in eine neue Datenbankanwendung integriert werden. Besteht diese Möglichkeit nicht, so muss zur Synchronisation zumindest ein automatischer Datenabgleich zwischen den Systemen stattfinden. Die Integration und Abstimmung neuer Datenbankanwendungen wirft somit folgende Fragen auf.

- Wie kann eine neue Datenbankanwendung mit bereits vorhandenen Daten bestehender Systeme automatisiert gefüllt werden?
- Welche Schnittstellen zur Synchronisation von Datenbeständen zwischen neuen und bereits existierenden Datenbankanwendungen gibt es?
- Können Teile oder ganze Tabellen aus einer anderen Datenbank in die neue Datenbankanwendung integriert werden?

Beim Telefonladen gibt es lediglich die Möglichkeit die Daten über Tarifanbieter und deren Telefontarife sowie die Daten der Handyhersteller und deren Modelle mit Internetdatenbanken automatisiert abzugleichen. Eine direkte Einbettung der Internetdaten bzw. der Tabellen in das neue System ist leider nicht möglich.

Teil 1: Handlungssituationen
1.2 Telefonladen

ER-Modell Telefonladen

Teil 1: Handlungssituationen

1.2 Telefonladen

1.2.2 Umsetzungsphase

In der Umsetzungsphase geht es in erster Linie darum, das bei der Datenanalyse entwickelte ER-Modell in das Tabellenschema zu überführen. Neben diesem wesentlichen Arbeitsschritt gehört auch noch die Kontrolle des Tabellenschemas mit Hilfe der Normalformen, das Festlegen von referentiellen Integritäten und das Bestimmen von Konsistenzbedingungen zu den Aufgaben, die während der Umsetzungsphase ausgeführt werden müssen.

Tabellenschema erstellen

Ausgehend von einem ER-Modell können mit Hilfe von „Übersetzungsregeln" die zugehörigen Datenbanktabellen sehr einfach bestimmt werden.
Eine dieser Regeln besagt, dass jede Entität mitsamt ihrer Merkmale durch eine eigene Tabelle dargestellt werden muss. Aber auch m:m-Beziehungen, das sind Beziehungen, die auf beiden Verbindungslinien zu den zugehörigen Entitäten eine Anzahlangabe vom Typ 'm' stehen haben, benötigen bei der Umsetzung eigene Beziehungstabellen. Das ER-Modell des Telefonladens hat zwölf Entitäten und zwei m:m-Beziehungen. Daher werden vierzehn Tabellen für die Umsetzung benötigt.

Tabellenzusammenhang

Die Informationen werden durch den Datenbankentwurf auf mehrere Tabellen verteilt. Diese „Zerstückelung" der Daten ist notwendig, um die Informationen ohne Redundanzen, also ohne ständige Wiederholung, speichern zu können. Um aus einem Tabellenschema alle notwendigen Informationen wieder auslesen zu können, müssen die Tabellen in Beziehung gesetzt werden. Dies geschieht durch die Gleichsetzung der zugehörigen ID_Werte. Dafür wird das Schlüsselmerkmal einer Tabelle als Fremdschlüssel in einer anderen Tabelle aufgenommen. Beispielsweise taucht der Schlüssel 'ID_Reparatur' der Tabelle 'Reparatur' als Fremdschlüssel in der Tabelle 'durchführen' wieder auf. In einer solchen Beziehungstabelle wird der neue Schlüssel aus der Kombination der beiden Fremdschlüssel, hier 'ID_Mitarbeiter' und 'ID_Reparatur', gebildet. Aus dem Zusammenhang zwischen diesen beiden Werten kann so die Information abgeleitet werden: „Welcher Mitarbeiter führt welche Reparatur durch?". Bei den angegebenen Beispieldaten wird somit der Reparaturauftrag mit 'ID_Reparatur' = 1 von den Mitarbeitern mit 'ID_Mitarbeiter' = 2 und 'ID_Mitarbeiter' = 3 durchgeführt.

Beziehungen wie etwa die Beziehung 'betreffen' können ebenfalls Merkmale besitzen, die gemäß einfacher Überführungsregeln auf das Tabellenschema übertragen werden können (Siehe Tabelle 'betreffen' Seite 21).

Vertrag

ID_Vertrag	Abschluss	Laufzeit	Rufnummer	Kategorie	ID_Mitarbeiter	ID_Tarif	ID_Modell	ID_Kunde
1	01.03.2009	24 Mon.	0293265876	Festnetz	1	1	3	1
2	01.10.2011	12 Mon.	0160148178	Mobilfunknetz	2	1	2	2

'ID_Mitarbeiter' realisiert die Beziehung 'abschließen'.
'ID_Tarif' realisiert die Beziehung 'basieren'.
'ID_Modell' realisiert die Beziehung 'beinhalten'.
'ID_Kunde' realisiert die Beziehung 'abschließen'.

Festnetzvertrag

ID_Vertrag	Festnetz-Kundenname
1	K-27101999-nrw

Mobiltelefonvertrag

ID_Vertrag	Kartennummer
2	705075357959

Reparatur

ID_Reparatur	Reparatur Nummer	Fehlerbeschreibung	Endpreis	Reparaturbeginn	Reparaturende	Garantiefall	Beim Hersteller	ID_Mitarbeiter	ID_Kunde	ID_Modell
1	R537	Taste klemmt	57 €	25.03.2012	03.04.2012	Ja	Nein	1	3	3

'ID_Mitarbeiter' realisiert die Beziehung 'aufnehmen'.
'ID_Kunde' realisiert die Beziehung 'aufgeben'.
'ID_Modell' realisiert die Beziehung 'betreffen'.

durchführen

ID_Mitarbeiter	ID-Reparatur
2	1
3	1

m:m-Beziehung zwischen 'Mitarbeiter' und 'Reparatur'

Mitarbeiter

ID_Mitarbeiter	Kürzel	Nachname	Vorname
1	MEI	Meier	Klaus
2	SHU	Schulte	Eva
3	KLE	Klein	Ernst

Teil 1: Handlungssituationen
1.2 Telefonladen

Bestellung

ID_Vertrag	Bestellnummer	Einkaufspreis	Verkaufspreis	Status	ID_Mitarbeiter	ID_Kunde
1	Spe 13-1	780	850	bestellt	2	2

'ID_Mitarbeiter' realisiert die Beziehung 'aufnehmen'.
'ID_Kunde' realisiert die Beziehung 'aufgeben'.

betreffen

ID_Bestellung	ID_Modell	Datum Bestellung aufgenommen	Datum Bestellung abgewickelt
1	1	01.05.2011	15.05.2011
1	2	01.05.2011	15.05.2011

m:m-Beziehung zwischen 'Bestellung' und 'Modell'.

Kunde

ID_Kunde	Kundennummer	Anrede	Nachname	Vorname	Straße	PLZ	Ort	Geburtsdatum	...
1	Mue 12	Frau	Müller	Silke	Finkenweg 5	89078	Ulm	1.05.1975	
2	Spe 13	Herr	Specht	Uwe	Buchenallee 58	24140	Kiel	3.07.1988	

...	Telefon	Fax	E-Mail	Kontonummer	Bankleitzahl	Geldinstitut	**Kategorie**
	017025625	-		983 672 154	288 786 77	Volksbank Ulm	privat
	017054384	04314265	info@specht.de	164 254 867	876 768 66	Sparkasse Kiel	gesch.

Geschäftskunde

ID_Kunde	Website	Unternehmensform	Handelsregistereintrag
2	www.specht.de	GmbH	Specht GmbH Kiel

Tarif

ID_Tarif	Bezeichnung	ID_Anbieter
1	Surf and Fun	1
2	Free and Easy	1

'ID_Anbieter' realisiert die Beziehung 'anbieten'.

Modell

ID_Modell	Bezeichnung	ID_Hersteller
1	iPhone	1
2	620 Navigator	2
3	Gigaset 529	3

'ID_Hersteller' realisiert die Beziehung 'produzieren'.

Hersteller

ID_Hersteller	Name
1	Apple
2	Nokia
3	Siemens

Anbieter

ID_Anbieter	Name
1	Telekom

Normalformen

Bevor die Tabellen auf einem relationalen Datenbankmanagementsystem (RDBMS) erzeugt werden, sollte man die Tabellen mit Hilfe der Normalformen auf ihre Richtigkeit kontrollieren. Insbesondere bei Beziehungen, denen Merkmale zugeordnet werden, kann es zu Fehlern kommen, die erst durch die Überprüfung mittels der Normalformen auffallen und behoben werden können.

In dem Beispiel des Telefonladens wurden der Beziehung 'betreffen' die beiden Merkmale 'Datum Bestellung aufgenommen' und 'Datum Bestellung abgewickelt' zugeordnet. Daher wird im Folgenden nur die Beziehungstabelle 'betreffen' genauer untersucht.

Zunächst werden weitere aussagekräftige Beispieldatensätze in die Tabelle eingefügt.

Teil 1: Handlungssituationen
1.2 Telefonladen

betreffen

ID_Bestellung	ID_Modell	Datum Bestellung aufgenommen	Datum Bestellung abgewickelt
1	1	01.05.2011	15.05.2011
1	2	01.05.2011	15.05.2011
2	1	12.12.2010	23.12.2010
2	2	12.12.2010	23.12.2010

m:m-Beziehung zwischen 'Bestellung' und 'Modell'.

Auffällig ist, dass sich die Werte der Merkmale 'Datum Bestellung aufgenommen' und 'Datum Bestellung abgewickelt', völlig unabgängig von dem Wert des Merkmals 'ID_Modell' immer nur dann ändern, wenn sich auch der Wert des Merkmals 'ID_Bestellung' verändert.
Das Merkmal 'ID_Bestellung' bestimmt somit den Wert von 'Datum Bestellung aufgenommen' und 'Datum Bestellung abgewickelt'.

Beispiel funktionale Abhängigkeit

Beispielsweise ist immer dann, wenn der Wert von 'ID_Bestellung' gleich '1' ist, der Wert von 'Datum Bestellung aufgenommen' gleich '01.05.2011'. Man sagt auch: Das Merkmal 'Datum Bestellung aufgenommen' ist funktional abhängig vom Merkmal 'ID_Bestellung'.

Die hier beschriebenen funktionalen Abhängigkeiten widersprechen der zweiten Normalform (2.NF). Diese verlangt, dass alle Nichtschlüsselmerkmale (das sind die nicht unterstrichenen Merkmale 'Datum Bestellung aufgenommen' und 'Datum Bestellung abgewickelt') nur vom zusammengesetzten Schlüssel (das entspricht der Kombination aus den Merkmalen 'ID_Bestellung' und 'ID_Modell') funktional abhängig sein dürfen, nicht aber von einem Teilschlüssel (wie hier vom Teilschlüssel 'ID_Bestellung'). Deshalb müssen die beiden Merkmale 'Datum Bestellung aufgenommen' und 'Datum Bestellung abgewickelt' aus der Tabelle 'betreffen' entfernt und in eine neue oder bereits existierende Tabelle überführt werden. In diesem Fall können die beiden Merkmale sinnvoll und ohne Verletzung der Normalformen der Tabelle 'Bestellung' zugeordnet werden.

betreffen

ID_Bestellung	ID_Modell

Bestellung

ID_Bestellung	Bestellnummer	Einkaufspreis	...
...	Verkaufspreis	Status	ID_Mitarbeiter	...
...	ID_Kunde	ID_Modell	Datum Bestellung aufgenommen	Datum Bestellung abgewickelt

Neben der ersten und der zweiten Normalform sollen die Tabellen auch auf transitive Abhängigkeiten hin untersucht werden. Nur wenn keine transitiven Abhängigkeiten in den Tabellen auftreten, ist auch die dritte Normalform erfüllt. Erst dann kann garantiert werden, dass in den Nichtschlüsselmerkmalen einer Tabelle keine Redundanzen und somit auch keine Anomalien mehr auftreten können.

Tabellen anlegen

Nachdem das Tabellenschema erstellt und überprüft worden ist, kann dieses auf einem RDBMS angelegt werden. Die Hersteller von relationalen Datenbankmanagementsystemen (RDBMS) bieten sehr unterschiedliche Administrationswerkzeuge an, mit denen Datenbanken und Tabellen erzeugt, aber auch viele weitere administrative Aufgaben erledigt werden können.

Da die Abfrage- und Manipulationssprache SQL ein zentraler Bestandteil eines jeden RDBMS ist, besteht in jedem Fall die Möglichkeit das Erzeugen von Tabellen über SQL zu realisieren. Um beispielsweise die Tabelle 'Mitarbeiter' des Telefonladens auf dem RDBMS MySQL zu erzeugen, kann diese SQL-Anweisung ausgeführt werden:

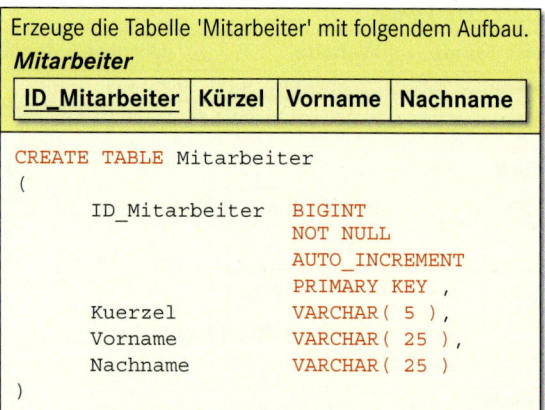

Dabei bildet das Merkmal 'ID_Mitarbeiter' den Schlüssel der Tabelle. Daher wird dieses Merkmal als PRIMARY KEY festgelegt, dessen Datenfeldwerte automatisch generiert und niemals NULL werden dürfen.

BIGINT ist ein Datentyp, der das Abspeichern sehr großer ganzer Zahlen ermöglicht. Bei der Wahl des Datentyps VARCHAR(25) bzw. VARCHAR(5) für die Merkmale 'Vorname' und 'Nachname' bzw. 'Kürzel' wurde davon ausgegangen, dass nicht mehr als 25 bzw. 5 Zeichen zum Speichern der entsprechenden Werte benötigt werden. Bei der Wahl der Datentypen spielten bereits Überlegungen zur Festlegung von Konsistenzbedingungen eine Rolle.

Referentielle Integrität

Beim Datenbankentwurf wird versucht die Daten und Informationen redundanzfrei in einem Tabellenschema abzuspeichern. Das hat zur Folge, dass die Daten „zerstückelt" und auf mehrere Tabellen verteilt werden müssen. Die einzelnen Tabellen stehen miteinander über Schlüssel und Fremdschlüssel in Beziehung. Beispielsweise muss zu jedem Datensatz in der Tabelle 'Modell' auch die zugehörige Hersteller-ID des Modellherstellers eingetragen werden. Dadurch kann die Verbindung von der Tabelle 'Hersteller' auf die Tabelle 'Modell' nachvollzogen werden. Die Hersteller-ID in der Tabelle 'Modell' ist lediglich eine Referenz, ein Verweis auf den zugehörigen Datensatz in der Tabelle 'Hersteller'.

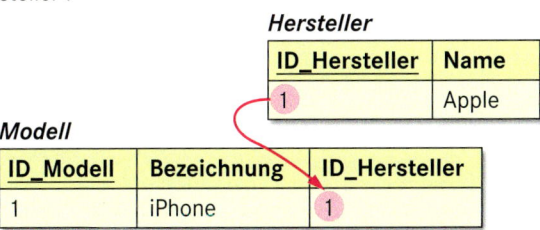

Bei den beiden Tabellen 'Modell' und 'Hersteller' sollte man das Löschen eines Herstellerdatensatzes erst dann erlauben, wenn kein Modelldatensatz mehr auf ihn verweist. Andernfalls würden Referenzen in der Tabelle 'Modell' zurückbleiben, zu denen kein passender Herstellerdatensatz mehr existiert. Dadurch kann die Integrität (lat. integritas 'Unversehrtheit') der Referenzen sichergestellt werden. Dieser beschriebene Zusammenhang entspricht der Forderung nach referenzieller Integrität ohne Löschweitergabe zwischen den Tabellen 'Modell' und 'Hersteller'.

Weitere referenzielle Integritäten OHNE Löschweitergabe zwischen den Tabellen sind:

- Modell und Hersteller (produzieren)
- Modell und Vertrag (beinhalten)
- Modell und Reparatur (betreffen)
- Kunde und Reparatur (aufgeben)
- Kunde und Bestellung (aufgeben)
- Kunde und Vertrag (abschließen)
- Mitarbeiter und Vertrag (abschließen)
- Mitarbeiter und Reparatur (aufnehmen)
- Mitarbeiter und Bestellung (aufnehmen)
- Anbieter und Tarife (anbieten)
- Tarif und Vertrag (basieren)

Bei der referentiellen Integrität mit Löschweitergabe wird das Löschen eines Datensatzes auf jeden Fall zugelassen. Sollte es noch davon abhängige Datensätze in anderen Tabellen geben, werden diese ebenfalls gelöscht. Diese Art der referentiellen Integrität ist immer dann sinnvoll, wenn der zurückbleibende Datensatz ohne die zugehörige Referenz völlig bedeutungslos wird. Dies ist bei allen Beziehungstabellen und Generalisierungen der Fall.

Referenzielle Integrität MIT Löschweitergabe zwischen den Tabellen:

- Modell und betreffen (Beziehungstabelle)
- Bestellung und betreffen (Beziehungstabelle)
- Mitarbeiter und durchführen (Beziehungstabelle)
- Reparatur und durchführen (Beziehungstabelle)
- Vertrag und Festnetz (Generalisierung)
- Vertrag und Mobiltelefon (Generalisierung)
- Kunde und Geschäftskunde (Generalisierung)

Das Einhalten der referentiellen Integrität kann bei vielen RDBMS direkt beim Erstellen der Tabellen eingestellt und dadurch erzwungen werden. Eine andere Möglichkeit der Überprüfung der referentiellen Integrität besteht darin, in einer selbstentwickelten Datenbankanwendung die Kontrolle der referentiellen Integrität eigenständig zu programmieren.

Konsistenzbedingungen

Für viele Merkmale gibt es Bedingungen, die bei der Dateneingabe zu beachten sind. Beispielsweise sind Postleitzahlen (zumindest in Deutschland) immer fünfstellig und dürfen keine Buchstaben enthalten. Derartige Bedingungen werden als Konsistenzbedingungen bezeichnet. Ein anderes Beispiel für eine Konsistenzbedingung ist, dass in der Tabelle 'Reparatur' das Datum 'Reparaturbeginn' natürlich zeitlich vor dem Datum 'Reparaturende' liegen muss.

Beispiele für Konsistenzbedingungen in der Telefon-Datenbank sind:

- Der Reparaturbeginn muss zeitlich vor dem Reparaturende liegen.
- Der Einkaufspreis muss kleiner als der Verkaufspreis sein.
- Die Aufnahme einer Bestellung muss zeitlich vor der Bestellabwicklung liegen.
- Bei den Verträgen darf das Merkmal 'Kategorie' nur die Werte 'Festnetz' und 'Mobilfunknetz' annehmen.
- Bei den Kunden darf das Merkmal 'Kategorie' nur die Werte 'privat' und 'geschäftlich' annehmen.
- Die Merkmale 'Kontonummer', 'Bankleitzahl', 'Telefonnummer' und 'Faxnummer' dürfen keine Buchstaben enthalten.
- Bei den Kunden sind die Merkmale 'Kundennummer', 'Nachname', 'Vorname', 'Straße', 'PLZ' und 'Ort' zwingend anzugeben (Pflichtfelder im Eingabeformular).
- Einem Vertrag muss zwingend ein Kunde zugeordnet werden, ebenso müssen die Merkmale 'Abschluss' und 'Laufzeit' eines Vertrages zwingend angegeben werden.
- Die Unternehmensform muss einen der fest vorgegebenen Werte GmbH, GbR, AG annehmen.

Teil 1: Handlungssituationen

1.2 Telefonladen

Einige Konsistenzbedingungen lassen sich bereits durch die Wahl des richtigen Datentyps bei der Erstellung der Tabellen umsetzen. Wählt man für die Definition des Merkmals PLZ den Datentyp VARCHAR (5), so lassen sich maximal 5 Zeichen für eine PLZ eingeben. Andere Konsistenzbedingungen, wie etwa die Kontrolle der richtigen zeitlichen Reihenfolge bei Datums- oder Zeitangaben, müssen vom Datenbankentwickler in die Datenbankanwendung explizit hineinprogrammiert werden.

> **Anmerkung**
>
> Wichtig ist, dass man die Konsistenzbedingungen nicht zu eng wählt. Lieber eine eigentlich unzulässige Eingabe akzeptieren, als eine evtl. außergewöhnliche, aber zulässige Eingabe zu verhindern.
>
> Beispielsweise kann eine Überprüfung von PLZ-Werten auf genau 5 Stellen bei gleichzeitiger Kontrolle auf nur Zahlenwerte sehr hinderlich sein, wenn auch ausländische Adressen gespeichert werden sollen.

1.2.3 Benutzerschnittstelle

Viele RDBMS-Hersteller bieten die Möglichkeit mit herstellerspezifischen Tools ein Benutzerfrontend zu einer Datenbasis zu erstellen. Alternativ kann ein Benutzerfrontend auch in einer höheren Programmiersprache wie C++ oder Java geschrieben und der Datenbankzugriff über Schnittstellen wie ODBC/JDBC (Open / Java Database Connectivity; offene Datenbankverbindungsmöglichkeit) realisiert werden.

Die Datenbank des Telefonladens soll als webbasierte Anwendung realisiert werden, um so sehr flexibel jederzeit über das Internet auf die Datenbankanwendung zugreifen zu können. Der Datenbankentwickler entscheidet sich für LAMP (Linux, Apache, MySQL, PHP) als Grundlage der Webanwendung, da LAMP eine sehr kostengünstige, sichere und ausgereifte Basis für Webanwendungen ist. Wie auch bei XAMPP oder WAMP Systemen (die im Vergleich zum LAMP-System entweder Lizenzkosten verursachen oder unsicherer sind) wird dabei die Skriptsprache PHP (als Modul des Apache Webservers) verwendet, um über SQL-Anfragen mit dem RDBMS MySQL-Daten auszutauschen. Die Abfrageergebnisse der Datenbankabfragen werden dann mit PHP serverseitig so aufbereitet, dass reine HTML-Seiten entstehen, die an den Web-Client (Browser) als Antwort versendet werden.

Wie der prinzipielle Datenbankzugriff und das Zusammenspiel der verschiedenen LAMP-Komponenten bei einer Webanwendung basierend auf PHP aussehen kann, wird an dem Beispiel der Tabelle 'Mitarbeiter' aus der Telefonladen-Datenbank gezeigt. Dabei wird auf die Aspekte der referentiellen Integritäten, Konsistenzbedingungen und Sicherheit **KEINE** Rücksicht genommen, um die Verständlichkeit des Beispiels zu gewährleisten.

HTML-Formular

Beispielhaft soll ein HTML-Formular generiert werden, mit dem das Einfügen neuer Mitarbeiter in die Telefonladen-Datenbank ermöglicht wird. Die Mitarbeitermerkmale 'Kürzel', 'Vorname' und 'Nachname' müssen über das HTML-Formular eingegeben werden können. Der Schlüssel 'ID_Mitarbeiter' ist nur eine datenbankinterne Identifikationsnummer, die automatisiert generiert wird.

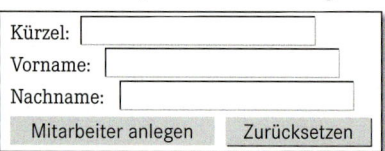

Der zugehörige Quelltext zu diesem Formular:

```
                HTML-Eingabeformular
               Dateiname: „mitarbeiter.html"

<html>
 <body>
<!-- Formulardefinition -->
  <form
    action    = 'mitarbeiter.php'
    method    = 'post'>
<!-- Texteingaben -->
    Kürzel:
    <input
      type    = 'text'
      name    = 'kuerzel'>   <br>
    Vorname:
    <input
      type    = 'text'
      name    = 'vorname'>   <br>
    Nachname:
    <input
      type    = 'text'
      name    = 'nachname'>  <br>
<!-- Schalter -->
    <input
      type    = 'submit'
      name    = 'ok'
      value   = 'Mitarbeiter anlegen'>
    <input
      type    = 'reset'
      name    = 'zurueck'
      value   = 'Zurücksetzen'>
  </form>
 </body>
</html>
```

Die Formulardefinition ...

```
<form
  action  = 'mitarbeiter.php'
  method  = 'post'>
```

... sorgt dafür, dass die Datei 'mitarbeiter.php' aufgerufen wird, sobald der submit-Schalter 'Mitarbeiter anlegen' gedrückt wird.

Teil 1: Handlungssituationen
1.2 Telefonladen

PHP-Skript

In der Datei 'mitarbeiter.php' befindet sich ein PHP-Skript, das

- die übergebenen Variablen 'kuerzel', 'vorname', 'nachname' ausliest,
- diese dann zu einer SQL-Anweisung zusammensetzt,
- die Verbindung zur Datenbank 'Telefon_Laden' aufbaut,
- die SQL-Anweisung (Datensatz einfügen) auf der Datenbank ausführt und
- die Verbindung zur Datenbank wieder schließt.

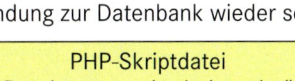

```
                  PHP-Skriptdatei
              Dateiname: „mitarbeiter.php"

<?php         //PHP-Skript beginnt

//Auslesen der übergebenen Variablen
$kuerzel   =$_POST["kuerzel"];
$vorname   =$_POST["vorname"];
$nachname  =$_POST["nachname"];

//SQL-Anweisung erstellen
$sql = "   INSERT INTO Mitarbeiter
           (Kuerzel, Vorname, Nachname)
           VALUES ('$kuerzel','$vorname',
           '$nachname');";

//Verbindung zur Datenbank aufbauen
$dbServer     = 'localhost';
$dbName       = 'Telefon_Laden';
$dbUser       = 'Datenbankbenutzer';
$dbPasswort   = 'Ein_tolles_Passwort';

$dbh =       mysql_connect ($dbServer,
             $dbUser, $dbPasswort)
        or die ('Fehler bei CONNECT');
mysql_select_db ($dbName, $dbh)
        or die ('Fehler bei SELECT_DB');

//SQL-Anweisung auf DB ausführen
mysql_query ($sql, $dbh)
        or die ('Fehler bei QUERY');

//Datenbankverbindung abbauen
mysql_close($dbh);

?>            // Ende des PHP-Skriptes
```

Anmerkung

- Dieses Beispiel setzt einen korrekt installierten und konfigurierten Webserver voraus, der PHP-Skripte interpretieren kann. (XAMPP oder LAMP)
- Benutzereingaben sollte man übrigens keinesfalls, wie hier gezeigt, ungeprüft in ein SQL-Statement einbauen, da diese sonst einem böswilligen Anwender 'SQL-Inclusions' ermöglichen!

Mit dem Erstellen der Benutzerschnittstelle ist auch die Umsetzungsphase des Datenbankentwicklungsprozesses abgeschlossen.

1.2.4 Testphase/Optimierungsphase

Nach Abschluss der Umsetzungsphase muss in der Testphase die Benutzerschnittstelle mit Hilfe von Testdaten auf Korrektheit überprüft werden. In der Regel kann davon ausgegangen werden, dass das verwendete RDBMS und auch das Tabellenschema (nach einem ER-Modell gestützten Datenbankentwurf und anschließender Überprüfung mittels Normalformen) fehlerfrei ist. Deshalb reduziert sich die Testphase im Wesentlichen auf die Kontrolle der verwendeten SQL-Abfragen und der Überprüfung der PHP-Skripte. Diese Tests können mit den in der Softwareentwicklung üblichen Testverfahren durchgeführt werden. Erst nach der Testphase, parallel zum Betrieb der Datenbank, schließt sich die Optimierungsphase an. Die Optimierungsphase dient dazu, die Zugriffszeiten für Datenbankzugriffe zu verbessern.

Zugriffsanalyse

Bei der Zugriffsanalyse wird die Art und die Häufigkeit von Zugriffen auf bestimmte Merkmale oder ganze Tabellen ermittelt. Dies kann mit Triggern erfolgen. Ein Trigger ist mit einer Tabelle verbunden und wird aktiviert, wenn für diese Tabelle ein bestimmtes Ereignis eintritt. Trigger können über SQL-Anweisungen erzeugt und gelöscht werden.

```
CREATE TRIGGER Trigger1 BEFORE INSERT
ON Mitarbeiter ...Anweisung...
```

Diese Anweisung erzeugt in einer MySQL-Datenbank einen Trigger mit Namen „Trigger1", der vor einer Einfügeoperation in die Tabelle 'Mitarbeiter' aktiv wird. So lassen sich Informationen über die Zugriffsart und Zugriffshäufigkeit auf die Tabelle 'Mitarbeiter' sammeln.

Zugriffsoptimierung

Sollte sich bei der Analyse herausstellen, dass auf bestimmte Merkmale besonders häufig zugegriffen wird, kann die Zugriffsgeschwindigkeit durch die Einrichtung eines Sekundärindex auf diese Merkmale erhöht werden. So kann beispielsweise die Speicherstruktur B*-Baum, als Sekundärindex auf das Merkmal 'Nachname' der Tabelle 'Kunde' angelegt werden. Lesende Zugriffe auf Kundennachnamen werden so deutlich beschleunigt. Auch solche Indizes können über SQL-Anweisungen eingerichtet werden.

```
Erzeuge den Sekundärindex „Nachname_index"
mit der Datenstruktur B*-Baum auf das Merkmal
     „Nachname" der Tabelle „Mitarbeiter".

CREATE INDEX Nachname_index USING BTREE
ON Kunde (Nachname);
```

Ein Sekundärindex ist zwar bezogen auf lesende Zugriffe eine Zugriffsoptimierung, aber Schreib- oder Änderungsoperationen werden dadurch verlangsamt.

25

Teil 2: Informationen

2 Einführung

Informationen

2 Einführung

2.1 Bedeutung des DB-Entwurfes

Der Datenbankentwurf ist für eine datenbankgestützte Anwendung wie die Entwurfsplanung (Statik, Bauplan etc.) für ein zu bauendes Haus. In beiden Fällen kann bei falscher Planung das Gesamtsystem wie ein Kartenhaus zusammenfallen. Wenn die Statik nicht stimmt, nutzt es gar nichts, wenn man die teuersten Dachziegel für das Haus verwendet! Es bleibt einsturzgefährdet. Genauso nützt die tollste grafische Oberfläche einer datenbankgestützten Anwendung nichts, wenn der zugehörige Datenbankentwurf nicht korrekt durchgeführt worden ist. So eine Anwendung wird den Benutzer früher oder später zur Verzweiflung bringen.

Dennoch wird dem Datenbankentwurf allzu oft nur geringe Bedeutung beigemessen, da die Schwächen einer Anwendung im Entwurfsbereich sicherlich nicht so schnell auffallen wie Unschönheiten bei der Gestaltung einer grafischen Oberfläche.

In diesem zweiten Kapitel werden deshalb anhand eines Beispiels einige Problemstellungen und die Notwendigkeit eines konzeptionellen Datenbankentwurfs aufgezeigt.

2.2 Eine erste Tabelle

Im folgenden Beispiel, sollen zunächst zu allen Schülern einer Schule Daten erhoben werden. Zu diesen Daten gehören der 'Nachname' und der 'Vorname' eines Schülers. Um einem Schüler Post zustellen oder ihn anrufen zu können, müssen noch 'Straße', 'PLZ', 'Ort' und die 'Telefonnummer' gespeichert werden. Auch das 'Alter' des Schülers ist von Interesse. (Sicherlich gibt es noch vieles mehr, was an Daten zu einem Schüler erhoben werden könnte, z.B. welche Noten er hat, in welcher Klasse er ist, usw. Für das einführende Beispiel soll die obige Datenmenge reichen.)

Erste handschriftliche Tabelle

Eine fast selbstverständliche Möglichkeit die Daten handschriftlich zu notieren besteht darin, eine Tabelle anzulegen, in die die Daten dann eingetragen werden. Diese erste Tabelle könnte folgendes Aussehen haben:

Schüler

Name	Adresse	Tel.	Alter
Ernst, Uwe	Weg 1; 51111 Köln	98765	14
Müller, Kai	89077 Ulm; Straße 2	87654	16
Specht, Eva	Pfad 15; 11111 Berlin	76543	17
Groß, Ute	Allee 9, 24103 Kiel	45678	15

Die Auswertung dieser scheinbar selbsterklärenden und sehr einfachen handschriftlichen Tabelle kann allerdings zu Problemen führen.

Probleme

- Bei den Namen kann nicht zwischen Vor- und Nachname unterschieden werden. Ist Ernst oder Uwe der Vorname des ersten Schülers?
- Beginnt die Adresse immer mit der Straße oder mit der PLZ und dem Ort? Die Tabelle lässt beliebige Möglichkeiten der Adressangabe zu und wird dadurch schwerer lesbar.
- Die Tabelle ist nur kurzzeitig aktuell, da sich das Alter eines Schülers bei jedem Geburtstag ändert.

Deshalb sollte die Tabelle wie folgt verbessert werden.

Verbesserungen:
- Um die Eindeutigkeit von Vor- und Nachname zu gewährleisten, muss die Spalte 'Name' in zwei Spalten 'Vorname' und 'Nachname' aufgeteilt werden.
- Auch bei dem Merkmal 'Adresse' kann man durch das Aufteilen in die Merkmale 'Straße', 'PLZ' und 'Ort' die Eindeutigkeit und Unverwechselbarkeit der Einträge erreichen.
- Das Merkmal 'Alter' muss durch das Merkmal 'Geburtsdatum' ersetzt werden. Das Alter des Schülers kann dann tagesaktuell bestimmt werden.

Zweite handschriftliche Tabelle

Schüler

Nach-name	Vor-name	Straße	PLZ	Ort	Tel.	Geburts-datum
Ernst	Uwe	Weg 1	51111	Köln	98765	05.06.1996
Müller	Kai	Straße 2	89077	Ulm	87654	08.12.1994
Specht	Eva	Pfad 15	11111	Berlin	76543	06.08.1993
Groß	Ute	Allee 9	24103	Kiel	45678	05.07.1995

Bei dieser Tabelle ist die Spaltenzuordnung eindeutig. Ohne Verwechslungsmöglichkeit kann beispielsweise der Vorname eines Schülers bestimmt werden. Dieses wurde dadurch erreicht, dass in jeder Tabellenspalte eindeutige Werte und nicht etwa Listen oder Kombinationen von Werten mit unterschiedlichen Bedeutungen eingetragen werden[1]. Vorerst genügt es, sich Folgendes zu merken:

> In Tabellenspalten dürfen nur eindeutige Werte eingetragen werden.

Der zweite Fehler, in der ersten handschriftlichen Tabelle, bestand im Eintragen sich ständig verändernder Daten, wie dem Alter der Schüler. Die Daten der Tabelle sollten möglichst dauerhaft Gültigkeit haben. Daher ist auch folgender Merksatz wichtig:

> In Tabellen sollten möglichst keine Daten abgelegt werden, die ständigen Änderungen unterworfen sind.

2.3 Grundlegende Datenbankbegriffe

Um eine gemeinsame Sprache als Grundlage für die weiteren Erklärungen zu haben, müssen zunächst einige Begriffe eingeführt und definiert werden.

Merkmal
Spaltenüberschriften werden als Merkmal[2] bezeichnet.

Beispiel:
Die Tabelle Schüler hat die folgenden Merkmale Name, Vorname, Straße, PLZ, Ort, Tel., Geburtsdatum

Datensatz
Die Zeilen einer Tabelle werden als Datensätze[3] bezeichnet.

Beispiel:
Die Tabelle Schüler hat 4 Datensätze. Einer der Datensätze lautet:
'Müller, Kai, Straße 2, 89077, Ulm, 87654, 08.12.1994'

Datenfeld
Eine einzelne Zelle einer Tabelle wird als Datenfeld[4] bezeichnet. Es wird durch den Datensatz (Zeile) und das Merkmal (Spalte) bestimmt.

Datenfeldwert
Ein Datenfeldwert ist der konkrete Dateninhalt eines Merkmals in einem bestimmten Datensatz.

Beispiel:
In der Beispieltabelle Schüler enthält das Datenfeld des Merkmals Ort im zweiten Datensatz den Datenfeldwert 'Ulm'.

Schlüssel

Wie im Folgenden gezeigt wird, ist es sinnvoll, dass in einer Datenbank jeder Datensatz einer Tabelle eindeutig identifiziert werden kann. Daher muss man ein Merkmal oder eine Kombination von Merkmalen bestimmen, mit denen eine solche **eindeutige Identifizierung** möglich ist. Dieses Merkmal (bzw. diese Kombination von Merkmalen) wird dann Schlüsselmerkmal (bzw. Schlüsselmerkmale) oder einfach Schlüssel genannt. Ein Schlüssel muss eine weitere Anforderung erfüllen: Es dürfen nicht mehr Merkmale als unbedingt notwendig zur Bildung des Schlüssels kombiniert werden. Man sagt, der Schlüssel einer Tabelle muss **minimal** sein. Das Merkmal bzw. die Merkmale, die die Funktion des Schlüssels übernehmen, werden unterstrichen. So können sie von den anderen Merkmalen, den **Nichtschlüsselmerkmalen**, unterschieden werden.

---

1 Diese Eigenschaft entspricht dem, was durch die erste Normalform, siehe Kapitel 8.2, als Grundvoraussetzung für eine zulässige Tabelle gefordert wird.

2 Häufig werden die Merkmale auch als Attribute bezeichnet.
3 Der Begriff Tupel hat sich ebenfalls als Bezeichnung für einen Datensatz etabliert.
4 Der Begriff Zelle ist ebenfalls anstelle von Datenfeld gebräuchlich.

2 Einführung

Schüler

Nach-name	Vor-name	Straße	PLZ	Ort	Tel.	Geburts-datum
Ernst	Uwe	Weg 1	51111	Köln	98765	05.06.1996
Müller	Kai	Straße 2	89077	Ulm	87654	08.12.1994
Specht	Eva	Pfad 15	11111	Berlin	76543	06.08.1993
Groß	Ute	Allee9	24103	Kiel	45678	05.07.1995

Um die handschriftliche Tabelle in eine Datenbank umsetzen zu können, wurde beispielsweise das Merkmal 'Nachname' als Schlüssel der Tabelle ausgezeichnet. Dieser Schlüssel ist sicherlich minimal. Weniger als ein Merkmal als Schlüssel geht nicht. Eindeutig ist er zumindest in der Beispieltabelle auch! Dennoch ist die Wahl dieses Schlüssels nicht sinnvoll.

Da der Schlüssel eindeutig die Datensätze identifizieren muss, darf es in der Tabelle keine zwei Schüler mit demselben Nachnamen geben. Der Schüler 'Müller, Sebastian' hat somit schlechte Karten! Er kann nicht als Schüler in die Tabelle eingetragen werden.

Ein aus den Merkmalen 'Nachname' und 'Vorname' kombinierter Schlüssel ist sicherlich besser geeignet als das Merkmal 'Name' alleine. Der Schüler 'Müller, Sebastian' kann nun in die Tabelle aufgenommen werden. Die Wahrscheinlichkeit, dass zwei Schüler den selben Namen und Vornamen haben, ist deutlich geringer. Ausgeschlossen ist dies aber nicht!

Um diesem Problem aus dem Weg zu gehen, wird ein neutrales zusätzliches Merkmal (ID: Identitätsnummer) zur Tabelle hinzugefügt. Mit Hilfe dieses Merkmals können die Datensätze mit einer eindeutigen Nummer durchnummeriert werden. Dieses Merkmal eignet sich hervorragend als Schlüssel der Tabelle, da es die zwei Eigenschaften Minimalität und Eindeutigkeit erfüllt.

Schüler

ID_Schüler	Nachname	Vorname	Straße	...
1	Ernst	Uwe	Weg 1	...
2	Müller	Kai	Straße 2	...
3	Specht	Eva	Pfad 15	...

Schlüssel

Ein Schlüssel[1] muss folgende beiden Bedingungen erfüllen:
- **Eindeutigkeit:** Ein Schlüssel identifiziert eindeutig die Datensätze der Tabelle.
- **Minimalität:** Wird ein Schlüssel aus mehreren Merkmalen kombiniert, dürfen nicht mehr Merkmale als unbedingt notwendig an der Kombination beteiligt werden.

Auch bei konsequenter Verwendung von ID_Werten als Schlüsselmerkmal kann und wird es zusammengesetzte Schlüssel geben. Diese treten insbesondere bei Beziehungstabellen auf (Siehe Kapitel 2.5).

Tabellen einer Datenbank

Im Gegensatz zu einer handschriftlichen Tabelle muss eine Tabelle einer Datenbank folgende Eigenschaften erfüllen:

Tabelle

Eine Tabelle[2] ist eine Menge von Datensätzen, die tabellenförmig angeordnet werden und folgende eindeutige Eigenschaften erfüllen:
- **Tabellenname**: Eine Tabelle besitzt einen, innerhalb der Datenbank, eindeutigen Namen.
- **Merkmalsnamen**: Der Name eines Merkmals ist innerhalb der Tabelle eindeutig.
- **Schlüssel**: Jede Tabelle besitzt einen Schlüssel.

Zudem gilt, dass die Anzahl und Reihenfolge der Merkmale und der Datensätze in einer Tabelle beliebig sind.

2.4 Eine erste Beziehung

Als nächstes soll die Schülertabelle so erweitert werden, dass die Information, welcher Lehrer Klassenlehrer des jeweiligen Schülers ist, mit aufgenommen werden kann. Vom Klassenlehrer werden Vor- und Nachname als weitere Merkmale an die Tabelle angefügt.

Schüler

ID_Schüler	S_Nachname	S_Vorname	Straße	PLZ	...
1	Ernst	Uwe	Weg 1	51111	...
2	Müller	Kai	Straße 2	89077	...
3	Specht	Eva	Pfad 15	11111	...
4	Groß	Ute	Allee 9	24103	...

...	Ort	Tel.	Geburtsdatum	L_Nachname	L_Vorname
...	Köln	98765	05.06.1996	Moll	Willi
...	Ulm	87654	08.12.1994	Moll	Willi
...	Berlin	76543	06.08.1993	Kurp	August
...	Kiel	45678	05.07.1995	Kurp	August

Anmerkung

Da die Merkmalsnamen einer Tabelle eindeutig sein müssen, wurde den Merkmalen 'Nach-' und 'Vorname' jeweils ein S_ bzw. ein L_ vorangestellt, um den Schüler- vom Lehrernamen unterscheiden zu können.

---

1 Synonym werden auch die Bezeichnungen Primärschlüssel oder Hauptschlüssel anstelle von Schlüssel verwendet.

2 Oft werden Tabellen auch als Relationen bezeichnet

Teil 2: Informationen
2 Einführung

Ein wesentliches Problem dieser Umsetzung besteht darin, dass unterschiedliche Lehrer mit gleichem Vor- und Nachnamen nicht unterschieden werden können. Um auch hier die Eindeutigkeit herzustellen, kann ebenfalls eine ID_Nummer, diesmal allerdings für Lehrer hinzugefügt werden.

Schüler

ID_Schüler	S_Nachname	S_Vorname	Straße	PLZ	Ort	...
1	Ernst	Uwe	Weg 1	51111	Köln	...
2	Müller	Kai	Straße 2	89077	Ulm	...
3	Specht	Eva	Pfad 15	11111	Berlin	...
4	Groß	Ute	Allee 9	24103	Kiel	...

...	Tel.	Geburtsdatum	ID_Lehrer	L_Nachname	L_Vorname
...	98765	05.06.1996	1	Moll	Willi
...	87654	08.12.1994	1	Moll	Willi
...	76543	06.08.1993	2	Kurp	August
...	45678	05.07.1995	2	Kurp	August

Das Merkmal 'ID_Lehrer' dieser Umsetzung ist kein Schlüssel-Merkmal der Tabelle 'Schüler', da dadurch die Datensätze nicht eindeutig bestimmt werden. Lediglich gleichnamige Lehrer können durch diesen ID-Wert unterschieden werden.

Anomalien

Doch auch diese veränderte Tabelle weist noch erhebliche Probleme auf, die auch als Anomalien bezeichnet werden. Dabei werden die folgenden vier Anomalien unterschieden:

- Rechtschreibfehler führen zu inkonsistenten Daten. Alle Lehrerdatensätze mit dem selben 'ID_Lehrer' - Wert müssen auch den selben Lehrer - 'Nachnamen' und 'Vornamen' haben. Ist dies nicht der Fall, liegt ein Fehler im Datenbestand vor.
Die **Mutationsanomalie** entspricht dem versehentlichen Falschschreiben und somit dem unbeabsichtigten „Mutieren" von Daten.
- Ein neuer (Klassen-)Lehrer kann erst hinzugefügt werden, wenn es auch einen Schüler gibt, der diesen Lehrer als Klassenlehrer hat. Andernfalls müsste ein „Dummy"[1]-Schüler (Leerdatensatz) erfunden werden, um den neuen Lehrer in die Tabelle einfügen zu können.
Unter **Einfügeanomalie** versteht man das ungewollte, aber zwingend notwendige Einfügen von Daten, z.B. von Dummydatensätzen, um die tatsächlich gewünschten Daten speichern zu können.
- Beim Löschen der Schüler können ungewollt auch Lehrerinformationen verschwinden. Immer wenn der letzte Schüler gelöscht wird, bei dem ein Lehrer Klassenlehrer ist, werden die zugehörigen Lehrerdaten auch gelöscht.
Die **Löschanomalie** ist das Gegenstück zur Einfügeanomalie. Unter einer Löschanomalie versteht man das ungewollte Löschen von Daten.
- Wenn ein Lehrer, beispielsweise nach einer Heirat, seinen Namen ändert, führt diese eine Namensänderung dazu, dass bei allen zugehörigen Schülerdatensätzen der Lehrername ebenfalls geändert werden muss.
Die **Änderungsanomalie** liegt vor, wenn eine einzelne Änderung weitere Folgeänderungen nach sich zieht.

Redundanz

Anomalien treten auf Grund von Redundanzen auf. Eine Redundanz ist die Wiederholung von Daten OHNE Informationsgewinn. Beispielsweise ist die Wiederholung des Namens Willi Moll eine Redundanz. Ist nämlich einmal bekannt, dass dem Lehrer mit der ID 1 der Name Willi Moll zugeordnet ist, enthält die erneute Nennung des Namens keine weitere Information[2]. Wichtig ist die Erkenntnis:

> Redundante Daten sind in einer Datenbank auf jeden Fall zu vermeiden!

Mit einer einzelnen Tabelle lassen sich die Redundanzen in dem Beispiel nicht vermeiden. Die Daten müssen auf zwei Tabellen, eine für die Schülerdaten und eine für die Lehrerdaten aufgeteilt werden.

Lehrer

ID_Lehrer	Nachname	Vorname
1	Moll	Willi
2	Kurp	August

Schüler

ID_Schüler	S_Nachname	S_Vorname	Straße	PLZ	Ort	Tel.	Geburtsdatum
1	Ernst	Uwe	Weg 1	51111	Köln	98765	05.06.1996
2	Müller	Kai	Straße 2	89077	Ulm	87654	08.12.1994
3	Specht	Eva	Pfad 15	11111	Berlin	76543	06.08.1993
4	Groß	Ute	Allee 9	24103	Kiel	45678	05.07.1995

Die beiden Tabellen 'Schüler' und 'Lehrer' enthalten jetzt keine redundanten Daten mehr. Es besteht zwischen ihnen aber auch keine Beziehung, so dass die Information, welcher Lehrer der Klassenlehrer eines Schülers ist, nicht daraus abgelesen werden kann. Die beiden Tabellen sind völlig unabhängig voneinander.

---

[1] Ein Dummy ist ein Platzhalter für einen noch nicht bekannten aber benötigten ersten Datensatz.

[2] Im Zusammenhang mit dem Thema Normalformen (siehe Kapitel 8) spielen Anomalien und Redundanzen eine wichtige Rolle.

Teil 2: Informationen

2 Einführung

Fremdschlüssel

Um zwei unabhängige Tabellen miteinander in Beziehung zu setzen, kann der Schlüssel der einen Tabelle als Identifikationsmerkmal an die andere Tabelle angefügt werden.

Lehrer

ID_Lehrer	Nachname	Vorname
1	Moll	Willi
2	Kurp	August

Schüler

ID_Schüler	Nach-name	Vor-name	Straße	PLZ	...
1	Ernst	Uwe	Weg 1	51111	...
2	Müller	Kai	Straße 2	89077	...
3	Specht	Eva	Pfad 15	11111	...
4	Groß	Ute	Allee 9	24103	...

...	Ort	Tel.	Geburtsdatum	ID_Lehrer
...	Köln	98765	05.06.1996	1
...	Ulm	87654	08.12.1994	1
...	Berlin	76543	06.08.1993	2
...	Kiel	45678	05.07.1995	2

Auf diese Weise kann die Information 'ist Klassenlehrer' in die Tabellen eingefügt werden. Die Tabellen 'Schüler' und 'Lehrer' sind jetzt nicht mehr unabhängig voneinander. Durch das zusätzliche Merkmal 'ID_Lehrer' in der Tabelle 'Schüler' werden die Tabellen zueinander in Beziehung gesetzt. Das Merkmal 'ID_Lehrer' bezeichnet man auch als Fremdschlüssel. Auf diese Weise wird die Beziehung 'ist Klassenlehrer' umgesetzt. Beispielsweise ist der Lehrer Kurp mit ID_Lehrer = 2 der Klassenlehrer der Schüler Specht und Groß.

12.1.1

> **Fremdschlüssel**
> Als Fremdschlüssel[1] einer Tabelle wird ein Merkmal oder eine Kombination von Merkmalen bezeichnet, die in einer anderen Tabelle als Schlüssel vorkommen. Mit Hilfe von Fremdschlüsseln werden die Beziehungen zwischen Tabellen realisiert.

Datenbank

Um Daten redundanzfrei in einer Datenbank ablegen zu können, reicht eine Tabelle in der Regel nicht aus. Meistens müssen die Daten auf mehrere untereinander in Beziehung stehende Tabellen verteilt werden. Die Beziehungen zwischen den Tabellen realisieren sogenannte Fremdschüssel. Die nachfolgende, sehr allgemeingehaltene Definition einer Datenbank greift diesen Grundgedanken der zerteilten und in Beziehung stehenden Daten wieder auf.

> **Datenbank**
> Eine Datenbank ist eine Sammlung von Daten, die miteinander in Beziehung stehen.

Tabellenschema

> **Tabellenschema**
> Die Gesamtheit aller Tabellen einer Datenbank wird als Tabellenschema bezeichnet.

Relationale Datenbank

Der Begriff der Relation wird in der Mathematik im Sinne von Beziehung verwendet. Übertragen auf den relationalen Datenbankbereich werden Relationen durch Tabellen umgesetzt. Sowohl das Verhältnis der Werte der unterschiedlichen Merkmale eines Datensatzes zueinander als auch die Fremdschlüssel zwischen Tabellen beschreiben Beziehungen. Dieses auf dem mathematischen Fundament begründete Datenbankmodell wurde erstmals 1970 von Edgar F. Codd vorgeschlagen und bildet noch heute die Grundlage der relationalen Datenbankmanagementsysteme.

Andere Datenbankmodelle

Es gibt neben dem relationalen noch weitere, jedoch weniger wichtige Datenbankmodelle.

- Hierarchisches Datenbankmodell
- Netzwerkdatenbankmodell
- Objektrelationales Datenbankmodell
- Objektorientiertes Datenbankmodell

RDBMS

Ein relationales Datenbankmanagementsystem (kurz RDBMS) umfasst neben den eigentlichen Daten und deren Beziehungen, die in Form von Tabellen gespeichert werden, auch Verwaltungskomponenten. Diese Verwaltungskomponenten dienen dem Anlegen, Modifizieren, Sichern und Verwalten von Daten, Tabellen und Datenbanken ebenso wie dem Anlegen und Verwalten von Datenbankbenutzern und deren Datenbankzugriffsrechte. Die Datenabfrage und -manipulationssprache SQL als integraler Bestandteil eines jeden RDBMS ermöglicht viele dieser Aufgaben (Siehe Kapitel 10).

---

[1] Häufig wird in der Literatur der Fremdschlüssel mit einer gestrichelten Linie unterstrichen, um das Fremdschlüsselmerkmal von anderen Merkmalen eindeutig unterscheiden zu können. In diesem Buch werden alle Schlüssel mit „ID_" beginnen und die Fremdschlüssel bekommen immer denselben Namen wie der zugehörige Schlüssel. Daher ist bei dieser Namenskonvention die Zuordnung von Schlüsseln und Fremdschlüsseln sehr einfach. Auf die Unterstreichung der Fremdschlüssel kann deshalb verzichtet werden.
Diese Namenskonvention hat sich als sehr praktikabel und hilfreich herausgestellt. Zwingend ist sie jedoch nicht! Beispielsweise könnte man Fremdschlüssel auch grundsätzlich mit FS_ beginnen lassen.

Teil 2: Informationen
2 Einführung

2.5 Eine zweite Beziehung

Als zusätzliche Erweiterung des einführenden Beispiels sollen nun auch die Schulklassen mit in die Datenbank aufgenommen werden. Die drei Klassen

- BG (Berufsgrundschuljahr),
- IF (Technische/er Assistent/in Informationstechnik),
- FO 13 (Fachoberschule Klasse 13)

sollen dabei als Beispieldatensätze genügen. Aus den Tabellen soll ablesbar sein, welcher Lehrer in welcher Klasse unterrichtet. Eine erste Idee besteht darin der Tabelle 'Lehrer' die zugehörigen Klassen in einer weiteren Spalte als Aufzählung anzufügen.

Klasse

ID_Lehrer	Nachname	Vorname	Klasse
1	Moll	Willi	BG, Berufsgrundschuljahr FO 13, Fachoberschule Kl.13
2	Kurp	August	IF, TA-Informationstechnik FO 13, Fachoberschule Kl.13

Auch diese Tabellenumsetzung enthält wieder Listen und Redundanzen, die zu Anomalien und damit zu inkonsistenten Daten führen können. Um diese zu vermeiden, müssen die Daten wieder auf mehrere Tabellen verteilt und die Wertebereiche der Spalten eindeutig und unteilbar werden. Die eigenständigen Tabellen 'Klasse' und 'Lehrer' sehen wie folgt aus:

Klasse

ID_Klasse	Kürzel	Beschreibung
1	BG	Berufsgrundschuljahr
2	IF	TA-Informationstechnik
3	FO 13	Fachoberschule Kl.13

Lehrer

ID_Lehrer	Nachname	Vorname
1	Moll	Willi
2	Kurp	August

In diesen Tabellen ist die Information 'welcher Lehrer in welcher Klasse unterrichtet' noch nicht enthalten! Anders formuliert: Die Beziehung 'unterrichtet' ist noch nicht umgesetzt. Auch im vorherigen Kapitel mussten die voneinander unabhängigen Tabellen 'Lehrer' und 'Schüler' in Beziehung gesetzt werden, um die Information 'ist Klassenlehrer' umsetzen zu können. Das Problem wurde gelöst, indem der Schlüssel der einen Tabelle als Fremdschlüssel der anderen Tabelle angefügt wurde. Diese Problemlösung kann auf die Tabellen 'Klasse' und 'Lehrer' nicht übertragen werden, denn:

ID_Klasse an die Tabelle 'Lehrer' anfügen

Fügt man das Merkmal 'ID_Klasse' als Fremdschlüssel in die Tabelle 'Lehrer' ein, so kann man für jeden Lehrer genau eine Klasse angeben, in der er unterrichtet.

ID_Lehrer an die Tabelle 'Klasse' anfügen

Wird hingegen das Merkmal 'ID_Lehrer' als Fremdschlüssel in die Tabelle 'Klasse' eingefügt, so kann für jede Klasse nur noch ein einziger Lehrer bestimmt werden, der in der Klasse unterrichtet.

Beide Varianten spiegeln nicht den tatsächlichen Sachverhalt wider. Das Hinzufügen von Fremdschlüsseln zu bestehenden Tabellen reicht also nicht aus, um die Beziehung 'unterrichtet' umzusetzen. Stattdessen muss für die Beziehung 'unterrichtet' eine weitere Tabelle, eine **Beziehungstabelle**, hinzugefügt werden.

> **Beziehungstabelle**
> Eine Tabelle, die der Umsetzung einer Beziehung dient, nennt man Beziehungstabelle.

In diese Tabelle können alle möglichen Kombinationen zwischen der Tabelle 'Lehrer' und der Tabelle 'Klasse' abgebildet werden.

unterrichtet

	ID_Lehrer	ID_Klasse	
Lehrer 1 (Moll)	1	1	(BG) Klasse 1
	1	3	(FO13) Klasse 3
Lehrer 2 (Kurp)	2	2	(IF) Klasse 2
	2	3	(FO13) Klasse 3

Die Beziehungstabelle 'unterrichtet' spiegelt folgende Informationen wider:

Der Lehrer 1 (Moll) unterrichtet in den Klassen

- 1 (BG),
- 3 (FO 13),

Der Lehrer 2 (Kurp) unterrichtet in den Klassen

- 2 (IF),
- 3 (FO 13).

> **Zusammengesetzter Schlüssel**
> Der Schlüssel der Beziehungstabelle wird aus der Kombination der Fremdschlüssel gebildet. Die einzelnen Merkmale, aus denen sich der Schlüssel zusammensetzt, werden auch als Teilschlüssel bezeichnet.

12.1.3

2.6 Eine dritte Beziehung

In jeder Klasse wird zu Beginn eines Schuljahres ein Klassensprecher gewählt. Diese Beziehung 'ist Klassensprecher' zwischen den Tabellen 'Schüler' und 'Klasse' soll ebenfalls in die Datenbank aufgenommen werden.

Anmerkung
Um die Lesbarkeit des Beispiels zu erhöhen, werden alle Nichtschlüsselmerkmale der Tabelle 'Schüler' bis auf das Merkmal 'Nachname' weggelassen.

Schüler

ID_Schüler	Nachname	...
1	Ernst	...
2	Müller	...
3	Specht	...
4	Groß	...

Klasse

ID_Klasse	Kürzel	Beschreibung
1	BG	Berufsgrundschuljahr
2	IF	TA-Informationstechnik
3	FO13	Fachoberschule Kl.13

Betrachtet wird folgende Beispielsituation
- Die beiden Schüler 'Ernst' und 'Müller' gehen in dieselbe Klasse IF TA-Informationstechnik.
- Der Schüler 'Ernst' ist der Klassensprecher dieser Klasse.
- Die Schülerin Specht ist Klassensprecherin der Klasse BG Berufsgrundschuljahr.
- Die Schülerin Groß ist Klassensprecherin der Klasse FO13 Fachoberschule.

Umsetzungsvarianten

Es gibt drei mögliche Varianten für die Beziehung 'ist-Klassensprecher'. Entweder man fügt den Schlüssel einer Tabelle als Fremdschlüssel in die andere Tabelle ein oder man legt eine eigenständige Beziehungstabelle an.

Variante 1
'ID_Klasse' als Fremdschlüssel in der Tabelle 'Schüler'.

Schüler

ID_Schüler	Nachname	...	ID_Klasse
1	Ernst	...	2
2	Müller	...	
3	Specht	...	1
4	Groß	...	3

 Diese erste Variante ist ungünstig. Da nur die wenigsten Schüler auch Klassensprecher sein werden, ist bei dieser Umsetzungsvariante mit sehr vielen leeren Datenfeldern zu rechnen.

Variante 2
'ID_Schüler' als Fremdschlüssel in der Tabelle 'Klasse'.

Klasse

ID_Klasse	Kürzel	Beschreibung	ID_Schüler
1	BG	Berufsgrundschuljahr	3
2	IF	TA-Informationstechnik	1
3	FO13	Fachoberschule Kl.13	4

 Da in jeder Klasse ein Schüler als Klassensprecher gewählt wird, ist davon auszugehen, dass gar keine leeren Datenfelder entstehen. Somit ist diese zweite Variante eine sehr günstige Umsetzung.

Variante 3
Eine eigenständige Beziehungstabelle 'ist Klassensprecher' zwischen den Tabellen 'Klasse' und 'Schüler'.

Ist Klassensprecher

ID_Klasse	ID_Schüler
1	3
2	1
3	4

 Der Aufwand, eine extra Beziehungstabelle zu führen, ist erheblich größer, als lediglich den Schlüssel einer Tabelle als Fremdschlüssel einer anderen Tabelle zuzuordnen. Daher ist Variante 3 ungünstig.

Fazit
Da alle drei Varianten möglich sind (Redundanzen oder Listen treten nicht auf) wird man sich für die Variante entscheiden, bei der die wenigsten leeren Datenfelder und der geringste Verwaltungsaufwand zu erwarten ist.
Für die Erweiterung der Datenbank um die Beziehung 'ist Klassensprecher' muss nur die Tabelle 'Klasse' um das Fremdschlüsselmerkmal 'ID_Schüler' ergänzt werden.

> Bei mehreren möglichen Umsetzungsvarianten wird die Variante mit den wenigsten leeren Datenfeldern und dem geringsten Verwaltungsaufwand gewählt.

2.7 Eine fehlerhafte Beziehung

Abschließend soll die Beziehung 'ist Mitschüler' und somit die Information, welcher Schüler in welcher Klasse ist, in die Datenbank aufgenommen werden. Da jeder Schüler genau einer Klasse zuzuordnen ist, kann diese Beziehung 'ist Mitschüler' (analog zur Beziehung 'ist Klassenlehrer' aus Kapitel 2.4) umgesetzt werden, indem man das Schlüsselmerkmal 'ID_Klasse' der Tabelle 'Klasse' als Fremdschlüssel an die Tabelle 'Schüler' anfügt.

Schüler

ID_Schüler	Nachname	Vorname	Straße	PLZ	...
1	Ernst	Uwe	Weg 1	51111	...
2	Müller	Kai	Straße 2	89077	...
3	Specht	Eva	Pfad 15	11111	...
4	Groß	Ute	Allee 9	24103	...

...	Ort	Tel.	Geburtsdatum	ID_Klasse	ID_Lehrer
...	Köln	98765	05.06.1996	2	1
...	Ulm	87654	08.12.1994	2	1
...	Berlin	76543	06.08.1993	1	2
...	Kiel	45678	05.07.1995	3	2

'ID_Klasse' realisiert die Beziehung 'ist Mitschüler'.
'ID_Lehrer' realisiert die Beziehung 'ist Klassenlehrer'.

Klasse

ID_Klasse	Kürzel	Beschreibung	ID_Schüler
1	BG	Berufsgrundschuljahr	3
2	IF	TA-Informationstechnik	1
3	FO13	Fachoberschule Kl.13	4

'ID_Schüler' realisiert die Bez. 'ist Klassensprecher'.

Lehrer

ID_Lehrer	Nachname	Vorname
1	Moll	Willi
2	Kurp	August

unterrichtet

ID_Lehrer	ID_Klasse
1	1
1	3
2	2
2	3

Obwohl jeder Einzelschritt bei der Herleitung dieser Tabellen für sich betrachtet richtig und nachvollziehbar war, ist das entstandene Tabellenschema in seiner Gesamtheit trotzdem fehlerhaft!

Dadurch, dass mit Hilfe der Beziehung 'ist Mitschüler' jetzt bestimmt werden kann, in welche Klasse die Schüler gehen, muss nicht mehr für jeden Schüler einzeln festgelegt werden, welchen Klassenlehrer er hat. Es ist völlig ausreichend einen Klassenlehrer je Klasse anzugeben. Dazu müssen an den Tabellen folgende Änderungen durchgeführt werden:

1. Das Fremdschlüsselmerkmal 'ID_Lehrer' aus der Tabelle 'Schüler' entfernen
2. In der Tabelle Klasse das Merkmal 'ID_Lehrer' als Fremdschlüssel hinzufügen.

Beziehungsmerkmal

Besonders deutlich wird der Fehler in diesem Tabellenschema, wenn man beispielsweise die Information „seit wann ist ein Lehrer Klassenlehrer einer Klasse" ebenfalls in der Datenbank speichern möchte. Dieses zusätzliche Merkmal 'seit wann' hängt logisch mit der Beziehung 'ist Klassenlehrer' zusammen und ist somit als Beziehungsmerkmal der Beziehung 'ist Klassenlehrer' zuzuordnen. Würde man aber dieses Merkmal, wie die Beziehung 'ist Klassenlehrer' ebenfalls fälschlicherweise durch Anfügen an die Tabelle 'Schüler' umsetzen, käme es wieder aufgrund von Redundanzen zu Anomalien. Dieses Problem kann nur sinnvoll umgangen werden, wenn beide Merkmale, das Fremdschlüsselmerkmal 'ID_Lehrer' und das zusätzliche Merkmal 'seit wann', in die Tabelle 'Klasse' überführt werden. (Um diese Problematik nachvollziehen zu können vergleichen Sie bitte unbedingt das hier vorgestellte fehlerhafte Tabellenschema mit dem korrigierten Tabellenschema im Kapitel 5.1)

Fazit

Dieses Beispiel veranschaulicht sehr gut, wie schwierig es ist, ohne Datenanalyse und strukturierten Datenbankentwurf, zu einem brauchbaren Tabellenschema zu gelangen. Welches Vorgehen beim Datenbankentwurf am sinnvollsten ist und welche Hilfsmittel dabei zur Verfügung stehen, wird in den folgenden Kapiteln gezeigt.

12.1.4

Der Datenbankentwurf kann nicht ohne Datenanalyse durchgeführt werden.

3 Datenanalyse

Der Prozess der Datenanalyse gliedert sich in zwei Arbeitsschritte. Im ersten Schritt, dem **Daten erheben,** müssen alle projektrelevanten Informationen wie

- die Beschreibung von Arbeitsprozessen,
- die Auflistung der an den Arbeitsprozessen beteiligten Personen und Objekte und
- die für die Abwicklung der Arbeitsprozesse notwendigen Daten

zusammengetragen werden. Dieses kann mit Hilfe von Interviews, Bedarfsanalysen, Fragebogenaktionen, Formularsammlungen etc. erfolgen. Am Ende des ersten Arbeitsschrittes steht eine mit dem Auftraggeber abgestimmte Anforderungsliste. Sie dient als verbindliche Vorgabe für den Datenbankentwurf, da die Anforderungsliste nochmals alle wesentlichen Punkte schriftlich(!) und damit jederzeit überprüfbar fixiert und zusammenfasst.

Im zweiten Schritt, der eigentlichen **Datenanalyse**, werden aus der Anforderungsliste die für den Datenbankentwurf notwendigen Informationen extrahiert.

3.1 Daten erheben

Angenommen, es soll für eine Schule eine Datenbank erstellt werden. Dann müssen zunächst die Anforderungen an das zu erstellende Datenbanksystem in Zusammenarbeit mit den Mitarbeitern des Schulbüros ermittelt werden.

3.1.1 Interview

Ein erstes Gespräch könnte z.B. wie folgt ablaufen:

Datenbankentwickler:

Welche Anforderungen soll die Datenbankanwendung erfüllen?

Mitarbeiter Schulbüro:

Ich muss den Schülern Briefe zustellen können. Manchmal muss ich auch telefonisch mit den Schülern Kontakt aufnehmen. Zu statistischen Zwecken muss ich wissen, wie viele Schüler und Lehrer insgesamt an unserer Schule sind. Zudem muss ich wissen, welcher Lehrer in welchen Klassen unterrichtet.

Datenbankentwickler:

Ich nehme an, dass in einer Klasse mehrere Lehrer unterrichten?

Mitarbeiter Schulbüro:

Ja, klar!?

Datenbankentwickler:

Ich wollte nur ganz sicher gehen! Welche Informationen benötigen Sie denn von den Lehrern?

Mitarbeiter Schulbüro:

Der Vor- und der Nachname der Lehrer genügt eigentlich. Ach so, ja, da fällt mir noch ein, öfters werde ich gefragt, wer denn der Klassenlehrer eines Schülers ist!

Datenbankentwickler:

Da muss ich nochmals nachfragen, um die Zuordnungen sauber trennen zu können. Also, ein Lehrer ist Klassenlehrer einer Klasse, nicht eines einzelnen Schülers. Und die Schüler sind dann eindeutig den Klassen zugeordnet?

Mitarbeiter Schulbüro:

Ja!

Datenbankentwickler:

Kann denn ein Lehrer Klassenlehrer von mehreren Klassen sein?

Mitarbeiter Schulbüro:

In der Regel wird das vermieden. Ausgeschlossen ist das aber nicht. Darüber hinaus muss ich noch wissen, seit wann ein Lehrer Klassenlehrer einer Klasse ist.

Datenbankentwickler:

Fallen Ihnen denn noch weitere Informationen ein, die Sie über die Klassen oder die Schüler benötigen? Bisher sagten Sie, dass Sie die Schüleradressen und deren Telefonnummern benötigen.

Mitarbeiter Schulbüro:

Ja, genau! Ich muss wissen, ob ein Schüler volljährig ist oder nicht. Zu einer Klasse muss ich das Klassenkürzel und die Beschreibung kennen.

... Da fällt mir noch etwas ein. Ob ein Schüler die Funktion des Klassensprechers übernommen hat, ist für Einladungen zu Sitzungen mit Schülerbeteiligung von Interesse.

Datenbankentwickler:

Danke für das Gespräch.

Wichtig für den Datenbankentwickler ist, gerade bei ihm unbekannten Sachgebieten, durch gezieltes Nachfragen die notwendigen Informationen zusammenzutragen. Dabei lieber eine Frage zu viel als zu wenig stellen! Bei den Gesprächen müssen insbesondere auch Fragen erlaubt sein, deren Antwort der Auftraggeber oft fälschlicherweise als bekannt voraussetzt. Da der Datenbankentwickler in der Regel kein Fachwissen über das Sachgebiet mitbringt, für welches er eine Datenbank entwickeln soll, kommen solche Fragen öfter vor als man denkt.

> **Anmerkung**
> Ein weiteres, wesentlich komplexeres Beispiel für das Erheben von projektrelevanten Daten findet sich in der zweiten Handlungssituation, dem Telefonladen. (Siehe Kapitel 1.2)

Teil 2: Informationen

3 Datenanalyse

3.1.2 Anforderungsliste

Als Basis für die folgende Datenanalyse fasst der Datenbankentwickler alle wichtigen Informationen der Datenerhebung in einer Anforderungsliste zusammen. Diese Liste der Datenbankanforderungen muss auf jeden Fall nochmals mit dem Auftraggeber abgestimmt werden.

Anforderungsliste

1. Welche Schüler hat die Schule?
2. Adresse und Telefonnummer der Schüler werden benötigt.
3. Welche Klassen gibt es an der Schule?
4. Zu einer Klasse müssen die Klassenbezeichnung und das Klassenkürzel angegeben werden.
5. Welcher Schüler ist Mitschüler in welcher Klasse?
6. Ein Schüler ist Mitschüler genau einer Klasse.
7. Welcher Schüler ist Klassensprecher einer Klasse?
8. Jede Klasse hat einen Klassensprecher.
9. Welche Lehrer gibt es an der Schule?
10. Nur der Vor- und der Nachname der Lehrer ist von Interesse.
11. Welcher Lehrer unterrichtet in welcher Klasse?
12. Ein Lehrer unterrichtet in mehreren Klassen.
13. Eine Klasse wird von mehreren Lehrern unterrichtet.
14. Welcher Lehrer ist Klassenlehrer welcher Klasse?
15. Seit wann ist ein Lehrer Klassenlehrer der Klasse?
16. Eine Klasse hat einen Klassenlehrer.
17. Ein Lehrer kann im Ausnahmefall Klassenlehrer von mehreren Klassen sein.

3.2 Analyse

Bei der Datenanalyse werden aus den zuvor erhobenen Daten bzw. der Anforderungsliste die Entitäten, die Beziehungen, die Anzahlangaben und Beziehungsarten sowie die Merkmale abgeleitet.

3.2.1 Entitäten

Unter einer Entität versteht man eine Menge von ähnlichen Gegenständen oder Personen oder ganz allgemein eine Menge von ähnlichen Objekten.

Beispiel:
Die Menge aller 'Schüler' bildet eine Entität, ebenso wie die Menge aller 'Klassen' oder 'Lehrer'.

Entität
Unter einer Entität[1] versteht man eine Menge von ähnlichen Objekten.

3.2.2 Beziehungen

Nach der Bestimmung der Entitäten muss ermittelt werden, zwischen welchen Entitäten ein Zusammenhang, d.h. eine Beziehung existiert. Durch eine Beziehung wird häufig eine Tätigkeit bzw. eine Funktion oder Aufgabe beschrieben. Die Beziehung beschreibt, was ein Objekt einer Entität mit einem Objekt einer anderen Entität „macht". Dies ist allerdings nur eine sehr vereinfachte Eselsbrücke.

Beispiele:

- *Die Funktion 'ist Klassenlehrer' ist eine Beziehung zwischen 'Klasse' und 'Lehrer'. Der Lehrer übt gegenüber der Klasse die Funktion des Klassenlehrers aus.*
- *Ebenso beschreibt die Tätigkeit 'unterrichten' eine Beziehung zwischen den Entitäten 'Lehrer' und 'Klasse'. Der Lehrer unterrichtet in Klassen.*

Beziehung
Eine Beziehung beschreibt das Verhalten von Objekten verschiedener Entitäten zueinander.

3.2.3 Anzahlangaben/Beziehungsarten

Nachdem festgestellt worden ist, welche Beziehungen überhaupt existieren, muss geklärt werden, welche Arten von Beziehungen im Einzelnen vorliegen. Wenn ein Schüler immer nur Mitschüler in genau einer Klasse sein kann, entsteht beispielsweise ein ganz anderer Datenbankentwurf, als wenn ein Schüler gleichzeitig mehreren Klassen zugeordnet werden kann. Daher reicht die Information, dass zwischen den Entitäten 'Schüler' und 'Klasse' die Beziehung 'ist Mitschüler' existiert, zum Datenbankentwurf nicht aus. Sowohl die Frage „Ein Schüler ist Mitschüler in wie vielen Klassen?" als auch die Frage „Eine Klasse hat wie viele Schüler?" muss genauer untersucht werden.

Dabei werden zwei Anzahlangaben[2] unterschieden:

- Typ 1:   'kein oder ein'
- Typ m[3]: 'kein, ein oder mehrere'

Für jede Beziehung müssen zwei Anzahlangaben bestimmt werden (für jede Richtung eine).

Beispiel:

- *Ein Schüler ist Mitschüler einer Klasse.*   Typ 1
- *In einer Klasse sind mehrere Schüler.*   Typ m

---

[1] Häufig wird zwischen Entitäten und Entitätsmengen unterschieden. Auf diese Unterscheidung wird hier verzichtet.
[2] Häufig werden auch vier Anzahlangaben unterschieden („genau ein", „kein oder ein", „mehrere", „kein, ein oder mehrere"). Diese feinere Unterteilung ist für den Datenbankentwurf nicht notwendig!
[3] Der Buchstabe 'm' wird hier als Abkürzung für mehrere verwendet.

Teil 2: Informationen

3 Datenanalyse

Anzahlangabe
Durch die Anzahlangabe[1] wird bestimmt, wie viele Objekte einer Entität durch die Beziehung von einem Objekt der anderen Entität beeinflusst werden. Es werden dabei die Anzahlangaben vom Typ 1: „kein oder ein" und Typ m: „kein, ein oder mehrere" unterschieden.

Da jeder Beziehung zwei Anzahlangaben zugeordnet werden, können folgende drei Beziehungsarten unterschieden werden:

Beziehungsarten[2]
1:1-Beziehung:
Eine Beziehung mit den Anzahlangaben vom Typ 1 und Typ 1 ist eine 1:1-Beziehung.
1:m-Beziehung:
Eine Beziehung mit den Anzahlangaben vom Typ 1 und Typ m ist eine 1:m-Beziehung.
m:m-Beziehung: [3]
Eine Beziehung mit den Anzahlangaben vom Typ m und Typ m ist eine m:m-Beziehung.

Beispiele:
- 'ist Klassensprecher' ist eine <u>1:1-Beziehung</u>
  Typ 1: Jede Klasse hat **einen** Klassensprecher
  Typ 1: Jeder Klassensprecher ist Klassensprecher **einer** Klasse.
- 'ist Mitschüler' ist eine <u>1:m-Beziehung</u>.
  Typ 1: Jeder Schüler ist Mitschüler in **einer** Klasse.
  Typ m: Jede Klasse hat **mehrere** Mitschüler.
- 'unterrichtet' ist eine <u>m:m-Beziehung</u>.
  Typ m: Jeder Lehrer unterrichtet in **mehreren** Klassen.
  Typ m: In jeder Klasse unterrichten **mehrere** Lehrer

3.2.4 Merkmale

Als letztes werden die Merkmale bestimmt und den Entitäten und Beziehungen zugeordnet.

Merkmale, Beziehungsmerkmal
Die Merkmale[4] beschreiben Eigenschaften von Entitäten und Beziehungen (Beziehungsmerkmal).

Beispiel:
Die Merkmale der Entität Lehrer sind:
- *Vorname*
- *Nachname*

Das Merkmal der Beziehung 'ist Klassenlehrer' ist:
- *seit wann*

---

1 Anzahlangaben werden oft auch als Vielfachheit, Multiplizitätsangabe, Kardinalität oder als Assoziationstyp bezeichnet.
2 Diese einfache Form von Beziehungsarten wird oft auch als Assoziation bezeichnet.
3 Der Buchstabe 'm' wird hier als Abkürzung für 'mehrere' und nicht als mathematisch korrekte Variable verwendet. Daher wird häufig in der Literatur auch die Bezeichnung m:n-Beziehung verwendet.
4 Merkmale entsprechen den Spaltenüberschriften in Tabellen (vergleiche Kapitel 2.3).

3.2.5 Analyse der Anforderungsliste

Die Anforderungsliste wird nun auf Entitäten, Beziehungen, Anzahlangaben und Merkmale untersucht.

Schüler   Bestimmen von Entitäten

Entitäten sind Mengen gleichartiger Objekte. Nomen (Hauptwörter) in den Anforderungslisten wie 'Schüler' oder 'Klassen', die zudem durch weitere Merkmale wie 'Nachname' oder 'Kürzel' genauer bestimmt werden, sind Kandidaten für Entitäten.

Name   Bestimmen von Merkmalen

Merkmale dienen der genaueren Beschreibung bzw. Charakterisierung von Objekten der Entitäten. Nomen wie 'Name' oder 'Telefonnummer', die selbst keine eigenen Merkmale besitzen und lediglich ein Objekt z.B. einen Schüler genauer beschreiben, sind mit ziemlicher Sicherheit Merkmale.

Nominalextraktion
Es sind somit im allgemeinen die Nomen einer Anforderungsliste, die als Entitäten oder Merkmale für den Datenbankentwurf in Frage kommen. Allerdings müssen bei der Bestimmung dieser Nomen folgende Punkte beachtet werden:

- Entitäten und Merkmale können sich auch aus Umschreibungen ergeben.
  Beispiel: *Aus der Formulierung „... alle Produkte werden fortlaufend nummeriert ..." kann das Merkmal 'Nummer' bzw. 'Produktnummer' abgeleitet werden.*
- Unterschiedliche Nomen können für den Datenbankentwurf dieselbe Bedeutung haben.
  Beispiel: *Die Nomen „Mitarbeiter" und „Personal" sind Bezeichnungen für dieselbe Entität.*
- Dieselben Nomen können für den Datenbankentwurf unterschiedliche Bedeutungen haben.
  Beispiel: *Mit dem Nomen 'Kosten' werden unterschiedliche Merkmale beschrieben. Etwa Lohnkosten und Materialkosten.*
- Nomen können unterschiedliche Teilinformationen implizieren.
  Beispiel: *Das Nomen Bankverbindung impliziert die Informationen 'Geldinstitut', 'BLZ' und 'Kontonr.'*
- Nomen können Tätigkeiten, Aufgaben und Funktionen beinhalten.
  Beispiel: *Das Nomen 'Abteilungsleiter' impliziert die Tätigkeit leiten. Ein Abteilungsleiter ist ein Mitarbeiter, der eine Abteilung leitet. Nicht das Nomen Abteilungsleiter sondern die Nomen 'Abteilung' und 'Mitarbeiter' sind für die Nominalextraktion wichtig.*
- Nomen können für den Datenbankentwurf bedeutungslos sein.
  Beispiel: *Aus der Formulierung „... nach geltendem Recht muss eine Garantie ...." lässt sich weder eine Entität noch ein Merkmal 'Recht' ableiten.*

3 Datenanalyse

Auf Grund der beschriebenen Schwierigkeiten bei der Auswahl der Nomen zur Bestimmung von Entitäten und Merkmalen ist es sinnvoll, das folgende Verfahren der Nominalextraktion anzuwenden.

Nominalextraktion
Entitäten und Merkmale können aus einer Anforderungsliste mit Hilfe der Nominalextraktion wie folgt bestimmt werden:
1. Beseitigen Sie durch Umformulierung Umschreibungen von Nomen.
2. Unterstreichen Sie alle (relevanten) Nomen.
3. Fassen Sie bedeutungsgleiche Nomen zusammen.
4. Trennen Sie gleiche Nomen mit unterschiedlichen Bedeutungen.
5. Ersetzen Sie Nomen, die mehrere Teilinformationen enthalten, durch unterschiedliche Nomen für jede Teilinformation.
6. Beseitigen Sie durch Umformulierung Nomen, die Tätigkeiten, Aufgaben oder Funktionen implizieren.
7. Bestimmen Sie aus der Menge der Nomen die Entitäten und Merkmale.

Bestimmen von Beziehungen
Beziehungen beschreiben den Zusammenhang zwischen Entitäten. Dies entspricht häufig den Verben in Sätzen der Anforderungslisten wie 'unterrichtet'. Aber auch Aufgaben oder Funktionen wie 'ist Klassenlehrer' oder 'ist Klassensprecher' können Beziehungen repräsentieren.
Diese Hinweise liefern nur Indizien für die Analyse von Anforderungslisten. Daher kommt es beim Datenbankentwurf häufig zu folgenden Problemen.

Beziehung oder Entität?
Nicht immer ist sofort eindeutig entscheidbar, ob es sich um eine Beziehung, wie beispielsweise 'kaufen', oder doch um eine Entität, wie 'Kauf', mit eigenständigen, unterscheidbaren Objekten (Kaufbelege), handelt. Insbesondere bei Beziehungen mit eigenen Merkmalen kann diese Problematik auftreten. (Siehe Kapitel 6.3)

Entität oder Merkmal?
Bilden 'PLZ' und 'Ortsname' eine eigenständige Entität 'Ort' oder sind sie lediglich Merkmale, die der genaueren Beschreibung eines Objektes einer Entität dienen? Auch diese Problematik tritt immer wieder auf und kann nicht einfach und pauschal gelöst werden. (Siehe Kapitel 6.4 und 8.8.2)

Anmerkungen
Es wurde versucht die Anforderungslisten dieses Buches eindeutig zu formulieren, um so einheitliche und nachvollziehbare Ergebnisse zu erzielen. Dadurch werden jedoch einige Schwierigkeiten der Datenanalyse vorweggenommen. So dass die Datenanalyse einfacher erscheinen mag, als sie in Wirklichkeit ist!

Bei dem Beispiel der 'Schuldatenbank' würde man bei einer Datenanalyse zu folgendem Ergebnis kommen:

Analysierte Anforderungsliste

1. Entitäten
- Welche Schüler hat die Schule?
- Welche Lehrer gibt es an der Schule?
- Welche Klassen werden unterschieden?

2. Beziehungen
- Lehrer sind Klassenlehrer von Klassen.
- Lehrer unterrichten in Klassen.
- Schüler sind Mitschüler in Klassen.
- Schüler sind Klassensprecher von Klassen.

3. Anzahlangaben/Beziehungsart
Anzahlangaben 'ist Klassenlehrer'
- Ein Lehrer kann Klassenlehrer von mehreren Klassen sein.
- Eine Klasse hat immer nur einen Klassenlehrer.

Beziehungsart 'ist Klassenlehrer'
- Die Beziehung 'ist Klassenlehrer' ist eine 1:m-Beziehung.

Anzahlangaben 'unterrichtet'
- Ein Lehrer unterrichtet in mehreren Klassen.
- Ein Klasse wird von mehreren Lehrern unterrichtet.

Beziehungsart 'unterrichtet'
- Die Beziehung 'unterrichtet' ist eine m:m-Beziehung.

Anzahlangaben 'ist Mitschüler'
- Ein Schüler ist Mitschüler in einer Klasse.
- Eine Klasse hat mehrere Mitschüler.

Beziehungsart 'ist Mitschüler'
- Die Beziehung 'ist Mitschüler' ist eine 1:m-Beziehung.

Anzahlangaben 'ist Klassensprecher'
- Ein Schüler ist Klassensprecher von einer Klasse.
- Eine Klasse hat einen Klassensprecher.

Beziehungsart 'ist Klassensprecher'
- Die Beziehung 'ist Klassensprecher' ist eine 1:1-Beziehung.

4. Merkmale
- Schüler: Nachname, Vorname, Straße, PLZ, Ort, Telefon, Geburtsdatum
- Lehrer: Name, Vorname
- Klasse: Kürzel, Beschreibung
- ist Klassenlehrer: Seit wann

12.3

4 ER-Modell

Sehr hilfreich bei der Datenanalyse ist die Darstellung der gefundenen Zusammenhänge als ER-Modell (Entity-Relationship; auf deutsch: Entitäten-Beziehungs-Modell)
Dieses Datenmodell wird parallel zur Datenanalyse eingesetzt bzw. dient als Hilfsmittel zur Datenanalyse. Bereits wenn Entitäten und Beziehungen aus der Anforderungsliste ermittelt worden sind, kann ein vorläufiges ER-Modell erstellt werden.

4.1 Ein vorläufiges ER-Modell

In einem ER-Modell werden Entitäten als Rechtecke dargestellt. Beziehungen zwischen Entitäten werden durch Rauten symbolisiert. Die Beziehung wird durch einfache Linien mit den zugehörigen Entitäten verbunden.

Entität: Schüler   **Beziehung:** ist Mitschüler

Der Zusammenhang 'ist Mitschüler' zwischen den Entitäten 'Schüler' und 'Klasse' wird im ER-Modell wie folgt dargestellt:

Bereits mit diesen wenigen Elementen lässt sich ein vorläufiges ER-Modell zur Schuldatenbank aufstellen. Für dieses ER-Modell müssen lediglich die Entitäten und die Beziehungen betrachtet werden, die den Unterpunkten 1. und 2. der Anforderungslistenanalyse am Ende des Kapitel 3.2.5 ensprechen:

1. Entitäten: 'Schüler', 'Klasse', 'Lehrer'
2. Beziehungen: 'ist Mitschüler', 'ist Klassensprecher', 'ist Klassenlehrer', 'unterrichtet'

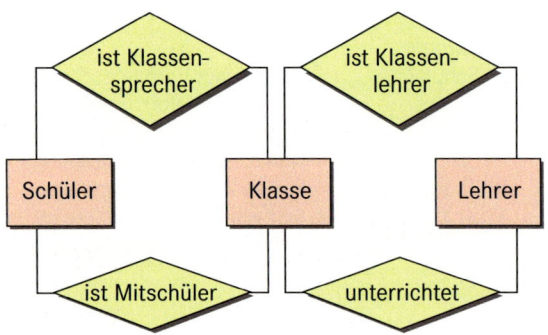

4.2 Anzahlangaben im ER-Modell

Das ER-Modell wird um die Anzahlangaben erweitert. Zu jeder Beziehung müssen zwei Anzahlangaben bestimmt werden. Für die Beziehung 'ist Mitschüler' können die folgenden beiden Fragen betrachtet werden.

1. Ein Schüler ist Mitschüler in wie vielen Klassen?
2. Eine Klasse hat wie viele (Mit-)Schüler?

Dabei wird also untersucht, wie viele Objekte der einen Entität durch die Beziehung von genau einem Objekt der anderen Entität beeinflusst werden.

Ermittlung der Anzahlangabe (bei Klasse):

„Ein Schüler ist Mitschüler in wie vielen Klassen?"

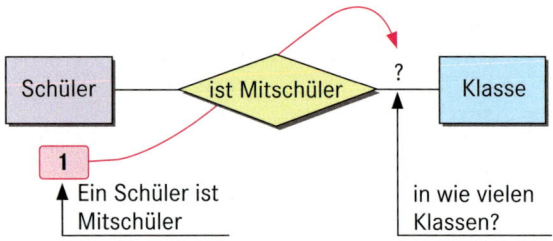

Da ein Schüler immer nur Schüler einer Klasse sein kann, wird in dem ER-Modell an der Position des Fragezeichens eine „1" eingetragen.

Ermittlung der Anzahlangabe (bei Schüler):

„Eine Klasse hat wie viele (Mit-)Schüler?"

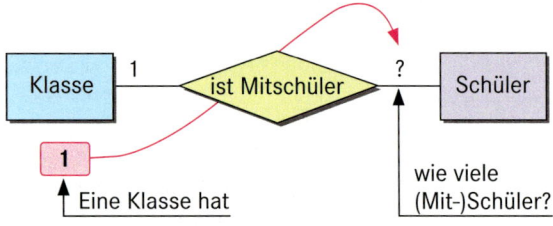

Da eine Klasse immer aus mehreren Schülern besteht, wird in dem ER-Modell an der Position des Fragezeichens ein „m" eingetragen!

ER-Modell mit Anzahlangaben

Das um die Anzahlangaben erweiterte ER-Modell für die Beziehung „ist Mitschüler" sieht demnach wie folgt aus:

Auf diese Art und Weise kann das gesamte ER-Modell der Schuldatenbank um die Anzahlangaben erweitert werden.

4 ER-Modell

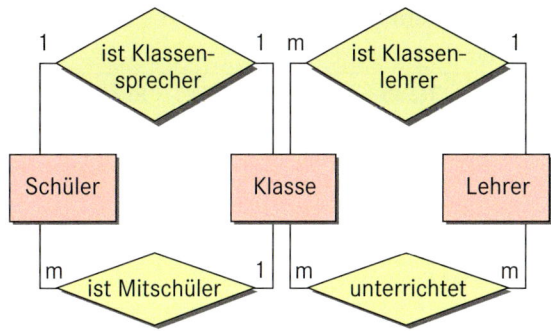

4.3 Merkmale im ER-Modell

Erst nachdem die Anzahlangaben im ER-Modell eingefügt worden sind, werden auch noch die Merkmale der Entitäten und Beziehungen ins ER-Modell aufgenommen. In einem ER-Modell werden Merkmale als Ellipsen dargestellt. Die Merkmale werden durch einfache Linien mit den zugehörigen Entitäten bzw. Beziehungen verbunden.

Identifikationsmerkmal (ID)

Zusätzlich zu den Merkmalen, die sich aus der Anforderungsliste ergeben, muss für jede Entität ein Identitätsmerkmal (ID) festgelegt werden. Dieses Merkmal wird unterstrichen, da es sich hierbei um das Schlüssel-Merkmal handelt.

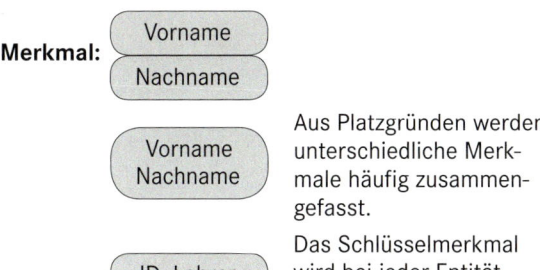

Aus Platzgründen werden unterschiedliche Merkmale häufig zusammengefasst.

Das Schlüsselmerkmal wird bei jeder Entität hinzugefügt und hervorgehoben (unterstrichen).

Damit lassen sich alle noch fehlenden Informationen zum ER-Modell hinzufügen. Anschließend ist das ER-Modell vollständig und enthält alle zur Erzeugung des Tabellenschemas notwendigen Informationen. Das um die Merkmale komplettierte ER-Modell der Schuldatenbank sieht wie folgt aus.

Anmerkung

Beachtenswert ist, dass auch Beziehungen Merkmale zugeordnet werden können. Hier im Beispiel ist das Merkmal 'seit wann' der Beziehung 'ist Klassenlehrer' zugeordnet.

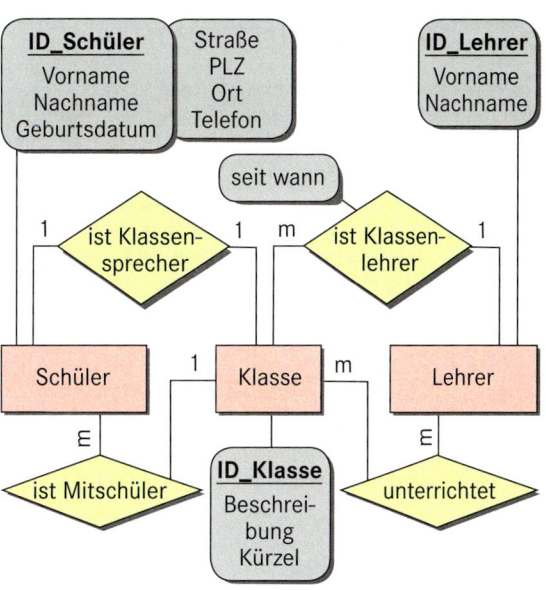

4.4 Einsatz des ER-Modells bei der Datenanalyse

Datenanalyse und Datenmodell sind nicht isoliert zu betrachten! Das Modell hilft bei der Datenanalyse. Ohne Datenanalyse kann das Modell nicht erstellt werden. Daher wird das Datenmodell parallel zur Datenanalyse entwickelt. Ausgehend von einer gegebenen Anforderungsliste hat sich folgendes Vorgehen bewährt:

Schritt 1:
Ermitteln der Entitäten in der Anforderungsliste.

Schritt 2:
Ermitteln der Beziehungen in der Anforderungsliste.

Schritt 3:
Erstellen eines vorläufigen ER-Modells.
(Nur Entitäten und Beziehungen)

Schritt 4:
Ermitteln aller Anzahlangaben aus der Anforderungsliste.

Schritt 5:
Erweitern des ER-Modells um die Anzahlangaben.

Schritt 6:
Ermitteln aller Merkmale zu den Entitäten und Beziehungen.

Schritt 7:
Erweitern des ER-Modells um die Merkmale!
Dabei für jede Entität ein ID-Merkmal festlegen.

12.4

5 Tabellen erstellen

In dem vorigen Kapitel wurde gezeigt, wie man mit Hilfe der Datenanalyse, ausgehend von einer Anforderungsliste, zu einem vollständigen ER-Modell gelangt. Bleibt noch zu klären, wie das ER-Modell in das Tabellenschema (Relationenmodell) einer relationalen Datenbank überführt werden kann? In diesem Kapitel werden, ausgehend von dem einführenden Beispiel aus Kapitel 2, die dazu notwendigen Überführungsregeln erarbeitet.

5.1 Vergleich ER-Modell/Tabellen

Um den Zusammenhang zwischen ER-Modell und Tabellenschema zu verdeutlichen wird nun das in den vorigen Kapiteln abgeleitete ER-Modell mit dem im Kapitel 2 'Einführung' entwickelten Tabellenschema verglichen. Dabei wurden natürlich alle Fehler aus dem Tabellenschema beseitigt. Zusätzlich wurde das Merkmal 'seit wann', das die Information „seit wann ein Lehrer Klassenlehrer einer Klasse ist", widerspiegelt, mit in die Tabellen aufgenommen (vergleiche Kapitel 2.7).

ER-Modell

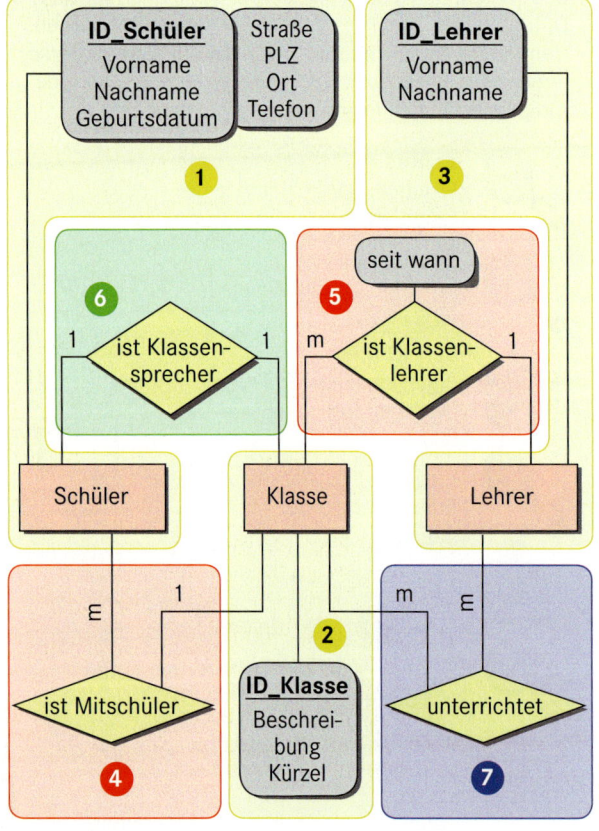

Tabellenschema

Schüler

ID_Schüler	Nachname	Vorname	Straße	PLZ	...
1	Ernst	Uwe	Weg 1	51111	...
2	Müller	Kai	Straße 2	89077	...
3	Specht	Eva	Pfad 15	11111	...
4	Groß	Ute	Allee 9	24103	...

...	Ort	Tel.	Geburtsdatum	ID_Klasse
...	Köln	98765	05.06.1996	2
...	Ulm	87654	08.12.1994	2
...	Berlin	76543	06.08.1993	1
...	Kiel	45678	05.07.1995	3

'ID_Klasse' realisiert die Beziehung 'ist Mitschüler'.

Klasse

ID_Klasse	Kürzel	Beschreibung	...
1	BG	Berufsgrundschuljahr	
2	IF	TA-Informationstechnik	
3	FO 13	Fachoberschule Kl.13	

...	ID_Schüler	ID_Lehrer	seit wann
...	3	1	01.01.2009
...	1	1	01.08.2008
...	4	1	01.08.2009

'ID_Schüler' realisiert die Bez. 'ist Klassensprecher'.
'ID_Lehrer' realisiert die Beziehung 'ist Klassenlehrer'.

Lehrer

ID_Lehrer	Nachname	Vorname
1	Moll	Willi
2	Kurp	August

unterrichtet

ID_Lehrer	ID_Klasse
1	1
1	3
2	2
2	3

5.2 Entitäten

① Werden lediglich die Entitäten 'Schüler', 'Klasse'
② und 'Lehrer' (die gelben Bereiche 1, 2 und 3)
③ betrachtet, ohne die Beziehungen zu berücksichtigen, so fällt auf, dass jede Entität mitsamt ihren Merkmalen durch eine eigenständige Tabelle umgesetzt wurde. Dies führt zu der Überführungsregel für Entitäten.

> **Regel 1: Entitäten**
> Jede Entität wird als eigenständige Tabelle mit eindeutigem Schlüssel (ID) definiert. Alle Merkmale der Entität werden in diese Tabelle aufgenommen.

5.3 1:m-Beziehungen

Die 1:m-Beziehungen 'ist Mitschüler' und 'ist Klassenlehrer' des ER-Modells werden in den Tabellen durch das Hinzufügen von Fremdschlüsseln in bestehende Tabellen realisiert (die roten Bereiche 4 und 5).

④ Beispielsweise wird für die Realisierung der Beziehung 'ist Mitschüler' (roter Bereich 4) das Schlüsselmerkmal 'ID_Klasse' der Tabelle 'Klasse' als **Fremdschlüssel** der Tabelle 'Schüler' hinzugefügt. Allgemein kann man diese Umsetzung mit folgender Regel umschreiben.

> **Regel 2: 1:m-Beziehungen**
> Eine 1:m-Beziehung wird mit Hilfe von Fremdschlüsseln und somit ohne eigene Tabelle realisiert! In der Tabelle mit Anzahlangabe 'm' wird der Schlüssel der Tabelle mit Anzahlangabe '1' als Fremdschlüssel aufgenommen.

⑤ Sollte eine 1:m-Beziehung weitere Merkmale besitzen, wie hier die Beziehung 'ist Klassenlehrer' (roter Bereich 5) das weitere Merkmal 'seit wann', so werden diese Beziehungsmerkmale ebenfalls in die Tabelle mit der Anzahlangabe 'm' überführt. In dem Beispiel wird daher das Beziehungsmerkmal 'seit wann' ebenfalls, genau wie das Fremdschlüsselmerkmal 'ID_Lehrer', an die Tabelle 'Klasse' angefügt. Die Überführungsregel 2 muss daher durch einen Zusatz ergänzt werden.

> **Regel 2 (Ergänzung): Weitere Merkmale**
> Alle weiteren Merkmale der Beziehung werden ebenfalls in die Tabelle mit Anzahlangabe „m" überführt.

5.4 1:1-Beziehung

⑥ Beziehungen vom Typ 1:1 können ebenfalls über das Einfügen von Fremdschlüsseln in bestehende Tabellen umgesetzt werden. Allerdings kann man hier nicht einfach aus der Anzahlangabe im ER-Modell ableiten, in welche der betroffenen Tabellen der Fremdschlüssel eingefügt werden muss.

Man kann aus dem ER-Modell der Schuldatenbank nicht ablesen, ob die Beziehung 'ist Klassensprecher' (grüner Bereich) am geschicktesten durch das Einfügen des Fremdschlüssels 'ID_Klasse' in die Tabelle 'Schüler' oder alternativ durch das Hinzufügen des Fremdschlüssels 'ID_Schüler' an die Tabelle 'Klasse' umzusetzen ist. Wie bereits im Kapitel 2.6 diskutiert, wird man sich für die Umsetzung entscheiden müssen, bei der die wenigsten leeren Datenfelder zu erwarten sind. Da in diesem Beispiel jede Klasse einen Klassensprecher hat, aber nicht jeder Schüler ein Klassensprecher sein wird, ist es hier sinnvoll das Merkmal 'ID_Schüler' als Fremdschlüssel in die Tabelle 'Klasse' einzufügen. Allgemein kann man die Umsetzung von 1:1-Beziehungen folgendermaßen formulieren.

> **Regel 3: 1:1-Beziehung**
> Eine 1:1-Beziehung wird mit Hilfe von Fremdschlüsseln und somit ohne eigene Tabelle realisiert! In eine der beiden Tabellen wird der Schlüssel der anderen Tabelle als Fremdschlüssel aufgenommen. Dabei ist darauf zu achten, dass keine (bzw. möglichst wenige) leere Datenfelder entstehen. Alle weiteren Merkmale der Beziehung werden ebenfalls in diese Tabelle überführt.

5.5 m:m-Beziehung

⑦ Für die Umsetzung der m:m-Beziehung 'unterrichtet' zwischen den Entitäten 'Lehrer' und 'Klasse' wird eine eigenständige Beziehungstabelle benötigt, um alle zulässigen Datensätze bzw. Schlüssel-

kombinationen eintragen zu können. Die Beziehungstabelle erhält die Schlüsselmerkmale beider an der Beziehung beteiligten Tabellen als Fremdschlüssel, die zugleich als Kombination den neuen Schlüssel der Beziehungstabelle bilden. Die Überlegung führt zur vierten Überführungsregel.

> **Regel 4: m:m-Beziehung**
> Eine m:m-Beziehung muss als eigenständige Tabelle realisiert werden. In diese „Beziehungstabelle" müssen die Schlüssel der zugehörigen Entitäten als Fremdschlüssel aufgenommen werden. Der Schlüssel der Beziehungstabelle wird aus der Kombination der Fremdschlüssel gebildet. Alle weiteren Merkmale der Beziehung werden ebenfalls in die Beziehungstabelle überführt.

12.5

6 ER-Modell-Erweiterungen

Die in den Kapiteln 4 und 5 vorgestellten Verfahrensweisen reichen in manchen Fällen nicht aus, um die gewünschten Anforderungen tatsächlich auf das Datenmodell abzubilden. In diesem Kapitel werden die folgenden zwei Erweiterungen des bisherigen Datenbankentwurfschemas vorgestellt.

- Beziehungen auf einer Entität (Kapitel 6.1)
- Mehrfachbeziehungen (Kapitel 6.2)

Zudem werden Lösungswege aufgezeigt, wenn bei der Datenanalyse die Erkennung von Entitäten, Beziehungen und Merkmalen fehlerhaft durchgeführt wurde bzw. deren Zuordnung nicht eindeutig ist.

- Beziehung oder Entität? (Kapitel 6.3)
- Entität oder Merkmal? (Kapitel 6.4)

6.1 Beziehungen auf einer Entität

Beziehungen müssen nicht zwangsläufig zwischen genau zwei Entitäten definiert sein. Es gibt auch Beziehungen, die auf einer einzigen Entität basieren. Diese Beziehungen auf einer Entität, egal ob 1:1-Beziehung, 1:m-Beziehung oder m:m-Beziehung, sind mit den bereits bekannten Überführungsregeln aus den Kapiteln 5.2–5.5, wie nachfolgend dargestellt wird, durchaus in den Griff zu bekommen.

6.1.1 Die 1:m-Beziehung

Ein Beispiel für eine 1:m-Beziehung, die nur auf einer Entität, der Entität 'Mitarbeiter' definiert ist, stellt die Beziehung 'ist Vorgesetzter' dar.

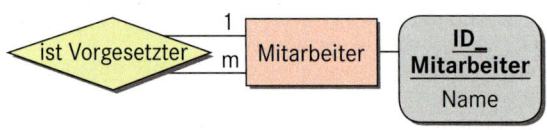

Auch Vorgesetzte sind Mitarbeiter. Für die Anzahlangaben gelten die Aussagen:

- Ein Vorgesetzter (Mitarbeiter) ist Vorgesetzter von **mehreren** Mitarbeitern.
- Ein Mitarbeiter hat nur **einen** Vorgesetzten (Mitarbeiter).

Daher ist die Beziehung 'ist Vorgesetzter' eine 1:m-Beziehung. Bisher wurde bei der Umsetzung von 1:m-Beziehungen der Fremdschlüssel genauso benannt wie der zugehörige Schlüssel. Dies ist hier nicht möglich, da sonst das Merkmal 'ID_Mitarbeiter' in der Tabelle doppelt vorkäme. Daher ist es sinnvoll, den Namen des Fremdschlüssels um einen Zusatz zu erweitern, der auf die Bedeutung des Fremdschlüssels hinweist.

Mitarbeiter

ID_Mitarbeiter	Name	ID_Mitarbeiter_Vorgesetzter
1	Müller	
2	Klein	1

'ID_Mitarbeiter_Vorgesetzter' realisiert die Beziehung 'ist Vorgesetzter'.

Anmerkung

Bei einem Mitarbeiter, der keine Vorgesetzten mehr über sich hat, bleibt das Merkmal 'ID_Mitarbeiter_Vorgesetzter' leer.

6.1.2 Die m:m-Beziehung

Für die Beziehung 'ist Teil', die den Aufbau und die Zusammensetzung von 'chemischen Substanzen' beschreibt, gelten folgende Aussagen bezüglich der Anzahlangaben:

- Eine chemische Substanz kann aus **mehreren** anderen chemischen Substanzen zusammengesetzt sein.
- Eine chemische Substanz kann Bestandteil von **mehreren** anderen chemischen Substanzen sein.

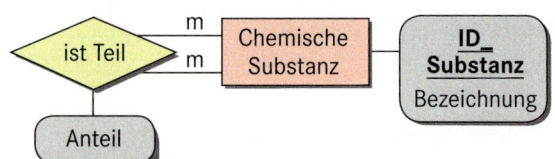

Gemäß der Überführungsregel muss bei der Umsetzung der m:m-Beziehung eine eigenständige Beziehungstabelle erstellt werden, deren Primärschlüssel aus den Fremdschlüsseln der zugehörigen Entitäten gebildet wird. Da beide Fremdschlüssel auf denselben Schlüssel verweisen, entstünde damit ebenfalls eine Namensgleichheit der Merkmale in der Beziehungstabelle. Daher müssen die Merkmale auch hier umbenannt werden. Am sinnvollsten wird dazu ein Namenszusatz gewählt, der wiederum auf die Funktion des Fremdschlüssels hinweist.

Chemische Substanz

ID_Substanz	Bezeichnung
1	Wasser
2	Wasserstoff
3	Sauerstoff

ist Teil von

ID_Substanz_Ganzes	ID_Substanz_Teil	Anteil
1	2	2
1	3	1

Anmerkung

In den Tabellen sind Beispieldatensätze für die Chemischen Substanzen Wasser (H_2O), Wasserstoff (H) und Sauerstoff (O) eingetragen.

Teil 2: Informationen
6 ER-Modell-Erweiterungen

6.1.3 Die 1:1-Beziehung

Bei 1:1-Beziehungen auf einer Entität, wie bei der Beziehung 'hat Nachfolger' auf der Entität 'Kanzler', müssen Namensgleichheiten der Merkmale bei der Umsetzung vermieden werden.

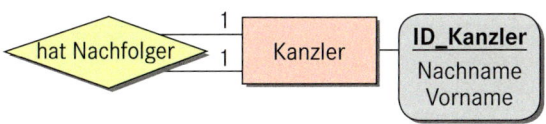

Für die Anzahlangaben gelten die Aussagen:
- Ein Kanzler hat genau **einen** Nachfolger.
- Ein Kanzler ist Nachfolger genau **eines** Kanzler.

In der Überführungsregel für 1:1-Beziehungen wird gefordert, dass in eine der beiden Tabellen der Schlüssel der anderen Tabelle als Fremdschlüssel aufgenommen wird. Dabei ist darauf zu achten, dass keine (bzw. möglichst wenige) leere Datenfelder entstehen. Da in diesem Spezialfall „beide" Tabellen ein- und dieselbe Tabelle sind, bleibt einem das Auswählen der geeigneteren Tabelle erspart. Lediglich die Namensgleichheit der Merkmale muss wieder verhindert werden. Eine Erweiterung des Fremdschlüsselnamens, beispielsweise um die Beschreibung der Beziehung, umgeht dieses Problem.

Kanzler

ID_Kanzler	Nachname	Vorname	ID_Kanzler _Nachfolger
1	Adenauer	Konrad	2
2	Erhard	Ludwig	3
3	Kiesinger	Kurt-Georg	4
4	Brandt	Willi	5
5	Schmidt	Helmut	6
6	Kohl	Helmut	7
7	Schröder	Gerhard	8
8	Merkel	Angela	

Für den Spezialfall, dass eine Beziehung auf einer einzigen Entität definiert ist, werden die Überführungsregeln um die folgende Regel erweitert.

> **Regel 5: Beziehungen auf einer Entität**
> Bei Beziehungen, die auf einer Entität definiert sind, können die bereits bekannten Überführungsregeln für 1:1-Beziehungen, 1:m-Beziehungen und m:m-Beziehungen analog angewendet werden. Dabei ist jedoch darauf zu achten, dass keine Spalten mit gleichem Namen entstehen! Die Fremdschlüssel müssen durch sinnvolle Zusätze umbenannt werden.

6.2 Mehrfachbeziehung

Unter einer Mehrfachbeziehung versteht man eine Beziehung, die mehr als zwei Entitäten miteinander in Beziehung setzt. Mehrfachbeziehungen können häufig vermieden werden, indem man auf mehrere m:m-Beziehungen ausweicht bzw. die Beziehung zur Entität umbaut. Im folgenden werden Probleme und Nachteile dieser Umsetzungen sowie Realisierungsmöglichkeiten für Mehrfachbeziehungen aufgezeigt.

Beispiel Dreifachbeziehung

Die Dreifachbeziehung 'unterrichtet' zwischen den Entitäten 'Lehrer', 'Klasse' und 'Fach' repräsentiert die Informationen zu der Frage „in welcher Klasse unterrichtet welcher Lehrer welche Fächer?"

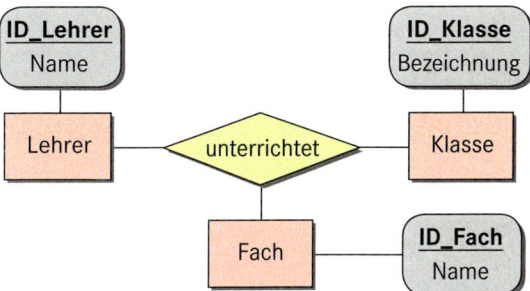

Diese Mehrfachbeziehung ist Grundlage und Ausgangspunkt der folgenden Kapitel.

6.2.1 Fehlerhafte Umsetzung durch mehrere Teilbeziehungen

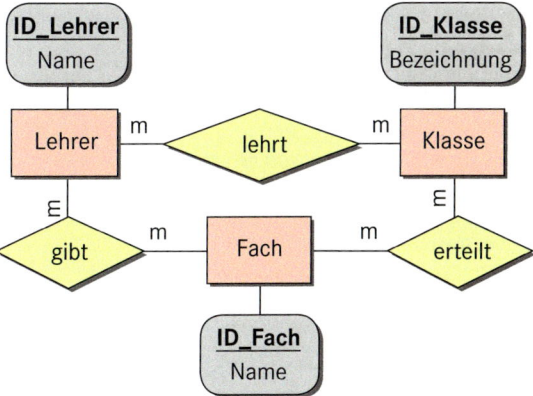

Ein Versuch die Dreifachbeziehung zu umgehen besteht darin, die Dreifachbeziehung in mehrere Zweifachbeziehungen zu zerlegen. Setzt man dieses alternative ER-Modell in ein Tabellenschema um, entstehen sechs Tabellen, da jede m:m-Beziehung durch eine eigene Beziehungstabelle umgesetzt werden muss.

43

6 ER-Modell-Erweiterungen

Klasse

ID_Klasse	Bezeichnung
1	Berufsgrundschuljahr
2	TA-Informationstechnik

Lehrer

ID_Lehrer	Name
1	Müller
2	Schulte

Fach

ID_Fach	Name
1	Mathematik
2	Deutsch

lehrt

ID_Lehrer	ID_Klasse
1	1
1	2
2	1
2	2

gibt

ID_Lehrer	ID_Fach
1	1
1	2
2	1
2	2

erteilt

ID_Klasse	ID_Fach
1	1
1	2
2	1
2	2

Aus den eingetragenen Beispieldatensätzen kann abgelesen werden, dass die beiden Lehrer 'Müller' und 'Schulte' in den Klassen 'Berufsgrundschuljahr' und 'TA-Informationstechnik' lehren. Ebenso geht aus den Beispieldatensätzen hervor, dass beide Lehrer die Fächer 'Mathematik' und 'Deutsch' geben. Da aber sowohl das Fach 'Mathematik' als auch das Fach 'Deutsch' in beiden Klassen erteilt wird, kann z. B. nicht mehr eindeutig nachvollzogen werden, welcher der beiden Lehrer in der Klasse 'TA-Informationstechnik' das Fach 'Mathematik' unterrichtet.

Fazit

Bei diesem Beispiel lassen sich aus dem Tabellenschema sehr viele Informationen ablesen. Die eigentliche Information der Dreifachbeziehung nämlich „welcher Lehrer unterrichtet in welcher Klasse welches Fach" geht allerdings verloren. Daher ist diese Umsetzung KEINE Lösung!

Letztendlich lassen sich nur die wenigsten Mehrfachbeziehungen durch m:m-Beziehungen ersetzen (siehe Kapitel 8.7.3 fünfte Normalform). Besteht diese Möglichkeit jedoch, muss sie auch angewendet werden.

6.2.2 Unsaubere Umsetzung durch Umwandlung zur Entität

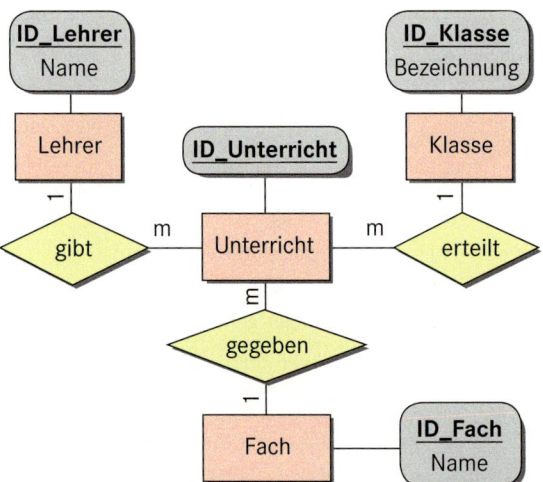

Wird die Dreifachbeziehung 'unterrichtet' durch eine Entität 'Unterricht' ersetzt, entstehen aufgrund der 1:m-Beziehungen trotz des komplizierter wirkenden ER-Modells lediglich vier Tabellen, da 1:m-Beziehungen keine eigenen Tabellen benötigen

Lehrer

ID_Lehrer	Name
1	Müller
2	Schulte

Fach

ID_Fach	Name
1	Mathematik
2	Deutsch

Klasse

ID_Klasse	Bezeichnung
1	Berufsgrundschuljahr
2	TA-Informationstechnik

Unterricht

ID_Unterricht	ID_Lehrer	ID_Fach	ID_Klasse
1	1	1	1
2	1	2	2
3	2	2	1
4	2	1	2

'ID_Lehrer' realisiert die Beziehung „lehrt".
'ID_Fach' realisiert die Beziehung „gegeben".
'ID_Klasse' realisiert die Beziehung „erteilt".

Aus den eingetragenen Beispieldatensätzen ist ersichtlich, dass beispielsweise der Lehrer 'Müller' in der Klasse 'Berufsgrundschuljahr' das Fach 'Mathematik' unterrichtet. Genau dieselbe Information kann unzulässigerweise (mit einer anderen 'ID_Unterricht' versehen) erneut in die Tabelle 'Unterricht' eingetragen werden.

44

6 ER-Modell-Erweiterungen

Außerdem ist hier aus einer Beziehung eine Entität gemacht worden. Dies entspricht nicht dem beschriebenen Zusammenhang zwischen den Entitäten. Das ER-Modell ist somit logisch nicht mehr korrekt, was die Einführung des überflüssigen Schlüsselmerkmals 'ID_Unterricht' zur Folge hat.

Nachteile
- Das Modell ist logisch nicht mehr korrekt!
- Es muss unnötigerweise die 'ID_Unterricht' eingeführt werden.
- Es können auch unzulässige Datensätze eingegeben werden.

Fazit

Die Information der Mehrfachbeziehung „welcher Lehrer unterrichtet in welcher Klasse welches Fach" bleibt in dieser Realisierung enthalten. Daher stellt die Umsetzung einer Mehrfachbeziehung als eigenständige Entität eine praktikable Alternative dar, die allerdings einige Nachteile[1] mit sich bringt.

> **Anmerkung**
>
> Die Umwandlung einer Beziehung zu einer Entität sollte nur wenn es zwingend notwendig ist, erfolgen. Unter welchen Bedingungen eine solche Umwandlung sinnvoll ist, wird genauer im Kapitel 6.3 untersucht. Die Schwierigkeit dabei besteht darin zu unterscheiden, ob beispielsweise bereits eigenständige 'Unterrichts'-Objekte vorliegen, was eine Entität 'Unterricht' rechtfertigen würde, oder lediglich eine Beziehung 'unterrichten' zwischen den Entitäten 'Fach', 'Lehrer' und 'Klasse' beschrieben wird. Auch auf diese nicht leicht zu beantwortende Frage wird im Kapitel 6.3 noch einmal genauer eingegangen.

Für jede 'Fach'-'Klasse' Kombination kann nur noch genau ein Lehrer angegeben werden.

6.2.3 Richtige Umsetzung von Mehrfachbeziehungen

Mehrfachbeziehungen können ähnlich wie m:m-Beziehungen durch eine eigenständige Beziehungstabelle umgesetzt werden. Diese Beziehungstabelle erhält wieder die Schlüsselmerkmale aller beteiligten Entitäten als Fremdschlüssel.

unterrichten

ID_Lehrer	ID_Fach	ID_Klasse
1	1	1
1	2	2
2	2	1
2	1	2

Bei m:m-Beziehungen wird der Schlüssel der Beziehungstabelle aus der Kombination aller Fremdschlüsselmerkmale gebildet. Bei Mehrfachbeziehungen ist die Schlüsselbeziehung nicht so einfach. Wenn ein bestimmtes Fach in einer bestimmten Klasse nur von einem Lehrer unterrichtet wird, dann darf es in der Tabelle 'unterrichten' keine zwei Datensätze geben, die bei den Werten für die Merkmale 'ID_Fach' und 'ID_Klasse' übereinstimmen.

unterrichten

ID_Lehrer	ID_Fach	ID_Klasse	
1	1	1	
2	1	1	Falsch

Wird etwa das Fach 'Mathematik' (ID_Fach = 1) in der Klasse 'Berufsgrundschuljahr' (ID_Klasse = 1) von dem Lehrer 'Müller' (ID_Lehrer = 1) erteilt, so kann dieses Fach in der selben Klasse nicht auch noch vom Lehrer 'Schulte' (ID_Lehrer = 2) erteilt werden. Deshalb werden die einzelnen Datensätze bereits durch die Merkmale 'ID_Fach' und 'ID_Klasse' eindeutig bestimmt.

unterrichten

ID_Lehrer	ID_Fach	ID_Klasse
1	1	1

Der Schlüssel kann in dieser Tabelle also nicht aus der Kombination aller drei Fremdschlüssel gebildet werden, weil dadurch die Bedingung der Minimalität eines Schlüssels verletzt würde. Daher kommt man nicht umhin auch bei den Mehrfachbeziehungen zunächst die Anzahlangaben zu bestimmen.[2]

---

[1] Trotz dieser Nachteile, die sich, wie wir noch sehen werden, durchaus vermeiden lassen, wird häufig in der Literatur die Umwandlung einer Mehrfachbeziehung zu einer Entität als einziger Lösungsweg vorgestellt. Der einzige Vorteil, den diese unsaubere Umsetzung tatsächlich bietet, besteht darin, dass aufgrund der fehlenden Mehrfachbeziehungen die Normalformen BCNF, 4NF und 5NF (siehe Kapitel 8.7) nicht eingeführt und überprüft werden müssen.

[2] Die Lösung, eine Mehrfachbeziehung einfach als eigenständige Beziehungstabelle umzusetzen, in der dann alle Fremdschlüssel den Schlüssel der Beziehungstabelle bilden, wird man häufiger in der Literatur finden. Dennoch ist auch diese Umsetzung nicht korrekt. Da in vielen Fällen eine der Normalformen BCNF, 4NF oder 5NF (siehe Kapitel 8.7) verletzt wird und dadurch unzulässige Daten in die Beziehungstabelle eingegeben werden können.

6 ER-Modell-Erweiterungen

6.2.4 Anzahlangaben bei Mehrfachbeziehungen

Um eine Mehrfachbeziehung richtig umsetzen zu können, muss man zunächst wieder die Anzahlangaben bestimmen. In unserem Beispiel werden dazu die folgenden drei Fragen beantwortet:

1. Ein Lehrer unterrichtet ein Fach in wie vielen Klassen?
2. Ein Lehrer unterrichtet in einer Klasse wie viele Fächer?
3. Ein Fach wird in einer Klasse von wie vielen Lehrern erteilt?

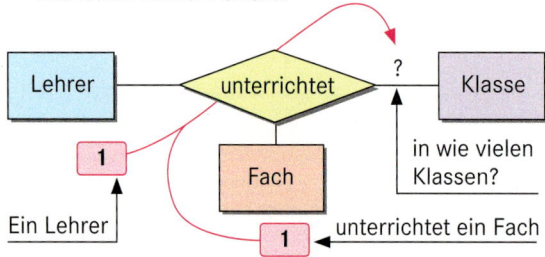

Da ein Lehrer ein Fach in mehreren Klassen unterrichten kann, kommt an die Entität Klasse die Anzahlangabe 'm'.

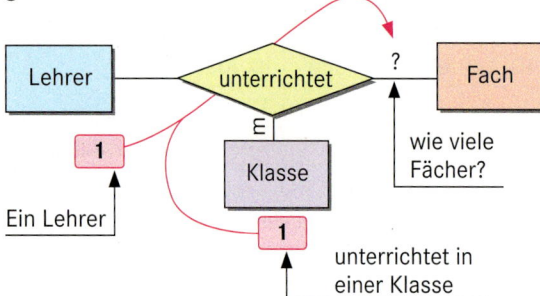

Ein Lehrer unterrichtet in einer Klasse mitunter auch mehrere Fächer. Deshalb kommt auch an die Entität 'Fach' die Anzahlangabe 'm'.

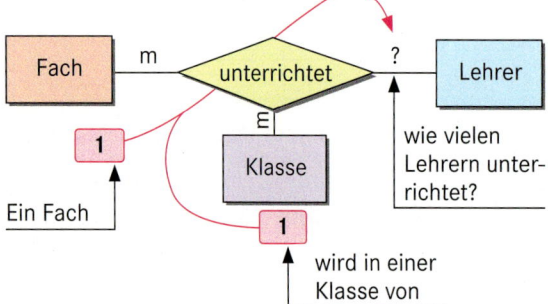

In einer Klasse wird ein bestimmtes Fach immer nur von einem Lehrer unterrichtet. Daher muss die Entität 'Lehrer' die Anzahlangabe '1' bekommen. Somit handelt es sich bei der Dreifachbeziehung 'unterrichtet' um eine 1:m:m-Beziehung.

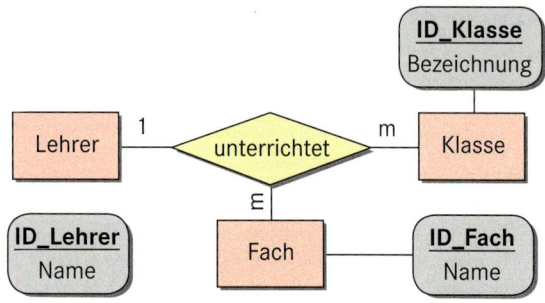

Bereits im Kapitel 6.2.3 wurde gezeigt, dass das Fremdschlüsselmerkmal 'ID_Lehrer' nicht zur Bildung des neuen Schlüssels der Beziehungstabelle benötigt wird. Es genügt somit in diesem Beispiel die Fremdschlüssel der Entitäten mit Anzahlangabe 'm' zum Schlüssel der Beziehungstabelle zu kombinieren.

unterrichtet

ID_Fach	ID_Klasse	ID_Lehrer
1	1	1
2	2	1
2	1	2
1	2	2

Eine Mehrfachbeziehung wird als Erweiterung der m:m-Zweifachbeziehung behandelt. Fast immer wird für die Mehrfachbeziehung eine zusätzliche Tabelle als Beziehungstabelle benötigt. Bei einer 1:m:m-Beziehung werden nicht alle Fremdschlüssel zur Bildung des Schlüssels der Beziehungstabelle benötigt. Allgemein müssen Fremdschlüssel, die aus Entitäten mit Anzahlangabe 'm' stammen, zur Bildung des Schlüssels der Beziehungstabelle herangezogen werden. Somit gelangt man zu folgender Überführungsregel für Mehrfachbeziehungen:

Regel 6: Mehrfachbeziehungen
Mehrfachbeziehungen werden in der Regel[1] durch eine eigenständige Tabelle realisiert. In die Beziehungstabelle müssen die Schlüssel der zugehörigen Entitäten als Fremdschlüssel aufgenommen werden. Der Schlüssel der Beziehungstabelle wird aus einer Kombination der Fremdschlüssel gebildet. Fremdschlüssel, die aus Entitäten mit Anzahlangabe '1' stammen, sind nicht zwingend für die Schlüsselbildung notwendig. Alle weiteren Merkmale der Beziehung werden ebenfalls in die Beziehungstabelle überführt.

---

[1] Sie wird nicht durch eine eigenständige Tabelle realisiert, wenn sie durch mehrere Teiltabellen verlustfrei umgesetzt werden kann (siehe Kapitel 6.2.1 und 8.7) oder wenn die Beziehungstabelle der Mehrfachbeziehung nur ein Schlüsselmerkmal besitzt (siehe Kapitel 6.2.5)

6 ER-Modell-Erweiterungen

6.2.5 Schlüsselbildung bei Mehrfachbeziehungen

Wenn mehrere Entitäten mit der Anzahlangabe '1' an einer Mehrfachbeziehung beteiligt sind, ist das Festlegen des Primärschlüssels nicht trivial. Die Überführungsregel 6 liefert lediglich den Hinweis, dass Fremdschlüssel, die aus Entitäten mit der Anzahlangabe 'm' stammen, zur Bildung des neuen Primärschlüssels der Beziehungstabelle herangezogen werden müssen. Ob aber noch weitere Fremdschlüssel, die aus Entitäten mit der Anzahlangabe '1' stammen, ebenfalls bei der Bildung des Beziehungstabellen-Primärschlüssels berücksichtigt werden müssen und wenn ja, welche, muss von Fall zu Fall individuell entschieden werden. Welche Überlegungen dabei eine Rolle spielen, verdeutlichen die folgenden beiden Beispiele:

Beispiel Masterprüfung

In der Beispieldatenbank sollen nur die aktuellen Masterprüfungen abgelegt werden. Weiter wird vorausgesetzt, dass ein Professor nur Prüfungen in seinem Fach(-gebiet) durchführt und an einer Prüfung immer nur ein Professor teilnimmt. Daraus lassen sich folgende Aussagen für die Anzahlangaben herleiten:

1. Ein Professor prüft in einem Fach **mehrere** Studenten.
2. Ein Student wird in einem Fach von **einem** Professor geprüft.
3. Ein Professor prüft einen Studenten in **einem** Fach.

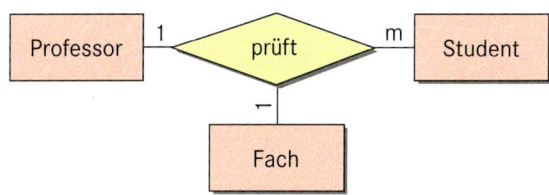

Bei 1:1:m-Beziehungen kann es wie hier vorkommen, dass zwei Merkmale zur Bildung des Schlüssels notwendig sind. Dabei ist nicht immer eindeutig zu entscheiden, welche Fremdschlüssel zum neuen Schlüssel kombiniert werden sollten.

Umsetzungsvarianten

Variante 1
Bei der folgenden Tabelle 'prüft' werden alle drei Merkmale 'ID_Student', 'ID_Fach' und 'ID_Professor' zum neuen Schlüssel der Beziehungstabelle kombiniert. Außerdem werden Beispieldatensätze in einer fest vorgegebenen Reihenfolge in diese Tabelle eingefügt. Die Datensätze bestehen aus allen möglichen acht ID_Nummern-Kombinationen der Beispieldatensätze:
- zwei Studenten Müller und Specht,
- zwei Fächern Deutsch und Englisch und
- zwei Professoren Moll und Kurp.

prüft

ID_Student	ID_Fach	ID_Professor
1 (Müller)	1 (Deutsch)	1 (Moll)
1 (Müller)	1 (Deutsch)	2 (Kurp)
1 (Müller)	2 (Englisch)	1 (Moll)
1 (Müller)	2 (Englisch)	2 (Kurp)
2 (Specht)	1 (Deutsch)	1 (Moll)
2 (Specht)	1 (Deutsch)	2 (Kurp)
2 (Specht)	2 (Englisch)	1 (Moll)
2 (Specht)	2 (Englisch)	2 (Kurp)

 Die Variante 1 ist ungünstig, da sie das Speichern aller erlaubten, aber auch vieler unzulässiger (rot hinterlegter) Datensätze zulässt.

Variante 2
Bei gleicher Einfügereihenfolge können in die Tabelle 'prüft', bei der der Schlüssel lediglich aus dem Merkmal 'ID_Student' besteht, nur noch zwei Datensätze eingefügt werden.

prüft

ID_Student	ID_Fach	ID_Professor
1 (Müller)	1 (Deutsch)	1 (Moll)
2 (Specht)	1 (Deutsch)	1 (Moll)

 Die Variante 2 ist nicht praktikabel. Bei ihr kann ein Student nur in einem Fach eine Prüfung ablegen. Es können somit nicht alle gültigen Datensätze gespeichert werden.

Variante 3
Bei den zwei folgenden Varianten der Tabelle 'prüft' mit unterschiedlichen Primärschlüsseln werden die Datensätze weiterhin in der selben Reihenfolge wie bei der ersten Tabellenvariante eingefügt.

prüft

ID_Student	ID_Fach	ID_Professor
1 (Müller)	1 (Deutsch)	1 (Moll)
1 (Müller)	2 (Englisch)	1 (Moll)
2 (Specht)	1 (Deutsch)	1 (Moll)
2 (Specht)	2 (Englisch)	1 (Moll)

 Die Variante 3 ist möglich. Aber es können Datensätze eingetragen werden, bei denen derselbe Student beim selben Professor in unterschiedlichen Fächern geprüft wird.

Teil 2: Informationen
6 ER-Modell-Erweiterungen

Variante 4
prüft

ID_Student	ID_Fach	ID_Professor
1 (Müller)	1 (Deutsch)	1 (Moll)
1 (Müller)	1 (Deutsch)	2 (Kurp)
2 (Specht)	1 (Deutsch)	1 (Moll)
2 (Specht)	1 (Deutsch)	2 (Kurp)

 Die Variante 4 ist eine mögliche Umsetzung, erlaubt aber das Eintragen von Datensätzen, bei denen ein Student im selben Fach bei unterschiedlichen Professoren geprüft wird.

Fazit

Eine optimale Umsetzung gibt es für diese Dreifachbeziehung nicht! Daher lohnt sich die Betrachtung alternativer Umsetzungen. Diese Dreifachbeziehung kann beispielsweise ohne Verluste wie folgt aufgelöst werden (vergleiche BCNF Kapitel 8.7.1):

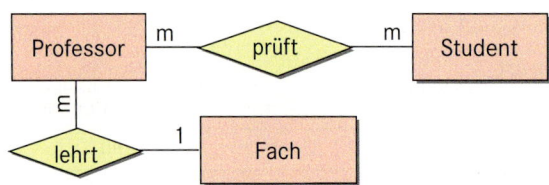

Beispiel Kaufhaus

Im folgenden 'Kaufhaus'-Beispiel kann eine eindeutig beste Umsetzung für die Mehrfachbeziehung gefunden werden. Unter Produkt sollen hier individuelle unterscheidbare Einzelexemplare, z. B. mit Seriennummern oder kostbare Antiquitäten, gemeint sein. Somit ist es nicht möglich, dass ein Kunde ein bestimmtes Produkt in unterschiedlichen Fachgeschäften kauft. Würde man unter einem Produkt eine Produktgruppe verstehen, wie etwa „Milch", so würden natürlich ganz andere Anzahlangaben entstehen.

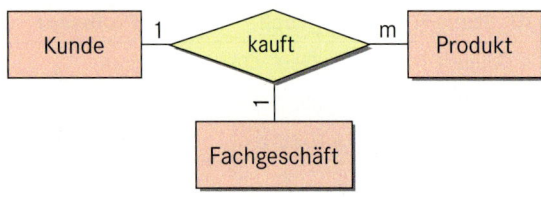

Umsetzungsvarianten

Variante 1
Betrachtet werden wieder unterschiedliche Umsetzungsvarianten für die Beziehungstabelle 'kauft', in der alle möglichen acht ID_Nummer-Kombinationen aus
- zwei Kunden Müller und Specht,
- zwei Fachgeschäften Antiquar und Spezialist und
- zwei Produkten Schiller-Vitrine und Erhard-Tisch

in fest vorgegebener Reihenfolge eingetragen werden.

kauft

ID_Produkt	ID_Kunde	ID_Fachgeschäft
1 (Schiller-Vitrine)	1 (Müller)	1 (Antiquar)
1 (Schiller-Vitrine)	1 (Müller)	2 (Spezialist)
1 (Schiller-Vitrine)	2 (Specht)	1 (Antiquar)
1 (Schiller-Vitrine)	2 (Specht)	2 (Spezialist)
2 (Erhard-Tisch)	1 (Müller)	1 (Antiquar)
2 (Erhard-Tisch)	1 (Müller)	2 (Spezialist)
2 (Erhard-Tisch)	2 (Specht)	1 (Antiquar)
2 (Erhard-Tisch)	2 (Specht)	2 (Spezialist)

 Die Variante 1 ist ungünstig, da sie das Speichern aller erlaubten, aber auch vieler unzulässiger (rot hinterlegter) Datensätze zulässt.

Variante 2
Bei gleicher Einfügereihenfolge können in die Tabelle 'kauft' (Variante 2), bei der der Schlüssel lediglich aus dem Merkmal 'ID_Produkt' besteht, nur noch zwei Datensätze eingefügt werden.

kauft

ID_Produkt	ID_Kunde	ID_Fachgeschäft
1 (Schiller-Vitrine)	1 (Müller)	1 (Antiquar)
2 (Specht)	1 (Deutsch)	1 (Moll)

 Diese Variante ist optimal, da Sie exakt die Anforderungen abdeckt. Es können genau die zulässigen Datensätze gespeichert werden. Die Betrachtung weiterer Varianten erübrigt sich.

Fazit
Die Variante 2 ist der Variante 1 auf jeden Fall vorzuziehen. Somit wird nur ein Schlüsselmerkmal benötigt. Bei nur einem Schlüsselmerkmal kann evtl. auf eine eigene Beziehungstabelle auch ganz verzichtet werden. Beispielsweise ist es möglich die Merkmale 'ID_Kunde' und 'ID_Fachgeschäft' direkt in die Tabelle 'Produkt' als Fremdschlüssel einzufügen. Die eigenständige Beziehungstabelle zur Umsetzung der Mehrfachbeziehung ist hier nur dann gerechtfertigt, wenn sich dadurch viele ansonsten leere Datenfelder vermeiden lassen.

> **Anmerkung**
> Die Überlegungen aus den vorangegangenen Beispielen für Dreifachbeziehungen können auch auf Mehrfachbeziehungen übertragen werden.

Teil 2: Informationen
6 ER-Modell-Erweiterungen

Schlüsselbildung bei Mehrfachbeziehungen

m:m:m-Beziehung oder Mehrfachbeziehungen bei der nur Anzahlangaben 'm' auftreten

Eine eigene Beziehungstabelle wird benötigt! Der Schlüssel der Beziehungstabelle wird aus der Kombination aller Fremdschlüssel gebildet, die an der Beziehung beteiligt sind.

1:m:m-Beziehung oder Mehrfachbeziehungen bei denen die Anzahlangabe '1' nur einmal auftritt.

Eine eigene Beziehungstabelle wird benötigt! Der Schlüssel der Beziehungstabelle wird aus der Kombination der beiden Fremdschlüssel gebildet, die aus Entitäten mit der Anzahlangabe 'm' stammen.

1:1:m-Beziehungen und 1:1:1-Beziehung oder Mehrfachbeziehungen bei denen die Anzahlangabe '1' mehrfach auftritt

Fall 1: Es müssen mehrere Merkmale zum Schlüssel kombiniert werden.

Eine eigene Beziehungstabelle wird benötigt! Der Schlüssel der Beziehungstabelle wird gebildet aus allen Fremdschlüsseln, die zu Entitäten mit der Anzahlangabe 'm' gehören. Es werden solange Fremdschlüssel, die zu Entitäten mit der Anzahlangabe '1' gehören ergänzt, bis der zusammengesetzte Beziehungstabellenschlüssel eindeutig ist. Welche Fremdschlüssel dabei auszuwählen sind, ist abhängig von den Rahmenbedingungen. Die Umsetzung ist nicht optimal, da unzulässige Datensätze einfügbar sind.

Fall 2: Ein einziges Merkmal bildet den Schlüssel der Beziehungstabelle.

Sobald die Mehrfachbeziehung nur einen Fremdschlüssel besitzt, der zu einer Entität mit der Anzahlangabe 'm' gehört, wird dieses Merkmal zwangsläufig zum Schlüssel der Beziehungstabelle. Besitzt die Mehrfachbeziehung lediglich Anzahlangaben vom Typ '1' muss, abhängig von den Rahmenbedingungen, das Schlüsselmerkmal bestimmt werden.
Eine eigene Beziehungstabelle ist nicht zwingend notwendig, kann aber zur Vermeidung von leeren Datenfeldern sinvoll sein. Alternativ können sämtliche Fremdschlüssel der Beziehung in die Tabelle der Entität überführt werden, die zum festgelegten Schlüsselmerkmal gehört.

ACHTUNG: *Es gibt Mehrfachbeziehungen, die sich alternativ in mehrere Tabellen zerlegen lassen. Beachten Sie daher die Ausnahmen gemäß den Normalformen BCNF, 4NF und 5NF im Kapitel 8.7.*

6.3 Beziehung oder Entität

Der Datenbankentwurf ist nicht immer so eindeutig, wie es bisher vielleicht den Anschein hatte. Manchmal ist es z.B. sehr schwierig zu entscheiden, ob eine Beziehung mit Beziehungsmerkmalen nicht bereits eigenständige Objekte charakterisiert und somit als Entität umgesetzt werden müsste. Oder umgekehrt.

6.3.1 Die 1:m-Beziehungen (Praktikumsbetreuung)

Im folgenden Beispiel sollen Schüler in ihrer Ausbildung ein mehrwöchiges Praktikum in einem Unternehmen absolvieren. Dabei werden sie in den Unternehmen von einem Mitarbeiter betreut. Am Ende des Praktikums werden die Schüler aufgefordert zu beurteilen, ob sie mit der Betreuung durch den Mitarbeiter zufrieden waren. Im folgenden Beispiel werden die Schüler „Schulte" und „Schmidt" von dem Mitarbeiter „Müller" und der Schüler „Specht" von dem Mitarbeiter „Meier" betreut.

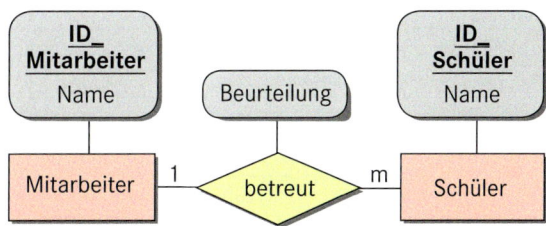

Die Beziehung 'betreut' ist eine 1:m-Beziehung, deren Umsetzung zu den folgenden zwei Tabellen führt.

Schüler

ID_Schüler	Name	ID_Mitarbeiter	Beurteilung
1	Schulte	1	sehr zufrieden
2	Schmidt	1	zufrieden
3	Specht	2	unzufrieden

'ID_Mitarbeiter' realisiert die Beziehung 'betreut'.

Mitarbeiter

ID_Mitarbeiter	Name
1	Müller
2	Meier

Die Datenbank erfüllt genau die gestellten Anforderungen! Das Merkmal 'Beurteilung' ist eindeutig ein Beziehungsmerkmal, da es die Beziehung 'betreut' genauer beschreibt und sowohl von dem Schüler als auch von dem Betreuer abhängt.

6 ER-Modell-Erweiterungen

Die Datenbank soll nun so erweitert werden, dass der Schüler auch während des Praktikums „Zwischenbeurteilungen" zu seinem Betreuer abgeben kann. Um die verschiedenen Beurteilungen sinnvoll zuordnen zu können, soll jetzt auch das Datum der Beurteilung gespeichert werden. Ein erster, allerdings fehlerhafter Lösungsansatz könnte folgendermaßen aussehen:

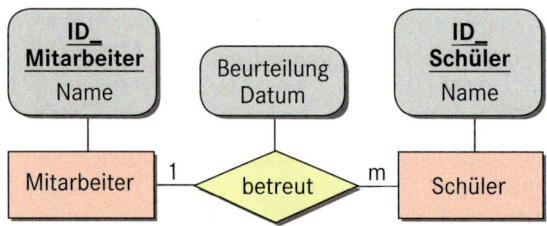

Es reicht nicht aus, das Merkmal 'Datum' an die Beziehung 'betreut' anzufügen. Das kann an der resultierenden Tabelle 'Schüler' abgelesen werden. In der folgenden Tabelle 'Schüler' wurden jeweils zwei Beurteilungen je Mitarbeiter von den Schülern angegeben.

Schüler

ID_Schüler	Name	ID_Mitarbeiter	Beurteilung	Datum
1	Schulte	1	sehr zufrieden	01.04
1	Schulte	1	zufrieden	20.04
2	Schmidt	1	zufrieden	05.04
2	Schmidt	1	sehr zufrieden	01.05
3	Specht	2	unzufrieden	03.04
3	Specht	2	zufrieden	07.05

ID_Mitarbeiter' realisiert die Beziehung 'betreut'.

Mitarbeiter

ID_Mitarbeiter	Name
1	Müller
2	Meier

Für jeden Schüler müssen mehrere Zeilen (eine für jede Beurteilung) in der Tabelle 'Schüler' eingetragen werden. Der Schlüssel 'ID_Schüler' ist damit nicht mehr eindeutig und somit kein zulässiger Schlüssel der Tabelle.

Durch die neuen Anforderungen wird nicht mehr die Beziehung 'betreut' genauer beschrieben, vielmehr sind mehrere wohl unterscheidbare Betreuungszeiträume mit eigener Beurteilung und eigenem Beurteilungsdatum entstanden. Daher muss die Beziehung 'betreut' auf Grund des zusätzlichen Merkmals 'Datum' zur Entität 'Betreuung' umgewandelt werden.

Um das Problem zu vermeiden, kann das ER-Modell wie folgt verändert werden:

1. Aus der Beziehung 'betreut' wird eine Entität 'Betreuung', die es erlaubt, unterscheidbare Betreuungszeiträume (mit jeweils eigener Beurteilung und eigenem Beurteilungsdatum) abzuspeichern.
2. Zwischen den neuen und den alten Entitäten werden weitere Beziehungen eingefügt.
3. Die Anzahlangaben der Beziehungen werden neu bestimmt!
4. Die Merkmale der alten Beziehung 'betreut' werden sinnvoll auf die neue Entität 'Betreuung' und die neuen Beziehungen verteilt.

Das angepasste ER-Modell

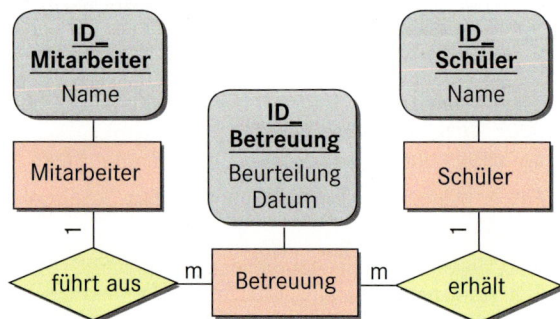

Tabellen

Schüler

ID_Schüler	Name
1	Schulte
2	Schmidt
3	Specht

Mitarbeiter

ID_Mitarbeiter	Name
1	Müller
2	Meier

Betreuung

ID_Betreuung	Beurteilung	Datum	ID_Schüler	ID_Mitarbeiter
1	sehr zufrieden	01.04	1	1
2	zufrieden	20.04	1	1
3	zufrieden	05.04	2	1
4	sehr zufrieden	01.05	2	1
5	unzufrieden	03.04	3	2
6	zufrieden	07.05	3	2

ID_Schüler' realisiert die Beziehung 'erhält'.
'ID_Mitarbeiter' realisiert die Beziehung 'führt aus'.

Die Umwandlung einer Beziehung zur Entität sollte auf jeden Fall auf ER-Modell-Ebene durchgeführt werden! Der Versuch die Datenbank durch nachträgliches Ändern der Tabellen zu retten, kann zu fehlerhaften Tabellen führen. (Siehe Beispiel im Kapitel 6.3.2)

6.3.2 Die m:m-Beziehung (Beispiel Möbelhaus)

In einem Möbelhaus gibt es die Produkte 'Tische', 'Stühle' und 'Betten' zu kaufen. Ein Kunde, Herr 'Müller, Alfred', hat am 02.01. einen Tisch und vier Stühle gekauft. Am 05.07. hat Herr Müller noch zwei Stühle nachgekauft. Es soll zunächst in einer Datenbank lediglich aufgezeichnet werden, welcher Kunde welches Produkt gekauft hat. Dazu wird folgendes ER-Modell entworfen.

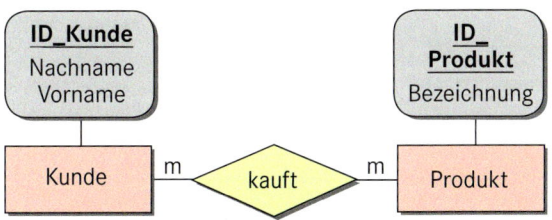

Da es sich bei dieser Beziehung um eine m:m-Beziehung handelt, entstehen bei der Umsetzung des ER-Modells folgende drei Tabellen:

Kunde

ID_Kunde	Nachname	Vorname
1	Müller	Alfred

kauft

ID_Kunde	ID_Produkt
1	1
1	2

Produkt

ID_Produkt	Bezeichnung
1	Tisch
2	Stuhl
3	Bett

Die Datenbank erfüllt genau die gestellten Anforderungen! Aus ihr ist ersichtlich, welche Produkte der Kunde Müller gekauft hat, nämlich das Produkt 'Tisch' und das Produkt 'Stuhl'.

> **Anmerkung**
> Man kann der Datenbank nicht entnehmen, wie viele Tische bzw. Stühle der Kunde Müller gekauft hat, und auch nicht zu welchem Datum der Kunde diese Käufe getätigt hat. Dies war aber auch nicht verlangt!

Die Datenbank soll nun so erweitert werden, dass man die Gesamtanzahl der jeweiligen Produkte ermitteln kann, die ein Kunde gekauft hat. Diese zusätzliche Anforderung kann sehr einfach wie folgt realisiert werden.

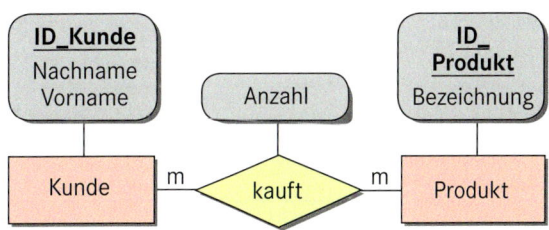

In der Beziehungstabelle 'kauft' kann nun die Gesamtzahl der von einem Kunden gekauften Produkte angegeben werden.

Kunde

ID_Kunde	Nachname	Vorname
1	Müller	Alfred

kauft

ID_Kunde	ID_Produkt	Anzahl
1	1	1
1	2	6

Produkt

ID_Produkt	Bezeichnung
1	Tisch
2	Stuhl
3	Bett

Aus den Tabellen lässt sich jetzt ersehen, dass Herr Müller einen Tisch und sechs Stühle gekauft hat. Probleme treten dabei nicht auf. Der Entwurf ist OK. Es muss also nicht jede Beziehung, der Merkmale zugeordnet werden, gleich in eine Entität umgewandelt werden. Ganz anders sieht es aus, wenn zusätzlich jetzt auch noch das Kaufdatum mit in die Datenbank aufgenommen werden soll! Auch hier erscheint es wieder naheliegend das Merkmal 'Datum' der Beziehung 'kauft' zuzuordnen.

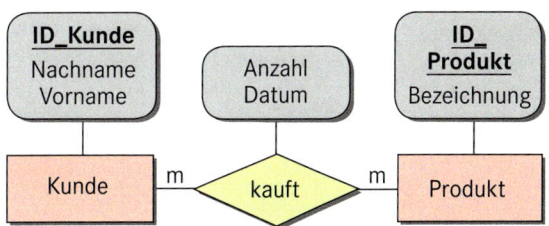

Leider ist diese Umsetzung nicht richtig, wie man an den Beispieldatensätzen in den zugehörigen Tabellen erkennen kann.

Teil 2: Informationen

6 ER-Modell-Erweiterungen

Kunde

ID_Kunde	Nachname	Vorname
1	Müller	Alfred

kauft

ID_Kunde	ID_Produkt	Anzahl	Datum
1	1	1	02.01.
1	2	4	02.01.
1	2	2	05.07.

Produkt

ID_Produkt	Bezeichnung
1	Tisch
2	Stuhl
3	Bett

Jetzt ist ersichtlich, wann welcher Kunde welches Produkt gekauft hat. Aber leider existieren in der Tabelle 'kauft' zwei Datensätze, die denselben Schüsselwert haben. Der zusammengesetzte Schlüssel aus 'ID_Kunde' und 'ID_Produkt' reicht somit zur eindeutigen Identifizierung der Datensätze nicht mehr aus. Durch das Merkmal 'Datum' entstehen unterscheidbare Kaufvorgänge (Kassenbon), die durch eine eigenständige Entität 'Kauf' realisiert werden müssen.

Auch dieses Problem kann durch die folgenden Schritte behoben werden:

1. Die Beziehung 'kauft' wird in eine Entität 'Kauf' umgewandelt.
2. Zwischen der neuen und den alten Entitäten werden weitere Beziehungen eingefügt.
3. Die Anzahlangaben der Beziehungen werden neu bestimmt.
4. Die Merkmale der Beziehung 'kauft' werden sinnvoll auf die neue Entität 'Kauf' und die neuen Beziehungen verteilt.

Das angepasste ER-Modell

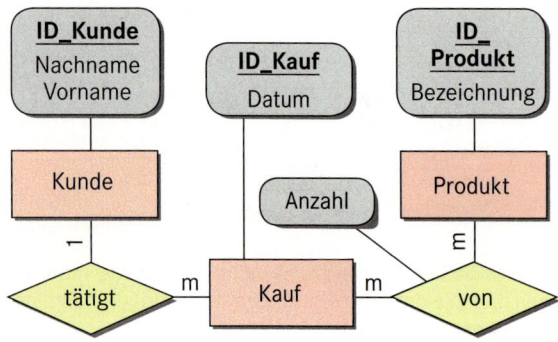

Tabellen

Kunde

ID_Kunde	Nachname	Vorname
1	Müller	Alfred

Produkt

ID_Produkt	Bezeichnung
1	Tisch
2	Stuhl
3	Bett

Kauf

ID_Kauf	ID_Kunde	Datum
1	1	02.01.
2	1	05.07.

'ID_Kunde' realisiert die Beziehung 'tätigt'.

von

ID_Kauf	ID_Produkt	Anzahl
1	1	1
1	2	4
2	2	2

Anmerkung

Würde man versuchen, das Problem, ohne den Umweg über das ER-Modell, direkt auf Tabellenebene zu korrigieren, würde mit ziemlicher Sicherheit die folgende, fehlerhafte Tabelle 'kauft' entstehen.

kauft

ID_Kauf	ID_Kunde	ID_Produkt	Anzahl	Datum
1	1	1	1	02.01.
2	1	2	4	02.01.
3	1	2	2	05.07.

In der Aufgabe 12.6.3 wird zunächst untersucht, wie das ER-Modell aussehen muss, das bei einer Umsetzung zu dieser Tabelle führen würde. Daran lassen sich dann die Unterschiede und Nachteile zur vorgestellten Lösung erkennen.

52

6.3.3 Mehrfachbeziehung (Beispiel Prüfung)

Als Beispiel für eine Mehrfachbeziehung, die aufgrund von zusätzlichen Beziehungsmerkmalen zu einer Entität umgewandelt werden muss, wird die Beziehung 'prüft' untersucht. Diese Beziehung soll die Information „welcher Schüler von welchem Lehrer in welchem Fach geprüft wird" widerspiegeln. Daher werden neben der Beziehung 'prüft' auch noch die Entitäten 'Lehrer', 'Fach', und 'Schüler' benötigt.

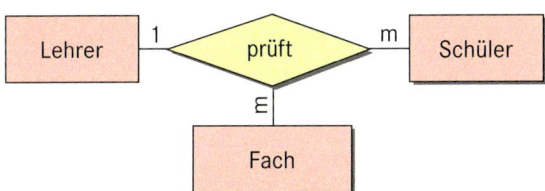

Dies ist zunächst eine Dreifachbeziehung vom Typ 1:m:m und kann problemlos entsprechend der Überführungsregel 6 umgesetzt werden.

prüft

ID_Schüler	ID_Fach	ID_Lehrer

> Anmerkung
> Die Merkmale der Entitäten 'Lehrer', 'Schüler' und 'Fach' sind für das Verständnis des Beispiels nicht wichtig und wurden daher weggelassen.

Diese Datenbank soll nun um das Merkmal 'Note' ergänzt werden.

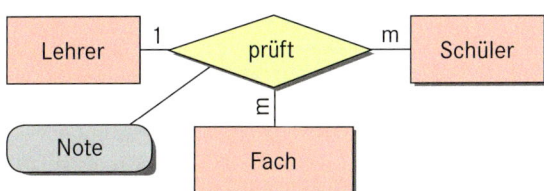

Verwendet man diese Umsetzung entsteht eine um das Merkmal 'Note' erweiterte Beziehungstabelle 'prüft'.

prüft

ID_Schüler	ID_Fach	ID_Lehrer	Note

Wenn ein Lehrer je Fach und Schüler genau eine Note abspeichern soll, so ist das ER-Modell richtig, da durch die Note lediglich beschrieben wird, wie ein Schüler in einem Fach von einem Lehrer geprüft wurde. Somit dient das Merkmal lediglich der Beschreibung der Beziehung. Wenn aber ein Schüler in einem Fach von einem Lehrer mehrere Noten bekommen kann und all diese Noten in der Datenbank abgelegt werden sollen, so würden durch dieses Merkmal 'Noten' die Ergebnisse unterschiedlicher Prüfungen im selben Fach be-

schrieben! Es entstehen somit eigenständige unterscheidbare Objekte, nämlich die Prüfungen, die dann in einer eigenen Entität umgesetzt werden müssen. Dadurch wird anstelle der Dreifachbeziehung 'prüft' eine eigenständige Entität 'Prüfung' notwendig!

Korrigiertes ER-Modell

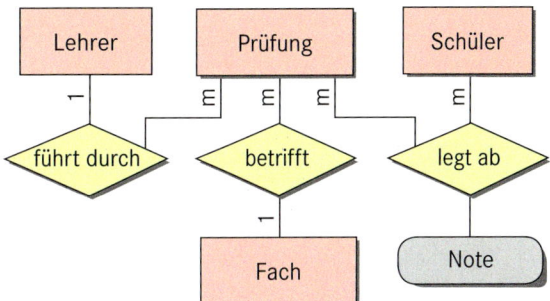

> ### Beziehung oder Entität
> Entitäten und Beziehungen mit Beziehungsmerkmalen können leicht verwechselt werden. Spätestens beim Eintragen von Datensätzen in die unkorrekten Tabellen fallen derartige Fehler auf und müssen korrigiert werden. Diese Korrektur sollte auf der Ebene der Datenanalyse im ER-Modell erfolgen und kann gemäß der folgenden Entscheidungshilfe durchgeführt werden. Aus dem veränderten ER-Modell können dann fehlerfreie Tabellen abgeleitet werden.
>
> *Entscheidungshilfe*
> *Beziehung oder Entität*
> Immer dann, wenn einer Beziehung Merkmale zugewiesen werden, muss untersucht werden, ob die Merkmale lediglich der genaueren Charakterisierung der Beziehung dienen. Sollte sich dabei herausstellen, dass die Merkmale eigenständige Objekte beschreiben,[1] muss das ER-Modell und somit der Datenbankentwurf wie folgt verändert werden:
>
> **Schritte zur Umwandlung einer Beziehung:**
> 1. Aus der Beziehung wird eine eigenständige Entität gemacht.
> 2. Zwischen der neuen und den alten Entitäten werden weitere Beziehungen eingefügt.
> 3. Die Anzahlangaben der Beziehungen werden neu bestimmt!
> 4. Die Merkmale, die der alten Beziehung zugewiesen waren, werden sinnvoll den neuen Beziehungen und der neuen Entität zugeordnet.

12.6.4

---

[1] Eigenständige Objekte werden durch die Merkmale dann beschrieben, wenn der zusammengesetzte Schlüssel der Beziehungstabelle nicht mehr ausreicht, um alle möglichen Datensätze der Beziehungstabelle eindeutig zu identifizieren.

6 ER-Modell-Erweiterungen

6.4 Entität oder Merkmal

Eine der Grundaufgaben beim relationalen Datenbankenwurf ist die Vermeidung von redundanten Daten durch Aufteilung der Informationen auf mehrere Tabellen. Doch  wie fein muss diese Zergliederung der Daten erfolgen? „Merkmal oder doch Entität?"- Das ist die eigentliche, keinesfalls triviale Frage, die während der Datenanalyse immer wieder auftaucht. Leider kann darauf, wie das folgende Beispiel zeigt, keine pauschale Antwort gegeben werden.

6.4.1 Extreme Zerlegung

Im Kapitel 2.4 wurde die Tabelle 'Schüler' in zwei Tabellen aufgeteilt. Die dort nun entstandene Tabelle 'Lehrer' enthält alle Lehrermerkmale und wird über einen Fremdschlüssel mit der Schülertabelle in Beziehung gesetzt. Dadurch konnten Redundanzen in den Tabellen und damit inkonsistente Daten vermieden werden. Dieses Prinzip könnte theoretisch auf alle Merkmale der Tabelle 'Schüler' angewendet werden.

ER-Modell

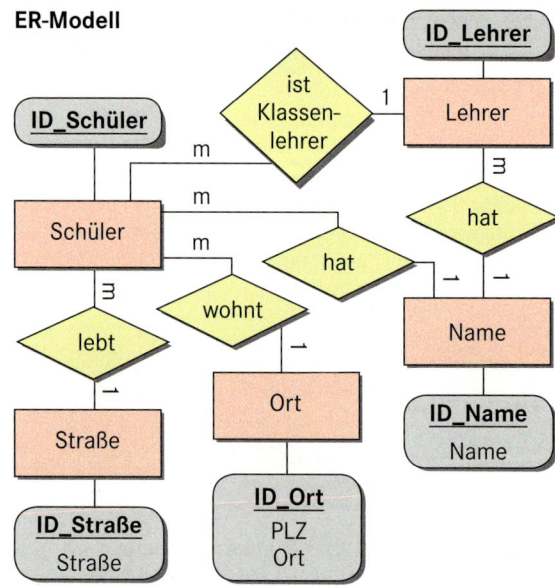

Schüler

ID_Schüler	ID_Name	ID_Straße	ID_Ort	ID_Lehrer
1	1	1	1	1
2	2	2	2	1
3	3	3	3	2

Straße

ID_Straße	Straße
1	Weg 1
2	Straße 2
3	Pfad 15

Ort

ID_Ort	PLZ	Ort
1	51111	Köln
2	89077	Ulm
3	11111	Berlin

Name

ID_Name	Name
1	Ernst
2	Müller
3	Specht
4	Moll
5	Kurp

Lehrer

ID_Lehrer	ID_Name
1	4
2	5

Am zugehörigen ER-Modell kann man gut erkennen, wie beispielsweise das Merkmal 'Straße' als eigenständige Entität und damit auch in einer eigenen Tabelle umgesetzt wurde.

Intuitiv sollte klar sein, dass die beiden Tabellen 'Name' und 'Straße' völlig unsinnig sind! Was aber macht den Unterschied zwischen der sinnvollen Tabelle 'Lehrer' und der unsinnigen Tabelle 'Name' aus? Dazu müssen die Eigenschaften der beiden Tabellen genauer untersucht werden.

Eigenschaften der Tabelle 'Lehrer'

Lehrer sind in diesem Datenbankkontext eigenständige, wohl unterscheidbare Objekte, deren Datensätze für die Datenbank von Bedeutung sind.

- Ein Lehrerdatensatz ist ein eigenständiges Objekt und nicht nur eine genauere Charakterisierung des Schülers. Es ist sinnvoll, einen Lehrerdatensatz in der Lehrertabelle zu belassen, selbst wenn der Lehrer zur Zeit keinem Schüler zugeordnet worden ist.
- Außerdem werden immer wieder dieselben Lehrer den unterschiedlichen Schülern zugeordnet. Es werden also wenige 'Lehrerdatensätze' auf viele 'Schülerdatensätze' verteilt! Daher ist der Aufwand, die Lehrernamen in einer eigenen Tabelle zu pflegen, wesentlich geringer, zumal diese Tabelle nur selten verändert werden muss!

Eigenschaften der Tabelle 'Name'

Namen sind keine eigenständigen Objekte. Ein einzelner Namensdatensatz ist isoliert betrachtet für die Datenbank völlig bedeutungslos.

- Es ist nicht sinnvoll Namensdatensätze in der Tabelle 'Name' mitzuführen, denen kein Schüler oder Lehrer zugeordnet ist. Es handelt sich also nicht um eigenständige datenbankrelevante Datensätze.

Teil 2: Informationen
6 ER-Modell-Erweiterungen

- Obwohl es zufällige Namensgleichheiten, insbesondere bei Nachnamen wie 'Müller' oder 'Schulte' geben wird, ist der Pflegeaufwand für diese Tabelle erheblich!

Anmerkung
Die Überlegungen zur Tabelle 'Name' können auf die Tabelle Straße übertragen werden.

Merkmal oder Entität
Ob es sich bei einem Nomen (Hauptwort) der Anforderungsliste um eine Entität handelt, kann häufig daran erkannt werden, wie viele weitere Merkmale diesem Nomen zugeordnet werden können. Wenn sich nur wenige oder gar keine Merkmale zuordnen lassen, steigt die Wahrscheinlichkeit, dass das Nomen selbst als Merkmal einer anderen Entität interpretiert werden muss.

Entscheidungshilfe
Tabellen (Entitäten) mit wenigen Merkmalen
Tabellen mit sehr wenigen oder nur einem Nichtschlüsselmerkmal sind nur dann sinnvoll, wenn sie mindestens eine der folgenden Bedingungen erfüllen:
1. Die Datensätze der Tabelle beschreiben eigenständige datenbankrelevante Objekte.[1]
2. Die Tabelle enthält nur relativ wenige Datensätze, die zu sehr vielen Datensätzen in anderen Tabellen in Beziehung stehen.
3. Die Tabelle ist eine Beziehungstabelle.

Tabellen (Entitäten) mit vielen Merkmalen
Wenn eine Tabelle mehr als ein oder maximal zwei Nichtschlüsselmerkmale besitzt, beschreiben die Datensätze der Tabelle mit ziemlicher Sicherheit eigenständige, datenbankrelevante Objekte.
Für Objekte, die in dem Datenbankkontext bedeutungslos sind, wird man selten bereit sein noch weitere Merkmale mitzuführen.

6.4.2 Grenzfälle: Entität oder Merkmal?
Trotz der im vorigen Abschnitt erarbeiteten Entscheidungshilfe zur Unterscheidung zwischen Entität und Merkmal gibt es immer noch Grenzfälle, bei denen diese Einteilung nicht trivial ist. Die Merkmale 'PLZ' und 'Ortsname' aus dem Beispiel des vorigen Kapitels stellen einen solchen Grenzfall dar. Diese beiden Merkmale können einerseits als Merkmale der Entität 'Schüler' aufgefasst werden oder andererseits in einer eigenen Entität 'Ort' umgesetzt werden[2]. Ob die Umsetzung als eigenständige Entität und somit letztendlich auch als separate Ortstabelle gerechtfertigt ist, kann wieder gemäß den Kriterien aus der Entscheidungshilfe zur Unterscheidung zwischen Entität und Merkmal hinterfragt werden.

Kriterium 1 (Datenbankrelevanz)
Werden durch die Datensätze der Tabelle 'Ort' eigenständige datenbankrelevante Objekte beschrieben?

Sicherlich sind die verschiedenen Orte eigenständige, unterscheidbare Objekte! Aber wie sieht es mit der Datenbankrelevanz aus? Ist beispielsweise der Datensatz „12345 Kleindorf" wirklich noch interessant, wenn es keinen Schüler an der Schule gibt, der aus diesem Ort kommt? Um diese Frage richtig beantworten zu können, müssen folgende zwei Fälle unterschieden werden:

Fall 1: Schule mit regionalem Einzugsgebiet
Da die Schüler immer und immer wieder aus denselben wenigen Orten kommen, hat der Datensatz eine Datenbankrelevanz und würde nicht gelöscht werden, da er wahrscheinlich im nächsten Schuljahr wieder benötigt wird.

Fall 2: Schule mit überregionalem Einzugsgebiet
Da die Schüler aus völlig unterschiedlichen Orten kommen können, ist der einzelne Ortsdatensatz unwichtig und sollte, wenn er keinem Schüler zugeordnet ist, gelöscht werden. Der Datensatz ist für den eigentlichen Datenbankkontext unwichtig.

Kriterium 2 (relativ wenige Datensätze)
Enthält die Tabelle 'Ort' nur wenige Datensätze, die sehr vielen unterschiedlichen Datensätzen in der Tabelle 'Schüler' zugeordnet werden?

Auch hier müssen wieder die beiden Fälle unterschieden werden:

Fall 1: Schule mit regionalem Einzugsgebiet
Da das Einzugsgebiet örtlich begrenzt ist, werden in der Tabelle 'Ort' nur wenige Datensätze eingetragen, die dann den vielen Schülerdatensätzen zugeordnet werden.

Fall 2: Schule mit überregionalem Einzugsgebiet
Die Wahrscheinlichkeit, dass mehrere Schüler aus demselben Ort kommen, ist deutlich geringer! Somit müssen in der Tabelle 'Ort' sehr viele Datensätze abgelegt werden.

Kriterium 3 (Beziehungstabelle)
Ist die Tabelle 'Ort' eine Beziehungstabelle?

Diese Bedingung ist eindeutig nicht erfüllt!

---
1 Ein Datensatz beschreibt ein eigenständiges datenbankrelevantes Objekt, wenn der Datensatz auch dann noch von Interesse ist, wenn von ihm aus keine Verbindungen zu Datensätzen in anderen Tabellen existieren.
2 Die Umsetzung durch eine eigene Tabelle 'Ort' wird auch von der 3. Normalform gefordert, da ansonsten in der Tabelle 'Schüler' zwischen dem Schlüsselmerkmal 'ID_Schüler' und den Merkmalen 'PLZ' und 'Ortsname' eine unzulässige transitive Abhängigkeit bestünde. (Siehe Kapitel 8 'Normalformen')

7 Objektorientierte Sicht

Fazit:

Die Frage, ob die Tabelle 'Ort' sinnvoll ist oder nicht, lässt sich nicht pauschal beantworten, sondern hängt von den Rahmenbedingungen ab.

Mögliche Antworten

Fall 1: Schule mit regionalem Einzugsgebiet
Handelt es sich also um eine Schule mit örtlich begrenztem Einzugsgebiet, sind die beiden Kriterien 1 und 2 erfüllt! Da nur eines der drei Kriterien erfüllt sein muss, um eine eigenständige Entität bzw. Tabelle 'Ort' zu rechtfertigen, sieht die korrekte Umsetzung wie folgt aus:

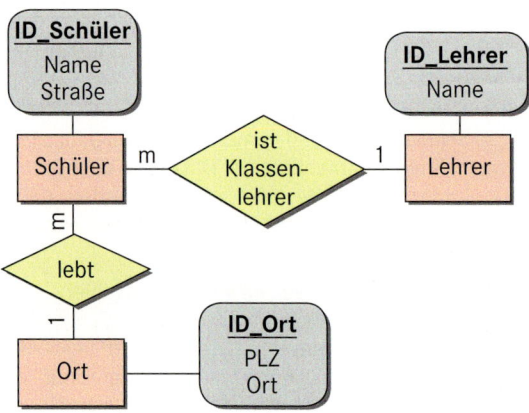

Fall 2: Schule mit überregionalem Einzugsgebiet
Handelt es sich aber um eine Schule mit überregionalem Einzugsgebiet, so ist keines der Kriterien erfüllt. Die Tabelle 'Ort' sollte daher nicht angelegt werden[1].

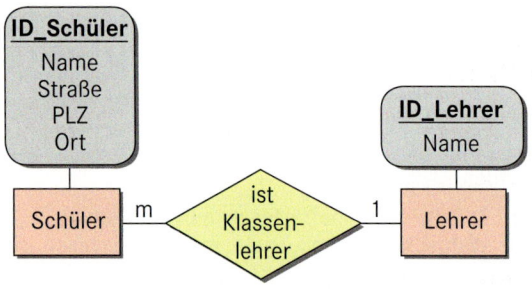

12.6.5

---
[1] Dies gilt selbst dann, wenn die dritte Normalform eine solche eigenständige Tabelle fordert! (Siehe Kapitel 8.8.2 'Denormalisierung')

7 Objektorientierte Sicht

Zwischen dem relationalen Datenbankentwurf und dem objektorientierten Softwareentwurf gibt es viele Gemeinsamkeiten. In beiden Fällen bildet man Mengen von gleichartigen Objekten und setzt diese zueinander in Beziehung. Aus dem relationalen Datenbankenwurf sind diese Mengen als Entitäten bekannt. Beim objektorientierten Softwareentwurf werden diese Mengen hingegen als **Klassen** bezeichnet. Trotz dieser unterschiedlichen Bezeichnungen verbirgt sich hinter den Bezeichnungen Entität und Klasse Vergleichbares. So verwundert es nicht, dass viele Überlegungen und Prinzipien, die für den objektorientierten Softwareentwurf gelten, zumindest ansatzweise auch auf den Entwurf relationaler Datenbanken übertragen werden können.

Eins der grundlegenden Konzepte bei der Objektorientierung ist die Generalisierung/Spezialisierung (kurz G/S). Was sich hinter diesem Konzept verbirgt und wie es auf den relationalen Datenbankentwurf übertragen werden kann, wird in den folgenden Abschnitten 7.1 bis 7.4 gezeigt.

Anschließend wird im Kapitel 7.5 ein Blick 'über den Tellerrand' gewagt. Dabei werden tatsächliche Parallelen aber auch die Unterschiede zwischen dem relationalen Datenbankentwurf und dem objektorientierten Ansatz herausgestellt.

Im Kapitel 7.6 wird die Möglichkeit erörtert, ER-Diagramme durch die bei der objektorientierten Softwareentwicklung üblichen UML-Klassendiagramme zu ersetzen.

Anmerkung
Weiterführende Informationen zum Thema Softwareentwurf und UML sind auf der Buch-CD zu finden.

7 Objektorientierte Sicht

7.1 Generalisierung/Spezialisierung (Vererbung)

Mit der Generalisierung/Spezialisierung (kurz G/S) wird eine „ist ein"-Beziehung zwischen Entitäten realisiert. In der übergeordneten Entität (Oberklasse) werden zunächst alle Merkmale zusammengefasst, die von allen untergeordneten Entitäten (Unterklassen) ebenfalls benötigt werden.

Beispiel:
Der Besitzer eines Parks möchte den alten Baumbestand seiner Anlage in einer Datenbank inventarisieren. Generell interessieren ihn zu jedem Baum die Bezeichnung, die maximale Höhe, das maximal erreichbare Alter und die generell bevorzugten Standorte der Bäume. Speziell bei den Nadelbäumen interessiert ihn zusätzlich die Zapfenform und die Nadellänge. Speziell bei den Laubbäumen hingegen die Blattform und die Herbstfärbung der Blätter. Sollte es sich bei dem Laubbaum um einen Obstbaum handeln, so möchte er die noch spezielleren Angaben über die Fruchtbezeichnung und den Erntemonat in die Datenbank aufnehmen.

Generelle, übergeordnete Entität:
Baum
Merkmale: Bezeichnung, Höhe, Alter, Standort

Spezielle untergeordnete Entitäten (zu Baum):
Nadelbaum (Spezialisierung von Baum)
Merkmale: Nadellänge, Zapfenform

Laubbaum (Spezialisierung von Baum)
Merkmale: Blattform, Herbstfärbung

Spezielle untergeordnete Entität (zu Laubbaum):
Obstbaum (Spezialisierung von Laubbaum)
Merkmale: Frucht, Erntemonat

Alle Merkmale der generellen übergeordneten Entität werden an die spezielleren untergeordneten Entitäten weitergegeben. Man sagt auch, die spezielle Entität (Unterklasse) erbt die Merkmale der generellen Entität (Oberklasse). Somit realisiert die G/S die **Vererbung**, die bei den objektorientierten Programmiersprachen ein eigenes Programmierkonzept darstellt.

Generalisierung/Spezialisierung
Eine Generalisierung/Spezialisierung[1] ist eine Beziehung zwischen einer generellen (übergeordneten) Entität, in der alle generell benötigten Merkmale enthalten sind, und einer speziellen (untergeordneten) Entität, die weitere spezielle Merkmale zu denen der generellen Entität hinzufügt. Die Entitäten stehen in einem 'ist ein' Beziehungsverhältnis.

---

[1] Die Generalisierung wird oft auch als „ist ein" (Englisch: „is a")-Beziehung bezeichnet. Sie wird mit Hilfe der Vererbung realisiert.

7.1.1 Umsetzung einer G/S

Tabellen der G/S werden durch Gleichsetzung der Schlüssel in Beziehung gesetzt. Fremdschlüssel werden dazu nicht benötigt. Da jeder Baum, unabhängig davon, ob es sich um einen Laub-, einen Obst- oder einen Nadelbaum handelt, in der Entität 'Baum' vorkommt, muss jedem Baum nur dort einmalig eine eindeutige ID zugewiesen werden. In den speziellen untergeordneten Entitäten werden dann wieder dieselben ID-Werte für das Schlüsselmerkmal verwendet.

Baum

ID_Baum	Bezeichnung	Höhe [m]	Alter [Jahre]	Standort
1	Silberweide	24	90	feuchte Niederungen
2	Gem. Kiefer	30	180	trocken bis karg
3	Holz-Apfel	7	50	humusreich, sonnig

Nadelbaum

ID_Baum	Nadellänge	Zapfenform
2	5 cm	gestielt, eikegelförmig

Laubbaum

ID_Baum	Blattform	Herbstfärbung
1	fein gesägt	braun
3	kerbig gesägt	gelb-braun

Obstbaum

ID_Baum	Frucht	Erntemonat
3	Apfel	September

Beispiel:
In den Beispieltabellen lassen sich alle Informationen zu dem Holz-Apfel zusammentragen, indem man aus allen Tabellen der G/S die Datensätze mit ID_Baum = 3 zusammenfasst.

ID_Baum	3
Bezeichnung	Holz-Apfel
Höhe	7
Alter	50
Standort	humusreich sonnig
Blattform	kerbig gesägt
Herbstfärbung	gelb-braun
Frucht	Apfel
Erntemonat	September

12.7.1

Teil 2: Informationen

7 Objektorientierte Sicht

7.1.2 Darstellung im ER-Modell

G/S werden nicht über Schlüssel-/Fremdschlüssel-Paare realisiert. Daher ist es wichtig diesen besonderen Beziehungstyp auch im ER-Modell deutlich von den anderen Beziehungen zu unterscheiden. Deshalb werden die folgenden neuen Symbole zur Darstellung der G/S verwendet.

Generalisierung/Spezialisierung: **Verbindungslinien:**

Die Verbindungslinien zwischen Beziehung und Entitäten werden als gerichtete Pfeile mit der Anzahlangabe 1 dargestellt, die in Richtung der generellen, übergeordneten Entität weisen. Dadurch kann immer eindeutig die generelle, übergeordnete Entität von den speziellen untergeordneten Entitäten unterschieden werden.

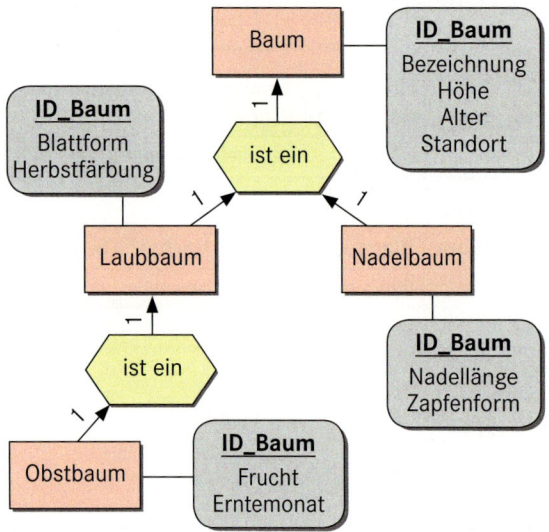

Anmerkung

Bei dieser hierarchischen Struktur stellt das Wurzelelement 'Baum' das 'Minimum' der Gemeinsamkeiten dar.

Unterschiede zum bisherigen ER-Modell

Dieses ER-Modell unterscheidet sich nicht nur durch die neu eingeführten Symbole für die G/S von den bisherigen ER-Modellen, sondern auch durch:

- *Anzahlangaben vom Typ '1'*

Ein Datensatz der übergeordneten Entität steht immer mit genau einem oder keinem Datensatz einer untergeordneten Entität in Beziehung. Die Anzahlangabe bei einer G/S wird somit immer vom Typ '1' sein. Daher sind die Anzahlangaben bei der G/S unwichtig und werden auch häufig weggelassen.

- *Nur ein 'ist ein'-Beziehungssymbol*

Der Zusammenhang zwischen der übergeordneten generellen und allen untergeordneten speziellen Entitäten wird nur durch eine einzige „ist ein"-Beziehung dargestellt. Diese Beziehung ist aber KEINE Mehrfachbeziehung!

- *Dieselben ID-Werte in allen Entitäten*

Der wesentliche Unterschied ist, dass die untergeordneten Entitäten kein eigenständiges Schlüsselmerkmal besitzen, sondern das Schlüsselmerkmal der generellen Entität übernehmen! Somit werden in allen Entitäten der G/S dieselben ID-Werte zur Identifikation eines zusammengehörigen Datenbestandes verwendet.

Vergleicht man die Tabellen der G/S mit dem zugehörigen ER-Modell, so lässt sich folgende (noch unvollständige) Überführungsregel für die G/S ableiten.

> **Regel 7a: Generalisierung/Spezialisierung**
> Jede Entität einer Generalisierung/Spezialisierung erfordert eine eigene Tabelle. Das Schlüsselmerkmal der übergeordneten Entität ist zugleich das Schlüsselmerkmal der untergeordneten Entitäten.

7.1.3 G/S-Arten

Die im vorigen Abschnitt vorgestellte Regel 7a beschreibt das grundsätzliche Vorgehen bei der Umsetzung einer G/S. Bei einigen G/S-en können durch das Hinzufügen eines weiteren Kontrollmerkmals, dem Merkmal 'Kategorie' fehlerhafte Eingaben deutlich reduziert werden. So kann beispielsweise verhindert werden, dass in der Tabelle Laubbaum ein Nadelbaum spezialisiert wird. Das Merkmal 'Kategorie' trägt daher dazu bei, Fehler und Inkonsistenzen in der Datenbank zu vermeiden.

Um entscheiden zu können, wann und wie das Merkmal 'Kategorie' sinnvoll eingesetzt werden kann, müssen zunächst die G/S-en genauer untersucht werden. Dazu werden disjunkte und überlappende, aber auch vollständige und unvollständige G/S-en unterschieden.

disjunkt/überlappend

Ein Baum kann immer nur in einer der beiden Tabellen 'Nadelbaum' oder 'Laubbaum' spezialisiert werden, da kein Baum gleichzeitig Nadel- und Laubbaum sein kann. Die Mengen der Nadelbäume und die der Laubbäume überlappen sich nicht, sie sind disjunkt.
(Ein Beispiel für eine überlappende G/S findet sich am Ende dieses Kapitels. Siehe Seite 60)

vollständig/unvollständig

Jeder Baum ist entweder ein Laub- oder ein Nadelbaum. Daher muss jeder Baum in einer der Tabellen 'Nadelbaum' oder 'Laubbaum' spezialisiert werden. Die Vereinigungsmenge aus der Menge der Nadelbäume und der Menge der Laubbäume decken die Menge der

7 Objektorientierte Sicht

Bäume vollständig ab. Man sagt auch, die G/S ist vollständig. Unvollständig ist hingegen die Spezialisierung Obstbaum, da nicht jeder Laubbaum auch ein Obstbaum ist, wird es Datensätze in der Entität Laubbaum geben, die durch keine weiteren Datensätze aus der Entität Obstbaum spezialisiert werden.

disjunkt/überlappend
Eine Generalisierung/Spezialisierung heißt disjunkt, wenn ein Wert der übergeordneten Entität nur in einer untergeordneten Entität spezialisiert werden darf. Überlappend ist sie hingegen, wenn die Einträge der übergeordneten Entität in mehreren untergeordneten Entitäten vorkommen dürfen.

vollständig/unvollständig
Eine Generalisierung/Spezialisierung ist dann vollständig, wenn alle Einträge der übergeordneten Entität mindestens in einer untergeordneten Entität spezialisiert werden. Ansonsten wird sie als unvollständig bezeichnet.

Daher können folgende vier Arten von Generalisierungen/Spezialisierungen unterschieden werden:

Generalisierungsarten
- disjunkt und vollständig
- disjunkt und unvollständig
- überlappend und vollständig
- überlappend und unvollständig

Das Merkmal 'Kategorie'
Mit Hilfe eines zusätzlichen Merkmals ist es möglich die Disjunktheit einer G/S zu garantieren. Dazu muss die übergeordnete generelle Entität um das Merkmal 'Kategorie' erweitert werden. Bei jedem Datensatz muss dann für dieses Merkmal die untergeordnete Entität als Wert angegeben werden, in der der Datensatz spezialisiert wird. Dadurch können unbeabsichtigte Mehrfachspezialisierungen und damit fehlerhafte und inkonsistente Datenbestände vermieden werden. Allerdings nur, wenn durch die Benutzerschittstelle das Mekmal 'Kategorie' richtig ausgewertet und so Fehleingaben unterbunden werden. In der generellen, übergeordneten Entität 'Baum' wird das Merkmal 'Kategorie' hinzugefügt, für das bei jedem Baum einer der möglichen Werte 'Laubbaum' oder 'Nadelbaum' festgelegt werden muss. Ist die G/S zudem noch unvollständig, wie die G/S zwischen Laubbaum und Obstbaum, so ist es sinnvoll alle möglichen Werte für das Merkmal 'Kategorie' im ER-Modell anzugeben, da ansonsten nicht alle Spezialisierungen aus dem ER-Modell ersichtlich sind. Sowohl die Generalisierungsart als auch das Merkmal 'Kategorie' sollten ebenfalls im ER-Modell erscheinen. Das entsprechend angepasste ER-Modell zum „Baum"-Beispiel ist in der folgenden Spalte zu sehen.

In dem Baum-Beispiel ist die Generalisierung/Spezialisierung zwischen 'Laubbaum' und 'Obstbaum' disjunkt und unvollständig.

Disjunkt: Es gibt keinen Datensatz, der in mehreren untergeordneten Entitäten gleichzeitig vorkommt. Es gibt keinen Baum, der gleichzeitig beiden Kategorien 'Obstbaum' und 'kein Obstbaum' zugeordnet werden kann.

Unvollständig: Nicht alle Datensätze der übergeordneten Entität 'Laubbaum' werden in der untergeordneten Entität 'Obstbaum' spezialisiert.

Als mögliche Kategorien für das Merkmal 'Kategorie' in der Entität 'Laubbaum' bieten sich die Vorgaben 'Obstbaum' und 'Kein Obstbaum' an.

Angepasstes ER-Modell

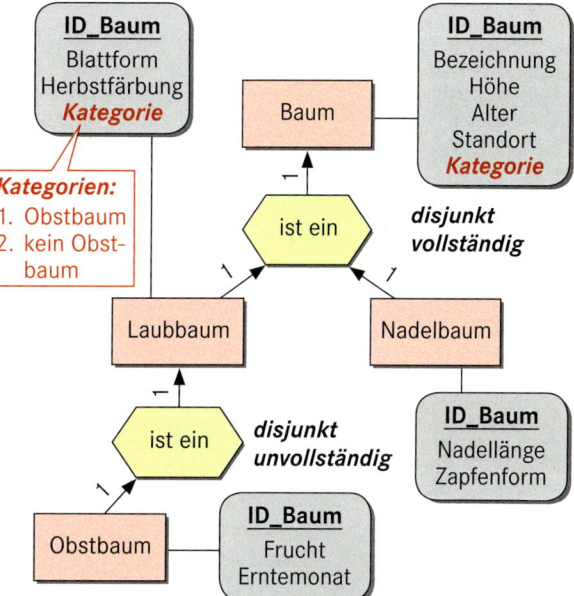

Die Überführungsregel 7a für die Umsetzung einer G/S kann um die folgenden Überlegungen bezüglich des Merkmals 'Kategorie' ergänzt werden:

Regel 7b: Merkmal 'Kategorie'
Bei allen <u>disjunkten</u> Generalisierungen wird die Forderung, dass jedes Element der übergeordneten Entität in höchstens einer untergeordneten Entität spezialisiert werden darf, durch ein zusätzliches Merkmal 'Kategorie'[1] in der übergeordneten Entität sichergestellt.
Bei <u>disjunkten unvollständigen</u> Generalisierungen müssen zudem alle zulässigen Werte für das Merkmal 'Kategorie' im ER-Modell angegeben werden, da diese nicht aus den untergeordneten Spezialisierungen abgeleitet werden können.

---
[1] Das Merkmal 'Kategorie' kann auch anders bezeichnet werden. Beispielsweise kann für die Spezialisierung in Männer und Frauen auch ein Kategoriemerkmal mit dem Namen 'Geschlecht' verwendet werden.

7 Objektorientierte Sicht

Anmerkung

In der Datenbank wird mit dem Merkmal 'Kategorie' lediglich die Möglichkeit zur präziseren Eingabekontrolle geschaffen. Das Auswerten des Merkmals und die tatsächliche Eingabekontrolle obliegt der Benutzerschnittstelle. Durch die Benutzerschnittstelle (z.B. in HTML-Formularen) kann aber auch sichergestellt werden, dass für das Merkmal 'Kategorie' selbst nur bestimmte fest vorgegebene Werte eingegeben werden dürfen (z.B. durch HTML-Auswahllisten).

Tabellen

Gemäß der Regel 7 entstehen unter Berücksichtigung der Überlegungen zum Thema 'Kategorie'-Merkmal die folgenden Tabellen bei der Umsetzung der Generalisierung/Spezialisierung.

Baum

ID_Baum	Bezeichnung	Höhe [m]	Alter [Jahre]	Standort	Kategorie
1	Silberweide	24	90	feuchte Niederungen	Laubbaum
2	Gem. Kiefer	30	180	trocken bis karg	Nadelbaum
3	Holz-Apfel	7	50	humusreich, sonnig	Laubbaum

Nadelbaum

ID_Baum	Nadellänge	Zapfenform
2	5 cm	gestielt, eikegelförmig

Laubbaum

ID_Baum	Blattform	Herbstfärbung	Kategorie
1	fein gesägt	braun	kein Obstbaum
3	kerbig gesägt	gelb-braun	Obstbaum

Obstbaum

ID_Baum	Frucht	Erntemonat
3	Apfel	September

Das bisher betrachtete „Baum"-Beispiel enthält nur disjunkte G/S. Ein Beispiel für eine überlappende Generalisierung/Spezialisierung wird im folgenden Abschnitt vorgestellt.

Überlappende Generalisierung / Spezialisierung

Neben den disjunkten, also den nicht überlappenden Generalisierungen/Spezialisierungen gibt es auch die überlappenden Spezialisierungen, bei denen Datensätze der übergeordneten Entität in mehreren untergeordneten Entitäten spezialisiert werden. Wenn zum Beispiel in einer Datenbank alle Geschäfte einer Stadt aufgeführt werden sollen und diese dann durch die untergeordneten Entitäten 'Spielwarengeschäft', 'Elektronikgeschäft', 'Möbelgeschäft' und 'Bekleidungsgeschäft' spezialisiert werden, so kann diese Generalisierung/Spezialisierung überlappend und unvollständig sein.

Überlappend: Es wird Geschäfte geben, die sowohl Spielwaren als auch Elektronikartikel in ihrem Sortiment führen. Diese Geschäfte werden dann in mehreren untergeordneten Entitäten spezialisiert.

Unvollständig: Geschäfte wie 'Drogerien' oder 'Apotheken' können keiner untergeordneten Entität zugeordnet werden. Somit werden nicht alle Entitäten der generellen Entität spezialisiert.

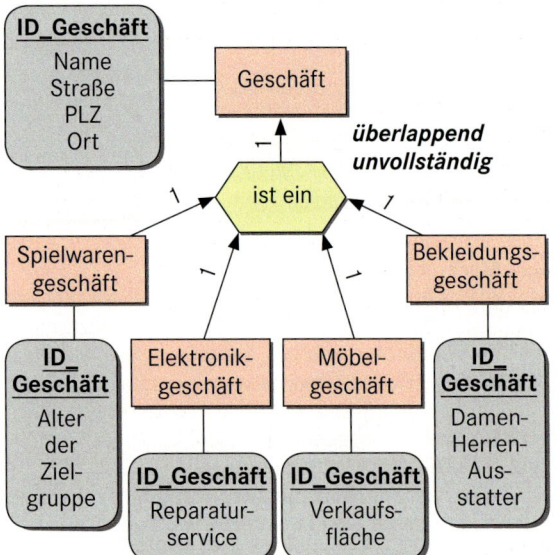

Anmerkung

Bei überlappenden Generalisierungen kann ein genereller Datensatz aus der übergeordneten Entität in keiner, einer oder sogar mehreren untergeordneten Entitäten spezialisiert werden. Dieser Zusammenhang lässt sich über ein zusätzliches Merkmal 'Kategorie' nicht sinnvoll abbilden, da dann maximal eine untergeordnete Entität als Spezialisierung angegeben werden kann.

7.2 Anwendungsregel für Generalisierung/Spezialisierung

An dem Beispiel einer schrittweise erweiterten und ergänzten „Patientendatei" wird im Folgenden genauer untersucht, wann eine G/S sinnvoll einzusetzen ist.

Einfache Patientendatei
Zu Beginn soll die einfache Patientendatei die Daten aller Patienten eines Arztes aufnehmen. Der Einfachheit halber bestehen die Patientendatensätze nur aus den Vor- und Nachnamen der Patienten.

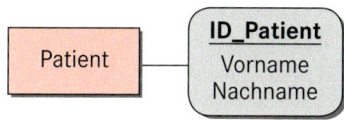

Patient

ID_Patient	Vorname	Nachname
1	Eva	Klein
2	Kai	Müller

Noch ist in diesem Beispiel von einer G/S nichts zu sehen!

Patientendatei mit Kategorie
Als erste Erweiterung möchte der Arzt mit Hilfe seiner Patientendatei Serienbriefe erstellen, in denen er seine Patienten mit der Anrede Frau bzw. Herr anschreiben kann. Um dieser Anforderung gerecht zu werden, genügt es völlig ein weiteres Merkmal, z.B. 'Geschlecht', in die Tabelle 'Patient' mit aufzunehmen, aus dem die richtige Anrede für die Patienten abgeleitet werden kann.

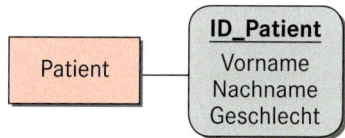

Patient

ID_Patient	Vorname	Nachname	Geschlecht
1	Eva	Klein	weiblich
2	Kai	Müller	männlich

Hier deutet sich bereits eine G/S an. Das Merkmal 'Geschlecht' dient (wie das Merkmal 'Kategorie' bei der G/S) zu nichts anderem, als die Datensätze der Entität 'Patient' in die unterschiedlichen Kategorien 'weiblich' und 'männlich' aufzuteilen. Es handelt sich hier schon um eine Generalisierung/Spezialisierung, bei der jedoch auf die untergeordneten Entitäten 'Mann' und 'Frau' verzichtet werden kann, da sie lediglich die identischen Merkmale 'Vorname' und 'Nachname' besitzen und eine weitere Unterteilung in Männer und Frauen für die Datenbank bedeutungslos ist.

Patientendatei mit einer untergeordneten Entität
In einer zweiten Erweiterung möchte der Arzt bei den weiblichen Patienten zusätzliche Informationen über die Anzahl der Geburten dieser Frau und ob die Patientin gerade schwanger ist, in der Datenbank hinterlegen.

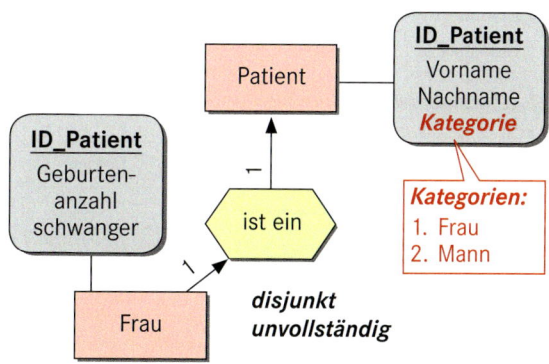

Patient

ID_Patient	Vorname	Nachname	Kategorie
1	Eva	Klein	weiblich
2	Kai	Müller	männlich

Frau

ID_Patient	Geburtenanzahl	Schwanger
1	2	Nein

Da den Frauen zusätzliche Merkmale zugeordnet werden, sollte nun eine eigene untergeordnete Entität 'Frau' eingeführt werden. Andernfalls hätte man die zusätzlichen Merkmale an die Tabelle 'Patient' anfügen müssen, was zur Folge gehabt hätte, dass entweder bei allen Männern leere Datenfelder in Bezug auf die Merkmale 'Geburtenanzahl' und 'Schwanger' entstünden oder aber, dass in der Datenbank Männern Schwangerschaften und Geburten zugeordnet werden könnten. Eine untergeordnete Entität 'Mann' ist nicht notwendig, da diese dieselben Merkmale wie die Entität 'Patient' besitzen würde und für die Datenbank ohne Bedeutung wäre.

7 Objektorientierte Sicht

Patientendatei mit zwei untergeordneten Entitäten

In dieser dritten Erweiterung möchte der Arzt seinen Patienten die Krankheiten zuordnen, unter denen Sie akut leiden. Dazu hat der Arzt drei weitere Tabellen 'Frauenkrankheiten', 'Männerkrankheiten' und 'Sonstige-Krankheiten' angelegt.

- Sinnvollerweise wird er lediglich den Frauen Krankheiten der Tabelle 'Frauenkrankheiten' und
- auch nur Männern Krankheiten der Tabelle 'Männerkrankheiten' zuweisen.
- In der Tabelle 'Sonstige-Krankheiten' sind nur Krankheiten hinterlegt, an denen sowohl Männer als auch Frauen erkranken können.

Patient

ID_Patient	Vorname	Nachname	Kategorie
1	Eva	Klein	weiblich
2	Kai	Müller	männlich

Frau

ID_Patient	Geburten	Schwanger
1	2	Nein

Mann

ID_Patient
2

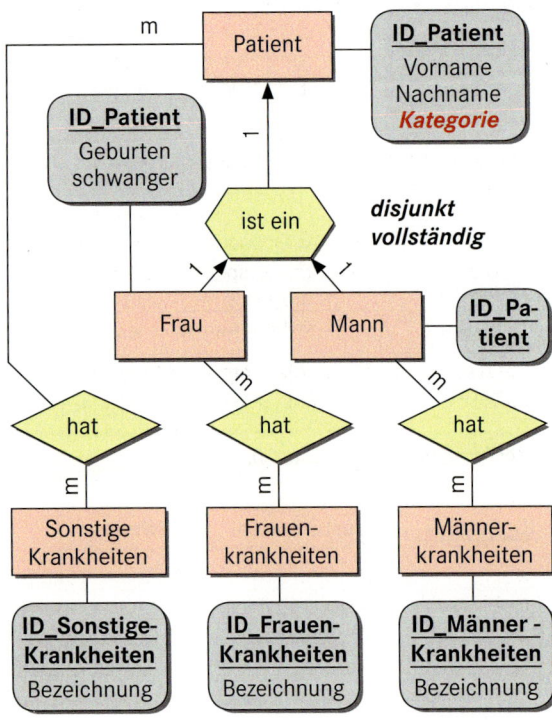

Frauenkrankheiten

ID_Frauenkrankheiten	Bezeichnung
1	Brustkrebs

Männerkrankheiten

ID_Männerkrankheiten	Bezeichnung
1	Prostatakrebs

Sonstige Krankheiten

ID_Sonstige-Krankheiten	Bezeichnung
1	Blinddarmentzündung

hat (Patient hat sonstige Krankheit)

ID_Patient	ID_Krankheit
1	1

hat (Frau hat Frauenkrankheiten)

ID_Patient	ID_Frauenkrankheiten
1	1

hat (Mann hat Männerkrankheiten)

ID_Patient	ID_Männerkrankheiten
2	1

Obwohl die Tabelle 'Mann' lediglich eine Ansammlung zulässiger ID-Werte der männlichen Patienten darstellt (und eine solche Liste sicherlich auch mit Hilfe des Kategoriemerkmals aus der Tabelle 'Patient' ermittelt werden könnte), sollte in diesem Fall nicht auf die Tabelle 'Mann' verzichtet werden, da ihr aufgrund der Beziehung 'hat' zwischen den Entitäten 'Mann' und 'Männerkrankheiten' eine datenbankrelevante Bedeutung zukommt.

7 Objektorientierte Sicht

Verzicht auf übergeordnete Entität

Eine datenbankrelevante Bedeutung sollte auch für die übergeordnete Entität, hier 'Krankheit', vorliegen. Das heißt, auf die generelle übergeordnete Entität kann verzichtet werden, wenn es in der Datenbank keine Beziehung gibt, die auf diese Entität Bezug nimmt. Fehlt eine solche Beziehung zur generellen Entität, sollte sie besser aufgelöst und deren Merkmale auf die dann eigenständigen untergeordneten Entitäten aufgeteilt werden.

In dem Beispiel der Patientendatei könnten fälschlicherweise die drei Entitäten 'Sonstige Krankheiten', 'Frauenkrankheiten', und 'Männerkrankheiten' zu einer übergeordneten Entität 'Krankheiten' generalisiert werden. Dies sollte jedoch unterbleiben, da es in der Datenbank keine Beziehung gibt, die auf die Entität 'Krankheit' verweist. Die Zusammenführung der speziellen Entitäten zur generellen Entität 'Krankheit' hat daher keine datenbankrelevante Bedeutung. Im Gegensatz dazu hat die Generalisierung von 'Mann' und 'Frau' zur übergeordneten Entität 'Patient' eine datenbankrelevante Bedeutung, da von ihr aus eine Beziehung 'hat' zur Entität 'Sonstige-Krankheiten' existiert.

Generalisierungkriterien

Die Generalisierung/Spezialisierung sollte nur dann angewendet werden, wenn zwischen den Entitäten ein tatsächliches „ist ein"-Beziehungsverhältnis existiert und folgendes gilt:

Generelle Entität

Eine generelle übergeordnete Entität ist notwendig, wenn von ihr weitere Beziehungen zu anderen Entitäten der Datenbank existieren.
Ansonsten kann auf die Generalisierung verzichtet werden und die speziellen Entitäten werden als eigenständige, unabhängige Entitäten umgesetzt.

Spezielle Entität

Eine spezielle untergeordnete Entität wird dann zwingend benötigt,
- wenn von ihr aus Beziehungen zu anderen Entitäten der Datenbank existieren
- oder die untergeordnete spezielle Entität eigene Merkmale besitzt, die nicht bereits in der generellen Entität vorkommen.

Andernfalls kann auf die untergeordnete spezielle Entität verzichtet werden, da all ihre Datensätze problemlos durch die generelle übergeordnete Entität repräsentiert werden können.

Anmerkung

Übergeordnete Entitäten, deren Datensätze zum Teil nicht in den untergeordneten Entitäten vorkommen, werden (fast) zwangsläufig Beziehungen zu anderen Entitäten der Datenbank besitzen.

12.7.3

Teil 2: Informationen

7 Objektorientierte Sicht

7.3 Fehler beim Einsatz der G/S

Die G/S ist ein interessantes Konzept, das aber beim relationalen Datenbankentwurf ausschließlich unter den im vorigen Kapitel vorgestellten Bedingungen verwendet werden sollte. Welche Fehler bei der Anwendung der G/S gemacht werden können, wird in diesem Abschnitt an einigen Beispielen demonstriert.

Beispiel 1 *(Objekt)*
Bei diesem Beispiel stellt ein Datenbankentwickler fest, dass die Entitäten 'Abteilung' und 'Produkt' das gemeinsame Merkmal 'Bezeichnung' besitzen und realisiert daher folgende G/S:

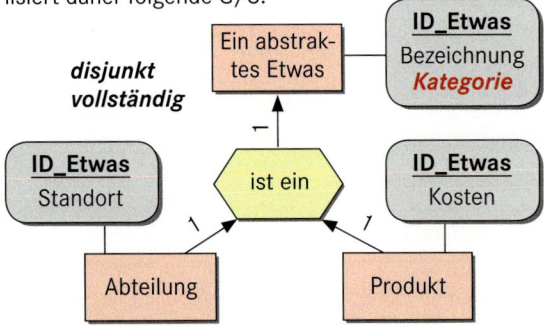

Diese Konstruktion ist natürlich nicht sinnvoll, da die Entität 'Ein abstraktes Etwas' keine logische Verbindung zwischen Abteilungen und Produkten darstellt.

> Ein logischer Zusammenhang zwischen den Entitäten ist eine zwingende Voraussetzung für die G/S.

Beispiel 2 *(Personen)*
In diesem Beispiel wird aus den gemeinsamen Merkmalen 'Name' und 'Vorname' der Entitäten 'Kunde' und 'Mitarbeiter' die Generalisierung 'Personen' abgeleitet.

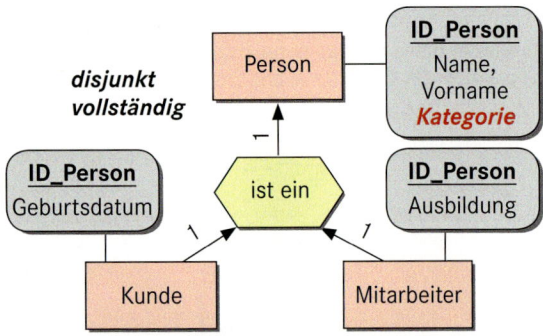

Es ist fragwürdig, ob die generelle Entität 'Person' tatsächlich einen sinnvollen logischen Zusammenhang zu den Entitäten 'Mitarbeiter' und 'Kunde' darstellt. Da aber keine weiteren Beziehungen zur Entität 'Person' existieren und sie somit keine datenbankrelevante Bedeutung hat, ist auch diese G/S nicht sinnvoll.

> Gemeinsame Merkmale reichen als Bedingung für den Einsatz der G/S nicht aus.

Beispiel 3 *(Baum)*
Selbst die Generalisierung 'Baum' zu den Spezialisierungen 'Laubbaum' und 'Nadelbaum' bringt (isoliert betrachtet) noch keine Vorteile! Die Daten können ebenso gut auf zwei unabhängige Entitäten 'Laubbaum' und 'Nadelbaum' aufgeteilt werden.

Unnötige G/S

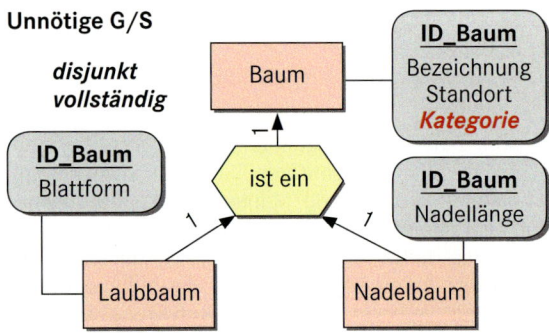

Sinnvollere Umsetzung

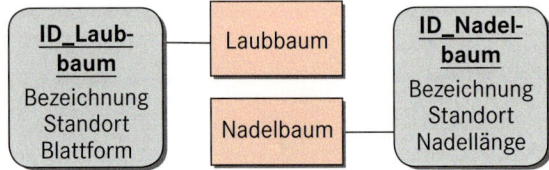

> Ein logischer Zusammenhang zwischen Entitäten rechtfertigt noch nicht deren Generalisierung.

Beispiel 4 *(Schüler)*
Im folgenden Beispiel ist die Aufteilung der Entität 'Schüler' in die speziellen Entitäten 'Junge' und 'Mädchen' für die Datenbank bedeutungslos.

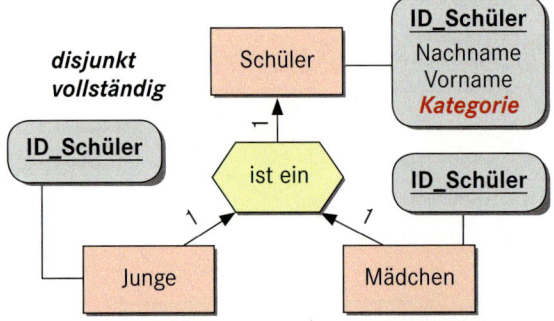

Die beiden spezialisierten Entitäten 'Junge' und 'Mädchen' können problemlos weggelassen werden. Die G/S bringt gegenüber der nebenstehenden Umsetzung keine Vorteile.

> Eine mögliche Gruppenbildung innerhalb einer Entität rechtfertigt noch nicht deren Spezialisierung.

7.4 Nachträgliche ER-Modell-Anpassung

Beim Datenbankentwurf kann es mitunter vorkommen, dass eine Generalisierung/Spezialisierung übersehen worden ist und deshalb nachträglich das ER-Modell nochmals optimiert und angepasst werden sollte. Worauf man dabei achten muss, wird an folgendem Beispiel erörtert.

Beispiel
Für das örtliche Krankenhaus soll eine Personaldatenbank entwickelt werden, die alle Personaldaten der Ärzte und Pfleger erfasst. Zudem soll die Datenbank Auskunft darüber geben, auf welcher Station die Ärzte und Pfleger arbeiten und welcher Arzt (Chefarzt) und welcher Pfleger die Station leitet. Dabei wird jede Station gemeinsam von genau einem Arzt (Chefarzt) und einem Pfleger geführt. Eine Anforderungsliste wurde bereits vom Datenbankentwickler erstellt und hat folgendes Aussehen:

Anforderungsliste

1. Welche Stationen gibt es?
2. Zu einer Station muss lediglich der Stationsname angegeben werden.
3. Welche Ärzte arbeiten in dem Krankenhaus?
4. Zu einem Arzt sind die Informationen über den Vornamen, den Nachnamen, die Adresse, die Telefonnummer und das Fachgebiet wichtig.
5. Welche Pfleger gibt es?
6. Auch bei einem Pfleger interessieren die Angaben Vorname, Nachname und Adresse. Die Telefonnummer und das Fachgebiet sind hingegen bei einem Pfleger unwichtig.
7. Welcher Arzt arbeitet auf welcher Station?
8. Welcher Arzt leitet welche Station?
9. Welcher Pfleger ist welcher Station zugeteilt?
10. Welcher Pfleger führt welche Station?
11. Eine Station wird von genau einem Pfleger und einem Arzt gemeinsam geführt.

Anmerkung
So wie diese Anforderungsliste formuliert ist, ist die darin enthaltene G/S schwer auszumachen.

Das liegt nicht zuletzt daran, dass die Anforderungslisten in diesem Buch so formuliert worden sind, dass eine Datenanalyse möglichst einfach und eindeutig zu einem bestimmten Ergebnis führt.

Letztendlich ist eine Anforderungsliste aber nur eine Zusammenfassung der Datenerhebung, die die Grundlage für die Datenanalyse bereitstellt.

In diesem 'Krankenhaus'-Beispiel wird nun der nicht unwahrscheinliche Fall betrachtet, dass bei der Datenanalyse die G/S übersehen worden ist. In genau diesem Fall kommt man zu dem folgenden ER-Modell.

ER-Modell (ohne Anpassung)
Das ER-Modell entspricht der Anforderungsliste, dennoch ist es nicht optimal!

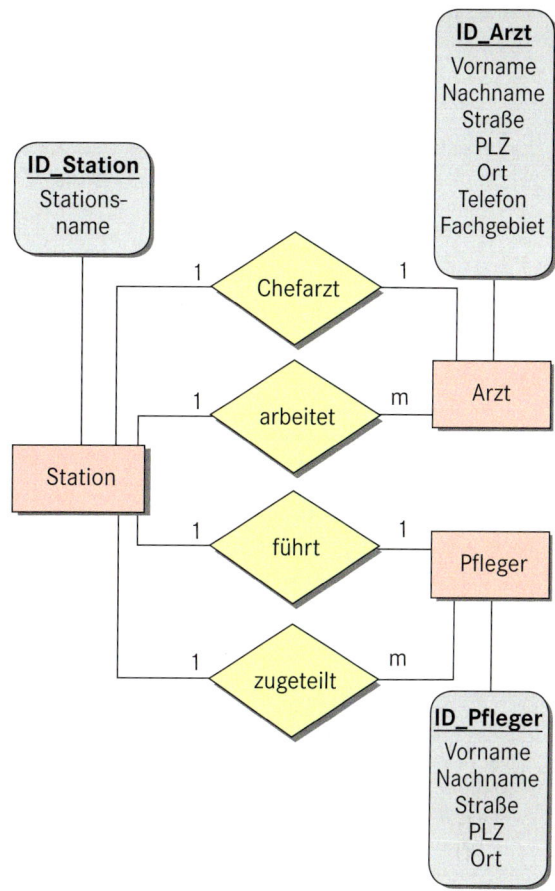

Indizien für die Anwendung der G/S
- Gemeinsame Merkmale
- Sinngleiche Beziehungen

Es fällt auf, dass die Entitäten 'Arzt' und 'Pfleger' sehr viele gemeinsame Merkmale besitzen. Gemeinsame Merkmale reichen, wie bereits gezeigt wurde, nicht zur Rechtfertigung einer G/S aus, aber ein wichtiges Indiz dafür sind sie schon. Auffällig ist aber auch, dass hier mehrere sinngleiche Beziehungen existieren. So haben die Beziehungen 'Chefarzt' und 'führt', aber auch die Beziehungen 'arbeitet' und 'zugeteilt' die gleiche Bedeutung und könnten evtl. zusammengefasst werden. Nach diesen Überlegungen könnte man auf folgendes, allerdings fehlerhaft optimiertes, ER-Modell kommen.

Teil 2: Informationen

7 Objektorientierte Sicht

ER-Modell (Anpassung 1)

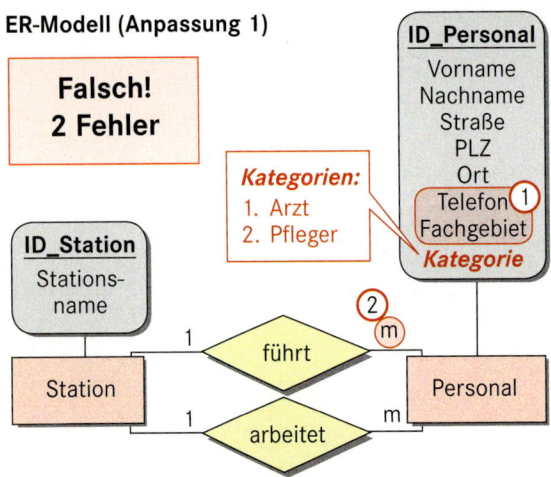

Nach den Regeln zur Umsetzung einer Generalisierung/ Spezialisierung wird eine untergeordnete Entität zwingend benötigt, sobald sie eigene Merkmale besitzt. Daher müssen, aufgrund der Merkmale 'Telefon' und 'Fachgebiet', alle Ärzte in einer untergeordneten Entität 'Arzt' spezialisiert werden.

ER-Modell (Anpassung 3)

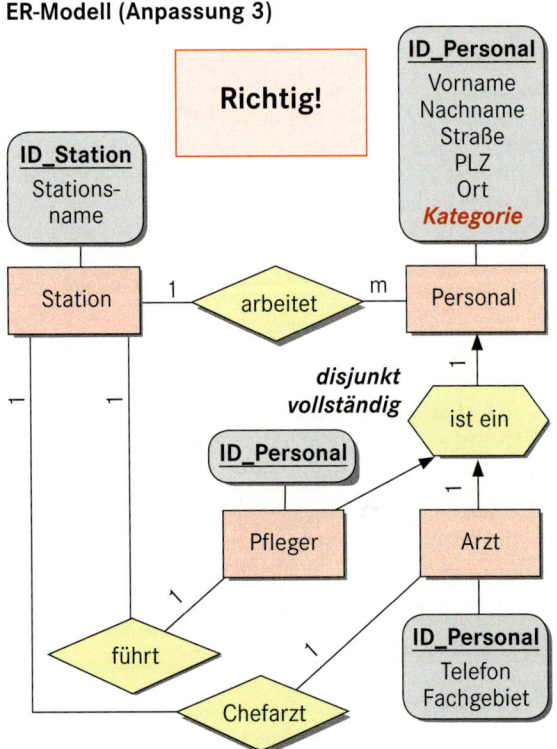

Die sinngleichen Beziehungen legen den Verdacht nahe, dass die Unterscheidung des Personals in Ärzte und Pfleger für die Datenbank irrelevant ist und daher zusammengefasst werden kann. Eine Unterscheidung in die beiden Gruppen 'Pfleger' bzw. 'Arzt' kann durch das Merkmal 'Kategorie' erfolgen. Dennoch enthält diese Umsetzung zwei gravierende Fehler:

① Die Merkmale 'Telefon' und 'Fachgebiet' sind zwar bei den Ärzten richtig, aber für Pfleger ohne Bedeutung.

② Die Anzahlangabe 'm' bei der Beziehung 'führt' musste gewählt werden, da mehr als eine Person eine Station führt (ein Chefarzt und ein Pfleger). Dadurch ist es jetzt möglich einer Station beliebig viele Personen als Führungskräfte zuzuordnen, was im ursprünglichen ER-Modell nicht möglich war!

Im Folgenden werden nun diese beiden Fehler nacheinander aus dem angepassten ER-Modell korrigiert.

ER-Modell (Anpassung 2)

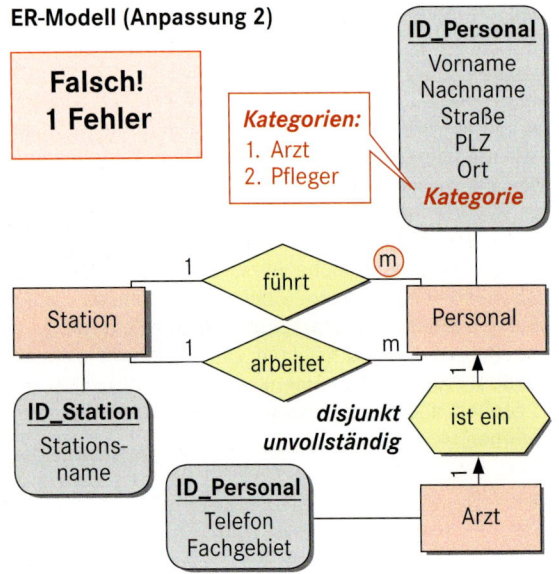

Damit wieder nur genau ein Pfleger und ein Arzt gemeinsam eine Station führen können, mussten die scheinbar sinngleichen Beziehungen 'führt' und 'Chefarzt' wieder zu eigenständigen Beziehungen zurückgewandelt werden. Dadurch erhält jetzt auch die untergeordnete Entität 'Pfleger' eine datenbankrelevante Bedeutung durch die Beziehung 'führt' zwischen Pfleger und Station. Deshalb kann jetzt nicht mehr auf die untergeordnete Entität 'Pfleger' verzichtet werden.

Dennoch bleibt die Anwendung der Generalisierung und Spezialisierung in diesem Fall gerechtfertigt, da es die Beziehung 'arbeitet' zwischen den Entitäten 'Station' und 'Personal' gibt, die keine weitere Differenzierung des Personals in Ärzte und Pfleger verlangt.

7.5 Objektorientierung

In diesem Kapitel werden kurz Grundkonzepte der Objektorientierung vorgestellt, um so Parallelen zum relationalen Datenbankentwurf erkennen zu können. Ebenso wird auf das Zusammenspiel zwischen Softwareanwendung und Datenbank und deren unterschiedliche Ausrichtungen und Schwerpunkte kurz eingegangen.

7.5.1 Grundbegriffe

Objekt (Instanz)
Wie die Bezeichnung 'Objektorientierung' bereits andeutet, ist das Objekt der zentrale Begriff, an dem sich bei der 'Objektorientierung' alles orientiert. Dabei ist ein Objekt eine konkrete logische Einheit wie etwa ein real existierender Gegenstand oder eine Person. Beispielsweise ist der Gast 'Hermann Huber' aus 'Köln' ein konkretes Objekt. Angenommen, Herr Huber würde sich an dem Kuchenbuffet anlässlich der Hochzeit seines Sohnes ein Stück Streuselkuchen holen, so sind sowohl das Kuchenbuffet als auch der Kuchen weitere konkrete Objek-te des betrachteten Systems.

HerrHuber : Gast
nachname = "Huber"
vorname = "Hermann"
ort = "Köln"

Streuselkuchen : Kuchen
mehl = 500g
zucker = 150g
butter = 100g
eier = 2
stücke = 16

BuffetHochzeit : Kuchenbuffet
anlass = "Hochzeit"
datum = 15.Januar

Objektvariablen (Instanzvariable)
Eine Variable ist ein Platzhalter für einen konkreten Wert. Die Variable 'nachname' ist ein Platzhalter für den konkreten Wert "Huber". Objektvariablen sind somit Variablen, die als Platzhalter für die Werte von konkreten Objekten stehen. In dem Beispiel sind die Objektvariablen für einen beliebigen Gast: 'nachname', 'vorname' und 'ort'. Die Objektvariablen ermöglichen es ein Gast-Objekt allgemein zu charakterisieren, ohne auf ein konkretes Objekt Bezug nehmen zu müssen.
Durch die Objektvariablen wird der Zustand eines Objektes beschrieben. Diese Eigenschaft wird besonders deutlich, wenn in dem Beispiel eine weitere Objektvariable 'istAmEssen' zusätzlich aufgenommen wird. Die Objektvariable 'istAmEssen' kann die konkreten Werte Ja (true) oder Nein (false) annehmen und zeigt somit an, ob sich der Gast gerade im Zustand 'essen' befindet oder nicht. In dem Beispiel holt sich Herr Huber gerade ein Stück Streuselkuchen am Kuchenbuffet. Am Essen ist er aber noch nicht.

HerrHuber : Gast
nachname = "Huber"
vorname = "Hermann"
ort = "Köln"
istAmBuffet = true
istAmEssen = false

Objektmethoden (Instanzmethode)
Neben den Objektvariablen wird ein Objekt auch durch seine Methoden (Funktionen) beschrieben. Mit Hilfe der Objektmethoden kann der Zustand eines Objektes, das heißt die Werte seiner Objektvariablen, ermittelt und verändert werden. So verändert sich der Zustand des Streuselkuchens, wenn ein Stück gegessen worden ist. Die Objektvariable 'stücke' muss in dem Fall um eins verringert werden. Es wird also eine Methode 'verringereStücke()' benötigt, die es ermöglicht, den Zustand des Kuchens und damit den Wert der Objektvariablen 'stücke' entsprechend zu verändern.
Auch für einen Gast sind Objektmethoden wie 'essen()' oder 'holeNachschub()' notwendig, um den Wert der Objektvariablen 'istAmBuffet' und 'istAmEssen' anpassen zu können.

Klassen
Jeder Gast ist anders, doch alle Gäste haben Gemeinsamkeiten.
Jeder Kuchen ist anders, aber auch alle Kuchen haben Gemeinsamkeiten. Wenn man sich von der Betrachtung konkreter Objekte löst und nur noch deren Gemeinsamkeiten untersucht und beschreibt, gelangt man zum Begriff der Klasse. Eine Klasse definiert nur den Namen und die Art (Datentyp) von Objektvariablen, aber nicht deren konkrete Werte sowie deren Methoden. Beispielsweise wird in einer Klasse 'Gast' nur festgelegt, dass jeder Gast einen Nachnamen, Vornamen, einen Wohnort und auch die zustandsbeschreibenden Informationen 'istAmBuffet' und 'istAmEssen' besitzt. Welche konkreten Werte einem tatsächlichen Gast zugewiesen werden, ist dabei nicht wichtig. Außerdem können in der Klassenbeschreibung bereits alle Objektmethoden und deren Funktionsweisen festgelegt werden, da diese für alle Gäste gleich sein werden. Eine Klasse ist somit KEIN konkretes Objekt, sondern stellt ein allgemeingültiges Muster für alle späteren Objekte dieser Klasse dar.

Streuselkuchen : Kuchen
mehl = 500g
zucker = 150g
butter = 100g
eier = 2
stücke = 16
verringereStücke()

HerrHuber : Gast
nachname = "Huber"
vorname = "Hermann"
ort = "Köln"
istAmBuffet = true
istAmEssen = false
essen()
holeNachschub()

Kuchen
mehl
zucker
butter
eier
stücke
verringereStücke()

Gast
nachname
vorname
ort
istAmBuffet
istAmEssen
essen()
holeNachschub()

Kuchenbuffet
anlass
datum

7 Objektorientierte Sicht

Beziehungen

Die Objekte und damit auch die Klassen eines Systems können nicht isoliert voneinander betrachtet werden, sondern stehen miteinander in Beziehung.

Aufrufbeziehung (Assoziation)

Wenn beispielsweise der Gast Hermann Huber ein Stück Streuselkuchen isst, dann muss nicht nur die Objektvariable 'istAmEssen' des Herrn Huber auf den Wert Ja (true) umgestellt werden, sondern auch die Anzahl der Stücke des Objektes Streuselkuchen muss um eins verringert werden. Durch den Aufruf der Methode 'essen()' der Klasse 'Gast' muss also auch die Methode 'verringereStücke()' in der Klasse 'Kuchen' aufgerufen werden. Man sagt auch zwischen den Klassen 'Gast' und 'Kuchen' besteht eine Aufrufbeziehung, eine sogenannte Assoziation. Auf diese Weise können unterschiedliche Klassen miteinander kommunizieren. Man sagt auch die Klassen tauschen Nachrichten aus.

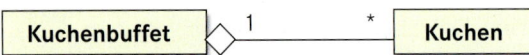

> **Assoziation (objektorientiert)**
> Eine Assoziation beschreibt die Bedeutung und die Art der Beziehung zwischen verschiedenen Objekten einer oder mehrerer Klassen.

Ist-Teil-Beziehung (Aggregation)

Eine besondere Form der Assoziation ist die Aggregation. Bei der Aggregation oder auch Ist-Teil-Beziehung werden einzelne Objekte zu einem neuen größeren Objekt zusammengesetzt. Beispielsweise besteht das Kuchenbuffet aus mehreren Kuchen. Die Kuchen sind Teil des Kuchenbuffets.

> **Aggregation (objektorientiert)**
> Eine Aggregation ist eine Assoziation, die eine 'Ganzes-Teil-Hierarchie' darstellt. Eine Aggregation beschreibt, wie sich etwas 'Ganzes' aus seinen 'Teilen' logisch zusammensetzt.

Ist-ein-Beziehung (Generalisierung/Spezialisierung)

Die Klasse 'Kuchen' stellt ein allgemeingültiges Muster für alle Kuchen mit gleichen Zutaten dar. Leider kann diese Klasse nicht verwendet werden, wenn ein Schokoladenkuchen erzeugt werden soll. Die Angabe wie viel Schokolade in einen Schokoladenkuchen gehört, kann bei Objekten der Klasse 'Kuchen' nicht angegeben werden. Alle anderen Zutaten hingegen wie Mehl, Zucker, Butter und Eier kommen auch bei einem Schokoladenkuchen vor. Ebenso wird der Schokoladenkuchen wie jeder andere Kuchen in Stücke aufgeteilt, deren Anzahl durch eine Objektmethode 'verrin-

gereStücke()' verändert wird. Ein Schokoladenkuchen ist offensichtlich auch ein Kuchen, aber ein spezieller Kuchen. Die Generalisierung/Spezialisierung ermöglicht es einer speziellen Klasse alle Objektvariablen und Objektmethoden einer generellen Klasse zu übernehmen. Man sagt auch die Objektmethoden und Objektvariablen der generellen Vater-Klasse werden an die spezielle Kind-Klasse vererbt. Dadurch müssen in Kind-Klassen nur noch die Komponenten ergänzt werden, die nicht bereits in der generellen Klasse definiert wurden.

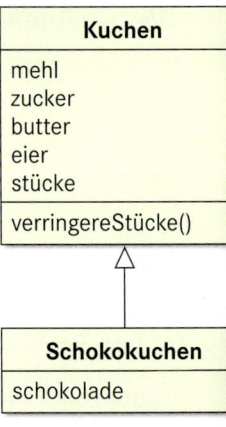

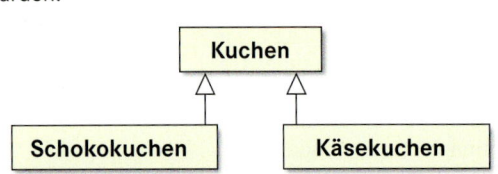

> **Generalisierung/Spezialisierung (objektorientiert)**
> Eine Generalisierung/Spezialisierung ist eine Beziehung zwischen einer generellen (übergeordneten) Vater-Klasse, in der alle generell benötigten Merkmale enthalten sind, und einer spezielleren (untergeordneten) Kind-Klasse, die weitere spezielle Merkmale zu denen der generellen Klasse hinzufügt. Die Klassen stehen in einem 'ist ein' Beziehungsverhältnis.

7.5.2 Programmstruktur

Fügt man alle Teilüberlegungen zu einem einzigen Beispiel zusammen, so lässt sich die Programmstruktur durch folgendes UML-Klassendiagramm beschreiben.

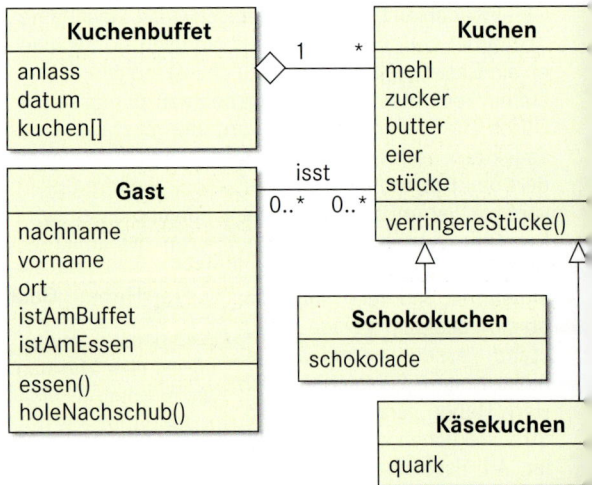

7 Objektorientierte Sicht

7.5.3 Datenbankstruktur

Würde man für den zuvor beschriebenen Kontext eine Datenbank entwerfen, könnte dabei das folgende ER-Modell entstehen.

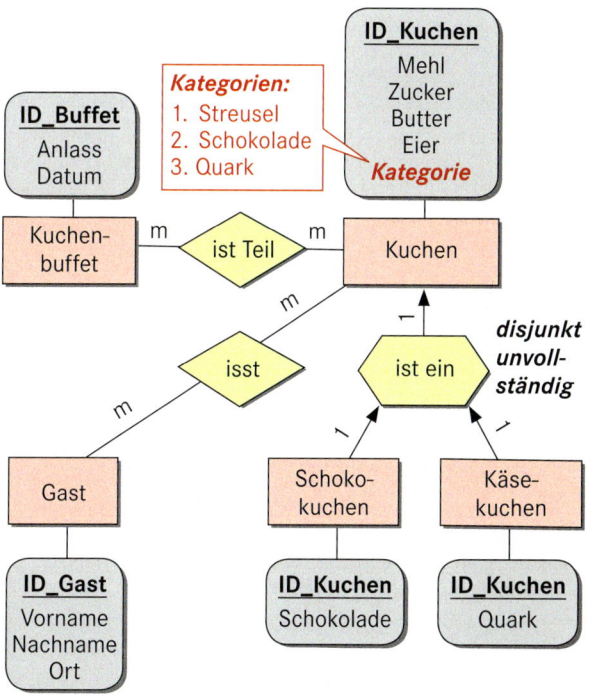

7.5.4 Parallelen: Objektorientierung und relationaler Datenbankentwurf

Beim Vergleich zwischen der Programm- und der Datenbankstruktur wird deutlich, dass es gewisse grundlegende Parallelen zwischen den beiden Umsetzungen gibt. In beiden Fällen werden Mengen gleichartiger Objekte bestimmt und diese zueinander in Beziehung gesetzt. Jedoch hat sich in den beiden Disziplinen eine sehr unterschiedliche Terminologie entwickelt. In der nachfolgenden Tabelle werden vergleichbare Begriffe gegenübergestellt.

Entsprechung der Begriffe

Begriffe des objektorientierten Softwareentwurfs	Begriffe des relationalen Datenbankentwurfs
Klasse	Entität
Beziehung	Beziehung
(Instanz) Objekt	Datensatz
(Instanz-) Objektvariablen	Merkmale
(Instanz-) Objektmethoden	Gibt es nicht!

7.5.5 Unterschiede: Objektorientierung und relationaler Datenbankentwurf

Neben dem augenscheinlichsten Unterschied, dass Programmstrukturen mit UML-Klassendiagrammen und Datenbankstrukturen mit ER-Modellen dargestellt werden, gibt es auch die folgenden Unterschiede:

Strukturelle Unterschiede

Keine Methoden (Funktionen)

Beim relationalen Datenbankentwurf werden keine vollständigen Objekte, sondern nur auf ihre Daten reduzierte Objekte ohne Methoden (ohne Funktionalität) betrachtet.

Keine Unterscheidung zwischen Aggregation und Assoziation

Beim relationalen Datenbankentwurf wird nicht zwischen Assoziation (Aufrufbeziehung) und Aggregation (Ist-Teil-Beziehung) unterschieden, da beide Beziehungsarten identisch behandelt und umgesetzt werden können.

Inhaltliche Unterschiede

Beim Entwurf von objektorientierter Software hat man eine andere Sicht auf ein Gesamtsystem als beim Entwurf relationaler Datenbanken. Beim Softwareentwurf stehen die folgenden Fragen im Mittelpunkt:

- Welche Objekte (und Daten) werden **aktuell** für das Programm und den Programmablauf benötigt?
- Welche Nachrichten (Methodenaufrufe) werden zwischen den Objekten ausgetauscht?
- In welcher zeitlichen Reihenfolge erfolgt die Kommunikation und Steuerung zwischen den Objekten?

Beim Datenbankentwurf interessieren eher folgende Fragestellungen:

- Welche Daten (bzw. Objekte) sind für ein System **langfristig** von Interesse?
- Sind alle Beziehungen (Verknüpfungen und Zusammenhänge) zwischen unterschiedlichen Entitäten aus dem Datenbestand der Datenbank ersichtlich?

Diese unterschiedliche Sichtweise kann dazu führen, dass scheinbar identische Entitäten und Klassen inhaltlich voneinander abweichen. Beispielsweise kann der Datenbankentwickler unter der Entität 'Kuchen' eine Sammlung von unterschiedlichen Backrezepten verstehen, während der Softwareentwickler mit der Klasse 'Kuchen' konkrete Kuchenobjekte für ein bestimmtes Kuchenbuffet im Blick hat. Das erklärt auch, warum Objektvariablen bzw. Merkmale wie 'Stücke' bei Kuchen oder 'istAmBuffet' bzw. 'istAmEssen' beim Gast nicht in die Datenbank aufgenommen werden. Diese Merkmale repräsentieren sehr flüchtige Informationen, die für die Programmsteuerung wichtig sind, aber in einem Datenbestand nichts zu suchen haben.

7.6 ER-Modell und UML

Es gibt durchaus Parallelen zwischen der objektorientierten Softwareentwicklung und dem relationalen Datenbankentwurf. Kann dann nicht auch das ER-Modell durch die in der objektorientierten Softwareentwicklung gebräuchliche UML ersetzt werden?

7.6.1 Was ist UML?

Definition: UML (Unified Modeling Language)
UML ist eine vereinheitlichte Modellierungssprache für die objektorientierte Software-Entwicklung.

7.6.2 Diagramme in UML

Durch die UML werden unterschiedlichste Diagramme definiert und unterschieden:

Strukturdiagramme

1. *Klassendiagramm*
   zeigt Klassen und deren Beziehungen zueinander.
2. *Paketdiagramm*
   stellt die Aufteilung des Modells zu größeren logischen Einheiten, den Paketen dar.
3. *Objektdiagramm*
   entspricht einem Klassendiagramm zu einem bestimmten Zeitpunkt mit konkreten Objekten.
4. *Kompositionsstrukturdiagramm*
   beschreibt das Innenleben einer Klasse oder Komponente.
5. *Komponentendiagramm*
   fasst Klassen zu verwaltbaren und wiederverwendbaren Komponenten zusammen.
6. *Verteilungsdiagramm*
   zeigt die Verteilung der Komponenten auf unterschiedliche Systeme (Server, Datenbanken, etc.).

Verhaltensdiagramme

1. *Anwendungsfalldiagramm (Use-Case-Diagramm)*
   veranschaulicht das Zusammenspiel zwischen System und Umwelt (Akteuren und Anwendungsfällen).
2. *Aktivitätsdiagramm*
   beschreibt den Ablauf von Prozessen oder Algorithmen.
3. *Zustandsdiagramm (Zustandsautomat)*
   stellt präzise die Zustände von Objekten bei bestimmten Ereignissen dar.
4. *Interaktionsdiagramme*
   beschäftigen sich (mit jeweils unterschiedlichem Schwerpunkt) mit der Frage: „Wer kommuniziert wann mit wem?"
   a) *Sequenzdiagramm*
   b) *Kommunikationsdiagramm*
   c) *Timing-Diagramm (Zeitdiagramm)*
5. *Interaktionsübersichtsdiagramm*
   ist eine Mischform aus Aktivitäts- und Interaktionsdiagrammen und dient der Strukturierung von Interaktionsdiagrammen.

7.6.3 Modellelemente des Klassendiagramms

Anhand der Vielzahl unterschiedlicher Diagrammtypen, die von der UML unterstützt werden, ist schon die Mächtigkeit dieser Modellierungssprache erkennbar. Um ein ER-Modell mit Mitteln dieser Modellierungssprache umzusetzen, wird nur ein Bruchteil der vorhandenen Möglichkeiten benötigt. Lediglich aus dem Klassendiagramm werden einige wenige Modellelemente verwendet.

Entitäten
Entitäten sind am ehesten mit Klassen zu vergleichen. Diese werden im UML-Klassendiagramm wie folgt dargestellt:[1]

Klasse
Merkmal

Merkmale
In UML lässt sich somit eine Entität 'Lehrer' mit den Merkmalen 'ID_Lehrer', 'Name' und 'Vorname' folgendermaßen umsetzen:

Beziehungen
Beziehungen werden in UML nicht mit Rauten, sondern mit einfachen Verbindungslinien dargestellt, die mit Zusatzinformationen wie Beziehungsnamen und Anzahlangaben versehen werden können.

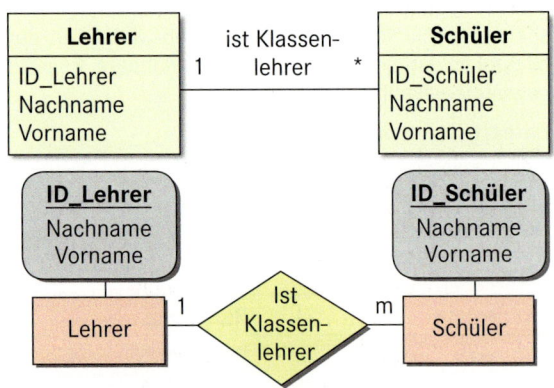

---

[1] Klassen können in UML weitere Informationen enthalten, z.B. Methoden, Eigenschaftswerte usw. Da diese Informationen für den relationalen Datenbankentwurf nicht von Bedeutung sind, genügt diese vereinfachte Darstellung.

Beziehungsmerkmale

Merkmale lassen sich zu einer Beziehung durch Beziehungsklassen hinzufügen.

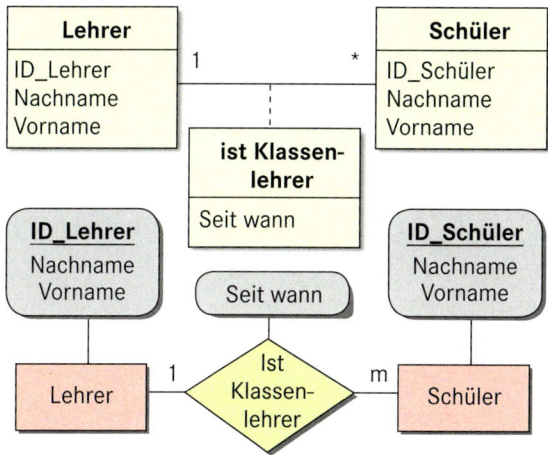

Generalisierung/Spezialisierung

Generalisierung/Spezialisierung, oder anders ausgedrückt, die Vererbung, wird in UML mit einem nicht ausgefüllten Pfeil dargestellt.

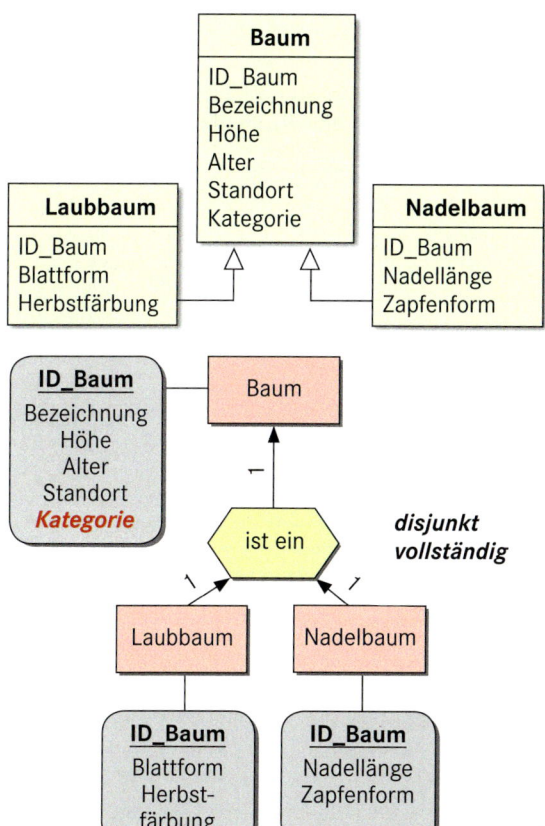

7.6.4 Für und Wider des UML-Einsatzes

ER-Modelle sind mit wenigen einfachen Modellelementen des Klassendiagramms der UML darstellbar.

Vorteile
- Aufgrund der Standardisierung von UML und der damit verbundenen weiten Verbreitung haben UML-Diagramme den Vorteil, dass sie von all jenen, die im objektorientierten Umfeld tätig sind, verstanden werden.
- Zudem sind für UML bereits einige rechnergestützte Entwicklungsumgebungen erhältlich, die diese Diagramme zum Teil sogar weiterverarbeiten können.

Nachteile
- UML ist nicht für den Datenbankentwurf konzipiert worden und dafür viel zu mächtig!
- Beziehungsmerkmale lassen sich nur über eigenen Beziehungsklassen in UML darstellen.

Unterschiedliche Interpretationsmöglichkeiten

UML kann nicht nur für den Datenbankentwurf und somit zur Nachbildung des ER-Modells, sondern auch zur Modellierung des Tabellenschemas verwendet werden. In dem Fall werden Klassen nicht mehr mit Entitäten, sondern mit Tabellen gleichgesetzt. In den UML-Klassen müssen dann auch alle Fremdschlüssel als Merkmale spezifiziert werden. Diese Darstellung hat mit dem Datenbankentwurf nichts mehr zu tun, kann aber von Tools, die UML automatisch weiterverarbeiten, leichter ausgewertet werden. Daher ist nicht automatisch klar, ob ein UML-Diagramm den Entwurf (ER-Modell) oder die Tabellen einer Datenbank darstellen soll und kann so durch Fehlinterpretation zu Missverständnissen führen.

Fazit

Der Einsatz der UML beim Datenbankentwurf anstelle von ER-Modellen hat Vorteile. Die wesentlichen sind die hohe Verbreitung und Standardisierung der UML. Allerdings hat sie sich als Datenbankentwurfswerkzeug, trotz wachsender Beliebtheit, noch nicht durchsetzen können. Dies vor allem wegen der für diesen Zweck völligen Überdimensionierung und der unterschiedlichen Interpretationsmöglichkeiten.

12.7.6

Anmerkung

Selbstverständlich können auch bei der Datenanalyse für einen Datenbankentwurf UML-Verhaltensdiagramme eingesetzt werden, um beispielsweise Akteure, Anwendungsfälle und ihre Beziehungen zueinander zu untersuchen. Dies kann bei der Bestimmung der Entitäten, Merkmale und Beziehungen hilfreich sein. Auf der Buch-CD findet sich ein Beispiel für einen Software- und Datenbankentwurf mit UML.

8 Normalformen

Wenn bei einem Datenbankentwurf Fehler gemacht worden sind, können Tabellen entstehen, in denen aufgrund von Redundanzen erhöhter Pflegeaufwand entsteht. Dieser erhöhte Pflegeaufwand führt sehr schnell dazu, dass der Datenbestand der Datenbank inkonsistent wird. Mit Hilfe der Normalformen können fehlerhafte Tabellen so umgeformt werden, dass sie keine Redundanzen mehr enthalten und somit die Fehlerquelle aus der Tabelle eliminiert wird.

8.1 Einführung

Redundanzen und Anomalien

Ganz allgemein wird unter Redundanz „überladen" oder „Überfluss" verstanden. Im EDV-Bereich wird häufig der nicht notwendige Teil einer Information mit Redundanz bezeichnet. Speziell für den Bereich Datenbanken versteht man unter einer Redundanz:

> **Redundanz**
> Wiederholung der selben Daten ohne tatsächlichen Informationsgewinn.

Aufgrund von Redundanzen kann es innerhalb einer Tabelle zu Unregelmäßigkeiten bzw. Regelwidrigkeiten, den sogenannten **Anomalien** kommen. Dabei werden die vier Anomalien **Einfügeanomalie**, **Löschanomalie**, **Mutationsanomalie** und **Änderungsanomalie** unterschieden.

Diese Anomalien gilt es auf jeden Fall zu vermeiden, da die Anomalien zwangsläufig zu inkonsistenten Daten und somit zu unbrauchbaren Datenbanken führen würden.

Da die Anomalien eine Folge der Redundanzen sind, genügt es zur Bekämpfung der Anomalien sämtliche redundanten Daten aus einer Datenbank zu entfernen. Genau dazu können die Normalformen angewendet werden. Mit Hilfe der Normalformen können in einem bestehenden Tabellenschema Redundanzen aufgespürt und beseitigt werden.

(Weitere Informationen und Beispiele zum Thema Redundanzen und Anomalien finden sich im Kapitel 2.4)

Spezialisierung der Normalformen

Die Normalformen werden ausschließlich auf Tabellen angewendet. Das heißt, man kann Normalformen auch dann auf Tabellen anwenden, wenn das ER-Modell und die Anforderungsliste zu einer Datenbank nicht bekannt sind. Diese Tatsache macht die Normalformen zu einem sehr nützlichen Werkzeug, wenn man mit einer nicht selbst entwickelten, aber offensichtlich fehlerhaften Datenbank konfrontiert wird. Eine solche Datenbank kann mit Hilfe der Normalformen noch korrigiert werden.

Es werden insgesamt 6 Normalformen unterschieden. Die Normalformen werden immer spezieller, das heißt, es werden immer weniger Tabellen betrachtet. Während durch die erste Normalform noch alle Tabellen untersucht werden, bezieht sich die zweite Normalform nur noch auf solche Tabellen, die bereits die Bedingungen der 1. Normalform erfüllen usw. Das nachfolgende Schaubild zeigt alle sechs Normalformen und charakterisiert dabei die durch die Normalformen betrachteten Tabellen.

Alle Tabellen
Beliebige unnormalisierte Tabellen

1. Normalform (1NF Kapitel 8.2)
Wertebereiche der Merkmale sind atomar (Keine Mengen)

2. Normalform (2NF Kapitel 8.3)
Merkmale sind funktional abhängig vom zusammengesetzten Schlüssel

3. Normalform (3NF Kapitel 8.4)
Keine transitiven Abhängigkeiten

Boyce-Codd-Normalform
Nur Abhängigkeiten vom Schlüssel zulassen

4. Normalform
Keine Mehrwertabhängigkeit

5. Normalform
Nur triviale Verbundabhängigkeiten

Anmerkung

In diesem Buch werden die ersten drei Normalformen sehr ausführlich behandelt. Da die anderen Normalformen in der Praxis von untergeordneter Bedeutung sind, werden diese nur kurz vorgestellt (siehe Kapitel 8.7).

8.2 Erste Normalform (1NF)

Die erste Normalform (1NF) bildet die Ausgangsbasis für alle übrigen Normalformen. Sie verlangt, dass Tabellen keine Listen oder Vermischungen unterschiedlicher Informationen enthalten. Dies bedeutet, dass die Wertebereiche der Merkmale einer Tabelle nur aus unteilbaren Informationseinheiten bestehen dürfen. Man sagt auch, die Wertebereiche der Merkmale sind atomar. Die genaue Definition der ersten Normalform lautet:

> **Erste Normalform (1NF)**
> Eine Tabelle befindet sich in der ersten Normalform, falls die Wertebereiche der Merkmale atomar sind.

In der nachfolgenden Tabelle soll festgehalten werden, welcher Schüler welche Fächer belegt und welche Noten er in den Fächern erhalten hat.

Fachbelegung

ID_Schüler	Name	ID_Fach	Fachbezeichnung	Note
1	Willi Klein	1	Mathematik	gut
		2	Deutsch	befriedigend
2	Udo Jung	2	Deutsch	gut
		3	Englisch	ausreichend

1NF ist nicht erfüllt
Die Werte des Merkmals 'Name' sind nicht atomar. Sie lassen sich in die Informationseinheiten 'Vorname' und 'Nachname' unterteilen. Des weiteren wird in dieser Tabelle einem Schüler eine Liste von Fächern zugeordnet. Damit sind auch die Wertebereiche der Merkmale 'ID_Fach', 'Fachbezeichnung' und 'Note' nicht mehr atomar. Zum Beispiel wird dem Schüler „Willi Klein" die Liste der Fächer „Mathematik" und „Deutsch" zugeordnet. Die Tabelle erfüllt daher nicht die erste Normalform!

In 1NF überführen
Enthalten die Werte eines Merkmals mehrere unterschiedliche Informationseinheiten, so muss dieses Merkmal so lange in eigenständige Teilmerkmale zerlegt werden, bis deren Werte atomar sind. So muss in der Tabelle 'Fachbelegung' das Merkmal 'Name' in die zwei Merkmale 'Vorname' und 'Nachname' zerlegt werden.
Enthalten die Werte eines Merkmals Listen von sinngleichen Informationseinheiten, so müssen auch diese Listen aufgelöst werden. Dies wird am einfachsten erreicht, indem für jedes Element der Liste ein vollständiger Datensatz erzeugt wird. In dem Beispiel muss deshalb der Schüler 'Willi Klein' für das Fach 'Deutsch' ein zweites Mal in die Tabelle eingefügt werden. Dadurch geht die Eindeutigkeit des Schlüssels 'ID_Schüler' allerdings verloren und ein neuer Schlüssel muss für die Tabelle festgelegt werden. Dieser neue Schlüssel besteht aus der Kombination der Merkmale 'ID_Schüler' und ID_Fach". Nach der Umformung sieht die Tabelle dann wie folgt aus:

Fachbelegung

ID_Schüler	ID_Fach	Vorname	Nachname	Fachbezeichnung	Note
1	1	Willi	Klein	Mathematik	gut
1	2	Willi	Klein	Deutsch	befriedigend
2	2	Udo	Jung	Deutsch	gut
2	3	Udo	Jung	Englisch	ausreichend

Die bei der Umformung zu beachtenden Dinge lassen sich in folgender Überführungsregel zusammenfassen:

> **Überführungsregel zur 1NF**
> Um eine unnormalisierte Tabelle in die erste Normalform zu überführen[1], muss man:
> 1. Merkmale, deren Wertebereiche unterschiedliche Informationseinheiten enthalten auf mehrere Merkmale mit atomaren Wertebereichen aufteilen.
> 2. Listen sinngleicher Informationseinheiten aus den Wertebereichen der Merkmale entfernen.
>
> **Vorgehensweise zum Entfernen von Listen:**
> 1. Für jedes Element einer Liste im Wertebereich eines Merkmals muss ein eigener Datensatz in der Tabelle erzeugt werden!
> 2. Der Schlüssel der Tabelle muss neu bestimmt werden.

12.8.1

8.3 Zweite Normalform (2NF)

Nachdem durch die erste Normalform überhaupt erst Tabellen mit atomaren Wertebereichen entstanden sind, können nun mit Hilfe der zweiten Normalform einige Redundanzen aus den Tabellen eliminiert werden, die einen zusammengesetzten Schüssel besitzen. Gegeben ist die schon bereits in die 1NF überführte Tabelle 'Fachbelegung' aus dem Kapitel 8.2 Obwohl diese die 1NF erfüllt, kann es bei dieser Tabelle zu Anomalien kommen.

---
[1] Es gibt auch andere Möglichkeiten, eine Tabelle in die 1NF zu überführen. Beispielsweise kann die Ursprungstabelle auch in Teiltabellen zerlegt werden. Der Vorteil dieser Überführungsregel besteht in ihrer Einfachheit. Das tatsächliche Eliminieren der Redundanzen wird hierdurch jedoch auf die zweite bzw. vierte Normalform verschoben.

Teil 2: Informationen

8 Normalformen

Auftretende Anomalien
In den Tabellen können alle vier Anomalien auftreten:

Mutationsanomalie:
Wird der Schüler 'Willi Klein' versehentlich in einer Zeile falsch geschrieben, führt dies zu einem inkonsistenten Datenbankzustand.

Einfügeanomalie:
Ein Schüler kann erst dann eingefügt werden, wenn er auch ein Fach belegt. Ein neues Fach kann erst dann in die Tabelle aufgenommen werden, wenn es mindestens einen Schüler gibt, der dieses Fach belegt.

Löschanomalie:
Wenn der letzte Schüler, der ein bestimmtes Fach belegt, gelöscht wird, gehen auch die Fachinformationen verloren. Ebenso gehen die Informationen zu einem Schüler verloren, wenn man alle Fächer löscht, die dieser Schüler belegt.

Änderungsanomalie:
Die Umbenennung des Faches führt dazu, dass bei allen Schülern, die dieses Fach belegen, das Fach umbenannt werden muss.

All diese Anomalien treten auf Grund von Redundanzen in der Tabelle 'Fachbelegung' auf.

Spalten mit Redundanzen
Wenn der 'ID_Schüler' mit dem Wert 1 der Schüler mit dem Namen 'Willi Klein' zugewiesen worden ist, ist jede weitere Wiederholung des Namens 'Willi Klein' eine überflüssige Redundanz, da kein Informationsgewinn damit verbunden ist. Gleiches gilt natürlich auch für den Schüler 'Udo Jung'. Auch das Fach 'Deutsch' enthält Redundanzen, da es einmal der 'ID_Fach' = 2 zugeordnet, nicht mehr wiederholt werden muss. Somit enthalten die Spalten 'Vorname', 'Nachname' und 'Fachbezeichnung' Redundanzen. Das Merkmal 'Note' enthält keine Redundanzen, obwohl auch hier Werte wie der Datenwert 'gut' wiederholt auftreten. Jedes 'gut' ist eine eigenständige Information. Das 'gut' in der ersten Zeile entspricht der Note des Schülers 'Willi Klein' im Fach 'Mathematik'. Das 'gut' in der dritten Zeile der Note des Schülers 'Udo Jung' im Fach 'Deutsch'.

Grundsätzliche Fragen
Nach diesen Überlegungen bleiben zwei grundsätzliche Dinge zu klären:

Frage 1
Wie kann man in einer Tabelle mit zusammengesetzten Schlüsseln eindeutig die Spalten mit Redundanzen bestimmen?

Frage 2
Wie können Tabellen, die Spalten mit redundanten Datensätzen enthalten, umgeformt werden, so dass alle Informationen erhalten bleiben, aber keine Redundanzen mehr auftreten?

8.3.1 Wie kann man Spalten bestimmen, die Redundanzen enthalten?

Funktionale Abhängigkeit
Betrachtet wird wieder die Tabelle 'Fachbelegung'. Die Tabelle besitzt einen aus den Merkmalen 'ID_Schüler' und 'ID_Fach' zusammengesetzten Schlüssel. Neben den Schlüsselmerkmalen 'ID_Schüler' und 'ID_Fach' gibt es noch die vier Nichtschlüsselmerkmale 'Vorname', 'Nachname', 'Fachbezeichnung' und 'Note'.

Zusammenhang zwischen den Merkmalen 'ID_Schüler' und 'Vorname':
Zwischen diesen beiden Merkmalen existiert ein Zusammenhang, da
- jeder Schüler mit 'ID_Schüler' = 1 den Vornamen 'Willi' hat und
- jeder Schüler mit 'ID_Schüler' = 2 den Vornamen 'Udo' besitzt.

Man kann also bereits aus dem Wert von 'ID_Schüler' eindeutig auf den Vornamen des Schülers schließen. Der Wert des Merkmals 'ID_Schüler' bestimmt somit eindeutig den Wert des Merkmals 'Vornamen'. Man sagt auch das Merkmal 'Vorname' ist funktional abhängig vom Merkmal 'ID_Schüler'. Der 'Vorname' eines Schülers lässt aber keinen eindeutigen Rückschluss auf das Merkmal 'ID_Schüler' zu, da nicht jeder Schüler mit Vornamen 'Willi' die 'ID_Schüler' mit Wert 1 haben muss. Es könnte ja auch einen zweiten Schüler mit diesem Vornamen (aber zwangsläufig mit anderer 'ID_Schüler') geben. Der Wert des Merkmals 'Vorname' bestimmt somit nicht eindeutig den Wert des Merkmals 'ID_Schüler'. Man sagt auch das Merkmal 'ID_Schüler' ist nicht funktional abhängig vom Merkmal 'Vorname'. Entscheidend für die funktionale Abhängigkeit des Merkmals 'Vorname' vom Merkmal 'ID_Schüler' ist, dass jedem möglichen Wert der Spalte 'ID_Schüler' immer genau ein Wert der Spalte 'Vorname' zugeordnet werden kann. Umgekehrt ist dies wegen der möglichen Namensgleichheit von Schülern nicht möglich. Genau diese eindeutige Zuordnung wird bei der Definition der funktionalen Abhängigkeit als Unterscheidungskriterium ausgenutzt.

> **Funktionale Abhängigkeit**
> Ein Merkmal A ist funktional abhängig von einem Merkmal S, wenn zu jedem möglichen Wert von S genau ein Wert aus A existiert.
> **Schreibweise:** $S \rightarrow A$

Zur eindeutigen Bestimmung des 'Vornamens' eines Schülers reicht der Teilschlüssel 'ID_Schüler' völlig aus, da das Merkmal 'Vorname' bereits vom Teilschlüssel 'ID_Schüler' funktional abhängig ist. 'ID_Fach' als zweites Teilschlüsselmerkmal wird dazu nicht benötigt. (Schreibweise: ID_Schüler $\rightarrow$ Vorname).

8 Normalformen

Analog kann man für die Merkmale 'Nachname' und 'Fachbezeichnung' folgendes feststellen:

ID_Schüler → Nachname
Zur eindeutigen Bestimmung des Nachnamens eines Schülers reicht der Teilschlüssel 'ID_Schüler' völlig aus, da das Merkmal 'Nachname' bereits vom Teilschlüssel 'ID_Schüler' funktional abhängig ist. 'ID_Fach' als zweites Merkmal des Schlüssels wird dazu nicht benötigt.

ID_Fach → Fachbezeichnung
Zur eindeutigen Bestimmung der Fachbezeichnung eines Faches reicht der Teilschlüssel 'ID_Fach' völlig aus, da das Merkmal 'Fachbezeichnung' bereits vom Teilschlüssel 'ID_Fach' funktional abhängig ist. 'ID_Schüler' als zweites Merkmal des Schlüssels wird dazu nicht benötigt.

Volle funktionale Abhängigkeit
Das Merkmal 'Note' unterscheidet sich von anderen Merkmalen durch drei wesentliche Eigenschaften:

ID_Schüler ─/→ Note
Da ein Schüler in verschiedenen Fächern unterschiedliche Noten bekommen kann, ist das Merkmal 'Note' nicht funktional abhängig von dem Teilschlüssel 'ID_Schüler'. Nach der Definition der funktionalen Abhängigkeit müsste zu jedem möglichen Wert von 'ID_Schüler' genau ein Wert des Merkmals 'Note' existieren. Aber bereits für den Wert 1 der Spalte 'ID_Schüler' (Schüler: 'Willi Klein') existieren zwei unterschiedliche Werte in der Spalte 'Note', nämlich 'gut' (Fach: 'Mathematik') und 'befriedigend' (Fach: 'Deutsch').

ID_Fach ─/→ Note
Da jeder Schüler auch in einem Fach eine andere Note bekommen kann, ist das Merkmal 'Note' ebenfalls nicht funktional abhängig von dem Teilschlüssel 'ID_Fach'.

(ID_Schüler, ID_Fach) → Note
Erst dann, wenn man beide Teilschlüssel kombiniert, entsteht eine eindeutige Zuordnung zwischen dem Gesamtschlüssel und dem Merkmal 'Note'. Zu jedem möglichen Wert des Gesamtschlüssels existiert genau ein Wert des Merkmals 'Note'. So ist der Gesamtschlüsselkombination ID_Schüler = 1 (Schüler: 'Willi Klein') und ID_Fach = 2 (Fach: 'Deutsch') genau der Wert 'befriedigend' der Spalte 'Note' zugeordnet.

Das Merkmal 'Note' ist also nur vom zusammengesetzten Gesamtschlüssel funktional abhängig. Eine funktionale Abhängigkeit zu den Teilschlüsseln existiert nicht.

In solchen Fällen nennt man das Merkmal 'Note' voll funktional abhängig vom (aus den Merkmalen 'ID_Schüler' und 'ID_Fach') zusammengesetzten Gesamtschlüssel. Dies führt zur Definition der vollen funktionalen Abhängigkeit.

> **Volle funktionale Abhängigkeit**
> Ein Merkmal A ist voll funktional abhängig von einem aus S1 und S2 zusammengesetzten Schlüssel, wenn A funktional abhängig vom Gesamtschlüssel, nicht aber von seinen Teilschlüsseln ist.
> **Schreibweise:** (S1, S2) ⇒ A

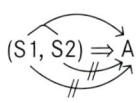

Die für die volle funktionale Abhängigkeit notwendigen funktionalen Abhängigkeiten lassen sich durch nebenstehendes Schaubild verdeutlichen.

Zusammenfassung der Untersuchungsergebnisse

- Nur bei den Nichtschlüsselmerkmalen 'Vorname', 'Nachname' und 'Fachbezeichnung' ist es zu redundanten Datensätzen gekommen.
- Im Nichtschlüsselmerkmal 'Note' sind keine redundanten Datensätze aufgetreten.
- Die Merkmale 'Vorname' und 'Name' sind funktional abhängig vom Teilschlüssel 'ID_Schüler'.
- Das Merkmal 'Fachbezeichnung' ist funktional abhängig vom Teilschlüssel 'ID_Fach'.
- Das Merkmal 'Note' ist voll funktional abhängig vom zusammengesetzten Gesamtschlüssel, bestehend aus den Merkmalen 'ID_Schüler' und 'ID_Fach'.

Schlussfolgerung

Wenn eine Tabelle einen zusammengesetzten Schlüssel besitzt, treten bei den Merkmalen redundante Datensätze auf, die bereits von einem Teilschlüssel funktional abhängig sind.

Nur bei Nichtschlüsselmerkmalen, die voll funktional abhängig vom Gesamtschlüssel sind, treten keine redundanten Datensätze auf. Daher fordert die zweite Normalform die volle funktionale Abhängigkeit aller Nichtschlüsselmerkmale.

> **Zweite Normalform (2NF)**
> Eine Tabelle ist in zweiter Normalform, wenn sie die 1NF erfüllt und wenn <u>alle</u> Nichtschlüsselmerkmale vom zusammengesetzten Schlüssel voll funktional abhängig sind.

Es bleibt die Frage zu klären, wie die Tabelle 'Fachbelegung' umgeformt werden muss, um den Bedingungen der 2NF zu genügen und gleichzeitig noch alle Informationen zu enthalten.

Teil 2: Informationen

8 Normalformen

8.3.2 Wie kann die Tabelle in die 2NF überführt werden?

Um die Tabelle 'Fachbelegung' in die 2NF zu überführen, müssen folgende drei Schritte durchgeführt werden:

1. Bestimme alle Nichtschlüsselmerkmale, die bereits von einem Teilschlüssel funktional abhängig sind. Diese Merkmale sind nicht voll funktional abhängig vom Gesamtschlüssel und müssen aus der Tabelle entfernt werden.

Fachbelegung

ID_Schüler	ID_Fach	Vorname	Nachname	Fachbezeichnung	Note
1	1	Willi	Klein	Mathematik	gut
1	2	Willi	Klein	Deutsch	befriedigend
2	2	Udo	Jung	Deutsch	gut
2	3	Udo	Jung	Englisch	ausreichend

2. Bilde aus den Teilschlüsseln und allen von ihnen funktional abhängigen Nichtschlüsselmerkmalen eigene Tabellen.

Schüler

ID_Schüler	Vorname	Nachname
1	Willi	Klein
2	Udo	Jung

Fach

ID_Fach	Fachbezeichnung
1	Mathematik
2	Deutsch
3	Englisch

Anmerkung:

Sollte es bereits die Tabellen 'Schüler' und 'Fach' in der Datenbank geben, müssen diese natürlich nicht neu erzeugt werden. In diesem Fall reicht es aus die Merkmale 'Vorname', 'Nachname' und 'Fachbezeichnung' in die entsprechenden Tabellen zu verschieben.

3. Entferne aus der ursprünglichen Tabelle 'Fachbelegung' alle nicht voll funktional abhängigen Nichtschlüsselmerkmale.

Fachbelegung

ID_Schüler	ID_Fach	Vorname	Nachname	Fachbezeichnung	Note
1	1	Willi	Klein	Mathematik	gut
1	2	Willi	Klein	Deutsch	befriedigend
2	2	Udo	Jung	Deutsch	gut
2	3	Udo	Jung	Englisch	ausreichend

Nach der Umwandlung der Tabelle 'Fachbelegung' entstehen somit drei Tabellen: Die neuen Tabellen 'Schüler', 'Fach' und die korrigierte Tabelle 'Fachbelegung', aus der alle nicht voll funktional abhängigen Nichtschlüsselmerkmale entfernt worden sind. Diese Tabellen genügen nun der ersten und der zweiten Normalform.

Schüler

ID_Schüler	Vorname	Nachname
1	Willi	Klein
2	Udo	Jung

Fach

ID_Fach	Fachbezeichnung
1	Mathematik
2	Deutsch
3	Englisch

Fachbelegung

ID_Schüler	ID_Fach	Note
1	1	gut
1	2	befriedigend
2	2	gut
2	3	ausreichend

Allgemein lässt sich die Überführungsregel für die 2NF wie folgt formulieren:

Überführungsregel zur 2NF

Eine Tabelle, die der 1NF genügt, aber nicht die 2NF erfüllt, muss in Teiltabellen zerlegt werden. Dabei fasst man alle Merkmale, die von einem Teilschlüssel funktional abhängig sind, und diesen Teilschlüssel zu einer eigenständigen Tabelle zusammen.

Dieses kann in drei Schritten erfolgen:
1. Bestimme alle Nichtschlüsselmerkmale, die bereits von einem Teilschlüssel funktional abhängig sind.
2. Bilde aus den Teilschlüsseln und allen von ihnen funktional abhängigen Nichtschlüsselmerkmalen eigene Tabellen.
3. Entferne aus der ursprünglichen Tabelle alle nicht voll funktional abhängigen Nichtschlüsselmerkmale.

8.4 Dritte Normalform (3NF)

Mit Hilfe der 2NF lassen sich einige Redundanzen aus den Tabellen mit zusammengesetztem Schlüssel entfernen. Die folgende Tabelle 'Schüler' zeigt, dass dies nicht ausreichend ist (vergleiche mit Kapitel 2.4).

Schüler

ID_Schüler	Nachname	Vorname	ID_Klassenlehrer	Klassenlehrername
1	Ernst	Uwe	1	Moll
2	Müller	Kai	1	Moll
3	Specht	Eva	2	Kurp
4	Groß	Ute	2	Kurp

1NF: Ist erfüllt

 Da in dieser Tabelle keine Listen auftreten und die Wertebereiche der Merkmale atomar sind, ist die erste Normalform erfüllt.

2NF: Ist erfüllt

 Die zweite Normalform untersucht nur Abhängigkeiten von zusammengesetzten Schlüsseln. Da diese Tabelle keinen zusammengesetzten Schlüssel besitzt (ID_Klassenlehrer ist nicht Bestandteil des Schlüssels!), andererseits die erste Normalform erfüllt ist, sind damit auch die Bedingungen der 2NF erfüllt.

Tabelle enthält trotzdem redundante Daten

Obwohl die Tabelle 'Schüler' sowohl die erste als auch die zweite Normalform erfüllt, können aufgrund der redundanten Datensätze in der Spalte 'Klassenlehrername' sämtliche Anomalien auftreten (wie bereits in Kapitel 2.4 erörtert wurde).

Grundsätzliche Fragen

Für Tabellen, wie der Tabelle 'Schüler', müssen daher folgende Fragen geklärt werden:

Frage 1
Wie können in solchen Tabellen eindeutig die Spalten, die Redundanzen enthalten, bestimmt werden?

Frage 2
Wie können Tabellen, die Spalten mit redundanten Datensätzen enthalten, umgeformt werden, so dass alle Informationen erhalten bleiben, aber keine Redundanzen mehr auftreten?

8.4.1 Wie kann man Spalten bestimmen, die Redundanzen enthalten?

Die Tabelle 'Schüler' besitzt einen nicht zusammengesetzten Schlüssel, bestehend aus dem Merkmal 'ID_Schüler'. Neben diesem Schlüsselmerkmal gibt es noch die vier Nichtschlüsselmerkmale 'Vorname', 'Nachname', 'ID_Klassenlehrer' und 'Klassenlehrername'.

Funktionale Abhängigkeiten

In der Tabelle 'Schüler' existieren folgende funktionale Abhängigkeiten:

ID_Schüler → Nachname
ID_Schüler → Vorname
ID_Schüler → ID_Klassenlehrer
ID_Klassenlehrer → Klassenlehrername
ID_Schüler → Klassenlehrername

> Anmerkung
>
> Das Merkmal ID_Klassenlehrer ist notwendig, um auch bei Namensgleichheit der Lehrer die Lehrer eindeutig zuordnen zu können. Zum Schlüssel der Tabelle gehört dieses Merkmal aber nicht!
>
> Da das Merkmal 'ID_Schüler' der Schlüssel der Tabelle ist, ist es nicht verwunderlich, dass alle anderen Merkmale von 'ID_Schüler' funktional abhängig sind. Mehr Beachtung sollte aber die funktionale Abhängigkeit zwischen 'ID_Klassenlehrer' und 'Klassenlehrername' finden.

Zusammenhang zwischen den Merkmalen 'ID_Schüler', 'ID_Klassenlehrer', 'Klassenlehrername'

Auffällig ist, dass bereits zwischen den beiden Merkmalen 'ID_Klassenlehrer' und 'Klassenlehrername' ein Zusammenhang existiert. Da jedem möglichen Wert von 'ID_Klassenlehrer' genau ein Wert aus 'Klassenlehrername' zugeordnet ist, ist das Merkmal 'Klassenlehrername' funktional abhängig vom Merkmal 'ID_Klassenlehrer'. Das Merkmal 'ID_Klassenlehrer' ist seinerseits funktional abhängig von dem Schlüsselmerkmal 'ID_Schüler', da jedem möglichen Schüler immer genau ein Klassenlehrer zugeordnet wird.

ID_Schüler → ID_Klassenlehrer → Klassenlehrername

Da jedem möglichen Schüler ('ID_Schüler') genau ein Klassenlehrer ('ID_Klassenlehrer') zugeordnet wird und jedem Klassenlehrer ('ID_Klassenlehrer') genau ein Klassenlehrername, kann man von dem Schüler auf den Namen des zugehörigen Klassenlehrers schließen. Dieser Zusammenhang entspricht ganz allgemein der Transitivität.

> **Transitivität**
> Wenn man aus „S bestimmt A" und „A bestimmt B" folgern kann, dass zwangsläufig auch „S bestimmt B" gilt, dann ist die Transitivität gegeben.

8 Normalformen

Leider reicht diese Definition der Transitivität nicht aus um Spalten eindeutig zu bestimmen, die redundante Datensätze enthalten können. Beispielsweise findet man in der folgenden Tabelle 'Buch' eine Transitivität, aber eben keine redundanten Daten.

ID_Buch → ISBN → Titel

Buch

ID_Buch	ISBN	Titel
1	1-1234-1234-1	Impressionismus
2	2-2345-2345-2	Stimmen im Wind
3	3-3456-3456-3	Impressionismus

Da jedes Buch eine eindeutige ISBN-Nummer hat, ist das Merkmal 'ISBN' ein dem Schlüssel 'ID_Buch' gleichwertiges Merkmal. Somit ist das Merkmal 'ID_Buch' funktional abhängig vom Merkmal 'ISBN'.

Bei dem Merkmal 'Titel' kommt es nicht zu redundanten Datensätzen, auch wenn es auf den ersten Blick so erscheinen mag. Die zweite Nennung des Titels 'Impressionismus' entspricht der neuen Information, dass es ein zweites (völlig anderes Buch) mit dem selben Titel 'Impressionismus' gibt. Die Tabelle Buch enthält damit keine Redundanzen, die zu unerwünschten Anomalien führen könnten. Daher ist die Tabelle 'Buch' im Gegensatz zu der Tabelle 'Schüler' völlig unproblematisch und sollte nicht verändert werden.

Zusätzliche Bedingung

Daher muss zusätzlich zur Transitivität noch gefordert werden, dass das zweite Merkmal in der Kette der funktionalen Abhängigkeiten kein Schlüsselmerkmal bzw. dem Schlüsselmerkmal gleichwertiges Merkmal ist.
Bezogen auf das Schülertabellen-Beispiel darf in der Kette funktionaler Abhängigkeiten

ID_Schüler → ID_Klassenlehrer → Klassenlehrername

das Merkmal 'ID_Klassenlehrer' kein mögliches Schlüsselmerkmal der Tabelle Schüler sein. Wenn das Merkmal 'ID_Klassenlehrer' ein mögliches Schlüsselmerkmal für die Tabelle 'Schüler' darstellen würde, dann müssten durch dieses Merkmal alle Zeilen der Tabelle eindeutig bestimmt werden. Das wiederum bedeutet, dass alle anderen Merkmale von dem Merkmal 'ID_Klassenlehrer' funktional abhängig sein müssten. Diese Bedingung ist aber nur dann erfüllt, wenn auch der tatsächliche Schlüssel 'ID_Schüler' funktional abhängig ist vom Merkmal 'ID_Klassenlehrer'. Es genügt also nachzuweisen, dass das Merkmal 'ID_Schüler' nicht funktional abhängig vom Merkmal 'ID_Klassenlehrer' ist, um feststellen zu können, dass das Merkmal 'ID_Klassenlehrer' kein Schlüssel oder ein dem Schlüssel gleichwertiges Merkmal darstellt.

In diesem Beispiel existieren für den Wert 1 der Spalte 'ID_Klassenlehrer' (Lehrer 'Göbel') mehrere Einträge in der Spalte 'ID_Schüler'. Das Merkmal 'ID_Schüler' ist somit tatsächlich nicht funktional abhängig vom Merkmal 'ID_Klassenlehrer'. Daher gilt:

ID_Klassenlehrer $\not\to$ *ID_Schüler*

Das Merkmal 'ID_Klassenlehrer' kann also kein Schlüssel oder dem Schlüssel gleichwertiges Merkmal sein.

Dieser Zusammenhang wird in der Definition der „transitiven Abhängigkeit" gefordert.

> **Transitive Abhängigkeit**
> Ein Merkmal B ist transitiv abhängig von einem Merkmal S, wenn es ein Merkmal A gibt, so dass gilt:
> B ist funktional abhängig von A $\quad$ A $\longrightarrow$ B
> A ist funktional abhängig von S $\quad$ S $\longrightarrow$ A
> S ist nicht funktional abhängig von A $\quad$ A $\not\to$ S

S → A → B $\quad$ Die für die transitive Abhängigkeit notwendigen funktionalen Abhängigkeiten lassen sich durch nebenstehendes Schaubild verdeutlichen.

Zusammenfassung der Untersuchungsergebnisse
- Nur bei den Nichtschlüsselmerkmalen 'Klassenlehrername' kommt es zu redundanten Datensätzen.
- Das Merkmal 'Klassenlehrername' ist das einzige transitiv abhängige Nichtschlüsselmerkmal.
- Von dem Nichtschlüsselmerkmal 'ID_Klassenlehrer' ist das Nichtschlüsselmerkmal 'Klassenlehrername' funktional abhängig.
- 'ID_Klassenlehrer' ist kein dem Schlüssel gleichwertiges Merkmal.

Schlussfolgerung
Bei transitiv abhängigen Nichtschlüsselmerkmalen kann es zu redundanten Datensätzen kommen. Daher fordert die dritte Normalform, dass in einer Tabelle keine transitiven Abhängigkeiten auftreten dürfen.

> **Dritte Normalform (3NF)**
> Eine Tabelle ist in dritter Normalform, wenn sie die 2NF erfüllt und kein Nichtschlüsselmerkmal vom Schlüssel transitiv abhängig ist!

Es bleibt die Frage zu klären, wie die Ausgangstabelle 'Schüler' umgeformt werden muss, um den Bedingungen der 3NF zu genügen und gleichzeitig noch alle Informationen zu enthalten.

8.4.2 Wie kann die Tabelle in die 3NF überführt werden?

Um die Tabelle 'Schüler' in die 3NF zu überführen, müssen folgende Schritte durchgeführt werden:

1. Bestimme alle Nichtschlüsselmerkmale, die transitiv vom Schlüssel 'ID_Schüler' abhängig sind.

Schüler

ID_Schüler	Nachname	Vorname	ID_Klassenlehrer	Klassenlehrername
1	Ernst	Uwe	1	Moll
2	Müller	Kai	1	Moll
3	Specht	Eva	2	Kurp
4	Groß	Ute	2	Kurp

2. Bilde aus dem transitiv abhängigen Nichtschlüsselmerkmal ('Klassenlehrername') und dem Nichtschlüsselmerkmal, von dem es funktional abhängt ('ID_Klassenlehrer'), eine eigene Tabelle.

Klassenlehrer

ID_Klassenlehrer	Klassenlehrername
1	Moll
2	Kurp

Anmerkung
Sollte es bereits die Tabelle 'Klassenlehrer' in der Datenbank geben, muss diese natürlich nicht neu erzeugt werden. In diesem Fall reicht es aus, das Merkmal 'Klassenlehrername' in diese Tabelle zu verschieben.

3. Entferne aus der ursprünglichen Tabelle „Schüler" alle transitiv abhängigen Nichtschlüsselmerkmale.

Schüler

ID_Schüler	Nachname	Vorname	ID_Klassenlehrer	~~Klassenlehrername~~
1	Ernst	Uwe	1	~~Moll~~
2	Müller	Kai	1	~~Moll~~
3	Specht	Eva	2	~~Kurp~~
4	Groß	Ute	2	~~Kurp~~

Nach der Umwandlung der Tabelle 'Schüler' entstehen somit zwei Tabellen. Die neue Tabelle 'Klassenlehrer' und die korrigierte Tabelle 'Schüler', aus der alle transitiv abhängigen Nichtschlüsselmerkmale gelöscht worden sind. Diese Tabellen genügen nun der ersten, der zweiten und der dritten Normalform.

Klassenlehrer

ID_Klassenlehrer	Klassenlehrername
1	Moll
2	Kurp

(Entitäten)

Schüler

ID_Schüler	Nachname	Vorname	ID_Klassenlehrer
1	Ernst	Uwe	1
2	Müller	Kai	1
3	Specht	Eva	2
4	Groß	Ute	2

'ID_Klassenlehrer' ist der Fremdschlüssel zur Umsetzung der 1:m-Beziehung

Allgemein lässt sich die Überführungsregel für die 3NF so formulieren:

Überführungsregel zur 3NF
Eine Tabelle, die der 1NF und der 2NF genügt, aber nicht die 3NF erfüllt, muss in Teiltabellen zerlegt werden. Dabei müssen alle vom Schlüssel transitiv abhängigen Nichtschlüsselmerkmale zusammen mit den Nichtschlüsselmerkmalen, von denen sie funktional abhängig sind, zu eigenen Tabellen zusammengefasst werden.

Dieses kann in drei Schritten erfolgen:
1. Bestimme alle vom Schlüssel transitiv abhängigen Nichtschlüsselmerkmale.
2. Bilde aus diesen transitiv abhängigen Nichtschlüsselmerkmalen und den Nichtschlüsselmerkmalen, von denen sie funktional abhängig sind, eigene Tabellen.
3. Entferne aus der ursprünglichen Tabelle alle transitiv abhängigen Nichtschlüsselmerkmale.

12.8.3

8.5 NF-Anwendungsbeispiel Fehlerhafte ER-Modelle

Durch den Datenbankentwurf mit Hilfe von ER-Modellen entstehen in der Regel normalisierte Tabellen. Wenn natürlich bei der Zuordnung von Merkmalen im ER-Modell bereits Fehler gemacht worden sind, werden diese Fehler durch die Überführungsregeln auf die Tabellen übertragen. Solche Fehler können mit Hilfe der Normalformen aus den Tabellen entfernt werden. Somit dienen die Normalformen beim Datenbankentwurf zur Überprüfung der entstandenen Tabellen. In diesem Kapitel werden mögliche Fehler im ER-Modell und deren Auswirkungen auf die daraus abgeleiteten Tabellen untersucht. Zudem wird erörtert, wie diese Fehler mit Hilfe der Normalformen erkannt und behoben werden können.

8.5.1 Die m:m-Beziehungen

In einem ersten Beispiel werden einer m:m-Beziehung fälschlicherweise Beziehungsmerkmale zugewiesen, die eindeutig den Entitäten zuzuordnen sind. Nach der Umsetzung des falschen ER-Modells ist davon auszugehen, dass sich die Fehler auf die Tabellen übertragen und dort mit Hilfe der Normalformen gefunden werden können.

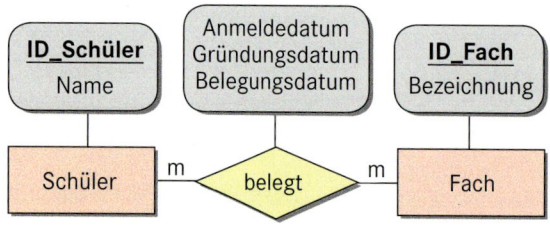

In diesem ER-Modell sind der Beziehung 'belegt' die Merkmale 'Anmeldung' und 'Gründungsdatum' zugeordnet worden, die eigentlich den Entitäten 'Schüler' und 'Fach' hätten zugeordnet werden müssen.

Anmerkung

- Das 'Anmeldedatum' ist das Datum, an dem sich der Schüler an der Schule angemeldet hat.
- Das 'Gründungsdatum' ist das Datum, an dem das Fach an der Schule eingeführt wurde.
- Das 'Belegungsdatum' ist das Datum, seit dem der Schüler ein bestimmtes Fach belegt. Diese Angabe ist beispielsweise bei Wahlfächern interessant.

Die Merkmale 'Anmeldedatum' und 'Gründungsdatum' sind falsch zugeordnet. Wann sich ein Schüler an der Schule angemeldet hat, hat nichts mit dem Fach zu tun und gehört somit eindeutig zur Entität 'Schüler'. Ebenso ist das Datum der Facheinführung völlig unab- hängig von den Schülern, so dass auch das Merkmal 'Gründungsdatum' nicht der Beziehung 'belegt' zugeordnet werden darf, sondern der Entität 'Fach' zugeordnet werden muss. Lediglich das Merkmal 'Belegungsdatum' ist richtig zugeordnet worden, da man nur bezogen auf ein bestimmtes Fach angeben kann, seit wann ein Schüler es belegt. Wird nun das ER-Modell mitsamt seinen Fehlern in das Tabellenschema überführt, entstehen diese Tabellen:

Schüler

ID_Schüler	Name
1	Müller
2	Schulte

Fach

ID_Fach	Bezeichnung
1	Metalltechnik
2	Informatik

belegt

ID_Schüler	ID_Fach	Anmeldedatum	Gründungsdatum	Belegungsdatum
1	1	02.02.04	01.01.95	01.04.06
1	2	02.02.04	12.12.02	07.05.05
2	1	12.12.05	01.01.95	12.08.05

Wie zu erwarten war, finden sich die Fehler des ER-Modells in der Tabelle 'belegt' wieder. Aufgrund dieser Fehler kommt es in der Tabelle 'belegt' zu redundanten Datensätzen, die wiederum zu den unerwünschten Anomalien führen. Die Tabelle 'belegt' kann mit Hilfe der Normalformen untersucht werden. Die anderen beiden Tabellen 'Schüler' und 'Fach' sind trivial und können keine Redundanzen und somit auch keine Anomalien enthalten.

Überprüfung der Tabelle 'belegt'

1NF: Ist erfüllt

 Die erste Normalform ist erfüllt, da alle Wertebereiche der Merkmale atomar sind. Listen kommen als Tabelleninhalte nicht vor.

2NF: Ist nicht erfüllt

 Die zweite Normalform ist nicht erfüllt, da nicht alle Nichtschlüsselmerkmale voll funktional abhängig sind vom zusammengesetzten Schlüssel der Tabelle.

Bei der Überprüfung der zweiten Normalform fallen somit die folgenden Fehler auf:

- Das Merkmal 'Anmeldedatum' ist bereits funktional abhängig vom Teilschlüssel 'ID_Schüler' und muss daher in die Tabelle 'Schüler' verschoben werden.
- Das Merkmal 'Gründungsdatum' ist bereits funktional abhängig vom Teilschlüssel 'ID_Fach' und muss daher in die Tabelle 'Fach' verschoben werden.

Nach der Überführungsregel zur 2NF entstehen demnach die folgenden Tabellen:

Schüler

ID_Schüler	Name	Anmeldedatum
1	Müller	02.02.04
2	Schulte	12.12.05

Fach

ID_Fach	Bezeichnung	Gründungsdatum
1	Metalltechnik	01.01.95
2	Informatik	12.12.05

belegt

ID_Schüler	ID_Fach	Belegungsdatum
1	1	01.04.06
1	2	07.05.05
2	1	12.08.05

> **Anmerkung**
> Die zweite Normalform findet somit Fehler, die bei der Zuordnung von Merkmalen bei m:m-Beziehungen gemacht werden. Die Beispieltabellen sind nun fehlerfrei. Transitive Abhängigkeiten sind nicht in den Tabellen zu finden und damit auch die 3NF erfüllt.

8.5.2 Die 1:m-Beziehungen

Das folgende Beispiel untersucht die Auswirkungen von falsch zugeordneten Merkmalen bei einer 1:m-Beziehung auf die Tabellen.

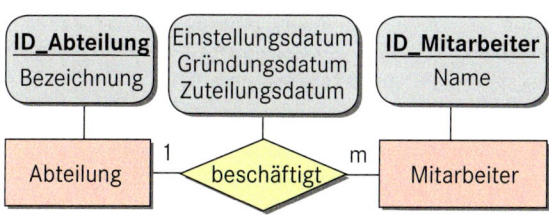

In diesem ER-Modell sind der Beziehung 'beschäftigt' einige Merkmale zugeordnet worden, die eigentlich den Entitäten 'Abteilung' und 'Mitarbeiter' hätten zugeordnet werden müssen.

> **Anmerkung**
> - Das 'Einstellungsdatum' ist das Datum, seit dem der Mitarbeiter in der Firma beschäftigt ist.
> - Das 'Gründungsdatum' ist das Datum, an dem eine Abteilung gegründet wurde.
> - Das 'Zuteilungsdatum' ist das Datum, an dem ein Mitarbeiter einer bestimmten Abteilung zugeteilt wurde.

Die Merkmale 'Einstellungsdatum' und 'Gründungsdatum' sind falsch zugeordnet. Seit wann ein Mitarbeiter in dem Unternehmen beschäftigt ist, hat nicht direkt etwas mit der Abteilung zu tun, da ein Mitarbeiter auch die Abteilungen innerhalb des Unternehmens gewechselt haben könnte. Das 'Einstellungsdatum' ist somit ein Merkmal, das eindeutig der Entität 'Mitarbeiter' zugeordnet werden kann. Ebenso ist das Datum der Abteilungsgründung völlig unabhängig von den Mitarbeitern, so dass auch das Merkmal 'Gründungsdatum' nicht der Beziehung 'beschäftigt', sondern der Entität 'Abteilung' zugeordnet werden muss. Lediglich das Merkmal 'Zuteilungsdatum' ist richtig zugeordnet worden, da es widerspiegelt, wann ein bestimmter Mitarbeiter einer Abteilung zugeordnet worden ist. Wird nun das ER-Modell mitsamt seinen Fehlern in das Tabellenschema überführt, entstehen folgende Tabellen:

Abteilung

ID_Abteilung	Bezeichnung
1	Fertigung
2	Produktion

Mitarbeiter

ID_Mitarbeiter	Name	Einstellungsdatum	...
1	Ernst	01.08.96	...
2	Müller	07.04.97	...
3	Specht	31.10.98	...

...	Zuteilungsdatum	ID_Abteilung	Gründungsdatum
...	01.08.06	1	01.01.66
...	15.12.02	1	01.01.66
...	17.03.05	2	20.05.74

Die Fehler des ER-Modells finden sich in der Tabelle 'Mitarbeiter' wieder. Aufgrund dieser Fehler kommt es beim Merkmal 'Gründungsdatum' in der Tabelle 'Mitarbeiter' zu redundanten Datensätzen, die wiederum zu unerwünschten Anomalien führen. Obwohl auch das Merkmal 'Einstellungsdatum' im ER-Modell falsch zugeordnet war, treten bei diesem Merkmal keine Redundanzen auf, weil es trotz falscher Zuordnung in die richtige Tabelle überführt worden ist! Die Tabelle 'Abteilung' enthält lediglich das Schlüsselmerkmal 'ID_Abteilung'. Daher muss nur die Tabelle 'Mitarbeiter' mit Hilfe der Normalformen untersucht werden.

8 Normalformen

Überprüfung der Tabelle 'Mitarbeiter'

1NF: Ist erfüllt

Die erste Normalform ist erfüllt, da alle Wertebereiche der Merkmale atomar sind. Listen kommen als Tabelleninhalte nicht vor.

2NF: Ist erfüllt

Die zweite Normalform ist erfüllt, da die Tabelle 'Mitarbeiter' keinen zusammengesetzten Schlüssel besitzt.

3NF: Ist nicht erfüllt

Die dritte Normalform ist nicht erfüllt, da das Merkmal 'Gründungsdatum' transitiv abhängig vom Schlüssel 'ID_Mitarbeiter' ist.

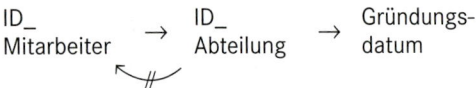

Erst bei der Überprüfung der dritten Normalform fällt somit der Fehler auf.

- Da es das Nichtschlüsselmerkmal 'ID_Abteilung' gibt, von dem das Merkmal 'Gründungsdatum' funktional abhängig ist, muss das Merkmal 'Gründungsdatum' in die Tabelle 'Abteilung' verschoben werden.

Nach der Überführungsregel zur 3NF entstehen demnach die folgenden Tabellen:

Abteilung

ID_Abteilung	Bezeichnung	Gründungsdatum
1	Fertigung	01.01.66
2	Produktion	20.05.74

Mitarbeiter

ID_Mitarbeiter	Name	Einstellungsdatum	Zuteilungsdatum	ID_Abteilung
1	Ernst	01.08.96	01.08.06	1
2	Müller	07.04.97	15.12.02	1
3	Specht	31.10.98	17.03.05	2

Anmerkung

Die dritte Normalform findet Fehler, die bei der Zuordnung von Merkmalen bei 1:m-Beziehungen gemacht werden. Die Tabellen sind nun fehlerfrei.

Die in diesem Beispiel vorgestellten Überlegungen gelten auch für 1:1-Beziehungen, da auch 1:1-Beziehungen ebenso wie 1:m-Beziehungen mit Hilfe von Fremdschlüsseln ohne eigene Beziehungstabellen umgesetzt werden.

Unentdeckter Fehler

Obwohl im ER-Modell die beiden Merkmale 'Gründungsjahr' und 'Einstellungsdatum' falsch zugeordnet worden sind, ist mit Hilfe der Normalformen nur ein Fehler gefunden worden. Das Merkmal 'Einstellungsdatum' wurde im ER-Modell falsch zugeordnet. Dennoch wurde dieser Fehler nicht entdeckt, da er sich bei der Überführung in die Tabellen von selbst behebt. Nach der Umsetzung der Beziehung 'beschäftigt' befindet sich das Merkmal 'Einstellungsdatum' in derselben Tabelle, in der es sich auch befunden hätte, wenn es direkt im ER-Modell der Entität 'Mitarbeiter' zugeordnet worden wäre. Weil dadurch auf Tabellenebene kein Fehler mehr vorliegt, kann er mit Hilfe der Normalformen auch nicht gefunden werden.

> **Anwendung der NF beim ER-Modell**
>
> Fehlerhaft zugeordnete Merkmale bei m:m-Beziehungen werden durch die 2NF erkannt und korrigiert. Einige Fehler bei der Zuordnung von Merkmalen zu 1:1 bzw. 1:m-Beziehungen korrigieren sich aufgrund der Überführungsregeln bei der Umsetzung des ER-Modells in das Tabellenschema selbst. Alle übrigen Fehler bei der Zuordnung von Merkmalen zu 1:1 und 1:m-Beziehungen werden durch die 3NF erkannt und korrigiert.

8.6 NF-Anwendungsbeispiel Unnormalisierte Tabelle

Im vorigen Kapitel sind die Normalformen benutzt worden, um Fehler zu erkennen und zu beheben, die bereits beim Erstellen des ER-Modells gemacht worden sind.

Ist das ER-Modell fehlerfrei, entstehen bei der Übersetzung des ER-Modells in die Tabellen automatisch normalisierte Tabellen. Die Normalformen dienen lediglich zur Überprüfung der generierten Tabellen.

Ganz anders sieht es aus, wenn man mit einer 'fertigen' Datenbank konfrontiert wird, zu der weder Anforderungsliste noch ER-Modell bekannt sind. (Vielleicht hat es auch nie ein ER-Modell zu der Datenbank gegeben!) Ein Datenbankexperte soll endlich einmal diese Datenbank entrümpeln, da sich die Mitarbeiter immer wieder über den hohen Pflegeaufwand und die zeitaufwändigen Mehrfacheingaben von Daten beschwert haben.

In einem solchen Fall sind die Normalformen das Hilfsmittel, um fehlerhafte Tabellen zu korrigieren und Redundanzen aus der Datenbank zu eliminieren. Als Beispiel wird die folgende völlig unnormalisierte Tabelle der Patientendatenbank eines Krankenhauses betrachtet:

Teil 2: Informationen

8 Normalformen

Zimmer (unnormalisiert)

ID_Zimmer	Zimmer-nummer	Patient				
		ID_Patient	Name	Medikament		
				ID_Medikament	Bezeichnung	Dosierung
1	EG-102	1	Meier	1	Hustensaft	20 ml
				2	Schlaftrunk	10 ml
		2	Schulte	3	Abführmittel	30 ml
				2	Schlaftrunk	40 ml
2	OG-203	3	Klein	1	Hustensaft	15 ml
				3	Abführmittel	25 ml

Aus dieser Tabelle ist ablesbar, auf welchen Zimmern welche Patienten liegen, und welche Medikamente sie in welchen Dosen verabreicht bekommen. Dabei sind die unterschiedlichen „ID"-Spalten für die eindeutige Zuordnung zwingend notwendig, da sonst aufgrund von evtl. vorhandenen Namensgleichheiten für die Gesundheit der Patienten nicht mehr garantiert werden kann. Diese Tabelle kann nun schrittweise normalisiert werden.

Erste Normalform

Damit die Tabelle die erste Normalform erfüllt, müssen die Listen aus der Tabelle entfernt und der Schlüssel der Tabelle angepasst werden.

Patient-Medikament (genügt der 1NF)

ID_Zimmer	Zimmernummer	ID_Patient	Name	ID_Medikament	Bezeichnung	Dosierung
1	EG-102	1	Meier	1	Hustensaft	20 ml
1	EG-102	1	Meier	2	Schlaftrunk	10 ml
1	EG-102	2	Schulte	3	Abführmittel	30 ml
1	EG-102	2	Schulte	2	Schlaftrunk	40 ml
2	OG-203	3	Klein	1	Hustensaft	15 ml
2	OG-203	3	Klein	3	Abführmittel	25 ml

> **Anmerkung**
> Der Schlüssel setzt sich jetzt aus den Merkmalen 'ID_Patient' und 'ID_Medikament' zusammensetzt.
> Der Name der Tabelle wurde sinnvoll angepasst.

Zweite Normalform

Für die zweite Normalform müssen alle Merkmale aus der Tabelle entfernt werden, die bereits von einem Teilschlüssel funktional abhängig sind. Dazu kann zunächst für jedes der Nichtschlüsselmerkmale 'ID_Zimmer', 'Nummer', 'Name', 'Bezeichnung' und 'Dosierung' untersucht werden, ob bereits eine funktionale Abhängigkeit zu den Teilschlüsselmerkmalen 'ID_Patient' oder 'ID_Medikament' existiert.

Funktionale Abhängigkeiten

Funktional abhängig von 'ID_Patient' sind:
  ID_Patient → ID_Zimmer
  ID_Patient → Nummer
  ID_Patient → Name
Funktional abhängig von 'ID_Medikament' ist:
  ID_Medikament → Bezeichnung

Volle funktionale Abhängigkeit

Das Merkmal 'Dosierung' ist voll funktional abhängig vom zusammengesetzten Schlüssel.
  (ID_Patient, ID_Medikament) ⇒ Dosierung

83

8 Normalformen

Patient-Medikament

ID_Patient	ID_Medikament	ID_Zimmer	Zimmernummer	Name	Bezeichnung	Dosierung
1	1	1	EG-102	Meier	Hustensaft	20 ml
1	2	1	EG-102	Meier	Schlaftrunk	10 ml
2	3	1	EG-102	Schulte	Abführmittel	30 ml
2	2	1	EG-102	Schulte	Schlaftrunk	40 ml
3	1	2	OG-203	Klein	Hustensaft	15 ml
3	3	2	OG-203	Klein	Abführmittel	25 ml

Überführung 2NF

Um diese Tabelle in die zweite Normalform zu überführen, müssen daher drei Tabellen gebildet werden:

1. Eine Tabelle 'Patient', die zusammen mit dem Teilschlüssel 'ID_Patient' alle Merkmale enthält, die von diesem Teilschlüssel funktional abhängig sind.

2. Eine Tabelle 'Medikament', die zusammen mit dem Teilschlüssel 'ID_Medikament' alle Merkmale enthält, die von diesem Teilschlüssel funktional abhängig sind.

3. Und die ursprüngliche Tabelle 'Patient-Medikament' (umbenannt in 'bekommt'), aus der alle nicht voll funktional abhängigen Merkmale entfernt worden sind.

Tabellen in 2NF

Patient

ID_Patient	Name	ID_Zimmer	Zimmernummer
1	Meier	1	EG-102
2	Schulte	1	EG-102
3	Klein	2	OG-203

bekommt

ID_Patient	ID_Medikament	Dosierung
1	1	20 ml
1	2	10 ml
2	3	30 ml
2	2	40 ml
3	1	15 ml
3	3	25 ml

Medikament

ID_Medikament	Bezeichnung
1	Hustensaft
2	Schlaftrunk
3	Abführmittel

Dritte Normalform

Für die dritte Normalform müssen alle transitiv abhängigen Merkmale aus den Tabellen entfernt werden. Eine transitive Abhängigkeit kann nur bei Tabellen auftreten, die mindestens zwei Nichtschlüsselmerkmale enthalten. Daher erfüllen die Tabellen 'Medikament' und 'bekommt' automatisch auch die dritte Normalform. Somit muss nur noch die Tabelle 'Patient' auf transitive Merkmale untersucht werden.

Patient

ID_Patient	Name	ID_Zimmer	Zimmernummer
1	Meier	1	EG-102
2	Schulte	1	EG-102
3	Klein	2	OG-203

Lediglich das Merkmal 'Nummer' ist transitiv abhängig vom Schlüssel 'ID_Patient', da es das Nichtschlüsselmerkmal 'ID_Zimmer' gibt, von dem es bereits funktional abhängig ist.

ID_Patient → ID_Zimmer → Nummer

Um die Tabelle Patient in die dritte Normalform zu überführen, müssen aus ihr zwei Tabellen gebildet werden:

1. Eine Tabelle 'Zimmer', die das transitiv abhängige Merkmal 'Nummer' zusammen mit dem Merkmal, von dem es funktional abhängig ist ('ID_Zimmer'), enthält

2. und die ursprüngliche Tabelle 'Patient', aus der das transitiv abhängige Merkmal entfernt worden ist.

Zusammen mit den unveränderten Tabellen 'Medikament' und 'bekommt' entstehen letztendlich folgende vier Tabellen. Diese Tabellen sind nun normalisiert und enthalten keine Redundanzen mehr.

Tabellen in 3NF

Patient

ID_Patient	Name	ID_Zimmer
1	Meier	1
2	Schulte	1
3	Klein	2

Zimmer

ID_Zimmer	Zimmernummer
1	EG-102
2	OG-203

Medikament

ID_Medikament	Bezeichnung
1	Hustensaft
2	Schlaftrunk
3	Abführmittel

bekommt

ID_Patient	ID_Medikament	Dosierung
1	1	20 ml
1	2	10 ml
2	3	30 ml
2	2	40 ml
3	1	15 ml
3	3	25 ml

Anmerkung

Redundanzen bei Nichtschlüsselmerkmalen können nach der 3NF ausgeschlossen werden. Lediglich bei Tabellen, deren Schlüssel aus mehreren Merkmalen zusammengesetzt ist, können immer noch Redundanzen auftreten, nämlich innerhalb des Schlüssels selbst.

Im Zusammenhang mit der 4NF wird im folgenden Kapitel an einem sehr ausführlichen Beispiel gezeigt, dass selbst nach der Normalisierung in die 3NF/BCNF noch derartige redundante Informationen vorkommen können.

8.7 Weitere Normalformen

In der Praxis genügt oft die Normalisierung bis zur 3NF, da dadurch bereits Redundanzen bei Nichtschlüsselmerkmalen verhindert werden können. Die folgenden Normalformen finden und beseitigen Redundanzen innerhalb eines aus mehreren Merkmalen zusammengesetzten Schlüssels.

8.7.1 Boyce-Codd-Normalform (BCNF)

Die Boyce-Codd-Normalform ist eine Weiterentwicklung der dritten Normalform. Während die 3NF nur transitive Abhängigkeiten bezüglich der Nichtschlüsselmerkmale untersucht und ausschließt, bezieht die BCNF Merkmale, die zum Schlüssel gehören, in die Überlegungen mit ein.

Beispiel Magisterprüfung

Betrachtet wird die Beziehungstabelle 'prüft' zwischen den Entitäten 'Student', 'Fach' und 'Professor'.

Dabei werden als Rahmenbedingung vorausgesetzt:
- Jeder Professor prüft genau in einem Fach.
- Jeder Student hat je Fach genau einen Professor.
- Ein Fach wird von mehreren Professoren gelehrt.

prüft

ID_Student	ID_Fach	ID_Professor
1 (Klein)	1 (Mathematik)	1 (Müller)
1 (Klein)	2 (Philosophie)	2 (Specht)
2 (Jung)	1 (Mathematik)	3 (Ernst)
2 (Jung)	2 (Philosophie)	2 (Specht)

Anmerkung

In dieser Tabelle sind hinter den ID_Werten Beispieldatensätze in Klammern angegeben, um die Verständlichkeit des Beispiels zu erhöhen.

Unter den gegebenen Rahmenbedingungen existieren die folgenden Abhängigkeiten

Funktionale Abhängigkeiten
Funktional abhängig von 'ID_Professor':

$\quad$ ID_Professor $\to$ ID_Fach

Volle funktionale Abhängigkeit
Das Merkmal 'ID_Professor' ist voll funktional abhängig vom zusammengesetzten Schlüssel.

$\quad$ (ID_Student, ID_Fach) $\Rightarrow$ ID_Professor

Überprüfung der Tabelle 'prüft'

1NF: Ist erfüllt

 Die erste Normalform ist erfüllt, da alle Wertebereiche der Merkmale atomar sind. Listen kommen als Tabelleninhalte nicht vor.

8 Normalformen

2NF: Ist erfüllt

Die zweite Normalform ist erfüllt, da das Nichtschlüsselmerkmal 'ID_Professor' voll funktional abhängig ist vom zusammengesetzten Schlüssel.

3NF: Ist erfüllt

Die dritte Normalform ist erfüllt, da es nur ein Nichtschlüsselmerkmal gibt und es somit keine transitive Abhängigkeit in der Tabelle geben kann.

Die Tabelle genügt somit der 3NF. Dennoch sind Redundanzen in der Tabelle enthalten, denn immer wenn im Merkmal 'ID_Professor' (z.B. 2 Specht) derselbe Wert erscheint, muss sich auch der Wert des Merkmals 'ID_Fach' (z.B. 1 Philosophie) wiederholen.

Das Besondere an der Tabelle ist somit die funktionale Abhängigkeit zwischen dem Nichtschlüsselmerkmal 'ID_Professor' und dem Teilschlüsselmerkmal 'ID_Fach'. Es existiert eine transitive Abhängigkeit vom zusammengesetzten Schlüssel über das Merkmal 'ID_Professor' zurück auf den Teilschlüssel 'ID_Fach'.

(ID_Student, ID_Fach) → ID_Professor → ID_Fach

Durch die BCNF werden transitive Abhängigkeiten auch für Teilschlüsselmerkmale verhindert.

> **Boyce-Codd-Normalform (BCNF)**
> Eine Tabelle erfüllt die BCNF, wenn jede Kombination von Merkmalen, von der andere Merkmale funktional abhängig sind,[1] die Bedingungen eines Schlüssels (Minimalität und Eindeutigkeit) erfüllen.

Um die Tabelle 'prüft' in die BCNF zu überführen, muss sie in zwei Tabellen überführt werden.

Professor (lehrt)

ID_Professor	ID_Fach
1 (Müller)	1 (Mathematik)
2 (Specht)	2 (Philosophie)
3 (Ernst)	1 (Mathematik)

prüft

ID_Student	ID_Professor
1 (Klein)	1 (Müller)
1 (Klein)	2 (Specht)
2 (Jung)	3 (Ernst)
2 (Jung)	2 (Specht)

Anmerkung
Vergleiche Kapitel 6.2.5 Schlüsselbildung bei Mehrfachbeziehungen.

12.8.6

[1] Die hier beschriebene Menge von Merkmalen wird auch als „Determinante" bezeichnet.

8.7.2 Vierte Normalform (4NF)

Zunächst wird an einem Beispiel eine völlig unnormalisierte Tabelle schrittweise in die 3NF überführt (vergleiche Kapitel 8.6) bevor das Ergebnis mit einem Datenbankentwurf mittels ER-Modell verglichen wird. Anhand der dabei auftretenden Unterschiede wird die Bedeutung der 4NF gezeigt.

Beispiel
Neben den Autoren und den von ihnen geschriebenen Büchern werden auch noch die Kunden eines Buchladens in einer einzigen Tabelle geführt. Ein Kunde kann von einem bestimmten Buch mehrere Exemplare erwerben. So hat z.B. der Kunde 'Meier' drei und der Kunde 'Schulte' zwei Exemplare des Buches mit dem Titel 'Glück' gekauft. Dieses Buch 'Glück' haben die beiden Autoren 'Boll' und 'Gräss' gemeinsam verfasst. All diese Zusammenhänge werden in der völlig unnormalisierten Tabelle 'Autor' vereint.

Autor

ID_Autor	Autor Name	Buch		Kunde		
		ID_Buch	Titel	ID_Kunde	Name	Anz
1	Gräss	1	Leben	1	Specht	5
				2	Meier	4
		2	Glück	2	Meier	3
				3	Schulte	2
		3	Trauer	4	Klein	1
2	Boll	2	Glück	2	Meier	3
				3	Schulte	2

Erste Normalform
Die Mengen und Listen werden aus den Wertebereichen der Merkmale entfernt. Um die Eindeutigkeit des Schlüssels zu gewährleisten, müssen die Merkmale 'ID_Autor', 'ID_Buch' und 'ID_Kunde' zum neuen Schlüssel kombiniert werden.

Autor-Buch-Kunde

ID_Autor	ID_Buch	ID_Kunde	Autor Name	Titel	Name	Anzahl
1	1	1	Gräss	Leben	Specht	5
1	1	2	Gräss	Leben	Meier	4
1	2	2	Gräss	Glück	Meier	3
1	2	3	Gräss	Glück	Schulte	2
1	3	4	Gräss	Trauer	Klein	1
2	2	2	Boll	Glück	Meier	3
2	2	3	Boll	Glück	Schulte	2

8 Normalformen

Zweite Normalform

Um die zweite Normalform zu erfüllen, müssen alle nicht voll funktional abhängigen Merkmale aus der Tabelle 'Autor-Buch-Kunde' entfernt werden und zu eigenständigen Tabellen umgewandelt werden. Daher muss man zunächst bestimmen, welche Nichtschlüsselmerkmale bereits von Teilschlüsseln eindeutig bestimmt werden.

Funktionale Abhängigkeiten von Teilschlüsseln
- Von dem Teilschlüssel 'ID_Autor' ist das Merkmal 'Autorname' funktional abhängig.
- Von dem Teilschlüssel 'ID_Buch' ist das Merkmal 'Titel' funktional abhängig.
- Von dem Teilschlüssel 'ID_Kunde' ist das Merkmal 'Name' funktional abhängig.
- Von dem Teilschlüssel, der aus den Merkmalen 'ID_Buch' und 'ID_Kunde' besteht, ist das Merkmal 'Anzahl' funktional abhängig.

Streicht man aus der Ausgangstabelle alle nicht voll funktional abhängigen Merkmale heraus, bleibt die Tabelle 'schreibt-kauft' übrig.

Kunde

ID_Kunde	Name
1	Specht
2	Meier
3	Schulte
4	Klein

Autor

ID_Autor	Autorname
1	Gräss
2	Boll

kauft

ID_Buch	ID_Kunde	Anzahl
1	1	5
1	2	4
2	2	3
2	3	2
3	4	1

Buch

ID_Buch	Titel
1	Leben
2	Glück
3	Trauer

schreibt-kauft

ID_Buch	ID_Autor	ID_Kunde
1	1	1
1	1	2
2	1	2
2	1	3
3	1	4
2	2	2
2	2	3

Dritte Normalform/BCNF

In den entstandenen Tabellen treten keine transitiven Abhängigkeiten auf. Daher befinden sie sich bereits in der dritten Normalform und auch in der BCNF.

> **Anmerkung**
>
> Obwohl auch die Tabelle 'schreibt-kauft' der dritten Normalform und auch der BCNF genügt, enthält die Tabelle redundante Informationen! Warum bei diesem Beispiel die Normalisierung bis zur BCNF nicht ausreicht, kann man am einfachsten nachvollziehen, wenn man die Datenbank zunächst mit Hilfe des ER-Modells entwickelt. Die dabei entstehenden Tabellen geben einen eindeutigen Hinweis auf die Fehler in der Tabelle 'schreibt-kauft', da der Datenbankentwurf mit Hilfe des ER-Modells zu denselben Tabellen führen sollte, wie der Normalisierungsprozess, ausgehend von unnormalisierten Tabellen.

Anforderungsliste

Aus der unnormalisierten Ausgangstabelle 'Autor' und den zusätzlichen Rahmenbedingungen lässt sich folgende Anforderungsliste ableiten:

> **Anforderungsliste**
>
> 1. Welche Kunden gibt es?
> 2. Name des Kunden ist wichtig.
> 3. Welche Bücher gibt es?
> 4. Der Titel des Buches ist wichtig.
> 5. Welcher Kunde kauft welches Buch?
> 6. Ein Buch kann von mehreren Kunden gekauft werden.
> 7. Die Anzahl, der Exemplare die ein Kunde von einem Buch (Buchtitel) kauft, soll mitprotokolliert werden.
> 8. Welche Autoren gibt es?
> 9. Der Name des Autors soll in der Datenbank gespeichert werden.
> 10. Welcher Autor schreibt welche Bücher?
> 11. Ein Autor schreibt mehrere Bücher. Ein Buch kann von mehreren Autoren gemeinsam geschrieben (herausgegeben) werden.

ER-Modell

Aus dieser Anforderungsliste kann nun das zugehörige ER-Modell entwickelt werden.

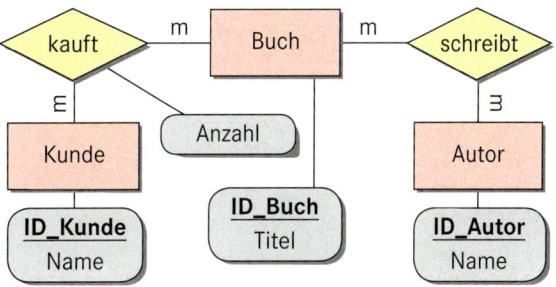

8 Normalformen

Tabellen

Überführt man dieses ER-Modell gemäß den Übersetzungsregeln in das Tabellenschema so entstehen, genau wie bei der Umformung der Ausgangstabelle mit Hilfe der Normalformen, wieder dieselben Tabellen 'Kunde', 'Buch', 'Autor' und 'kauft'. Bei der Tabelle 'schreibt' bzw. 'schreibt-kauft' gilt dies jedoch nicht mehr!

Tabelle 'schreibt' gemäß dem ER-Modell:

schreibt

ID_Autor	ID_Buch
1	1
1	2
1	3
2	2

Tabelle 'schreibt-kauft', entstanden durch Umformung mit Hilfe der Normalformen:

schreibt-kauft

ID_Buch	ID_Autor	ID_Kunde
1	1	1
1	1	2
2	1	2
2	1	3
3	1	4
2	2	2
2	2	3

Die Tabelle 'schreibt', die durch das ER-Modell entstanden ist, beschreibt korrekt die Beziehung zwischen den Entitäten 'Buch' und 'Autor'. Ihr kann entnommen werden, welcher Autor welches Buch schreibt. In der Tabelle 'schreibt-kauft', die durch die Überführung in die dritte Normalform entstanden ist, ist immer noch die Information, welcher Kunde welches Buch kauft, enthalten. Da bereits die Tabelle 'kauft' diese Informationen enthält, ist die Tabelle 'schreibt-kauft' fehlerhaft und enthält Redundanzen. Daher wird nur noch die fehlerhafte Tabelle 'schreibt-kauft' genauer untersucht.

schreibt-kauft

ID_Buch	ID_Autor	ID_Kunde
1 (Leben)	1 (Gräss)	1 (Specht)
1 (Leben)	1 (Gräss)	2 (Meier)
2 (Glück)	1 (Gräss)	2 (Meier)
2 (Glück)	1 (Gräss)	3 (Schulte)
3 (Trauer)	1 (Gräss)	4 (Klein)
2 (Glück)	2 (Boll)	2 (Meier)
2 (Glück)	2 (Boll)	3 (Schulte)

Anmerkung

In dieser Tabelle sind hinter den ID_Werten Beispieldatensätze in Klammern angegeben, um die Verständlichkeit des Beispiels zu erhöhen.

Mehrwertige Abhängigkeit

In der Tabelle 'schreibt-kauft' treten Abhängigkeiten im Schlüssel auf! Dem Merkmal 'ID_Buch' sind mehrere Werte des Merkmals 'ID_Autor' zugeordnet, sobald mehrere Autoren an demselben Buch geschrieben haben. Es sind aber immer dieselben Autoren, unabhängig davon, welcher Kunde das Buch kauft! 'ID_Autor' ist somit mehrwertig abhängig von 'ID_Buch'.

Beispiel:

In dem Beispiel gilt dies für das 'Buch 2' mit dem Titel 'Glück'. Da sowohl der 'Autor 1' (Gräss) als auch der 'Autor 2' (Boll) an diesem Buch mitgewirkt haben, müssen für jeden Kunden, der dieses Buch kauft, hier also 'Kunde 2' (Meier) und 'Kunde 3' (Schulte), sofort mehrere Datensätze in die Tabelle aufgenommen werden! Für den 'Kunden 2' (Meier) werden beispielsweise die folgenden beiden Datensätze aufgenommen.

2 (Glück)	1 (Gräss)	2 (Meier)
2 (Glück)	2 (Boll)	2 (Meier)

Abhängig von dem 'Buch 2' (Glück) müssen also je Käufer mehrere Werte für das Merkmal 'ID_Autor' angegeben werden, nämlich '1' (Gräss) und '2' (Boll). Man sagt, das Merkmal 'ID_Autor' ist mehrwertig abhängig vom Merkmal 'ID_Buch'.

Eine mehrwertige Abhängigkeit allein ist unkritisch und kommt z.B. auch in der korrekten Tabelle 'schreibt' vor. Problematisch wird es erst dann, wenn eine zweite mehrwertige Abhängigkeit in einer Tabelle vorkommt. Dies ist in der Tabelle 'schreibt-kauft' der Fall!
Dem Merkmal 'ID_Buch' werden mehrere Werte des Merkmals 'ID_Kunde' zugewiesen, da mehrere Kunden das Buch kaufen können. Es sind aber immer dieselben Kunden, unabhängig davon, welcher Autor an dem Buch mitgewirkt hat! 'ID_Kunde' ist somit ebenfalls mehrwertig abhängig von 'ID_Buch'.

Beispiel:

In dem Beispiel gilt dies für das 'Buch 2' mit dem Titel 'Glück'. Da sowohl der 'Kunde 2' (Meier) als auch der 'Kunde 3' (Schulte) ein Exemplar des Buches gekauft hat, müssen für jeden Autor, der an diesem Buch mitgewirkt hat, hier also 'Autor 1' (Gräss) und 'Autor 2' (Boll), sofort mehrere Datensätze in die Tabelle aufgenommen werden! Für den 'Autor 1' (Gräss) werden beispielsweise die folgenden beiden Datensätze aufgenommen.

2 (Glück)	1 (Gräss)	2 (Meier)
2 (Glück)	1 (Gräss)	3 (Schulte)

Abhängig von dem 'Buch 2' (Glück) müssen also je Autor mehrere Werte für das Merkmal 'ID_Kunde' angegeben werden, nämlich '2' (Meier) und '3' (Schulte). Man sagt, das Merkmal 'ID_Kunde' ist mehrwertig abhängig vom Merkmal 'ID_Buch'.

Erst wenn mehrere mehrwertige Abhängigkeiten auftreten, muss die Tabelle in Teiltabellen zerlegt werden.

Vierte Normalform (4NF)[1]
Eine Tabelle ist in der vierten Normalform[1], wenn sie die BCNF erfüllt und für jedes vom Merkmal S mehrwertig abhängige Merkmal A gilt:
- Es gibt keine weitere mehrwertige Abhängigkeit von S oder
- bereits das Merkmal S erfüllt die Bedingungen eines Schlüssels.

In dem Beispiel müsste die Tabelle 'schreibt-kauft' so in Teiltabellen zerlegt werden, dass der Schlüssel zusammen mit den mehrwertig abhängigen Merkmalen in eigene Tabellen umgesetzt wird.

schreibt

ID_Buch	ID_Autor
1 (Leben)	1 (Gräss)
2 (Glück)	1 (Gräss)
3 (Trauer)	1 (Gräss)
2 (Glück)	2 (Boll)

kauft

ID_Buch	ID_Kunde
1 (Leben)	1 (Specht)
1 (Leben)	2 (Meier)
2 (Glück)	2 (Meier)
2 (Glück)	3 (Schulte)

Anmerkung
Da durch die Umwandlung zur zweiten Normalform bereits eine Tabelle 'kauft' entstanden ist, die offensichtlich bereits die Informationen dieser Tabelle 'kauft' beinhaltet, sollte auf sie verzichtet werden. Danach entsprechen diese Tabellen denen, die durch die Umsetzung des ER-Modells entstanden sind.

8.7.3 Fünfte Normalform (5NF)

Die fünfte Normalform untersucht, ob eine Tabelle, die einen aus mehreren Merkmalen zusammengesetzten Schlüssel besitzt, aber keine mehrwertigen Abhängigkeiten mehr enthält, nochmals in Teiltabellen zerlegt werden muss. Oder anders ausgedrückt: Es wird mit der fünften Normalform kontrolliert, ob eine Mehrfachbeziehung nicht auch durch mehrere m:m-Beziehungen darstellbar ist. Diese Frage wurde schon im Kapitel 6.2 anhand der Mehrfachbeziehung 'unterrichtet' untersucht. Eine Umsetzung dieser Mehrfachbeziehung durch mehrere m:m-Beziehungen war nicht sinnvoll, weil dadurch die Information, „welcher Lehrer in welcher Klasse welches Fach" unterrichtet, verloren ging. Anders sieht es bei der folgenden Dreifachbeziehung 'anbieten' aus, die den Zusammenhang zwischen 'Autoherstellern', 'Produkt' und '(Vertrags-)Händler' darstellt.

---
[1] Die Definition der 4NF gilt genau genommen auch für Kombinationen von Merkmalen.

ER-Modell

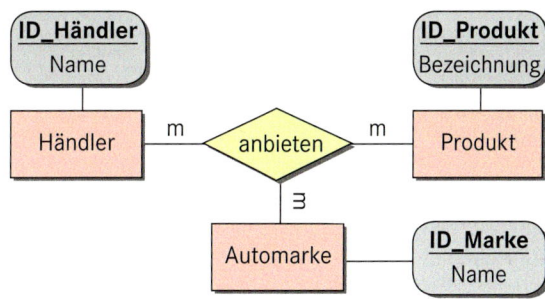

Anmerkung
Bei diesem Beispiel wird nur zwischen den Produkten PKW und LKW unterschieden. Exemplarisch werden nur die Automarken 'VW' und 'Mercedes' betrachtet. Wichtig für dieses Beispiel sind folgende Rahmenbedingungen:

- Ein Vertragshändler kann sowohl PKWs als auch LKWs verkaufen.
- Ein Händler kann sowohl Vertragshändler von 'VW' als auch von 'Mercedes' sein.
- WICHTIG: Wenn ein Händler das Produkt PKW verkauft, und er Vertragshändler von 'VW' ist, dann muss er auch zwangsläufig PKWs von 'VW' verkaufen. Ein Händler kann also nicht PKWs von 'Mercedes' und lediglich LKWs von 'VW' verkaufen.

Unter diesen massiven Einschränkungen kann die Dreifachbeziehung auch durch mehrere m:m-Beziehungen umgesetzt werden.

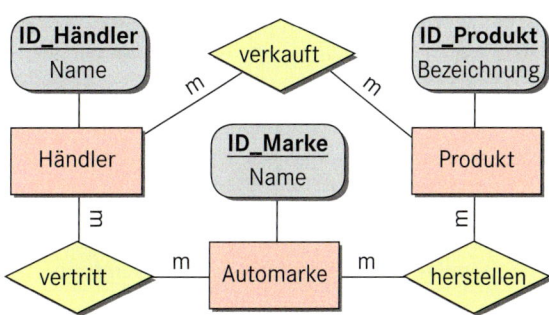

Wenn trotz der Einschränkungen weiterhin die Mehrfachbeziehungs-Lösung umgesetzt wird, entsteht die Beziehungstabelle 'anbieten'.

anbieten

ID_Händler	ID_Marke	ID_Produkt
1 (Meier)	1 (VW)	1 (PKW)
1 (Meier)	2 (Mercedes)	1 (PKW)
1 (Meier)	2 (Mercedes)	2 (LKW)
2 (Bauer)	2 (Mercedes)	2 (LKW)

Teil 2: Informationen

8 Normalformen

Anmerkung
In dieser Tabelle sind hinter den ID_Werten Beispieldatensätze in Klammern angegeben, um die Verständlichkeit des Beispiels zu erhöhen.

Diese Tabelle enthält keine mehrwertigen Abhängigkeiten, da nur durch alle drei Merkmale zusammen eindeutig bestimmt werden kann, welche Produkte ein Händler von welchem Hersteller verkauft. Setzt man hingegen das zweite ER-Modell in die Tabellen um, so gelangt man zu den drei Beziehungstabellen 'verkauft', 'vertritt' und 'herstellen'.

verkauft

ID_Händler	ID_Produkt
1 (Meier)	1 (PKW)
1 (Meier)	2 (LKW)
2 (Bauer)	2 (LKW)

herstellen

ID_Hersteller	ID_Produkt
1 (VW)	1 (PKW)
2 (Mercedes)	1 (PKW)
2 (Mercedes)	2 (LKW)

vertritt

ID_Händler	ID_Hersteller
1 (Meier)	1 (VW)
1 (Meier)	2 (Mercedes)
2 (Bauer)	2 (Mercedes)

Dass diese drei Tabellen dieselben Informationen wie die Tabelle 'anbieten' enthält, kann überprüft werden, indem man den **Join** über die Tabellen 'verkauft', 'vertritt' und 'herstellen' bildet.

Join
Von einem Join[1] spricht man, wenn Tabellen kombiniert werden, indem man jede mögliche Kombination von Zeilen bildet, bei der die Werte in den gemeinsamen Spalten übereinstimmen.

Die Join-Verbindung zwischen den Tabellen 'vertritt' und 'herstellen' führt zu folgender Tabelle.

verkauft-vertritt

ID_Händler	ID_Hersteller	ID_Produkt
1 (Meier)	1 (VW)	1 (PKW)
1 (Meier)	2 (Mercedes)	1 (PKW)
1 (Meier)	1 (VW)	2 (LKW)
1 (Meier)	2 (Mercedes)	2 (LKW)
2 (Bauer)	2 (Mercedes)	2 (LKW)

Durch die Kombination der Tabelle 'verkauft-vertritt' mit der Tabelle 'herstellen', entfällt der rot unterlegte Datensatz der Tabelle 'verkauft-vertritt', da es in der Tabelle 'herstellen' keinen Datensatz gibt, der mit den Werten 1(VW), 2 (LKW) in den Merkmalen 'ID_Hersteller' und 'ID_Produkt' übereinstimmt. Die übrig bleibenden Datensätze entsprechen denen der Tabelle 'anbieten', die als Umsetzung der Dreifachbeziehung entstanden ist. Man sagt auch, die Tabelle 'anbieten' ist join-abhängig von den Tabellen 'verkauft', 'herstellen', und 'vertritt'.

Join-Abhängigkeit
Immer dann, wenn sich eine Tabelle durch Joins aus Teiltabellen generieren lässt, spricht man von einer Join-Abhängigkeit.

Die fünfte Normalform fordert, dass für eine Tabelle keine Join-Abhängigkeit existieren darf.

Fünfte Normalform (5NF)
Eine Tabelle ist in fünfter Normalform[2], wenn sie in vierter Normalform ist und keine Join-Abhängigkeit der Tabelle von Teiltabellen existiert. Von dieser Forderung werden lediglich folgende Spezialfälle ausgenommen:
- Eine der Teiltabellen entspricht der Tabelle selbst oder
- jede Teiltabelle entspricht Merkmalen in der Tabelle, die die Schlüsselbedingungen erfüllen.

Tabellen, die der fünften Normalform nicht entsprechen, können in Teiltabellen (wie in dem Beispiel in die Tabellen 'verkauft', 'herstellen' und 'vertritt') zerlegt werden. Erfüllt hingegen eine Tabelle die fünfte Normalform ist eine weitere Aufteilung in Teiltabellen nicht sinnvoll möglich.

Wenn beim Datenbankentwurf, wie in diesem Buch vorgestellt, konsequent für jede Entität ein eigenes eindeutiges ID-Merkmal als Schlüssel verwendet wird, dann bekommen die 4NF und auch die 5NF erst bei Mehrfachbeziehungen eine Bedeutung, deren Schlüssel aus mehr als zwei Merkmalen zusammengesetzt wird. Erst dann können mehrwertige Abhängigkeiten oder Join-Abhängigkeiten innerhalb des Schlüssels überhaupt auftreten. Dies zeigt schon, dass die Bedeutung und auch der Nutzen dieser Normalformen für die Praxis eher gering ist. Daher wird auf deren Überprüfung in der Regel verzichtet. Es gibt jedoch auch Einzelfälle in denen bereits auf die Anwendung der 3NF verzichtet wird. Diese Sonderfälle werden im Kapitel 8.8.2 betrachtet.

---

1 Dieser Join wird oft auch als „natürlicher" oder „Gleichheits"-Join bezeichnet.

2 Die 5NF wird auch als „Project-Join-Normalform" (PJNF) bezeichnet.

8.8 Fehler und Grenzen der Normalisierung

Zu wenige Tabellen

Unerfahrene Datenbankentwickler werden versucht sein, mit so wenig Tabellen wie möglich auszukommen. Dabei entstehen oft „zu flache" Datenbanken, also Datenbanken mit Tabellen, die Informationen von unterschiedlichen Entitäten enthalten. In solchen Tabellen kommt es unweigerlich zu Redundanzen und somit zu unerwünschten Anomalien, die dann wiederum fast zwangsläufig zu einer inkonsistenten Datenbank führen. Der strukturierte Datenbankentwurf mittels ER-Modell hilft dabei, die Informationen sinnvoll zu zerlegen und auf unterschiedliche Tabellen aufzuteilen. Zu diesem Zweck können auch die Normalformen eingesetzt werden. Sie dienen auch der Überprüfung von Tabellen, deren zugrunde liegender Datenbankentwurf nicht bekannt ist.

Zu viele Tabellen

Hat man sich etwas genauer mit dem Datenbankenwurf und der Normalformlehre auseinandergesetzt, kann es auch zu einem genau entgegengesetzten Effekt kommen. Um auf keinen Fall zu wenige Tabellen zu erstellen, werden mitunter mehr Tabellen als sinnvoll angelegt, was die Daten unnötig zerstückelt und die Datenbankzugriffe erheblich verkomplizieren. Welche Fehler beim Normalisieren gemacht werden können, und wo die Grenzen der Normalisierung liegen, zeigt dieses Kapitel.

8.8.1 Denormalisierung (Entität, aufgeteilt auf mehrere Tabellen)

In der Regel werden mit Hilfe der Normalformen Redundanzen aus den Tabellen eliminiert, indem die Ausgangstabelle in mehrere Teiltabellen zerlegt wird. Bei dieser Zerlegung kann es schnell passieren, dass mehrere Tabellen entstehen, die eigentlich zu einer zusammengefasst werden müssen. Gegeben sind beispielsweise die beiden Tabellen 'belegt' und 'Schüler'.

belegt

ID_Schüler	ID_Fach	Vorname
1	1	Hans
1	2	Hans
2	1	Eva

Schüler

ID_Schüler	Nachname
1	Meier
2	Schulte

Mit Hilfe der zweiten Normalform wird festgestellt, dass das Merkmal 'Vorname' der Tabelle 'belegt' nicht voll funktional abhängig ist vom zusammengesetzten Schlüssel, sondern bereits von dem Teilschlüssel 'ID_Schüler'. In der Überführungsregel zur zweiten Normalform wird daher gefordert, dass das Merkmal 'Vorname' zusammen mit dem Teilschlüssel 'ID_Schüler' in einer eigenständigen Tabelle ausgelagert werden muss. Demnach würde eine zweite Schülertabelle 'Schüler2' entstehen.

belegt

ID_Schüler	ID_Fach
1	1
1	2
2	1

Schüler

ID_Schüler	Nachname
1	Meier
2	Schulte

Schüler2

ID_Schüler	Vorname
1	Hans
2	Eva

Sinnvollerweise führt man die Tabellen 'Schüler' und 'Schüler2' wieder zu einer einzigen Tabelle zusammen. Dieses Zusammenführen von zusammengehörigen Teiltabellen wird auch als Denormalisierung bezeichnet und wurde in den vorangegangenen Beispielen, ohne explizit darauf hinzuweisen, direkt durchgeführt. Vorsichtshalber sollte nach jeder Normalisierung überprüft werden, ob die durch die Normalisierung entstandenen Tabellen nicht mit bereits vorhandenen Tabellen zusammengefügt werden müssen.

8.8.2 Denormalisierung (Tabellen, die keiner Entität entsprechen)

Bei dem Datenbankentwurf bzw. nach der Normalisierung von Tabellen, kann es vorkommen, dass Tabellen mit nur sehr wenigen oder sogar nur noch einem Nichtschlüsselmerkmal entstehen. Sind solche Tabellen wirklich noch sinnvoll? Unter welchen Bedingungen sollte auf solche Tabellen verzichtet werden oder evtl. sogar entgegen der Normalformlehre eine Zerlegung in Teiltabellen unterbleiben?

Schüler

ID_Schüler	Name	PLZ	Ort	ID_Lehrer	Lehrername
1	Ernst	51111	Köln	1	Moll
2	Müller	89077	Ulm	1	Moll
3	Specht	11111	Berlin	2	Kurp

In dieser, auf das Wesentliche reduzierten, Beispieltabelle 'Schüler' (aus Kapitel 2) musste das Merkmal 'ID_Lehrer' hinzugefügt werden. Dadurch wird sichergestellt, dass auch bei Namensgleichheit mehrerer Klassenlehrer eine eindeutige Zuordnung des Klassen-

8 Normalformen

lehrers zu den Schülern möglich ist. Jetzt nach Kenntnis der Normalformen kann eine einfache Überprüfung der Tabellen erfolgen.

1NF: Ist erfüllt
 Die erste Normalform ist erfüllt, da alle Wertebereiche der Merkmale atomar sind. Listen kommen nicht als Tabelleninhalte vor.

2NF: Ist erfüllt
 Die zweite Normalform ist erfüllt, da die Tabelle Schüler keinen zusammengesetzten Schlüssel besitzt.

3NF: Ist nicht erfüllt
 Die dritte Normalform ist nicht erfüllt, da das Merkmal 'Lehrername' transitiv abhängig vom Schlüssel 'ID_Schüler' ist.

ID_Schüler → ID_Lehrer → Lehrername

Aufgrund der gefundenen transitiven Abhängigkeit verlangt die 3NF einen Umbau der Tabelle 'Schüler' in eine 'Schüler'- und in eine eigene 'Lehrer'-Tabelle.

Schüler

ID_Schüler	Name	PLZ	Ort	ID_Lehrer
1	Ernst	51111	Köln	1
2	Müller	89077	Ulm	1
3	Specht	11111	Berlin	2

Lehrer

ID_Lehrer	Lehrername
1	Moll
2	Kurp

Dies entspricht dem Ergebnis aus Kapitel 2.

3NF: Ist nicht erfüllt
 Die dritte Normalform ist immer noch nicht erfüllt, da das Merkmal 'Ort' transitiv abhängig vom Schlüssel 'ID_Schüler' ist.

ID_Schüler → PLZ → Ort

Somit muss die Tabelle 'Schüler' gemäß der Überführungsregel zur dritten Normalform nochmals in zwei Tabellen zerlegt werden. Konsequenterweise wird auch in diesem Fall wieder das Merkmal 'ID_Ort' als Verbindungsmerkmal zwischen den Tabellen eingeführt.

Schüler

ID_Schüler	Name	ID_Ort	ID_Lehrer
1	Ernst	1	1
2	Müller	2	1
3	Specht	3	2

Lehrer

ID_Lehrer	Lehrername
1	Moll
2	Kurp

Ort

ID_Ort	PLZ	Ort
1	51111	Köln
2	89077	Ulm
3	11111	Berlin

Anmerkung
Diese Tabellen genügen nun alle der dritten Normalform. Auch die Tabelle 'Ort' befindet sich in der dritten Normalform, da der 'Ort' nicht transitiv abhängig ist von 'ID_Ort'! Es gilt nämlich:

ID_Ort → PLZ → Ort

Das Merkmal 'PLZ' ist ein schlüsselähnliches Merkmal, das seinerseits das Merkmal 'ID_Ort' bestimmt. Deshalb liegt keine transitive Abhängigkeit vor.

Die Überlegungen aus Kapitel 6.4 zu diesem Sachverhalt sind nicht plötzlich falsch, nur weil die 3NF etwas anderes fordert. Vielmehr sollte man sich auch weiterhin an die vorgestellte Entscheidungshilfe zur Unterscheidung zwischen Entität und Merkmal halten. Demnach sind Tabellen mit sehr wenigen Merkmalen nur dann sinvoll, wenn mindesten eins der folgenden drei Kriterien erfüllt ist:

1. Die Datensätze der Tabelle beschreiben eigenständige datenbankrelevante Objekte.[1]
2. Die Tabelle enthält nur relativ wenige Datensätze, die zu sehr vielen Datensätzen in anderen Tabellen in Beziehung stehen.
3. Die Tabelle ist eine Beziehungstabelle.

WICHTIG: Ist kein Kriterium erfüllt, kann und sollte auf die Tabelle verzichtet werden, selbst dann, wenn die Normalformen eine solche Tabelle verlangen!

---

[1] Ein Datensatz beschreibt ein eigenständiges datenbankrelevantes Objekt, wenn der Datensatz noch von Interesse ist, wenn keine mit ihm verbundenen Datensätze in anderen Tabellen existieren.

Teil 2: Informationen
8 Normalformen

8.8.3 Redundanzen, die nicht gefunden werden

Trotz Datenbankentwurf mit Hilfe des ER-Modells und Überprüfung der Tabellen mit Hilfe der Normalformen, kann man Datenbanken entwerfen, die Redundanzen enthalten. Ein Beispiel für eine Datenbank, die solche Redundanzen enthält, die weder durch das ER-Modell, noch durch die Normalformen verhindert werden können, ist die Datenbank „Unternehmen (Teil 1)" aus dem Aufgaben-Kapitel 12.4.2 bzw. 12.5.2.

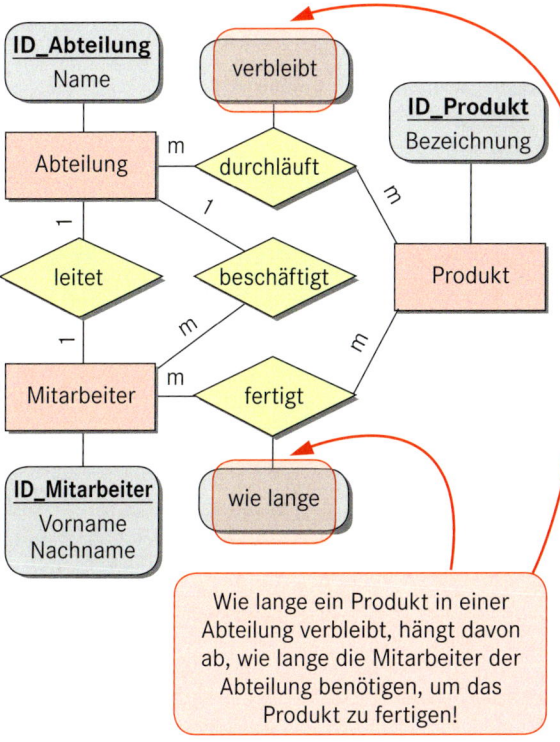

Die beiden Mitarbeiter 'Vogel' und 'Klein' arbeiten in der Abteilung 'Produktion'. An der Fertigung eines 'Fenstergitters' ist Herr 'Vogel' mit 2 Stunden und Herr 'Klein' mit 6 Stunden beteiligt. Das Produkt verbleibt daher in der Abteilung 'Produktion' 8 Stunden (2 Stunden + 6 Stunden). In den Tabellen 'durchläuft' und 'verbleibt' finden sich folgende Datensätze:

durchläuft

ID_Abteilung	ID_Produkt	verbleibt
2 (Produktion)	2 (Fenstergitter)	8

fertigt

ID_Mitarbeiter	ID_Produkt	wie lange
2 (Vogel)	2 (Fenstergitter)	2
3 (Klein)	2 (Fenstergitter)	6

Anmerkung
In dieser Tabelle sind hinter den ID_Werten Beispieldatensätze in Klammern angegeben, um die Verständlichkeit des Beispiels zu erhöhen.

Obwohl das ER-Modell fehlerfrei ist und die Tabellen den Normalformen entsprechen, ist die Verweildauer eines Produktes in der Abteilung (Merkmal 'verbleibt' der Beziehung 'durchläuft') eine redundante Information, da sie keinen tatsächlichen Informationsgewinn beinhaltet. Wie lange ein Produkt in der Abteilung verbleibt, lässt sich aus den Werten der Tabelle 'fertigt' ermitteln. Daher können alle vier Anomalien in dieser Datenbank auftreten.

Mutationsanomalie
Wenn bei der Fertigungsdauer versehentlich ein falscher Wert eingetragen wird, ist die Datenbank in einem inkonsistenten Zustand, da die zugehörige Abteilungsverweildauer nicht mehr damit übereinstimmt.

Einfügeanomalie/Löschanomalie
Fertigungsdauer und Abteilungsverweildauer können nicht unabhängig von einander eingefügt bzw. gelöscht werden.

Änderungsanomalie
Die Änderung einer Fertigungsdauer zieht zwangsläufig die Änderung einer Abteilungsverweildauer nach sich.

Dieses Beispiel zeigt, dass es, selbst wenn man sich des ER-Modells bedient und mit Hilfe der Normalformen eine Überprüfung der Tabellen durchführt, zu Redundanzen und somit zu den unerwünschten Anomalien kommen kann. Um die Redundanzen aus der Datenbank „Unternehmen (Teil 1)" zu entfernen, kann das Merkmal 'verbleibt' der Tabelle 'durchläuft' ersatzlos gestrichen werden. Die dort gespeicherten Informationen können aus dem verbleibenden Datenbestand berechnet werden.

Tabellenübergreifende Redundanzen
Redundanzen sind in einer Datenbank grundsätzlich zu vermeiden.
Durch die Anwendung von ER-Modellen und Normalformen werden Redundanzen innerhalb einer Tabelle weitestgehend verhindert.
Darüber hinaus sollte der Datenbankentwickler jedoch sicherstellen, dass keine Informationen in der Datenbank gespeichert werden, die sich aus anderen Daten der Datenbank herleiten lassen oder von denen abhängen.

12.8.9

Teil 2: Informationen

9 DB-Entwurf

Planungsphase
1. *Datenanalyse (Kapitel 3)*
   a) Informationen sammeln
   b) Anforderungsliste erstellen
2. *ER-Modell erstellen (Kapitel 4, 6, 7)*
   a) Entitäten und Beziehungen festlegen
      Anzahlangaben und Merkmale bestimmen
   b) Erweitern um   'Beziehungen auf einer Entität'
      oder   'Mehrfachbeziehungen'
   c) Beziehungen und Entitäten kontrollieren evtl. umwandeln
   d) Merkmale und Entitäten kontrollieren und evtl. umwandeln
   e) Generalisierung/Spezialisierung kontrollieren und evtl. einfügen
3. *Integration und Abstimmung*
   Integration und Abstimmung mit bereits vorhandenen Datenbanken

Umsetzungsphase
4. *Tabellenumsetzung (Kapitel 5, 6, 7)*
   ER-Modell in Tabellen überführen
5. *Normalisierung (Kapitel 8)*
   Tabellen auf 1NF – 3NF überprüfen
6. *Referenzielle Integrität*
   Die referentiellen Integritäten bestimmen und festlegen
7. *Konsistenzbedingungen*
   Konsistenzbedingungen ermitteln und umsetzen
8. *Realisierung*
   Umsetzen auf einem konkreten RDBMS

Optimierungsphase
9. *Zugriffsanalyse*
   Art und Häufigkeit der Datenbankzugriffe erfassen
10. *Zugriffsoptimierung*
    a) Physische Datenstruktur der Zugriffsanalyse anpassen
    b) Abfrageoptimierung

9 Phasen des DB-Entwurfs

Für den Datenbankentwurf sind unterschiedliche Arbeitsschritte notwendig. Diese Arbeitsschritte lassen sich in drei Phasen einteilen.

1. Die **Planungsphase** umfasst neben der Datenanalyse auch die ER-Modell-Erstellung, -Überprüfung und -Erweiterung sowie die Integration des ER-Modells in bereits existierende Datenbanken. Erst wenn, nach der Planungsphase, sichergestellt worden ist, dass das Datenbankmodell den Anforderungen des Auftraggebers entspricht, sollte mit der Umsetzungsphase begonnen werden.
2. Während der **Umsetzungsphase** wird das entstandene ER-Modell in eine funktionsfähige relationale Datenbank überführt. Die Umsetzungsphase umfasst das Übersetzen des ER-Modells in das Tabellenschema, das Überprüfen und gegebenenfalls das Korrigieren der Tabelle mit Hilfe der Normalformen sowie das Festlegen von referenziellen Integritäten und Konsistenzbedingungen, sowie die Realisierung der Datenbank in einem RDBMS.
3. Nachdem die fertige Datenbank im „Echtbetrieb" eingesetzt worden ist, folgt die **Optimierungsphase**. In dieser Phase wird das Abfrageverhalten der Datenbankbenutzer untersucht. Durch Veränderung der Datenstruktur kann dann das Antwortzeitverhalten der Datenbank auf häufig gestellte Abfragen verbessert werden.

Die Planungs-, Umsetzungs-, und Optimierungsphasen sind nicht isoliert zu betrachten. Vielmehr können sogar Erkenntnisse aus der Optimierungsphase einen vollständigen Umbau der Datenbank und somit einen Wiedereinstieg in die Planungsphase erforderlich machen!

Die Arbeitsschritte 1, 2, 4 und 5 wurden in den vorangegangenen Kapiteln ausführlich beschrieben.
Die Arbeitsschritte 3, 6, 7, 9 und 10 werden in den folgenden Abschnitten dieses Kapitels vorgestellt.
Der Arbeitsschritt 8 ist systemabhängig und wird erst in den Kapiteln 10 und 11 behandelt.

9.1 Arbeitsschritt 3: Integration und Abstimmung

Bestehende Systeme oder Datenbanken müssen bei der Datenbankentwicklung berücksichtigt werden. Dabei sind insbesondere die folgenden Aspekte von Bedeutung:
- Datenübernahme
- Schnittstellenbestimmung
- Automatisierter Datenabgleich

Exemplarisch wird der Fall betrachtet, dass für einen Spediteur eine Datenbank entwickelt werden soll.
- **Personal-DB**: Im Personalbüro des Spediteurs ist bereits eine Datenbank im Einsatz, die sämtliche Mitarbeiterdaten enthält.
- **Fahrzeug-DB**: Ebenso sei in der Werkstatt des Spediteurs eine Datenbank mit allen wichtigen Fahrzeugdaten vorhanden.
- **Wegoptimierung**: Zusätzlich zu den bestehenden Datenbanken soll nun eine weitere Datenbank entwickelt werden, die Informationen zu Mitarbeitern, Fahrzeugen und Fahrrouten bereitstellt, um damit eine Wegoptimierung durchführen zu können.

Unter diesen Voraussetzungen ist klar, dass die neu zu entwickelnde Datenbank nicht isoliert neben den beiden bereits vorhandenen Datenbanken entwickelt werden kann, da sonst erhebliche und unnötige Mehrfacheingaben von Informationen notwendig würden. Vielmehr muss die neue Datenbank in das System der vorhandenen Datenbanken integriert und der Datenbankentwurf mit dem unternehmensweiten Datenmodell abgestimmt werden. Diese Integration und Abstimmung der Datenmodelle muss bereits in der Planungsphase erfolgen, weil davon natürlich auch die Umsetzung der Datenbank abhängig ist.

Ein weiteres Beispiel, bei dem zwingend die neue zu entwickelnde Datenbankanwendung in ein System vorhandener Datenbestände integriert werden sollte, ist der Telefonladen aus der zweiten Handlungssituation (siehe Kapitel 1.2). In der Datenbankanwendung für den Telefonladen wird auf Vertrags- und Handymodellinformationen der Kommunikationsgesellschaften und Handyhersteller zurückgegriffen. Um fehlerhafte und zeitaufwändige Dateneingaben zu vermeiden, muss nach Wegen gesucht werden diese Hersteller-Datenbestände über Schnittstellen automatisiert in die Datenbankanwendung des Telefonladens zu übertragen.

> **Anmerkung**
> Wie diese Beispiele bereits andeuten, sind die Integrations- und Abstimmungsprobleme so vielfältig, wie es unterschiedliche Datenbankanwendungen gibt. Daher ist eine ausführlichere Behandlung des Themas nicht Bestandteil dieses Buches.

9.2 Arbeitsschritt 6: Referenzielle Integrität

Nachdem das ER-Modell in das Tabellenschema überführt worden ist, werden die Beziehungen zwischen Entitäten in den Tabellen immer mit Hilfe von Fremdschlüsseln realisiert. Der Fremdschlüssel dient dabei als **Verweis** oder **'Referenz'** auf den eigentlichen Datensatz. Was soll

aber mit dem Fremdschlüsseleintrag geschehen, wenn der Datensatz, auf den der Fremdschlüssel verweist, gelöscht werden soll? Oder anders gefragt: Was soll mit der Referenz geschehen, wenn der referenzierte Datensatz gelöscht wird? Dieser Frage wird in den folgenden Beispielen genauer nachgegangen. Dass Fremdschlüsseleinträge, die auf keinen Datensatz mehr verweisen, nicht in der Datenbank vorkommen sollten, ist sicherlich selbstverständlich. Die Datenbanksysteme bieten in der Regel die Möglichkeit, genau diese **Integrität** der Referenzen sicherzustellen. Dabei können prinzipiell drei Varianten der Referenzkontrolle unterschieden werden.

Haupt- und Detailtabelle

Da alle Beziehungen in relationalen Datenbanken über Fremdschlüssel (bzw. bei der G/S direkt über den Schlüssel) realisiert werden, genügt es, zum Verständnis der referentiellen Integrität zwischen Haupt- und Detailtabellen zu unterscheiden.

Detailtabelle Fremdschlüssel — Detailtabellen sind die Tabellen, die die Referenz auf eine andere Tabelle enthalten.

Haupttabelle Schlüssel — Als Haupttabelle wird eine Tabelle bezeichnet, auf die eine Referenz aus einer anderen Tabelle verweist.

Varianten der Referenzkontrolle

Variante 1: Keine Referenzkontrolle
Das Löschen des Datensatzes der Haupttabelle wird zugelassen und bewirkt keine Veränderung an der Detailtabelle!

Variante 2: Kontrolle der referenziellen Integrität
Das Löschen des Datensatzes der Haupttabelle wird verhindert, solange es in der Detailtabelle zugehörige Datensätze gibt.

Variante 3: Kontrolle der referenziellen Integrität mit „Löschweitergabe"
Das Löschen des Datensatzes der Haupttabelle wird zugelassen, bewirkt aber gleichzeitig das Löschen der zugehörigen Datensätze in der Detailtabelle.

Welche Art der Referenzkontrolle für eine Beziehung vereinbart werden sollte, hängt von der Art der Beziehung und den konkreten Anforderungen ab.

9 DB-Entwurf

9.2.1 Referenzielle Integrität bei 1:m-Beziehungen

In diesem Beispiel arbeiten Mitarbeiter in einer Abteilung. Was soll mit den Datensätzen der Detailtabelle 'Mitarbeiter' geschehen, wenn der zugehörige Datensatz der Haupttabelle 'Abteilung' gelöscht wird?

ER-Modell

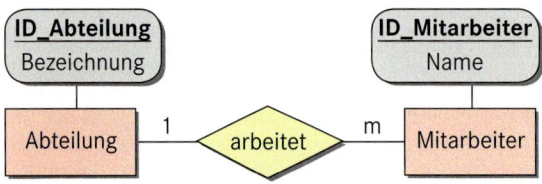

Tabellenumsetzung

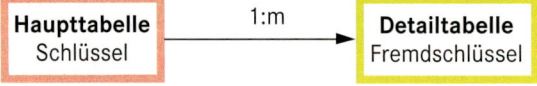

Abteilung (Haupttabelle)

ID_Abteilung	Bezeichnung
1	Produktion
2	Planung

Mitarbeiter (Detailtabelle)

ID_Mitarbeiter	Name	ID_Abteilung
1	Ernst	1
2	Specht	1
3	Müller	2

Variante 1: Keine Referenzkontrolle

 Ohne Referenzkontrolle kann beispielsweise die Abteilung 'Produktion' gelöscht werden. Die beiden Mitarbeiter 'Ernst' und 'Specht' bleiben weiterhin einer Abteilung mit ID_Abteilung = 1 zugeordnet, die es dann aber nicht mehr gibt (inkonsistente Referenzen).

Variante 2: Kontrolle der referenziellen Integrität

 Das Löschen der Abteilung 'Produktion' wird verhindert, bis die Mitarbeiter 'Ernst' und 'Specht' entweder anderen Abteilungen zugeordnet oder ihrerseits gelöscht (entlassen) worden sind.

Variante 3: Kontrolle der referenziellen Integrität mit „Löschweitergabe"

 Das Löschen der Abteilung „Produktion" führt automatisch zum Löschen der Mitarbeiter 'Ernst' und 'Specht'. Dabei gehen evtl. Informationen über die beiden Mitarbeiter 'Ernst' und 'Specht' ungewollt verloren (ungewollter Datenverlust).

9.2.2 Referenzielle Integrität bei 1:1-Beziehungen

Hier werden nur die Abteilungsleiter betrachtet, die eine Abteilung leiten. Was soll mit den Datensätzen der Detailtabelle 'Abteilung' geschehen, wenn der zugehörige Datensatz der Haupttabelle 'Mitarbeiter' gelöscht wird?

ER-Modell

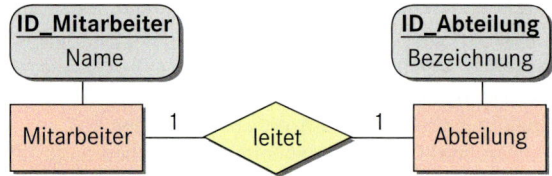

Tabellenumsetzung

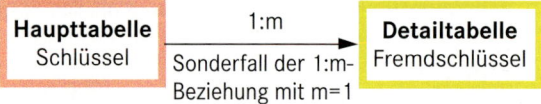

Mitarbeiter (Haupttabelle)

ID_Mitarbeiter	Name
1	Ernst
2	Specht
3	Müller

Abteilung (Detailtabelle)

ID_Abteilung	Bezeichnung	ID_Mitarbeiter
1	Produktion	1
2	Planung	3

Variante 1: Keine Referenzkontrolle

 Ohne Referenzkontrolle kann beispielsweise der Mitarbeiter 'Ernst' gelöscht werden. Der Abteilung 'Produktion' bleibt ein Mitarbeiter mit ID_Mitarbeiter = 1 zugeordnet, den es aber nicht mehr gibt. (inkonsistente Referenzen).

Variante 2: Kontrolle der referenziellen Integrität

 Der Mitarbeiter 'Ernst' kann erst dann gelöscht werden, wenn der Abteilung 'Produktion' ein anderer Abteilungsleiter zugewiesen worden ist.

Variante 3: Kontrolle der referenziellen Integrität mit „Löschweitergabe"

 Das Löschen des Mitarbeiters 'Ernst' führt automatisch zum Löschen der Abteilung 'Produktion'. Dabei gehen Informationen über die Abteilung 'Produktion' evtl. ungewollt verloren. (ungewollter Datenverlust).

Teil 2: Informationen

9 DB-Entwurf

9.2.3 Referenzielle Integrität bei m:m- und Mehrfach-Beziehungen

In diesem Beispiel wird die aus einer m:m-Beziehung entstehende Beziehungstabelle 'fertigt' betrachtet. Was soll mit den Datensätzen der Beziehungstabelle geschehen, wenn einer der zugehörigen Datensätze aus den Tabellen 'Mitarbeiter' oder 'Produkt' gelöscht wird?

ER-Modell

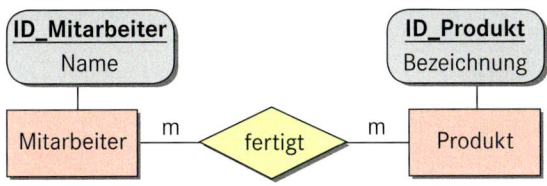

Tabellenumsetzung

Mitarbeiter (Haupttabelle)

ID_Mitarbeiter	Name
1	Ernst
2	Specht
3	Müller

Produkt (Haupttabelle)

ID_Produkt	Bezeichnung
1	Tisch
2	Stuhl

fertigt (Detailtabelle)

ID_Mitarbeiter	ID_Produkt
1	1
1	2
2	1
3	2

Variante 1: Keine Referenzkontrolle

 Ohne Referenzkontrolle kann beispielsweise der Mitarbeiter 'Ernst' gelöscht werden. In der Beziehungstabelle bleiben die Informationen, dass ein Mitarbeiter mit ID_Mitarbeiter = 1 die Produkte 'Tisch' und 'Stuhl' fertigt, erhalten, obwohl es einen solchen Mitarbeiter nicht mehr gibt (inkonsistente Referenzen).

Variante 2: Kontrolle der referenziellen Integrität

 Der Mitarbeiter 'Ernst' kann erst dann gelöscht werden, wenn es in der Beziehungstabelle 'fertigt' keine Verweise mehr auf den Mitarbeiter 'Ernst' gibt (unnötiges Verhindern einer Löschung).

Variante 3: Kontrolle der referenziellen Integrität mit „Löschweitergabe".

 Das Löschen des Mitarbeiters 'Ernst' führt automatisch dazu, dass die jetzt überflüssigen Informationen, welche Produkte der Mitarbeiter 'Ernst' produziert hat, ebenfalls gelöscht weden. Die Datensätze in der Tabelle 'Produkt' sind von der Löschaktion nicht betroffen. Ungewollter Datenverlust ist daher ausgeschlossen.

9.2.4 Anwendungsregel für die referenzielle Integrität

Aus den Überlegungen der vorangegangenen Kapitel lassen sich folgende Richtlinien für die Festlegung der referenziellen Integrität bei Beziehungen festlegen:

Regeln für referenzielle Integrität

Welche Art der Referenzkontrolle zwischen einer Haupt- und einer Detailtabelle sinnvoll ist, muss in jedem Einzelfall überprüft werden. Folgende Empfehlungen dienen lediglich als Entscheidungshilfe.

1:1-Beziehung
Bei einer 1:1-Beziehung eines ER-Modells sollte zwischen der zugehörigen Haupt- und Detailtabelle die referenzielle Integrität gefordert werden. In Ausnahmefällen (siehe Kapitel 9.2.5) kann es jedoch sinnvoll sein, auf die Kontrolle der referenziellen Integrität ganz zu verzichten.

1:m-Beziehung
Bei einer 1:m-Beziehung eines ER-Modells sollte zwischen der zugehörigen Haupt- und Detailtabelle auf jeden Fall die referenzielle Integrität gefordert werden. Mitunter kann es sogar sinnvoll sein, zusätzlich die Löschweitergabe zu verwenden (siehe Kapitel 9.2.5).

m:m-Beziehung und Mehrfachbeziehung
Bei einer m:m-Beziehung oder Mehrfachbeziehung eines ER-Modells sollte zwischen den zugehörigen Haupt- und Detailtabellen ausnahmslos die referenzielle Integrität mit Löschweitergabe gefordert werden.

Da bei einer G/S die Tabellen direkt über den Tabellenschlüssel zueinander in Beziehung gesetzt werden, ist auch die folgende Regel sinnvoll:

Generalisierung/Spezialisierung
Bei der Generalisierung/Spezialisierung sollte immer mit referenzieller Integrität und Löschweitergabe gearbeitet werden, so dass ein Datensatz, der in der generellen Entität gelöscht wird, auch in den spezialisierten Tabellen entfernt wird.

Anmerkung

Bei diesen Hinweisen zur Festlegung der Referenzkontrolle handelt es sich nur um unverbindliche Empfehlungen, die, abhängig von den konkreten Anforderungen, überprüft und gegebenenfalls abweichend von diesen Empfehlungen, festgelegt werden müssen.

12.9.2

9 DB-Entwurf

9.2.5 Abweichungen von der Regel

Dass die Regeln zur Anwendung der referentiellen Integrität aus Kapitel 9.2.4 nur als Hinweise verstanden werden können, zeigt folgendes Beispiel: Einer Klasse werden mehrere Schüler als Mitschüler zugeordnet. Gleichzeitig soll einer dieser Schüler als Klassensprecher der Klasse festgelegt werden. Aus diesem Zusammenhang lässt sich das folgende ER-Modell ableiten.

ER-Modell

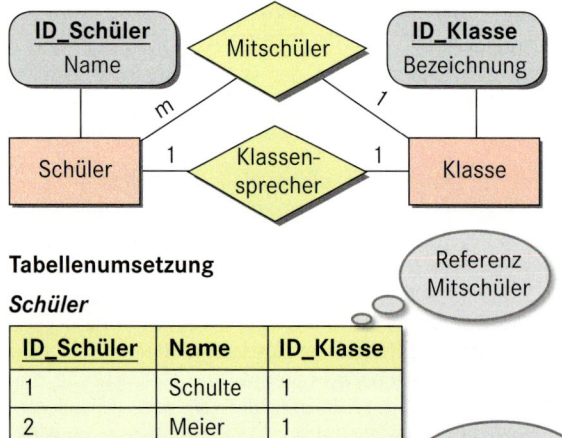

Tabellenumsetzung

Schüler

ID_Schüler	Name	ID_Klasse
1	Schulte	1
2	Meier	1
3	Müller	1

Klasse

ID_Klasse	Bezeichnung	ID_Schüler
1	IF3A	2

In diesem Beispiel sind in der Klasse 'IF3A' die Schüler 'Schulte', 'Meier' und 'Müller', wobei der Schüler 'Meier' auch der Klassensprecher der Klasse ist.

Gemäß den Regeln zur Festlegung der referentiellen Integrität aus Kapitel 9.2.4 wird sowohl für die Beziehung 'ist Mitschüler' als auch für die Beziehung 'ist Klassensprecher' die Kontrolle der referentiellen Integrität vereinbart.

Zusätzliche Anforderung

Die IF3A ist eine Abschlussklasse! Am Ende des Schuljahres soll die gesamte Klasse und alle zugehörigen Schülerdatensätze aus der Datenbank entfernt werden. Da diese Art von Löschoperation sehr häufig vorkommt, soll sie möglichst einfach durchführbar sein!

Problem

Diese zusätzliche Anforderung lässt sich mit den festgelegten referentiellen Integritäten zwischen den Tabellen 'Schüler' und 'Klasse' nicht mehr umsetzen.
Bevor die Klasse 'IF3A' gelöscht werden kann, müssen alle Daten der Schüler dieser Klasse gelöscht werden. Bevor jedoch der Schüler 'Meier' gelöscht werden kann, muss in der Tabelle 'Klasse' die Information, dass er Klassensprecher dieser Klasse ist, gelöscht werden. Ein einfaches unkompliziertes Löschen ganzer Abschlussklassen ist somit nicht möglich!

Lösung

Diese Anforderung kann am besten realisiert werden, wenn für die Beziehung 'ist Mitschüler' die Kontrolle der referentiellen Integrität mit 'Löschweitergabe' und für die Beziehung 'ist Klassensprecher' keine Referenzkontrolle vereinbart wird.

Fazit

Aufgrund der sicherlich unüblichen Anforderung, dass das Löschen eines Klassendatensatzes automatisch zum Löschen der zugehörigen Schülerdaten führen soll, musste von den generellen Regeln zu Festlegung der Referenzkontrolle abgewichen werden.
Bei der 1:m-Beziehung 'Mitschüler' wurde deshalb die reine Kontrolle der referentiellen Integrität auf die Kontrolle der referentiellen Integrität mit 'Löschweitergabe' erweitert.
Dabei wurde sogar in Kauf genommen, dass bei der 1:1-Beziehung 'ist Klassensprecher' auf die Referenzkontrolle ganz verzichtet werden muss, da ansonsten der Klassensprechereintrag in der Tabelle 'Klasse' das Löschen des Klassendatensatzes verhindern würde.
Dadurch wird es jetzt möglich, beispielsweise den Schüler Meier (Klassensprecher der IF3A) aus der Tabelle 'Schüler' zu löschen, obwohl in der Tabelle 'Klasse' weiterhin eine Referenz auf diesen Datensatz besteht. Die Gefahr von inkonsistenten Referenzen nimmt man also bei der Umsetzung dieser Anforderung bewusst in Kauf.

Einschränkung der Regeln zur referentiellen Integrität

Es gibt Situationen und Anforderungen an ein Datenbanksystem, die es rechtfertigen oder sogar notwendig machen von den sonst üblichen Festlegungen zur referentiellen Integrität abzuweichen.

9.3 Arbeitsschritt 7: Konsistenzbedingungen

Es gibt Bedingungen, die bei der Eingabe bestimmter Daten eingehalten werden müssen. Beispielsweise sind Postleitzahlen in Deutschland immer 5-stellige Zahlen oder das Kennzeichen eines in Deutschland zugelassenen Fahrzeugs beginnt immer mit einem Großbuchstaben. Solche Bedingungen werden auch als Konsistenzbedingungen bezeichnet, da deren Überprüfung fehlerhafte Dateneingaben vermeiden und somit die Konsistenz (Widerspruchsfreiheit) der Daten erhöhen. Teilweise kann das Einhalten solcher Konsistenzbedingungen bereits durch die Wahl des Datentyps bei der Anlage einer Tabelle erzwungen werden. Die meisten Konsistenzbedingungen müssen aber durch die Benutzerschnittstelle überprüft und sichergestellt werden.

9.4 Arbeitsschritt 9: Zugriffsanalyse

Erst nachdem die Datenbank im Echtbetrieb eingesetzt wird, beginnt man in der Regel mit der Optimierung der Datenzugriffe. Bevor aber die tatsächliche Zugriffsoptimierung (siehe Kapitel 9.5) durchgeführt werden kann, muss untersucht werden, welche Zugriffe sinnvollerweise zu optimieren sind. Dazu muss ermittelt werden, welche Zugriffe tatsächlich häufig erfolgen. Werden beispielsweise häufig Daten gelöscht und eingefügt oder wird lediglich auf bestehende Daten lesend zugegriffen? Gibt es Merkmale in einer Tabelle, die besonders häufig bei einer Abfrage benötigt werden? Derartige statistische Daten können mit **SQL-'Triggern'** erhoben und ausgewertet werden (siehe Kapitel 10.9). Die Untersuchung der Tabelle 'Mitarbeiter' könnte beispielsweise ergeben, dass häufig nur lesend auf diese Tabelle zugegriffen wird und dabei vorwiegend Abfragen auf das Merkmal 'Nachname' an das Datenbanksystem gestellt werden. Erst mit den Ergebnissen einer solchen Zugriffsanalyse kann eine Zugriffsoptimierung durchgeführt werden.

9.5 Arbeitsschritt 10: Zugriffsoptimierung

Bei der Zugriffsoptimierung geht es um die Frage, wie die Daten am geschicktesten auf der Festplatte zu organisieren sind, um einen möglichst schnellen Zugriff darauf zu gewährleisten. Bei jeder Organisationsform der  Daten müssen die drei Grundoperationen 'Einfügen', 'Löschen' und 'Lesen' von Daten gewährleistet werden. Je nachdem, welche dieser drei Operationen besonders häufig durchgeführt wird, ist die eine oder andere Datenorganisation sinnvoller. Daher bieten viele Datenbankmanagementsysteme die Möglichkeit individuell zu entscheiden, wie der Speicherzugriff auf die Daten organisiert werden soll. Zudem können zusätzliche Sekundärindizes vergeben werden, um Suchabfragen auf bestimmte Merkmale zu beschleunigen. Um in diesem Zusammenhang die richtigen Einstellungen und Entscheidungen vornehmen zu können, müssen zumindest die wesentlichen Grundideen der folgenden Speichermodelle kurz vorgestellt werden.

Speicherstruktur	Beschreibung	Kapitel
Heap-Datei	Einfache sequentielle Datei	9.5.1
Hash-Verfahren	Aufteilung in unsortierte Teilbereiche mit Hilfe der „Hash"-Funktion	9.5.2
ISAM	Sortierte Datei mit Indextabelle	9.5.3
B*-Baum	Zugriff über Indexdateien, die wiederum auf Indexdateien verweisen	9.5.4
Sekundärindex	Zusätzlicher B*-Baum zur Zugriffsoptimierung	9.5.5

Die Dateien werden in mehrere Blöcke fester Länge unterteilt. Die Blöcke wiederum enthalten die Datensätze. Zum leichteren Verständnis wird dieser Sachverhalt auf folgendes Beispiel übertragen:

Beispiel: Der Malwettbewerb
In Olsberg wird ein Malwettbewerb durchgeführt. Alle Kinder sind dazu aufgerufen ein Bild mit ihrem Namen zu versehen und beim Stadtbüro abzugeben. Nach  *Abschluss des Malwettbewerbs und der Festlegung der Sieger können die Kunstwerke wieder von den Kindern im Stadtbüro abgeholt werden. Für die Ausgabe der Bilder wurde eigens ein Raum zur Verfügung gestellt. In diesem Raum befinden sich viele kleine Tische, auf denen die Bilder ausgebreitet werden können. Auf jedem Tisch können bis zu drei Bilder abgelegt werden.*

Beispiel	übertragbare Bedeutung
Raum	Datei
Tische	Speicherblöcke
Bilder	Datensätze

Unter anderem haben an dem Malwettbewerb die folgenden 10 Kinder teilgenommen: Uwe, Ulrike, Anke, Sabine, Antonia, Marvin, Anton, Tobias, Udo, Torsten.

Frage:
„Wie kann die Rückgabe der Bilder am geschicktesten organisiert werden?"

9 DB-Entwurf

9.5.1 Heap-Datei

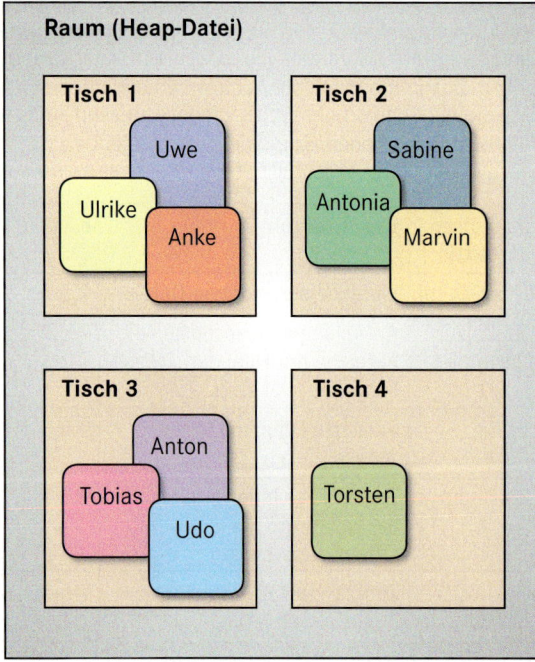

Heap-Datei
Bei einer Heap[1]-Datei werden die Datensätze unsortiert hintereinander (sequentiell) geschrieben.

In dem Beispiel würden die Tische also einfach hintereinander aufgestellt und die Zeichnungen darauf unsortiert ausgelegt.

Vorteil:
Das Auslegen der Zeichnungen ist sehr einfach.

Nachteil:
Wenn ein Kind seine Zeichnung abholen möchte, muss es alle Tische nacheinander absuchen bis es seine Zeichnung gefunden hat.

Fazit:
Die einfache Heap-Datei ist, da sie völlig unsortiert ist, für Abfrageoperationen extrem schlecht geeignet.

9.5.2 Hash-Verfahren

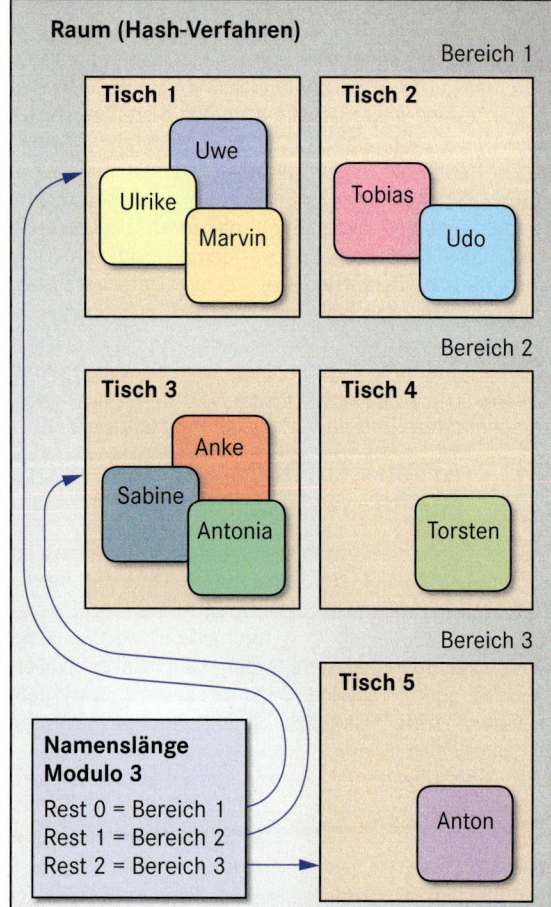

Hash-Verfahren
Bei dem Hash[1]-Verfahren werden die Datensätze unterschiedlichen Bereichen zugeordnet. Innerhalb der Bereiche sind die Datensätze wieder ungeordnet. Die Zuordnung der Datensätze zu den Bereichen erfolgt über eine Funktion (Hashfunktion).

In dem Beispiel könnte man Bereiche nach den Anfangsbuchstaben der Namen bilden. Alle Zeichnungen von Kindern, deren Namen mit demselben Buchstaben beginnen, würden demselben Bereich zugeordnet. Bei dieser Zuteilung würden viele sehr unterschiedlich gefüllte Bereiche entstehen. Dem Bereich für den Anfangsbuchstaben 'A' werden mit Sicherheit mehr Zeichnungen zugeordnet als dem Bereich für den Anfangsbuchstaben 'Y'. Eine gleichmäßige Verteilung auf Bereiche lässt sich somit nur mit einer anderen Zuteilungsvorschrift, genannt Hash-Funktion, erreichen.

---

1 Heap: engl. Haufen
to heap: engl. Aufhäufen

1 to hash: engl. Zerhacken

Die Güte des Hash-Verfahrens ist maßgeblich von der gewählten Hash-Funktion abhängig. Als sinnvolle Hash-Funktion wird häufig die Modulo[1]-Funktion verwendet, weil dabei die Anzahl an Bereichen genau bestimmt werden kann.

Sollen die Bilder möglichst gleichmäßig auf beispielsweise 3 Bereiche verteilt werden, so könnte der Bereich ermittelt werden, indem die Anzahl der Buchstaben eines Kindernamens Modulo 3 gerechnet den Bereich ergibt, in den das Bild hineingehört.

Doch auch dies ist nur ein Beispiel für eine Hash-Funktion und für die Kindernamen aus dem Beispiel keinesfalls optimal.

Berechnungsübersicht

Name	Buchstaben	Modulo 3	Bereich
Uwe	3	1 Rest 0	1
Ulrike	6	2 Rest 0	1
Anke	4	1 Rest 1	2
Sabine	7	2 Rest 1	2
Antonia	7	2 Rest 1	2
Marvin	6	2 Rest 0	1
Anton	5	1 Rest 2	3
Tobias	6	2 Rest 0	1
Udo	3	1 Rest 0	1
Torsten	7	2 Rest 1	2

Vorteil:
Das Auslegen der Zeichnungen ist immer noch einfach. Das Durchsuchen der Zeichnungen kann im Vergleich zur Heap-Datei im günstigsten Fall um einen Faktor, der gleich der Anzahl der Bereiche ist, verringert werden.

Nachteil:
Die einzelnen Bereiche müssen immer noch sequentiell durchsucht werden. Daher ist beispielsweise eine Ausgabe aller Bilder in alphabetischer Reihenfolge immer noch aufwändig.

Fazit:
Das Hash-Verfahren ermöglicht ein einfaches Einfügen von Datensätzen. Auch das Löschen und Lesen von Daten ist im Vergleich zur Heap-Datei deutlich schneller. Nachteilig ist, dass eine sortierte Ausgabe der Daten durch dieses Verfahren nicht unterstützt wird.

9.5.3 ISAM

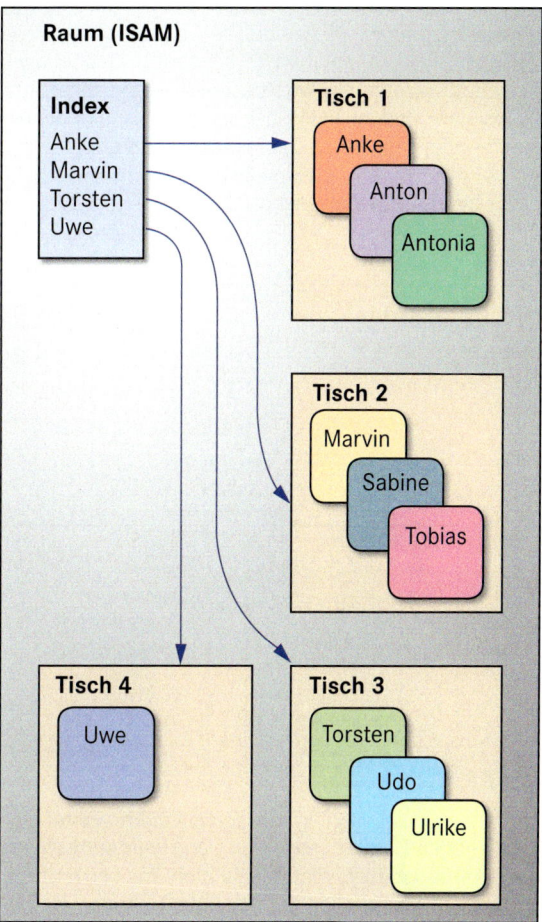

ISAM-Verfahren
Bei dem ISAM-Verfahren (**I**ndex **S**equential **A**ccess **M**ethod) wird neben der eigentlichen Datendatei, die die Datensätze in sortierter Reihenfolge enthält, eine weitere Datei, die so genannte **Index**-Datei angelegt und gepflegt. Diese Index-Datei ermöglicht einen beschleunigten Zugriff auf die Daten.

In dem Beispiel werden die Zeichnungen alphabetisch sortiert nach Namen auf den Tischen ausgelegt. Zusätzlich wird auf einem weiteren Zettel für jeden Tisch der alphabetisch erste Name notiert, um somit einen Index zum schnellen Aufsuchen des richtigen Tisches zu erhalten.

Vorteil:
Wenn ein Kind sein Bild abholen möchte, kann es zunächst mit Hilfe des Indexes den Tisch bestimmen, auf dem sich sein Bild befindet. Auf dem Tisch ist das Auffinden des Bildes durch die Sortierung ebenfalls sehr einfach.

---
[1] Die Modulo-Funktion liefert den Rest bei einer ganzzahligen Division. So liefert etwa 17 Modulo 3 = 2, da 17 = 5 × 3 + 2 ist. Bei einer Modulo 3 Rechnung kann es nur die Reste 0, 1 und 2 und damit auch nur 3 Bereiche geben.

9 DB-Entwurf

Nachteil:
Das Auslegen der Bilder ist wegen der Sortierung sehr aufwändig. Immer wieder müssen dabei leere Tische zwischen Tischen mit bereits sortierten Zeichnungen eingefügt werden, um weitere Zeichnungen einordnen zu können. Zudem muss der Index stets aktualisiert werden. Bei sehr vielen Datensätzen kann die Indexdatei so groß werden, dass selbst ein Nachschlagen im Index bereits aufwändig wird.

Fazit:
Durch die Sortierung der Datensätze und der Indexdatei wird das Lesen von Daten deutlich effizienter. Das Einfügen und Löschen von Daten wird hingegen deutlich aufwändiger, da eventuell neue Blöcke eingefügt werden müssen und auf jeden Fall die Indexdatei mitgepflegt werden muss.

9.5.4 B*-Baum

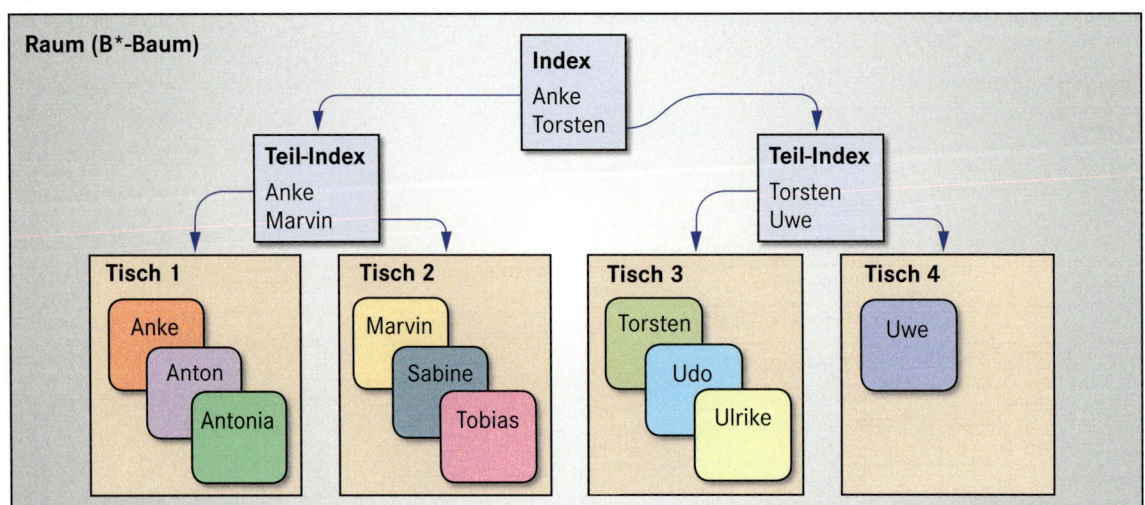

In dem Beispiel werden die Zeichnungen wieder sortiert auf den Tischen ausgelegt. Dann werden **mehrere** Teil-Indizes erzeugt, die jeweils mehrere benachbarte Tische umfassen. Hier der Teil-Index mit den Namen Anke und Marvin und der Teil-Index mit den Werten Torsten und Uwe. Die Anzahl der im Teil-Index zusammengefassten Werte ist nicht wie bei Binärbäumen auf zwei begrenzt. Über diese Teil-Indizes wird eine übergeordnete Indexdatei angelegt. Diese übergeordneten Indizes könnten ihrerseits wieder durch einen weiteren Index zusammengefasst werden usw. Durch diese Konstruktion entsteht eine baumartige Datenstruktur, die das Aufsuchen von Datensätzen durch Abfragen kleiner Indexdateien ermöglicht.

Vorteil:
Es entstehen keine „übergroßen" Indexdateien. Dadurch kann die Effizienz von lesenden Zugriffen nochmals gesteigert werden.

Nachteil:
Komplizierte Einfüge- und Löschoperationen, da der B*-Baum aktualisiert werden muss. Sämtliche Indexdateien müssen angepasst und im schlimmsten Fall muss sogar der gesamte Indexbaum umgebaut werden.

Fazit:
Optimale Lösung für Anwendungen mit überwiegend lesendem Zugriff, die auch für die Erstellung eines Sekundärindex (siehe Kapitel 9.5.5) genutzt werden kann.

Baumartige Struktur

Betrachtet man die Indexdateien des ISAM-Verfahrens wiederum als Datensätze, so kann zu diesen Datensätzen wiederum eine Indexdatei generiert werden. Durch diese Verschachtelung von Indexdateien kommt man zu einer baumartigen Struktur.

Merkmale eines B*-Baumes:

- Jeder Knoten des Baumes kann mehrere Kindknoten haben (Mehrwegbaum).[1]
- Der Baum ist ausgeglichen (balancierter Baum).[2]
- Die Knoten enthalten nur Verweise und nicht die eigentlichen Daten.[3]

---

[1] Im Gegensatz dazu besitzen Knoten von Binärbäumen maximal zwei Kindknoten.

[2] Das bedeutet, dass der Weg von der Wurzel des Baumes bis zu den Blättern fast immer gleichlang sein muss. Dieser Eigenschaft (balanciert) verdanken diese Bäume auch das vorangestellte B.

[3] Diese Eigenschaft von B*-Bäumen macht den Unterschied zu normalen B-Bäumen aus.

Teil 2: Informationen

9 DB-Entwurf

9.5.5 Sekundärindex

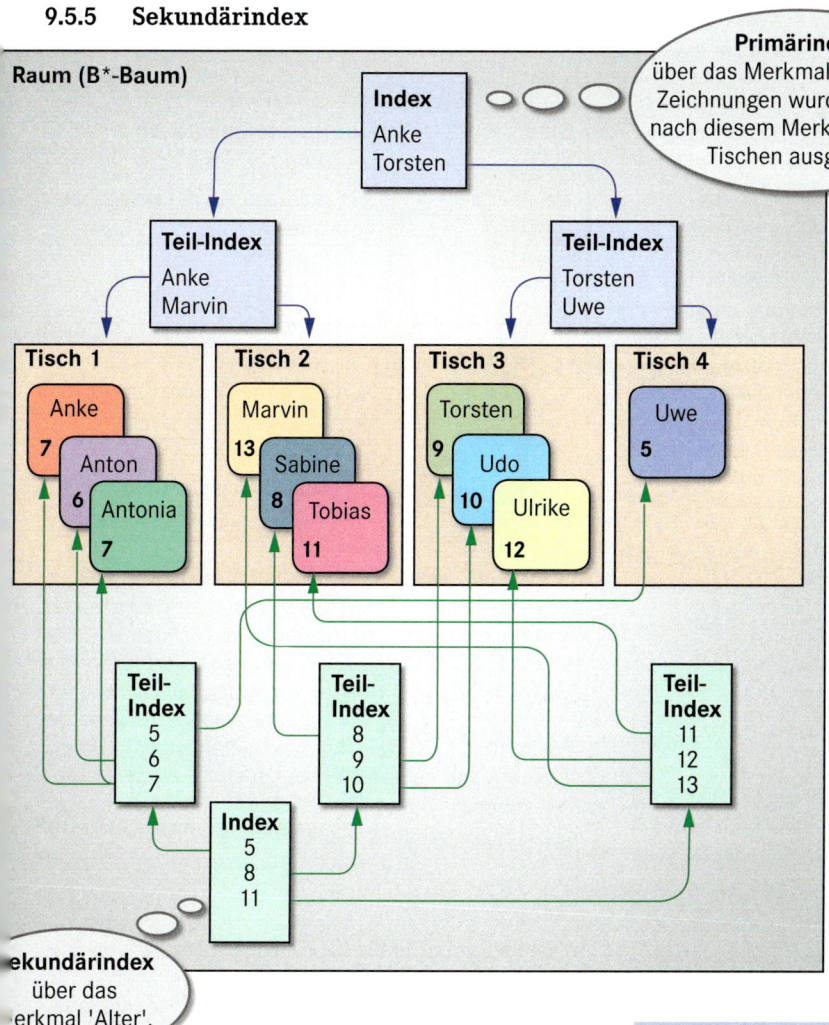

In allen vorangegangenen Beispielen ist nur das eine Merkmal 'Name' betrachtet worden. Auf den Zeichnungen soll nun als weiteres Merkmal das 'Alter' der Kinder vermerkt werden, um so eine sinnvolle Einschätzung der erbrachten Leistung zu ermöglichen. Die tatsächliche Sortierung der Zeichnungen nach dem Primärindex 'Name' führt dazu, dass die Kunstwerke bezogen auf die Altersangabe völlig unsortiert über die Tische verteilt sind. Wenn die Zeichnung des jüngsten Wettbewerbteilnehmers gesucht werden sollte, nutzt die Sortierung und der evtl. angelegte B*-Baum für den Primärindex 'Name' gar nichts. In solchen Fällen kann ein so genannter Sekundärindex auf das weitere Merkmal 'Alter' vergeben werden. Dieser Sekundärindex wird ebenfalls durch einen B*-Baum realisiert (hier als Mehrwegbaum mit jeweils drei Kindknoten).

Die Kinder haben folgendes Alter:

Name	Alter
Uwe	5
Ulrike	12
Anke	7
Sabine	8
Antonia	7
Marvin	13
Anton	6
Tobias	11
Udo	10
Torsten	9

Sekundärindex
Ein Sekundärindex ist ein Index (beispielsweise ein B*-Baum) über ein zusätzliches Merkmal.

Vorteil:
Die Effizienz von lesenden Zugriffen bezüglich des zusätzlichen Merkmals kann erheblich gesteigert werden. Der Primärindex bleibt unverändert.

Nachteil:
Einfüge- und Löschoperationen werden nochmals komplizierter, da mehrere Indizes angepasst werden müssen.

Fazit:
Optimale Lösung zur Beschleunigung von lesenden Zugriffen auf beliebige weitere Merkmale. Der Primärindex bleibt davon unbeeinflusst.

12.9.4

103

9 DB-Entwurf

9.5.6 Die Qual der Wahl

Nachdem durch die Zugriffsanalyse festgestellt wurde, auf welche Art und wie häufig auf bestimmte Daten zugegriffen wird, kann die Zugriffszeit auf Daten der Datenbank erheblich verbessert werden, wenn die richtige Datenorganisation verwendet wird. Die Bewertung der Speicherstrukturen kann dabei je nach der Art der Operation sehr unterschiedlich ausfallen. Beispielsweise ist das Einfügen neuer Datensätze in einen 'Heap-File' sehr einfach, während ein 'B*-Baum' durch das Einfügen eines neuen Datensatzes evtl. komplett umorganisiert werden muss. Umgekehrt sieht es bei dem lesenden Zugriff aus! In dem unsortierten 'Heap-File' ist ein Datensatz nur durch sequentielles Durchsuchen wieder zu finden, während man bei einem 'B*-Baum' mit Hilfe der unterschiedlichen Indexdateien einen sehr schnellen und gezielten Zugriff auf die abgelegten Daten hat.

Eignung der Speicherstrukturen für Lese- und Einfügeoperationen

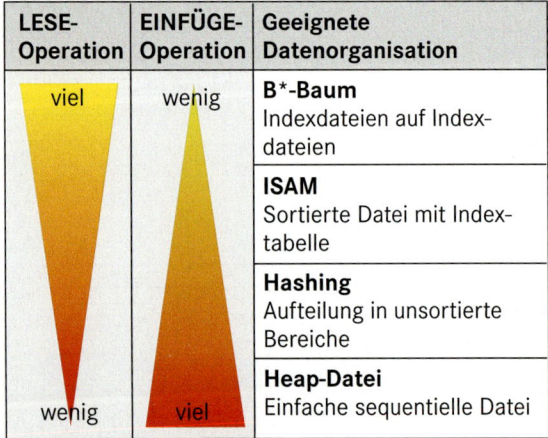

LESE-Operation	EINFÜGE-Operation	Geeignete Datenorganisation
viel	wenig	**B*-Baum** Indexdateien auf Indexdateien
		ISAM Sortierte Datei mit Indextabelle
		Hashing Aufteilung in unsortierte Bereiche
wenig	viel	**Heap-Datei** Einfache sequentielle Datei

Diese Grafik zeigt, dass bei Datenbankanwendungen, bei denen mit sehr wenigen Leseoperationen aber extrem vielen Einfügeoperationen zu rechnen ist, eine einfache Heap-Datei oder ein Hash-Verfahren die geeignete Speicherstruktur zur Ablage der Daten ist. Dem gegenüber stehen Datenbankanwendungen, die basierend auf relativ konstanten Daten, ständig Datenbankabfragen auswerten müssen. Bei derartigen Anwendungen mit vielen lesenden- aber nur wenigen schreibenden Datenbankzugriffen sind Datenstrukturen wie ISAM oder B*-Bäume vorzuziehen.

> **Anmerkung**
>
> Die Speicherstruktur kann häufig mit Hilfe von SQL bei der Anlage von Tabellen angegeben werden. Bei dem RDBMS MySQL wird ISAM als Standardspeicherstruktur für Tabellen verwendet. Auch die Datenstruktur des Sekundärindex kann über SQL bei der Erstellung des Index festgelegt werden (siehe Kapitel 10.8.3).

Speicherstrukturen

Heap-Datei
Bei einer Heap-Datei werden die Datensätze unsortiert hintereinander (sequentiell) geschrieben.

Hash-Verfahren
Bei dem Hash-Verfahren werden die Datensätze unterschiedlichen Bereichen zugeordnet. Innerhalb der Bereiche sind die Datensätze wieder ungeordnet. Die Zuordnung der Datensätze zu den Bereichen erfolgt über eine Funktion (Hashfunktion).

ISAM-Verfahren
Bei dem ISAM-Verfahren (**I**ndex **S**equential **A**ccess **M**ethod) wird neben der eigentlichen Datendatei, die die Datensätze in sortierter Reihenfolge enthält, eine weitere Datei, die so genannte **Index**-Datei gepflegt. Diese Indexdatei ermöglicht einen beschleunigten Zugriff auf die Daten.

Baumartige Struktur
Betrachtet man die Indexdateien des ISAM-Verfahrens als Datensätze, so kann zu diesen Datensätzen wiederum eine Indexdatei generiert werden. Durch diese Verschachtelung von Indexdateien kommt man zu einer baumartigen Struktur.

Merkmale eines B*-Baumes
- Jeder Knoten des Baumes kann mehrere Kindknoten haben (Mehrwegbaum).
- Der Baum ist ausgeglichen (balancierter Baum).
- Die Knoten enthalten nur Verweise und nicht die eigentlichen Daten.

Sekundärindex
Ein Sekundärindex ist ein Index (beispielsweise ein B*-Baum) über ein zusätzliches Merkmal.

10 SQL

Bisher wurde ausschließlich der Datenbankentwurf und das Datenbankentwurfskonzept vorgestellt. Doch es wird auch ein Werkzeug benötigt, das es erlaubt,

- eine Datenbank anzulegen,
- Tabellen einzurichten, zu verändern und zu löschen,
- Datensätze zu suchen, zu manipulieren und zu löschen,
- komplette Datenbanken zu sichern und zu verwalten sowie
- Datenbankbenutzer und deren Zugriffsrechte auf Datenbanken, Tabellen oder Tabellenspalten einzurichten und zu verwalten.

SQL ist eine Datenmanipulations- und -abfragesprache, mit der diese Aufgaben durchgeführt werden können. Im Kapitel 13 findet sich eine SQL-Befehlsübersicht.

10.1 Grundlagen

Die Abkürzung SQL steht für **S**tructured **Q**uery **L**anguage und stellt die Schnittstelle vom Benutzer oder vom Anwendungsprogramm zur Datenbank dar. Am anschaulichsten lässt sich SQL wie folgt umschreiben.

> **SQL (Structured Query Language)**
> ist eine Datenmanipulations- und -abfragesprache.

10.1.1 Eigenschaften von SQL

Zu den wichtigsten Eigenschaften von SQL gehören:

- **Wesentlicher Bestandteil eines RDBMS**
  Per Definition gehört SQL als wesentlicher Bestandteil zu jedem RDBMS (Relationalen Datenbankmanagementsystem). Dies unterstreicht die Bedeutung von SQL. Einmal im Umgang mit SQL erworbenes Wissen kann auf beliebige RDBMS angewendet bzw. übertragen werden.

- **Mengenorientiert**
  SQL liefert als Ergebnis einer Abfrage in der Regel eine Menge von Datensätzen zurück. Für die Datensätze können unterschiedlichste Bedingungen und Kriterien definiert werden.

- **Deskriptiv (beschreibend)**
  SQL ist eine deskriptive, also eine beschreibende Sprache. Es werden in SQL Beschreibungen der gewünschten Ergebnismenge in computerlesbarer Form formuliert.

10.1.2 Erstes Beispiel

An einem ersten Beispiel lassen sich die wesentlichen SQL-Eigenschaften nachvollziehen. Gegeben sei die Tabelle 'Schüler' mit folgenden Daten.

Schüler

ID_Schüler	Nachname	Vorname	PLZ	Ort
1	Ernst	Uwe	51111	Köln
2	Müller	Kai	89077	Ulm
3	Specht	Eva	11111	Berlin
4	Ulrich	Lothar	51112	Köln

Soll ermittelt werden, welche Schüler aus Köln kommen, dann könnte diese Anfrage folgendermaßen gestellt und präzisiert werden.

> Suche mir alle Nachnamen und Vornamen von Schülern heraus, die in der Stadt Köln wohnen.

Präziser und immer noch gut verständlich, könnte man auch sagen.

> Selektiere die Merkmale 'Nachname' und 'Vorname' aus der Tabelle 'Schüler', wobei der Wohnort 'Köln' ist.

Die Übersetzung dieser konkreteren Formulierung ins Englische, ergibt die zugehörige SQL-Anweisung.

Umgangssprachlich	SQL
Selektiere die Merkmale 'Nachname' und 'Vorname'	SELECT Nachname, Vorname
aus der Tabelle 'Schüler'	FROM Schüler
wobei der Wohnort 'Köln' ist	WHERE Ort = 'Köln'

Der SQL-Befehl entspricht somit einer formalisierten, aber leicht verständlichen Beschreibung der angeforderten Datensätze.

> Nenne die Nachnamen und Vornamen aller Schüler, die aus Köln kommen.
> ```
> SELECT   Nachname, Vorname
> FROM     Schüler
> WHERE    Ort = 'Köln';
> ```

Die Abfrage würde, bezogen auf die obige Beispieltabelle 'Schüler', die nebenstehenden zwei Datensätze als Ergebnismenge (daher mengenorientiert) zurückliefern.

Ergebnismenge

Nachname	Vorname
Ernst	Uwe
Ulrich	Lothar

10.1.3 Aufgaben von SQL

SQL erfüllt nicht nur die Aufgabe Daten aus einer Datenbank mit Hilfe von Abfragen bereitzustellen, sondern kann auch für unterschiedlichste administrative Tätigkeiten verwendet werden. Die folgende Tabelle vermittelt einen Überblick über die unterschiedlichen Funktionen und verweist zudem auf die Kapitel, in denen genauer auf die jeweilige Funktionalität eingegangen wird.

Objekt	Aufgabe	Kapitel
Datenbanken	anlegen, modifizieren, löschen	10.2.1
	exportieren, importieren, sichern	
Tabellen	anlegen, modifizieren, löschen	10.2.3
	exportieren, importieren, sichern	
Benutzer	anlegen, verwalten, löschen	10.3
Zugriffsrechte	erteilen, verwalten, entziehen	10.3.1
Daten	eingeben, ändern, löschen	10.4
	ausgeben	10.5
	verknüpfen	10.6
	ordnen, sortieren	10.8.1
	gruppieren	10.8.2
	kombinieren	10.8.3
Unterabfragen	anlegen, modifizieren, löschen	10.7.1/3
Sichten (Views)	anlegen, modifizieren, löschen	10.7.5
Trigger	erstellen, löschen	10.9.1
Transaktionen	starten, abbrechen, beenden	10.9.2
Index	erstellen, anzeigen, löschen	10.9.3
Prozeduren Funktionen	erstellen, aufrufen, verändern, löschen	10.10

10.1.4 SQL-Dialekte

Trotz aller Bemühungen SQL zu standardisieren, haben sich unterschiedliche, leicht voneinander abweichende Sprachdialekte herausgebildet, da viele Hersteller bei der Umsetzung von SQL eigene Besonderheiten und Erweiterungen hinzugefügt haben. Diese herstellerspezifischen Unterschiede werden bei den verwendeten Datumsformaten und Datumsfunktionen besonders deutlich. Auch bei dem realisierten Funktionsumfang gibt es erhebliche Abweichungen. So setzen einige Datenbanksysteme nicht alle SQL-Befehle um. Gerade SQL-Anweisungen zum Anlegen und Verändern der Datenbankstruktur oder aufwändigere Konzepte wie das Transaktionskonzept, gespeicherte Prozeduren und Funktionen oder auch die Rechteverwaltung werden bei einfachen Datenbanksystemen unvollständig, unzureichend oder gar nicht in SQL realisiert.

10.1.5 MySQL

MySQL ist ein frei verfügbares RDBMS (Relationales Datenbankmanagementsystem), das als serverbasiertes System einen vergleichsweise großen SQL-Befehlssatz realisiert. MySQL ist als Datenbasis integraler Bestandteil von LAMP[1]-, WAMP[2]- und XAMPP[3]-basierten Anwendungen.

Gründe für MySQL

Aufgrund der folgenden drei wesentlichen Gründe

- freie Verfügbarkeit
- umfangreicher SQL-Befehlssatz
- weite Verbreitung

wird in den Beispielen hier die MySQL-Syntax verwendet.

Abweichungen in anderen Systemen

Trotz dieser Anlehnung an die MySQL-Notation sind die meisten Beispiele insbesondere die SELECT-Anweisungen in der Regel problemlos auf andere RDBMS übertragbar. Folgende Einschränkungen sind möglich.

Datumsformat

MySQL verwendet standardmäßig das Datumsformat jjjj-mm-tt, also 2012-01-31 für den 31. Januar 2012. Dieses Format hat den Vorteil, dass Sortierungen nach dem Datum sehr einfach sind, da bei lexikographischer[4] Sortierung automatisch das älteste Datum das erste Datum der Sortierung ist. Das Datumsformat kann und wird von dem Standarddatumsformat anderer Systeme abweichen. Gegebenenfalls muss entweder ein anderes Datumsformat auf dem System eingestellt oder die Datumsformate in den SQL-Abfragen entsprechend angepasst werden.

Funktionsumfang

Einige Funktionen, und hier insbesondere einige Datumsfunktionen, sind herstellerspezifisch. Deren Syntax muss gegebenenfalls angepasst werden. Von einfachen Datenbanksystemen wird meist nur ein geringerer Teil des SQL-Befehlssatzes umgesetzt. Diese Einschränkung betrifft besonders den Teil der SQL-Funktionen, die zum Verändern und Manipulieren der Datenbankstruktur verwendet werden.

---

[1] LAMP steht für Linux, Apache, MySql und PHP, also für einen Apache-Webserver, der auf dem Betriebssystem Linux läuft und über die Skriptsprache PHP den Zugriff auf eine MySQL-Datenbank ermöglicht.
[2] Entspricht einem LAMP-System auf der Basis von Windows.
[3] Entspricht einem LAMP / WAMP-System, integriert neben PHP aber auch noch die Skriptsprache Perl.
[4] Von lexikographischer Sortierung spricht man, wenn die Sortierung nach den einzelnen Zeichen von vorn nach hinten erfolgt. Diese Sortierung wird beispielsweise bei der alphabetischen Einsortierung von Wörtern in ein Lexikon oder Wörterbuch verwendet. Nach lexikografischer Ordnung liegt der Wert '1999' vor '22', da das erste Zeichen '1' der ersten Zahl kleiner ist als das erste Zeichen '2' der zweiten Zahl.

10.1.6 SQL-Werkzeug phpMyAdmin

Die Hersteller von Datenbanksystemen stellen die unterschiedlichsten grafischen Tools zur Verfügung, mit denen Datenbanken verwaltet und Abfragen generiert werden können. Häufig erzeugen diese graphischen Hilfsmittel und Generatoren lediglich SQL-Befehle, die dann an das Datenbanksystem übertragen und ausgeführt werden. Ein weit verbreitetes webbasiertes Vewaltungstool für MySQL-Datenbanken ist das in PHP geschriebene „phpMyAdmin", das die Administration der MySQL-Datenbanken erheblich erleichtert. Damit können unter anderem Datenbanken, Datenbankbenutzer, Tabellen und Datensätze angelegt, modifiziert und gelöscht werden. Die für die jeweilige Aufgabe benötigte SQL-Anweisung wird automatisch generiert, dem Benutzer angezeigt und auf der MySQL-Datenbank ausgeführt. Die aktuelle phpMyAdmin-Version kann unter www.phpmyadmin.net kostenlos heruntergeladen werden und ist im XAMPP bereits enthalten.

10.1.7 QBE (Query By Example)

QBE (**Q**uery **B**y **E**xample: 'Abfragen mit Hilfe von Beispielen') ist eine in den frühen 1970er Jahren von Moshé M. Zloof bei IBM entwickelte Abfragesprache. Sie ist eine der ersten graphischen Abfragesprachen.
Abfragen werden hierbei definiert, indem in vorgegebenen leeren Tabellenrümpfen vom Anwender die Abfragekriterien formuliert werden. Sollen etwa alle Schüler mit dem Nachnamen 'Müller' aus der Tabelle 'Schüler' ermittelt werden, würde diese Abfrage in QBE auf der leeren Beispieltabelle 'Schüler' folgendermaßen eingegeben.

Schüler

ID_Schüler	Nachname	Vorname	PLZ	Ort
	Müller			

Ausgehend von der Schülertabelle aus Kapitel 10.1.2 würde diese Abfrage dann den Datensatz

2	Müller	Kai	89077	Ulm

als Ergebnismenge zurückliefern. Aber auch QBE nutzt im Hintergrund SQL. Die Abfrage wird nämlich nicht direkt auf der Datenbank ausgeführt, sondern zunächst in SQL übersetzt.

```
SELECT    *
FROM      Schüler
WHERE     Nachname = 'Müller';
```

Erst diese übersetzte SQL-Anweisung wird dann auf der Datenbank ausgeführt. QBE bietet somit die Möglichkeit SQL-Anweisungen einfacher und effizienter zu erstellen. Dies kann gerade für Anwender, die nur gelegentlich Abfragen auf einer relationalen Datenbank erzeugen, interessant sein.

Doch QBE hat auch einige Nachteile.

Nachteile

- Die Abfragen werden, gerade wenn mehrere Tabellen daran beteiligt sind und viele Merkmale angezeigt werden sollen, schnell unübersichtlich.
- Es wird nicht der gesamte Funktionsumfang von SQL in QBE abgebildet, so dass man in Ausnahmefällen ohnehin auf SQL zurückgreifen muss.
  - So sind UNION-Abfragen (siehe Kapitel 10.8.3) beispielsweise nicht möglich.
  - Zudem ist QBE nicht zum Anlegen und Modifizieren von Datenbanken und Tabellenschemata und zum Verwalten von Benutzern und deren Rechten geeignet.
- Für Webanwendungen oder ODBC[1]-/JDBC-Anbindungen gibt es kein QBE, sondern lediglich eine SQL-Schnittstelle.

Trotz dieser Nachteile findet man QBE bei vielen Anbietern von Datenbanksystemen, allerdings oft in mehr oder weniger abgewandelter Form, wieder. Aufgrund der Nachteile, aber auch wegen der Tatsache, dass die Handhabung der verschiedenen QBE-Tools sehr unterschiedlich ist, wird in diesem Buch nur die mächtigere und universell einsetzbare SQL-Schnittstelle vorgestellt. Im Gegensatz zu QBE kann SQL für alle Datenbankanwendungen (ob Webbasiert oder von einer höheren Programmiersprache aus) verwendet werden.

10.1.8 SQL-Befehlsdateien

Serverbasierte RDMBS nutzen SQL häufig auch zum Export ganzer Datenbanken (oder auch einzelner Tabellen). Dabei wird eine Datei angelegt, in der alle SQL-Befehle aufgelistet werden, die zum Wiederherstellen der gesamten Datenbank notwendig sind. Die einzelnen SQL-Anweisungen werden durch ein Semikolon voneinander getrennt.
Das Anlegen solcher SQL-Befehls-Dateien ist allerdings bei einfachen clientseitigen Systemen in der Regel nicht möglich. Microsoft Access beispielsweise erlaubt es nicht einmal mehrere SQL-Abfragen, durch Semikolon getrennt, in einem Arbeitsschritt auszuführen. Hier muss für jedes einzelne SQL-Statement auch eine eigene Abfrage generiert und abgespeichert werden.

---

[1] ODBC steht für **Open Database Connectivity** und ist eine Datenbankschnittstelle, die von höheren Programmiersprachen aus verwendet werden kann, um eine Verbindung zur Datenbank aufzubauen. JDBC entspricht der ODBC-Schnittstelle für die höhere Programmiersprache JAVA.

10.2 DB- und Tabellenstruktur

In diesem Kapitel werden die wesentlichen Befehle zur Erzeugung und Manipulation der Datenbank- und Tabellenstruktur vorgestellt.

10.2.1 Datenbankstruktur

Ganze Datenbanken können in MySQL mit zwei einfachen Befehlen erzeugt und gelöscht werden.

Datenbank erzeugen

Erzeuge die Datenbank 'Schule'.
`CREATE DATABASE Schule;`

Datenbank löschen

Lösche die Datenbank 'Schule'.
`DROP DATABASE Schule;`

10.2.2 Datentypen

Bei der Definition der Merkmale einer Tabelle können die unterschiedlichsten Datentypen verwendet werden. Die folgende Auflistung stellt nur eine unvollständige Auswahl der möglichen Datentypen dar.

Ganzzahlige Datentypen

Datentyp	Beschreibung
TINYINT	Größe: 1 Byte (sehr kleiner Integer) Bereich: -128 und 127
SMALLINT	Größe: 2 Byte (kleiner Integer) Bereich: -32768 und 32767
MEDIUMINT	Größe: 3 Byte (mittelgroßer Integer) Bereich: -8388608 und 8388607
INTEGER (INT)	Größe: 4 Byte (Integer normaler Größe) Bereich: -2147483648 und 2147483647
BIGINT	Größe: 8 Byte (großer Integer) Bereich: -9223372036854775808 und 9223372036854775807.

Fließkommazahlen

Datentyp	Beschreibung
FLOAT	Kleine Fließkommazahl mit einfacher Genauigkeit Genauigkeit: ca. 7 Dezimalstellen
DOUBLE	Fließkommazahl normaler Größe mit doppelter Genauigkeit Genauigkeit: ca. 15 Dezimalstellen
DECIMAL	Gepackte „exakte" Festkommazahl

Datum-/Zeit-Datentypen

Datentyp	Beschreibung
DATE	Datum. Format 'YYYY-MM-DD'
TIME	Zeitangabe. Format 'HH:MM:SS'
TIMESTAMP	Zeitstempel. (Aktuelle Systemzeit) Format 'YYYY-MM-DD HH:MM:SS'
DATETIME	Kombination aus Datum und Uhrzeit. Format 'YYYY-MM-DD HH:MM:SS'
YEAR	Jahr. Format 'YYYY'

Zeichenketten/Binäre Datentypen

Datentyp		Beschreibung
Zeichen	Binär	
CHAR	BINARY	Zeichenkette/Bytefolge
VARCHAR	VARBINARY	Zeichenkette/Bytefolge
TINYTEXT	TINYBLOB	Kurzer Text/Bytefolge
TEXT	BLOB	Normaler Text/Bytefolge
MEDIUMTEXT	MEDIUMBLOB	Mittlerer Text/Bytefolge
LONGTEXT	LONGBLOB	Langer Text/Bytefolge

Die binären Datentypen enthalten byte- statt zeichenbasierte Strings. Bei CHAR und VARCHAR werden Maximalwerte angegeben. Beim Datentyp CHAR wird der String auf diese Länge mit Leerzeichen aufgefüllt (BINARY und VARBINARY analog).

Aufzählung/Mengen

Datentyp	Beschreibung			
ENUM	Definition einer Liste zulässiger Werte. **ENUM ('eins', 'zwei', 'drei')** definiert eine Spalte, die jeden der nachfolgenden Werte annehmen kann. Auch die Indizes der einzelnen Werte werden angezeigt:			
	Wert	Index		
	NULL	NULL		
	'' (leerer String)	0		
	'eins'	1		
	'zwei'	2		
	'drei'	3		
SET	Definition einer Menge zulässiger Werte. **SET ('eins', 'zwei')** definiert eine Spalte, die folgende Werte annehmen kann.			
	Werte			
	''	'eins'	'zwei'	'eins, zwei'

10.2.3 Tabellenstruktur

Tabelle erzeugen

Erzeuge die Tabelle 'Schüler' mit folgendem Aufbau.

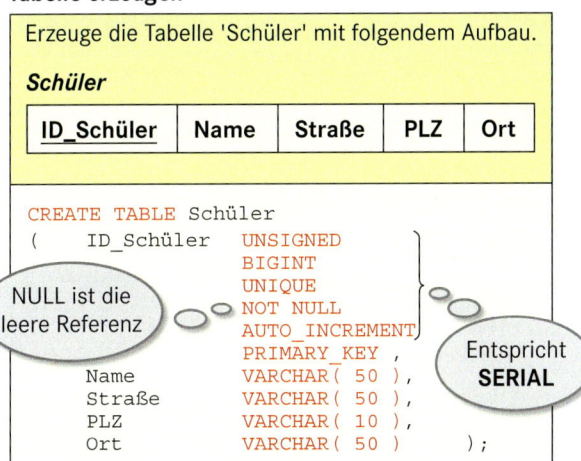

```
CREATE TABLE Schüler
(    ID_Schüler    UNSIGNED
                   BIGINT
                   UNIQUE
                   NOT NULL
                   AUTO_INCREMENT
                   PRIMARY KEY ,
     Name          VARCHAR( 50 ),
     Straße        VARCHAR( 50 ),
     PLZ           VARCHAR( 10 ),
     Ort           VARCHAR( 50 )     );
```

- UNSIGNED   Vorzeichenlose Zahl
- BIGINT   Datentyp: große Integerzahlen
- UNIQUE   keine doppelten Werte möglich
- NOT NULL   keine leeren Datenfelder
- AUTO_INCREMENT   erzeugt eine fortlaufende automatische Durchnummerierung
- PRIMARY KEY   definiert Tabellenschlüssel
- VARCHAR   Datentyp: Texte fester Länge

Das Schlüsselwort **SERIAL** ist gleichbedeutend mit:
   BIGINT, UNSIGNED, NOT NULL
   AUTO_INCREMENT, UNIQUE
und wird daher in der Regel als Datentyp für Schlüsselmerkmale verwendet.
Soll ein Primärschlüssel über mehrere Merkmale festgelegt werden, dann muss ein eigenständiger Eintrag
   PRIMARY KEY (Merkmal1, Merkmal2)
der Tabellendefinition hinzugefügt werden.

Tabelle umbenennen

Nenne die Tabelle 'Schüler' in 'Schueler' um.

```
RENAME TABLE Schüler TO Schueler;
```

Tabellenspalte hinzufügen

Füge das Merkmal 'Hausnummer' vom Typ INT nach dem Merkmal 'Straße' in die Tabelle ein.

```
ALTER TABLE Schueler
ADD Hausnummer INT
AFTER Straße;
```

Tabellenspalte modifizieren

Ändere den Datentyp des Merkmals 'Hausnummer' in 'VARCHAR(5)' um.

```
ALTER TABLE Schueler
MODIFY Hausnummer VARCHAR( 5 );
```

Tabellenspalte umbenennen

Benenne das Merkmal 'Hausnummer' in 'Nummer' um.

```
ALTER TABLE Schueler
CHANGE Hausnummer Nummer VARCHAR ( 5 );
```

Tabellenspalte löschen

Lösche die Spalte 'Nummer'.

```
ALTER TABLE Schueler DROP Nummer;
```

Tabelle löschen

Lösche die Tabelle 'Schueler'.

```
DROP TABLE Schueler;
```

Speicherstruktur festlegen

Eine bestimmte Speicherstruktur kann für eine Tabelle über das Schlüsselwort ENGINE festgelegt werden.

Erzeuge die Tabelle 'Schüler' unter Verwendung der Speicherstruktur ISAM.

```
CREATE TABLE Schüler
(    ID_Schüler    SERIAL
                   PRIMARY KEY ,
     Name          VARCHAR( 50 ),
     Straße        VARCHAR( 50 ),
     PLZ           VARCHAR( 10 ),
     Ort           VARCHAR( 50 )
) ENGINE = MYISAM;
```

12.10.1

10.3 Benutzerverwaltung

Mit den folgenden Befehlen können Benutzer angelegt und gelöscht und deren Passwörter eingestellt werden. Dadurch kann der Zugriff des Benutzers auf seine eigene Datenbank eingeschränkt werden. Diese Befehle kann man natürlich nur dann anwenden, wenn man selbst die dafür notwendigen Berechtigungen besitzt.

Benutzer anlegen

Lege den Benutzer 'willi' an.

```
CREATE USER  willi;
```

Lege den Benutzer 'walter' an
und lege für ihn das Passwort '123' fest.

```
CREATE USER walter IDENTIFIED BY '123';
```

Benutzer-Passwort einstellen

Ändere für den Benutzer 'willi'
das Passwort auf '456'.

```
SET PASSWORD FOR willi = PASSWORD('456');
```

Benutzer löschen

Lösche den Benutzer 'walter'.

```
DROP USER  walter;
```

10 SQL

10.3.1 Zugriffsrechte

Die Rechte können benutzerbezogen auf unterschiedlichen Ebenen mit dem Befehl GRANT erteilt und mit dem Befehl REVOKE wieder entzogen werden.

Zugriffsebenen
- Globale Ebene: Globale Berechtigungen gelten für alle Datenbanken auf einem Datenbankserver.
- Datenbankebene: Datenbankberechtigungen gelten für alle Objekte in einer bestimmten Datenbank.
- Tabellenebene: Tabellenberechtigungen gelten für alle Spalten einer Tabelle.
- Spaltenebene: Spaltenberechtigungen gelten für einzelne Spalten einer Tabelle.

Rechte gewähren

Gewähre dem Benutzer 'willi' lediglich das Recht in der Spalte 'Name' der Tabelle 'Schueler' in der Datenbank 'Schule' die Schülernamen zu verändern.
`GRANT UPDATE (Name) ON Schule.Schueler` `TO 'willi'@'localhost';`
Hinweis: Mit 'localhost' wird der eigene, der lokale Rechner bezeichnet. Durch die Angabe 'willi'@'localhost' wird dem Benutzer Willi des lokalen Systems der entsprechende Zugriff eingeräumt.
Gewähre dem Benutzer 'willi' das Recht SELECT-Abfragen auf der Tabelle 'Schueler' in der Datenbank 'Schule' auszuführen.
`GRANT SELECT ON Schule.Schueler` `TO 'willi'@'localhost';`
Gewähre dem Benutzer 'willi' das Recht Daten in alle Tabellen der Datenbank 'Schule' einzufügen und diese zu verändern.
`GRANT INSERT, UPDATE ON Schule.*` `TO 'willi'@'localhost';`

Rechte entziehen

Entziehe dem Benutzer 'willi' lediglich das Recht in der Spalte 'Name' der Tabelle 'Schueler' der Datenbank 'Schule' die Schülernamen zu verändern.
`REVOKE UPDATE (Name) ON Schule.Schueler` `FROM 'willi'@'localhost';`
Entziehe dem Benutzer 'willi' das Recht Daten in alle Tabellen der Datenbank 'Schule' einzufügen und diese zu verändern.
`REVOKE INSERT, UPDATE ON Schule.*` `FROM 'willi'@'localhost';`
Entziehe dem Benutzer 'willi' alle Rechte auf die Schülertabelle in der Datenbank 'Schule'.
`REVOKE ALL PRIVILEGES ON Schule.Schueler` `FROM 'willi'@'localhost';`

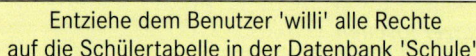

12.10.2

10.4 Datenmanipulation

Nachdem eine Datenbank mitsamt deren Tabellen erstellt, Datenbank-Benutzer angelegt und die entsprechenden Zugriffsrechte zugewiesen worden sind, können nun Daten in die Tabellen eingefügt werden. Wie mit Hilfe von SQL Daten in Tabellen eingefügt, verändert oder gelöscht werden können, zeigt dieses Kapitel.

Daten einfügen

Füge den Datensatz des Schülers 'Müller' in die Tabelle 'Schueler' ein. (Die Werte aller Merkmale sind bekannt)				
3	Müller	Kleinweg	59759	Arnsberg

`INSERT INTO Schueler`
`VALUES( '3', 'Müller', 'Kleinweg',`
`        '59759', 'Arnsberg'          );`					

Füge den Schüler 'Schulte' in die Tabelle 'Schueler' ein. (Es ist lediglich der Name und die PLZ des Schülers bekannt! Die Werte der anderen Tabellenmerkmale nicht!)
`INSERT INTO Schueler (Name, PLZ)` `VALUES ('Schulte', '15645');`
Füge die folgenden zwei unvollständigen Schülerdatensätze ebenfalls in die Tabelle 'Schueler' ein: 'Müller', '23456' und 'Meier', '81234'.

`INSERT INTO Schueler (Name, PLZ)`
`VALUES ('Müller', '23456'),`
`       ('Meier', '81234');`

Anmerkung

Daten können auch mit Hilfe von Abfragen in eine Tabelle eingefügt werden (siehe Kapitel 10.7.4).

Daten manipulieren

Ändere den Namen des Schülers mit der ID-Nummer '1' auf 'Meier' um.

`UPDATE Schueler`
`SET    Name = 'Meier'`
`WHERE  ID_Schueler = '1';`

Lösche die Namen und den Straßennamen bei allen Schülern aus 'Arnsberg'.

`UPDATE Schueler`
`SET    Name = NULL`
`       Straße = NULL`
`WHERE  Ort = 'Arnsberg';`

Hinweis: NULL entspricht der leeren Referenz, also einem nicht gesetzten Datenfeld.

Daten löschen

Lösche alle Schüler aus 'Arnsberg'.
`DELETE FROM Schueler` `WHERE  Ort = 'Arnsberg';`
Lösche alle Schüler.
`DELETE FROM Schueler;`

Beispiel Mitarbeiter

Mitarbeiter

ID_Mitarbeiter	Vorname	Nachname	Geburtsdatum	Gehalt	Geschlecht	ID_Abteilung
1	Eva	Klein	1995-01-13	2000	w	2
2	Kai	Blei	1967-10-28	3500	m	1
3	Udo	Ax		1500	m	2
4	Ernst	Klein	1988-02-02	1000	m	3

10.5 Abfragen auf einer Tabelle

Wenn die Tabellen der Datenbank mit Werten gefüllt sind, können mit Hilfe der SELECT-Anweisung Abfragen an die Datenbank gestellt werden. Der SELECT- Befehl ist der wichtigste und umfangreichste SQL-Befehl überhaupt. Deshalb werden zunächst, anhand von Beispielen, die Möglichkeiten von SELECT-Anweisungen aufgezeigt, die lediglich auf der obigen gezeigten Tabelle 'Mitarbeiter' basieren.

Aufbau einer Abfrage

Eine Abfrage bzw. eine SELECT-Anweisung besteht im Allgemeinen aus folgenden drei Bereichen.

- SELECT
  Der erste Teil wird durch das Schlüsselwort SELECT eingeleitet. Hinter dem Schlüsselwort werden alle Merkmale der Tabelle durch Kommata getrennt angegeben, die als Ergebnismenge ausgegeben werden sollen. Das Sonderzeichen * sollte verwendet werden, wenn der gesamte Datensatz, also alle Merkmale der Tabelle in der Ergebnismenge dargestellt werden sollen.

Beispiel
Wenn bei einer Abfrage nur der Vor- und Nachname eines Mitarbeiters interessiert, alle anderen Merkmale des Mitarbeiters aber völlig uninteressant sind, würde man den SELECT-Teil der Abfrage so formulieren:

```
SELECT Vorname, Nachname
```

Sind hingegen alle Merkmale der Datensätze von Interesse wird die SELECT Anweisung wie folgt formuliert:

```
SELECT *
```

- FROM
  Der zweite Teil wird durch das Schlüsselwort FROM eingeleitet und spezifiziert die Datenquelle, aus der die Daten für die Abfrage entnommen werden. Hier können die Namen von einer aber (wie später noch gezeigt wird) auch von mehreren Tabellen stehen.

Beispiel
Im betrachteten Fall ist die Datenquelle einzig und allein die Tabelle 'Mitarbeiter'. Daher lautet der FROM-Teil der Abfrage:

```
FROM Mitarbeiter
```

- WHERE
  Der dritte und vorerst letzte Teil einer Abfrage beginnt mit dem Schlüsselwort WHERE. Hier können nun eine oder auch mehrere Bedingungen formuliert werden, die von den Datensätzen der Ergebnismenge erfüllt werden müssen.

Beispiel
Sollen nur alle männlichen Mitarbeiter angezeigt werden, kann die SQL-Anweisung um den folgenden WHERE-Teil ergänzt werden.

```
WHERE Geschlecht = 'm'
```

Zeige mir den Vor- und Nachnamen aller männlichen Mitarbeiter an.

`SELECT Vorname, Nachname`
`FROM   Mitarbeiter`
`WHERE  Geschlecht = 'm';`

Ausgabe: Kai,   Blei *   Udo,   Ax* *   Ernst, Klein*

Zusammenfassung

Schlüsselwort	Frage	Beschreibung
SELECT	Was?	Gibt an, was (welche Merkmale) ausgegeben werden soll.
FROM	Woher?	Bestimmt die Datenquelle, aus der die Daten stammen.
WHERE	Wobei? Womit?	Legt Bedingungen fest, die erfüllt werden müssen.

10 SQL

10.5.1 Eine Bedingung

Zum Formulieren von Bedingungen können neben einigen Funktionen wie LIKE, BETWEEN oder IN (siehe Kapitel 10.5.6) folgende Operatoren verwendet werden.

=	gleich
<	kleiner
>	größer
<>	ungleich
<=	kleiner oder gleich
>=	größer oder gleich

Beispiele für Abfragen mit einer Bedingung

Zeige die Datensätze aller Mitarbeiter an, die den Nachnamen 'Klein' haben.

`SELECT  *`
`FROM    Mitarbeiter`
`WHERE   Nachname = 'Klein';`

Ausgabe:
`1, Eva,   Klein, 1995-01-13, 2000, w, 2`
`4, Ernst, Klein, 1988-02-02, 1000, m, 3`

Welcher Mitarbeiternachname beginnt mit einem Buchstaben von 'A' bis 'H' ?

`SELECT  Nachname`
`FROM    Mitarbeiter`
`WHERE   Nachname < 'I';`

Ausgabe: `Ax` `         Blei`
Welcher Mitarbeiter verdient mehr als 2000,- € oder genau 2000,- € ?

`SELECT  Vorname, Nachname`
`FROM    Mitarbeiter`
`WHERE   Gehalt >= 2000;`

Ausgabe: `Eva, Klein` `         Kai, Blei`
Welcher Mitarbeiter hat am 28.10.1967 Geburtstag?

`SELECT  Vorname, Nachname`
`FROM    Mitarbeiter`
`WHERE   Geburtsdatum = '1967-10-28';`

Ausgabe: `Kai, Blei`
Für welchen Mitarbeiter wurde kein Geburtsdatum angegeben?

`SELECT  Vorname, Nachname`
`FROM    Mitarbeiter`
`WHERE   Geburtsdatum = NULL;`

Ausgabe: `Udo, Ax`

10.5.2 Mehrere Bedingungen

Mehrere Bedingungen können im WHERE-Teil mit den folgenden logischen Operationen kombiniert bzw. negiert werden.

AND	Und-Verknüpfung
OR	Oder-Verknüpfung
NOT	Negation

Dabei wird erst das NOT dann das AND und zum Schluss das OR ausgewertet. Wird eine andere Auswertungsreihenfolge benötigt, müssen Klammern gesetzt werden.

Beispiele für Abfragen mit mehreren Bedingungen

Zeige die Datensätze aller Mitarbeiter, die den Vornamen 'Eva' und den Nachnamen 'Klein' besitzen.

`SELECT  *`
`FROM    Mitarbeiter`
`WHERE   Nachname = 'Klein'`
`AND     Vorname  = 'Eva';`

Ausgabe: `1, Eva,   Klein, 1995-01-13, 2000, w, 2`
Welche Mitarbeiter arbeiten in der Abteilung mit ID '2' und verdienen mehr als 1800,- € ?

`SELECT  Vorname, Nachname, Gehalt`
`FROM    Mitarbeiter`
`WHERE   ID_Abteilung = 2`
`AND     Gehalt > 1800;`

Ausgabe: `Eva, Klein, 2000`
Welche Mitarbeiter arbeiten in der Abteilung mit ID '2' und verdienen NICHT mehr als 1800,- € ?

`SELECT     Vorname, Nachname, Gehalt`
`FROM       Mitarbeiter`
`WHERE      ID_Abteilung = 2`
`AND NOT    Gehalt > 1800;`

`SELECT  Vorname, Nachname, Gehalt`
`FROM    Mitarbeiter`
`WHERE   ID_Abteilung = 2`
`AND     Gehalt <= 1800;`

Ausgabe: `Udo, Ax, 1000`
Welche männlichen Mitarbeiter verdienen mehr als 2000,- € oder arbeiten in der Abteilung mit ID '3'?

`SELECT  Vorname, Nachname,`
`        Gehalt, Geschlecht`
`FROM    Mitarbeiter`
`WHERE   Geschlecht = 'm'`
`AND     (  ID_Abteilung = 3`
`        OR Gehalt > 2000   );`

Ausgabe: `Kai, Blei, 3500, m` `         Ernst, Klein, 1000, m`

10.5.3 Aggregationsfunktionen

Mit Hilfe von Aggregationsfunktionen können alle Datensätze einer Ergebnismenge zu einem einzigen Datensatz zusammengefasst werden.
Beispielsweise liefert die Abfrage

```
SELECT  Gehalt  FROM Mitarbeiter;
```
Ausgabe: 2000 3500 1500 1000

eine Auflistung der Gehälter sämtlicher Mitarbeiter.
Unter Verwendung der Aggregationsfunktion AVG

```
SELECT  AVG(Gehalt)  FROM Mitarbeiter;
```
Ausgabe: 2000

wird hingegen nur ein einziger Datenwert, nämlich das Durchschnittsgehalt aller Mitarbeiter, ermittelt.
Abfragen können auch mehrere Merkmale betreffen. Wenn dabei Aggregationsfunktionen verwendet werden, muss für jedes Merkmal separat eine Aggregationsfunktion bestimmt werden.

```
SELECT MAX(Vorname), MAX(Nachname)
FROM    Mitarbeiter;
```
Ausgabe: Udo, Klein

Es gibt folgende Aggregationsfunktionen

MIN (Merkmal)	Minimalwert
MAX (Merkmal)	Maximalwert
COUNT (*)	Anzahl der Zeilen in der Ergebnismenge
COUNT (Merkmal)	Anzahl der Zeilen, die bei dem Merkmal nicht den Wert NULL (für undefiniert) haben
COUNT (DISTINCT Merkmal)	Anzahl der Zeilen mit unterschiedlichen Werten
SUM (Merkmal)	Summenwert
AVG (Merkmal)	Durchschnittswert

Aliasnamen (Merkmale bzw. Spalten)
Gerade bei der Verwendung von Aggregationsfunktionen und Rechenoperationen (siehe Kapitel 10.5.4) im SELECT-Teil einer SQL-Abfrage entstehen Spalten mit neuen bzw. veränderten Bedeutungen. Diesen Spalten kann mit Hilfe des Schlüsselwortes AS im SELECT-Teil einer SQL-Abfrage eine sinnvolle Spaltenüberschrift gegeben werden. Hierzu folgende zwei Beispiele

```
SELECT Gehalt *1.045 AS Neugehalt ...
```

Diese SELECT Anweisung wird nur die um 4,5% erhöhten Gehälter in der Spalte 'Neugehalt' anzeigen.

```
SELECT AVG(Gehalt) AS Durchschnitt ...
```

Diese SELECT-Anweisung wird nur das Durchschnittsgehalt in der Spalte 'Durchschnitt' anzeigen.

Beispiele für die Verwendung von Aggregationsfunktionen

Ermittle das Durchschnittsgehalt aller Mitarbeiter.
```
SELECT AVG(Gehalt)  AS Durchschnitt
FROM    Mitarbeiter;
```
Ausgabe: Durchschnitt 2000

Welcher Mitarbeiter hat den alphabetisch letzten Namen?
```
SELECT MAX(Nachname) AS Letzter
FROM    Mitarbeiter;
```
Ausgabe: Letzter Klein

Zeige zusätzlich zu dem Nachnamen auch den bzw. die passenden Vornamen an.
```
SELECT Nachname, Vorname
FROM    Mitarbeiter
WHERE   Nachname =
       ( SELECT MAX(Nachname)
         FROM    Mitarbeiter );
```
Ausgabe: Klein

*Ausgabe: Klein, Eva
         Klein, Ernst
Hinweis: Der Maximale Nachname in der Tabelle Mitarbeiter, ist der alphabetisch letzte Nachname „Klein". Daher liefert die Unterabfrage diesen Nachnamen zurück.*

(Unterabfragen siehe Kapitel 10.7)

Ermittle das Geburtsdatum des **ältesten** Mitarbeiters.
```
SELECT MIN(Geburtsdatum) AS Ältester
FROM    Mitarbeiter;
```
Ausgabe: Ältester 1967-10-28

Wie viele Mitarbeiter gibt es?
```
SELECT COUNT(*)  AS Anzahl
FROM    Mitarbeiter;
```
Ausgabe: Anzahl 4

Wie viele unterschiedliche Nachnamen haben die Mitarbeiter?
```
SELECT COUNT(DISTINCT Nachname)
FROM    Mitarbeiter;
```
Ausgabe: 3

Wie viele Mitarbeiter gibt es und wie hoch ist das Durchschnittseinkommen?
```
SELECT COUNT(*), AVG(Gehalt)
FROM    Mitarbeiter;
```
Ausgabe: 4, 2000

Zeige den alphabetisch ersten Vornamen und den alphabetisch ersten Nachnamen aller männlichen Mitarbeiter an?
```
SELECT MIN(Vorname), MIN(Nachname)
FROM    Mitarbeiter
WHERE   Geschlecht = 'm';
```
Ausgabe: Ernst, Ax

10.5.4 Einfache Rechenoperationen

Im SELECT- aber auch im WHERE-Teil einer Abfrage können einfache Rechenoperationen durchgeführt werden.

+	plus
*	mal
-	minus
/	geteilt

Dezimalzahlen werden mit einem Dezimalpunkt anstelle des Kommas geschrieben. Beispielsweise 3.14 anstelle von 3,14.

Beispiele für die Verwendung von Rechenoperationen

Wie viel ist 4,9 * 1,9?

```
SELECT 4.9 * 1.9 AS Berechnung;
```

```
Ausgabe:  Berechnung 9.31
```

Wie hoch wäre das Gehalt der Mitarbeiter nach einer 4,5%-igen Gehaltserhöhung?

```
SELECT Vorname, Nachname,
       Gehalt * 1.045 AS Neugehalt
FROM   Mitarbeiter;
```

```
Ausgabe:  Eva,   Klein,   Neugehalt 2090
          Kai,   Blei,    Neugehalt 3657.5
          Udo,   Ax,      Neugehalt 1567.5
          Ernst, Klein,   Neugehalt 1045
```

Welche Mitarbeiter werden nach einer 5%-igen Gehaltserhöhung mehr als 2050,- € verdienen? Zeige neben dem Mitarbeiternamen auch das veränderte Gehalt an.

```
SELECT Vorname, Nachname, Gehalt * 1.05
FROM   Mitarbeiter
WHERE  Gehalt * 1.05 > 2050;
```

```
Ausgabe:  Eva, Klein,  2100
          Kai, Blei,   3675
```

Ermittle das Durchschnittsgehalt der Mitarbeiter (ohne die Verwendung der Aggregationsfunktion AVG).

```
SELECT SUM (Gehalt) / COUNT (*)
       AS Durchschnitt
FROM   Mitarbeiter;
```

```
Ausgabe:  Durchschnitt 2000
```

Ermittle die Differenz zwischen dem maximalen und dem minimalen Gehalt der Mitarbeiter.

```
SELECT MAX(Gehalt) - MIN(Gehalt)
       AS Differenz
FROM   Mitarbeiter;
```

```
Ausgabe:  Differenz 2500
```

10.5.5 Datumsfunktionen

Es werden unterschiedliche Datentypen für Datums- und Zeitangaben verwendet (vergleiche Kapitel 10.2.2 Datentypen). Mit folgenden Funktionen können aus einzelnen Integervariablen Datums- und Zeitvariablen zusammengebaut werden.

Datums- und Zeitformate aus Einzelwerten

MAKEDATE(year, day-of-year)	
year	ist die Jahresangabe als Integer.
day-of-year	ist der Tag des Jahres als Integer, generiert das zugehörige Datumsformat. (YYYY-MM-DD)

MAKETIME(hour, minute, second)	
hour	Angabe der Stunde als Integer
minute	Angabe der Minute als Integer
second	Angabe der Sekunde als Integer, generiert das zugehörige Zeitformat. (HH:MM:SS)

Die aktuellen Datums- bzw. Zeitinformationen können wie folgt ermittelt werden:

Aktuelles Datum/Zeit

NOW()	Ermittelt die aktuelle Datums- und Zeitangabe. YYYY-MM-DD HH:MM:SS
CURDATE()	Ermittelt das aktuelle Datum. YYYY-MM-DD
CURTIME()	Ermittelt die aktuelle Zeit. HH:MM:SS

Mit den folgenden Funktionen können aus diesen Datumsformaten Teilinformationen extrahiert werden.

Teilinformationen extrahieren

DATE(timestamp)	Ermittelt das Datum aus einer Timestamp-Variablen.
TIME(timestamp)	Bestimmt die Zeit aus einer Timestamp-Variablen.
YEAR(date)	Ermittelt das Jahr aus einem Datum.
MONTH(date)	Ermittelt den Monat aus einem Datum.
DAY(date)	Ermittelt den Tag aus einem Datum.
HOUR(time)	Ermittelt die Stunden aus einer Zeitangabe.
MINUTE(time)	Ermittelt die Minuten aus einer Zeitangabe.
SECOND(time)	Ermittelt die Sekunden aus einer Zeitangabe.

Weitere Informationen aus einer Datumsangabe kann man mit folgenden Funktionen gewinnen.

Datumszusatzinformationen

MONTHNAME(date)	Ermittelt den Namen des Monats.
DAYNAME(date)	Ermittelt den Namen des Wochentages.
DAYOFWEEK(date)	Ermittelt den Wochentag. 1=Sonntag, 2 = Montag, ...
QUARTER(date)	Ermittelt das Quartal.
WEEKOFYEAR(date)	Ermittelt die Kalenderwoche.

Mit den unterschiedlichen Zeit- und Datumsformaten kann auch gerechnet werden.

Rechenfunktionen

date + INTERVAL 1 DAY	Einen Tag auf das Datum addieren.
date + INTERVAL 2 MONTH	Zwei Monate auf das Datum addieren.
date - INTERVAL 3 YEAR	Drei Jahre vom Datum abziehen.
time - INTERVAL 1 HOUR	Eine Stunde von der akt. Zeit abziehen.
time + INTERVAL 3 MINUTES	Drei Minuten auf die aktuelle Zeit addieren.
time - INTERVAL 5 SECONDS	Fünf Sekunden von der akt. Zeit abziehen.
DATEDIFF(date1, date2)	Gibt die Anzahl der Tage zwischen den beiden Datumsangaben zurück.
TIMEDIFF(time1, time2)	Ermittelt den Zeitraum zwischen den beiden Zeitangaben und liefert den Datentyp TIME zurück.

Anmerkung

Diese Auflistung der wichtigsten Datumsfunktionen ist keinesfalls vollständig. MySQL unterstützt noch viele weitere Datumsfunktionen, gerade auch was das Formatieren der Datums- und Zeitausgabe betrifft.

Aber Achtung! Bei diesen Funktionen weichen die unterschiedlichen Hersteller sehr stark voneinander ab. Die meisten hier vorgestellten Funktionen finden sich auch bei anderen Anbietern. Diese können aber evtl. anders heißen oder eine andere Syntax verlangen.

Beispiele für die Verwendung von Datumsfunktionen

Ziehe vom Datum '1.3.2001' zwei Tage ab.
```
SELECT '2001-03-01' - INTERVAL 2 DAY;
Ausgabe: 2001-02-27
```

Wie viele Tage liegen zwischen dem 3.3.2009 und dem 25.2.2009?
```
SELECT
DATEDIFF('2009-03-03','2009-02-25');
Ausgabe: 6
```

Wie viele Mitarbeiter haben am 13. eines Monats Geburtstag?
```
SELECT  COUNT(*)
FROM    Mitarbeiter
WHERE   DAY(Geburtsdatum) = 13;
Ausgabe: 1
```

Welche Mitarbeiter haben im Oktober Geburtstag?
```
SELECT  Vorname, Nachname
FROM    Mitarbeiter
WHERE   MONTH(Geburtsdatum) = 10;
Ausgabe: Kai, Blei
```

Welche Mitarbeiter wurden vor dem Jahr 1990 geboren?
```
SELECT  Vorname, Nachname
FROM    Mitarbeiter
WHERE   YEAR(Geburtsdatum) < 1990;
Ausgabe: Kai,   Blei
         Ernst, Klein
```

An welchen Wochentagen haben die Mitarbeiter mit Nachnamen 'Klein' Geburtstag?
```
SELECT  Vorname, DAYNAME (Geburtsdatum)
FROM    Mitarbeiter
WHERE   Nachname = 'Klein';
Ausgabe: Eva,   Friday
         Ernst, Tuesday
```

```
SELECT  Vorname, DAYOFWEEK(Geburtsdatum)
FROM    Mitarbeiter
WHERE   Nachname = 'Klein';
Ausgabe: Eva, 6
         Ernst, 3
```

Welcher Mitarbeiter ist sieben Jahre älter als 'Eva'?
```
SELECT  Vorname, Nachname
FROM    Mitarbeiter
WHERE   YEAR(Geburtsdatum) =
       ( SELECT YEAR(Geburtsdatum)-7
         FROM    Mitarbeiter
         WHERE   Vorname = 'Eva'  );
Ausgabe: Ernst, Klein
```
Ausgabe: 1988

Unterabfragen siehe Kapitel 10.7

10.5.6 Vergleichsfunktionen

Als einfache String-Vergleichsfunktion steht die Funktion LIKE zur Verfügung. Zudem können mit den Anweisungen IN und BETWEEN Mengen- bzw. Suchbereiche definiert werden, die das Formulieren von WHERE-Anweisungen deutlich vereinfachen.

LIKE

Beim LIKE-Befehl können mit Hilfe von Jokerzeichen Vergleichsmuster erstellt werden, die dann in dem WHERE-Teil einer Abfrage verwendet werden können.

Jokerzeichen

%	Steht für beliebig viele beliebige Zeichen
_ (Unterstrich)	Steht für genau ein beliebiges Zeichen

Anmerkung

Bei MS-ACCESS werden die vom Betriebssystem her bekannten Jokerzeichen ? (ein beliebiges Zeichen) und * (beliebig viele beliebige Zeichen) anstelle der in SQL gebräuchlichen Jokerzeichen verwendet!

Nenne alle Mitarbeiter, deren Nachnamen mit einem 'K' beginnen.

`SELECT Nachname, Vorname`
`FROM   Mitarbeiter`
`WHERE  Nachname LIKE 'K%';`

Ausgabe: Klein, Eva *   Klein, Ernst*

Suche alle Mitarbeiternachnamen, die zwischen 'Me' und 'er' genau ein beliebiges Zeichen haben.

`SELECT Nachname`
`FROM   Mitarbeiter`
`WHERE  Nachname LIKE 'Me_er';`

Ausgabe: - *Achtung: Keine Ausgabe, da in der Beispieltabelle keine Meier oder Meyer als Nachnamen vorkommen.*

Nenne alle Mitarbeiter, deren Nachnamen als drittes und viertes Zeichen ein 'ei' enthält.

`SELECT Nachname, Vorname`
`FROM   Mitarbeiter`
`WHERE  Nachname LIKE '__ei%';`

Ausgabe: Klein, Eva *   Blei, Kai* *   Klein, Ernst*

BETWEEN

Durch die Anweisung BETWEEN wird ein zusammenhängender Bereich mittels eines Start- und eines Endewertes bestimmt. Dabei gehören die Start- und Endewerte mit zum betrachteten Bereich.

Welcher Mitarbeiternachname beginnt mit einem Buchstaben zwischen 'A' und 'D'?

`SELECT Nachname`
`FROM   Mitarbeiter`
`WHERE  Nachname BETWEEN 'A' AND 'D';`

Ausgabe: Ax *   Blei* *Achtung: Ein Nachname wie etwa 'Daume' würde nicht ausgegeben, da 'Daume' hinter D und somit nicht zwischen A und D liegt.*

Welche Mitarbeiter beziehen ein Gehalt zwischen 1500,- € und 2500,- € ?

`SELECT Vorname, Nachname, Gehalt`
`FROM   Mitarbeiter`
`WHERE  Gehalt BETWEEN 1500 AND 2500;`

Ausgabe: Eva, Klein, 2000 *   Udo, Ax, 1500* *Achtung: Das Gehalt 1500 € gehört auch zum betrachteten Bereich.*

IN

Die IN-Anweisung ermöglicht das Zusammenstellen beliebiger Vergleichsmengen.

Welche Mitarbeiter wurden in den Jahren 1967, 1988 und 1990 geboren?

`SELECT Vorname, Nachname, Geburtsdatum`
`FROM   Mitarbeiter`
`WHERE  YEAR(Geburtsdatum)`
`       IN (1988, 1967, 1990);`

Ausgabe: Kai, Blei, 1967-10-28 *   Ernst, Klein, 1988-02-02*

Die Reihenfolge spielt keine Rolle!

Welche Mitarbeiter arbeiten in den Abteilungen mit ID '3' oder ID '1' ?

`SELECT Vorname, Nachname, ID_Abteilung`
`FROM   Mitarbeiter`
`WHERE  ID_Abteilung IN (1, 3);`

Ausgabe: Kai, Blei, 1 *   Ernst, Klein, 3*

Anmerkung

Die IN-Anweisung ersetzt mehrere OR-Anweisungen.

`WHERE    ID_Abteilung IN (1, 3)`

kann beispielsweise auch durch

`WHERE    ID_Abteilung = 1` `OR       ID_Abteilung = 3`

dargestellt werden.

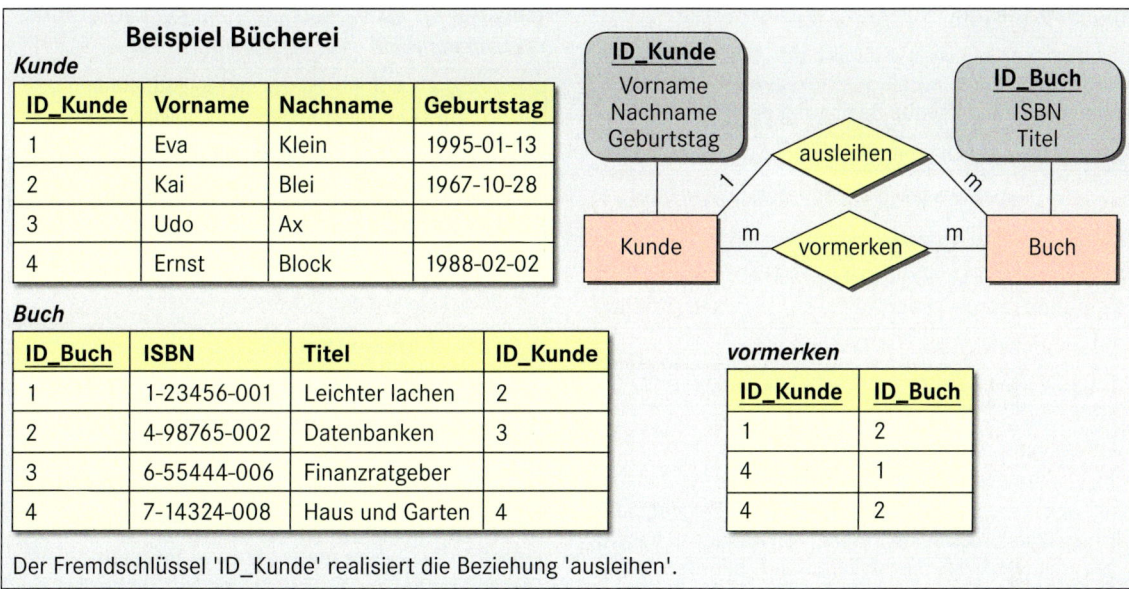

10.6 Abfragen auf mehreren Tabellen

Bei Abfragen, die Informationen aus mehreren Tabellen kombinieren, müssen alle an der Abfrage beteiligten Tabellen im FROM-Teil der Abfrage aufgeführt werden. Um bei Namensgleichheit einzelner Merkmale in unterschiedlichen Tabellen die Eindeutigkeit zu garantieren, kann dem Merkmalsnamen der Tabellenname vorangestellt werden. Um beispielsweise alle Kunden, die sich Bücher ausgeliehen haben und die Buchtitel der von ihnen ausgeliehenen Bücher anzuzeigen, könnte der SELECT- und der FROM-Teil dieser Abfrage wie folgt aussehen:

```
Welcher Kunde hat welche Bücher ausgeliehen?
SELECT  Kunde.ID_Kunde, Nachname
        ID_Buch, Titel, Buch.ID_Kunde
FROM    Kunde, Buch;
```

Anmerkung

Da das Merkmal 'ID_Kunde' in beiden Tabellen vorkommt, muss der Tabellenname vorangestellt werden, damit das gewünschte Merkmal eindeutig identifiziert werden kann.

Diese Abfrage spiegelt die eigentliche Beziehung, nämlich die Gleichheit des Fremdschlüssels 'ID_Kunde' der Tabelle 'Buch' mit dem Schlüssel 'ID_Kunde' in der Tabelle 'Kunde' noch nicht wieder.
Würde man diese Abfrage ohne weitere Einschränkung ausführen, also ohne die Angabe eines WHERE-Teils, so würde die Ergebnismenge aus dem kartesischen Produkt[1] zwischen den beiden Tabellen 'Kunde' und 'Buch' gebildet. Das wiederum heißt, dass jeder Datensatz der einen mit jedem Datensatz der anderen Tabelle kombiniert würde. Die Ergebnismenge sähe dann wie folgt aus:

Karthesisches Produkt der Tabellen 'Buch' und 'Kunde'

Kunde. ID_Kunde	Nachname	ID_Buch	Titel	Buch. ID_Kunde
1	Klein	1	Leichter lachen	2
1	Klein	2	Datenbanken	3
1	Klein	3	Finanzratgeber	
2	Blei	1	Leichter lachen	2
2	Blei	2	Datenbanken	3
2	Blei	3	Finanzratgeber	
3	Ax	1	Leichter lachen	2
3	Ax	2	Datenbanken	3
3	Ax	3	Finanzratgeber	
4	Block	1	Leichter lachen	2
4	Block	2	Datenbanken	3
4	Block	3	Finanzratgeber	

Anmerkung

Neben den beiden erwünschten Ergebnisdatensätzen (hier rot hinterlegt), die tatsächlich widerspiegeln welcher Kunde welches Buch ausgeliehen hat, werden auch viele unerwünschte Ergebnisdatensätze gebildet.

---
[1] Das kartesische Produkt zweier Mengen enthält alle möglichen Kombinationen von jedem Element der einen Menge mit jedem Element der anderen Menge.

10.6.1 Equi-Join

Aus dem kartesischen Produkt der beiden Tabellen 'Kunde' und 'Buch' erhält man die gewünschte Ergebnismenge, wenn folgende Bedingung gefordert wird.

```
WHERE Kunde.ID_Kunde = Buch.ID_Kunde
```

Nur dann bleiben die gewünschten Datensätze übrig.

Ergebnismenge: Ausleihe

Kunde. ID_Kunde	Nach-name	ID_Buch	Titel	Buch. ID_Kunde
2	Blei	1	Leichter lachen	2
3	Ax	2	Datenbanken	3

Anmerkung

Jetzt zahlt es sich aus, für zusammengehörige Schlüssel und Fremdschlüsselmerkmale in unterschiedlichen Tabellen dieselben Namen verwendet zu haben. Dadurch wird das Formulieren der Join-Bedingung deutlich einfacher.

Somit führt die Gleichsetzung der Merkmale 'ID_Kunde' in den beiden Tabellen bzw. die Gleichsetzung von Schlüssel und Fremdschlüssel zu dem gewünschten Ergebnis. Das Kombinieren bzw. Verknüpfen von unterschiedlichen Tabellen in einer Abfrage wird allgemein als **Join** bezeichnet. Da in diesem Fall der Join über die Gleichsetzung von Schlüssel und Fremdschlüsselmerkmal erfolgt, wird dieser Join-Typ auch als **Gleichheits-Join** oder **Equi-Join** bezeichnet. Dieser Join-Typ lässt sich auch als **Inner-Join** formulieren.

Aliasnamen (Tabellen)

Damit nicht immer der ganze Tabellenname bei Namensgleichheit den Merkmalen vorangestellt werden muss, gibt es die Möglichkeit im FROM-Teil der Abfrage Aliasnamen für die Tabellen zu vereinbaren.

```
FROM Buch B, Kunde K
```

Somit führen die folgenden beiden SQL-Anweisungen zu demselben korrekten Ergebnis.

Suche zu allen Kunden, die Bücher ausgeliehen haben, die von ihnen ausgeliehenen Buchtitel heraus.

```
Ohne Aliasnamen
SELECT   Kunde.Nachname, Buch.Titel
FROM     Buch, Kunde
WHERE    Buch.ID_Kunde = Kunde.ID_Kunde;

Mit Aliasnamen
SELECT   K.Nachname, B.Titel
FROM     Buch B, Kunde K
WHERE    B.ID_Kunde = K.ID_Kunde;

Ausgabe:  Blei, Leichter lachen
          Ax, Datenbanken
          Block, Haus und Garten
```

Beispiele für die Verwendung von Equi- bzw. Gleichheits-Joins

Wie heißt der Kunde, der das Buch mit dem Titel 'Datenbanken' ausgeliehen hat?

```
SELECT   K.Vorname, K.Nachname
FROM     Buch B, Kunde K
WHERE    B.ID_Kunde = K.ID_Kunde
AND      B.Titel = 'Datenbanken';

Ausgabe: Ax, Datenbanken
```

Wie viele Kunden haben Bücher ausgeliehen?

```
SELECT   COUNT (*)
FROM     Buch B, Kunde K
WHERE    B.ID_Kunde = K.ID_Kunde;

Ausgabe: 3
Hinweis: Die Aggregationsfunktion
         COUNT(*) zählt alle Datensätze
         der Ergebnismenge.
```

Equi-Join zwischen mehr als zwei Tabellen

Dieses Prinzip der Gleichsetzung von Schlüssel- und Fremdschlüsselmerkmalen funktioniert auch, wenn mehr als zwei Tabellen an der SQL-Anweisung beteiligt sind.

Welcher Kunde hat welches Buch vorgemerkt?

```
SELECT   K.Vorname, K.Nachname, B.Titel
FROM     Kunde K, vormerken v, Buch B
WHERE    B.ID_Buch = v.ID_Buch
AND      v.ID_Kunde = K.ID_Kunde;

Ausgabe: Eva, Klein, Datenbanken
         Ernst, Block, Leichter lachen
         Ernst, Block, Datenbanken
```

Wie heißen die Kunden, die sich das Buch mit dem Titel 'Datenbanken' vorgemerkt haben?

```
SELECT   K.Vorname, K.Nachname
FROM     Kunde K, vormerken v, Buch B
WHERE    B.ID_Buch = v.ID_Buch
AND      v.ID_Kunde = K.ID_Kunde
AND      B.Titel = 'Datenbanken';

Ausgabe: Eva,   Klein
         Ernst, Block
```

Wie viele unterschiedliche Kunden haben Bücher vorgemerkt?

```
SELECT   COUNT (DISTINCT (K.ID_Kunde))
FROM     Kunde K, vormerken v, Buch B
WHERE    B.ID_Buch = v.ID_Buch
AND      v.ID_Kunde = K.ID_Kunde;

Ausgabe: 2
Hinweis: Durch DISTINCT kann sicher-
         gestellt werden, dass die
         Aggregationsfunktion COUNT nur
         unterschiedliche ID-Werte zählt.
```

Inner-Join

Der Equi-Join lässt sich auch mit dem Schlüsselwort INNER JOIN formulieren. Dann allerdings wird die Join-Bedingung mit dem Schlüsselwort ON angegeben. Weitere Bedingungen können weiterhin wie bisher als WHERE-Bedingungen formuliert werden.

Suche zu allen Kunden, die Bücher ausgeliehen haben, die von ihnen ausgeliehenen Buchtitel heraus.
Mit Inner-Join

`SELECT   K.Nachname, B.Titel`
`FROM     Buch B INNER JOIN Kunde K`
`ON       B.ID_Kunde = K.ID_Kunde;`

Ohne Inner-Join

`SELECT   K.Nachname, B.Titel`
`FROM     Buch B, Kunde K`
`WHERE    B.ID_Kunde = K.ID_Kunde;`

Ausgabe: Blei, Leichter lachen *   Ax,   Datenbanken* *   Block, Haus und Garten*
Wie heißen die Kunden, die sich das Buch mit dem Titel 'Datenbanken' vorgemerkt haben?
Mit Inner-Join (verschachtelt)

`SELECT   K.Vorname, K.Nachname`
`FROM     ( Kunde K INNER JOIN vormerken v`
`             ON v.ID_Kunde = K.ID_Kunde )`
`  INNER JOIN Buch B`
`             ON  B.ID_Buch = v.ID_Buch`
`WHERE    B.Titel = 'Datenbanken';`

Mit Inner-Join (alternative Schreibweise)

`SELECT   K.Vorname, K.Nachname`
`FROM     Kunde K`
`  INNER JOIN`
`     (vormerken v, Buch B)`
`  ON    ( B.ID_Buch = v.ID_Buch`
`     AND   v.ID_Kunde = K.ID_Kunde   )`
`WHERE    B.Titel = 'Datenbanken';`

Ohne Inner-Join

`SELECT   K.Vorname, K.Nachname`
`FROM     Kunde K, vormerken v, Buch B`
`WHERE    B.ID_Buch = v.ID_Buch`
`  AND    v.ID_Kunde = K.ID_Kunde`
`  AND    B.Titel = 'Datenbanken';`

Ausgabe: Eva,   Klein *   Ernst, Block*

Anmerkung

MySQL unterstützt noch weitere Schreibweisen, die zur Formulierung von Equi-Join verwendet werden können.

10.6.2 Left- und Right-Join

Beim Equi-Join werden die Tabellen durch die Gleichsetzung von Fremdschlüssel und Schlüsselmerkmalen in Beziehung gesetzt. Da in dem Büchereibeispiel in der Tabelle 'Buch' bei dem Fremdschlüsselmerkmal 'ID_Kunde' für das Buch 'Finanzratgeber' keine Kunden-ID eingetragen ist, was nichts anderes bedeutet, als dass dieses Buch zur Zeit nicht ausgeliehen ist, wird der folgende Equi-Join auch keinen Ergebnisdatensatz für das Buch 'Finanzratgeber' liefern können.

Suche zu allen Kunden, die Bücher ausgeliehen haben, die von ihnen ausgeliehenen Buchtitel heraus.

`SELECT   B.Titel, K.Nachname`
`FROM     Buch B, Kunde K`
`WHERE    B.ID_Kunde = K.ID_Kunde;`

Ausgabe: Leichter lachen, Blei *   Datenbanken,   Ax* *   Haus und Garten, Block*

Das Buch 'Finanzratgeber' taucht somit in der Ergebnismenge nicht auf. Möchte man eine komplette Bücherliste erstellen, in der die Kundennamen lediglich bei ausgeliehenen Büchern zusätzlich erscheinen, hat man ein Problem. Mit einem Equi-Join ist eine solche Abfrage nicht realisierbar.

Haupt- und Nebentabellen

Wie kann die folgende Abfrage realisiert werden?

Erstelle eine komplette Bücherliste ALLER Bücher! Diese Liste soll insbesondere auch die zurzeit nicht ausgeliehenen Bücher mit einschließen. Bei jedem ausgeliehenen Buch soll jedoch der Nachname des Kunden angezeigt werden, der das Buch ausgeliehen hat.

Bei derartigen Fragen muss zunächst zwischen Haupt- und Nebentabellen unterschieden werden.

Haupttabelle

Die Haupttabelle ist immer die Tabelle, deren Datensätze auf jeden Fall vollständig in der Ergebnismenge erscheinen sollen.

Nebentabelle

Die Nebentabelle ist die Tabelle, aus der bei übereinstimmenden Schlüssel- und Fremdschlüsselmerkmalen zusätzliche Informationen zur Ergebnismenge hinzugefügt werden sollen.

Da in dem Beispiel eine vollständige Bücherliste verlangt wird, ist die Tabelle 'Buch' in diesem Fall die Haupttabelle. Nur dann, wenn ein Buch tatsächlich ausgeliehen worden ist, wird zur Ergebnismenge der entsprechende Kundennachname aus der Tabelle 'Kunde' hinzugefügt. Die Tabelle 'Kunde' stellt somit in diesem Fall die Nebentabelle dar.

10 SQL

Buch

ID_Buch	ISBN	Titel	ID_Kunde
1	1-23456-001	Leichter lachen	2
2	4-98765-002	Datenbanken	3
3	6-55444-006	Finanzratgeber	
4	7-14324-008	Haus und Garten	4

Haupttabelle

Nebentabelle

Kunde

ID_Kunde	Vorname	Nachname	Geburtstag
1	Eva	Klein	1995-01-13
2	Kai	Blei	1967-10-28
3	Udo	Ax	
4	Ernst	Block	1988-02-02

Welche der beiden Tabellen die Haupttabelle ist, kann man im FROM-Teil einer Abfrage mit Hilfe der Schlüsselwörter LEFT JOIN oder RIGHT JOIN festlegen. Somit gibt es zwei äquivalente Schreibweisen, um eine Tabelle als Haupttabelle auszuzeichnen. Im obigen Beispiel sehen die entsprechenden FROM-Teile, die die Tabelle 'Buch' als Haupttabelle und die Tabelle 'Kunde' als Nebentabelle festlegen, wie folgt aus:

```
FROM     Buch LEFT JOIN Kunde
```

oder

```
FROM     Kunde RIGHT JOIN Buch
```

Verwendet man die Schlüsselwörter LEFT JOIN, so muss sich links davon die Haupttabelle befinden. Entsprechend befindet sich die Haupttabelle bei der Verwendung der Schlüsselwörter RIGHT JOIN rechts von diesen. Bei Left- oder Right-Join-Abfragen wird das Schlüsselwort ON zur Definition der eigentlichen Verbindung (Join) verwendet. Weitere Bedingungen können mit dem Schlüsselwort WHERE hinzugefügt werden.
Unter Verwendung des Left-Joins könnte die gewünschte Liste aller Bücher wie folgt ermittelt werden.

```
SELECT   B.Titel, K.Nachname
FROM     Buch B LEFT JOIN Kunde K
ON       B.ID_Kunde = K.ID_Kunde;
```

Beispiele für die Verwendung von Left- bzw. Right-Joins (zwischen zwei Tabellen)

Erstelle eine komplette Bücherliste ALLER Bücher! Diese Liste soll insbesondere auch die zurzeit nicht ausgeliehenen Bücher mit einschließen. Bei jedem ausgeliehenen Buch soll jedoch der Nachname des Kunden angezeigt werden, der das Buch ausgeliehen hat.

```
SELECT   B.Titel, K.Nachname
FROM     Buch B LEFT JOIN Kunde K
ON       B.ID_Kunde = K.ID_Kunde;

SELECT   B.Titel, K.Nachname
FROM     Kunde K RIGHT JOIN Buch B
ON       B.ID_Kunde = K.ID_Kunde;
```

Ausgabe: Leichter lachen , Blei
Datenbanken   , Ax
Finanzratgeber
Haus und Garten , Block

Anmerkung
Im FROM-Teil können auch weiterhin, wie hier gezeigt, Aliasnamen für Tabellen vereinbart werden.

Erstelle eine komplette Kundenliste ALLER Kunden! Diese Liste soll insbesondere auch Kunden, die zurzeit kein Buch ausgeliehen haben, mit einschließen. Bei Kunden, die ein oder mehrere Bücher ausgeliehen haben, sollen die zugehörigen Buchtitel angezeigt werden.

```
SELECT   K.Vorname, K.Nachname, B.Titel
FROM     Kunde K LEFT JOIN Buch B
ON       B.ID_Kunde = K.ID_Kunde;

SELECT   K.Vorname, K.Nachname, B.Titel
FROM     Buch B RIGHT JOIN Kunde K
ON       B.ID_Kunde = K.ID_Kunde;
```

Ausgabe: Eva,   Klein
Kai,   Blei, Leichter lachen
Udo,   Ax,   Datenbanken
Ernst, Block, Haus und Garten

Erstelle eine komplette Liste ALLER Kunden, deren Nachname mit einem Buchstaben zwischen 'B' und 'O' beginnt. Diese Liste soll auch Kunden, die zurzeit kein Buch ausgeliehen haben, mit einschließen. Bei Kunden, die ein oder mehrere Bücher ausgeliehen haben, sollen die zugehörigen Buchtitel angezeigt werden.

```
SELECT   K.Vorname, K.Nachname, B.Titel
FROM     Kunde K LEFT JOIN Buch B
ON       B.ID_Kunde = K.ID_Kunde
WHERE    K.Nachname BETWEEN 'B' AND 'P';

SELECT   K.Vorname, K.Nachname, B.Titel
FROM     Buch B RIGHT JOIN Kunde K
ON       B.ID_Kunde = K.ID_Kunde
WHERE    K.Nachname BETWEEN 'B' AND 'P';
```

Ausgabe: Eva,   Klein
Kai,   Blei, Leichter lachen
Ernst, Block, Haus und Garten

Left- und Right-Joins zwischen mehr als zwei Tabellen

Auch bei Left- bzw. Right-Joins, die Beziehungen zwischen mehr als zwei Tabellen abbilden, müssen wieder Haupt- und Nebentabellen festgelegt werden. Dazu folgende Beispielanfrage.

> Erstelle eine komplette Bücherliste ALLER Bücher. Bei vorgemerkten Büchern sollen die Nachnamen der zugehörigen Kunden mit angezeigt werden.

Diese Abfrage basiert auf drei Tabellen: da es sich bei der Beziehung 'vormerken' um eine m:m-Beziehung mit eigener Beziehungstabelle handelt, den Tabellen 'Buch', 'Kunde' und 'vormerken'. Die Frage nach der Haupt- und der Nebentabelle ist hier nicht mehr so einfach zu beantworten.

Buch

ID_Buch	ISBN	Titel	ID_Kunde
1	1-23456-001	Leichter lachen	2
2	4-98765-002	Datenbanken	3
3	6-55444-006	Finanzratgeber	
4	7-14324-008	Haus und Garten	4

Haupttabelle

Nebentabelle

vormerken

ID_Kunde	ID_Buch
1	2
4	1
4	2

Haupttabelle

Nebentabelle

Kunde

ID_Kunde	Vorname	Nachname	Geburtstag
1	Eva	Klein	1995-01-13
2	Kai	Blei	1967-10-28
3	Udo	Ax	
4	Ernst	Block	1988-02-02

Buch (Haupttabelle)
Dennoch ist klar, dass die Tabelle 'Buch' die Haupttabelle sein muss, da ja alle Bücher angezeigt werden sollen.

Kunde (Nebentabelle)
Auf der anderen Seite ist die Rolle der Tabelle 'Kunde' auch eindeutig, da aus ihr ja nur im Bedarfsfall die Kundennamen hinzugefügt werden sollen. Daher ist die Kundentabelle mit Sicherheit die Nebentabelle.

vormerken (Haupttabelle und Nebentabelle)
Aber welche Rolle spielt die Tabelle 'vormerken'? Die Antwort ist hier nicht mehr eindeutig. Die Rolle der Tabelle 'vormerken' ist davon abhängig, mit welcher anderen Tabelle man sie in Beziehung setzt. So ist die Tabelle 'vormerken' bezogen auf die Haupttabelle 'Buch' in der Rolle der Nebentabelle, bezogen auf die Nebentabelle 'Kunde' stellt sie hingegen die Haupttabelle dar!

SQL-Umsetzung
Wenn man nun die zugehörige SQL-Abfrage erzeugen möchte, muss man sich zunächst entscheiden, mit welchem Tabellenpaar man beginnt. Betrachtet man also zunächst die beiden Tabellen 'Buch' und 'vormerken' oder doch lieber erst die beiden Tabellen 'vormerken' und 'Kunde'?
Beide Möglichkeiten führen letztendlich zum Ziel. Beispielhaft wird hier die erste Variante vorgestellt. Beginnend mit der Haupttabelle 'Buch' wird somit zunächst das Tabellenpaar 'Buch' und 'vormerken' betrachtet, bevor im nächsten Schritt die Nebentabelle 'Kunde' hinzugenommen wird. Bei den beiden Tabellen 'Buch' und 'vormerken' ist die Tabelle 'Buch' die Haupt- und die Tabelle 'vormerken' die Nebentabelle. Dieser Zusammenhang kann mit dem Schlüsselwort LEFT JOIN im FROM-Teil der SQL-Abfrage so dargestellt werden:

```
FROM    Buch B LEFT JOIN vormerken v
```

Die eigentliche Beziehung zwischen den beiden Tabellen wird weiterhin durch die Gleichsetzung des betreffenden Schlüssels (B.ID_Buch) mit dem zugehörigen Fremdschlüsselmerkmal (v.ID_Buch) realisiert:

```
ON      B.ID_Buch = v.ID_Buch
```

Um sicher zu stellen, dass diese beiden Tabellen zuerst betrachtet werden, sollte die Left-Join-Verbindung zwischen den Tabellen 'Buch' und 'vormerken' in runde Klammern gesetzt werden, bevor nun auch die dritte und letzte Tabelle, die Tabelle 'Kunde', mit in den Join integriert wird. Da die Tabelle 'Kunde' auf jeden Fall die Nebentabelle darstellt, muss die gesamte SQL-Abfrage, wiederum mit LEFT JOIN formuliert, wie folgt umgesetzt werden.

Teil 2: Informationen
10 SQL

> Erstelle eine komplette Bücherliste ALLER Bücher.
> Zu jedem von Kunden vorgemerkten Buch sollen auch
> die zugehörigen Kundennachnamen angezeigt werden.

```
SELECT  B.Titel, K.Nachname
FROM    (  Buch B LEFT JOIN vormerken v
           ON B.ID_Buch = v.ID_Buch  )
        LEFT JOIN Kunde K
        ON v.ID_Kunde = K.ID_Kunde;
```

```
Ausgabe:  Leichter lachen , Blei
          Datenbanken     , Klein
          Datenbanken     , Block
          Finanzratgeber
          Haus und Garten
```

Anmerkung

Man erkennt an dieser Ergebnismenge zum einen, dass auch das Buch 'Finanzratgeber' aufgeführt wird, obwohl es eben nicht vorgemerkt worden ist, und zum anderen, dass Buchtitel mehrfach erscheinen, wenn sie mehrfach vorgemerkt worden sind.

Da man diese Art der Join-Verbindungen sowohl mit Left- als auch mit Right-Joins, aber auch mit dem einen oder anderen Tabellenpaar beginnend, formulieren kann, gibt es acht äquivalente Möglichkeiten diese Abfrage in SQL umzusetzen. Neben der bereits vorgestellten, sind auch noch die folgenden sieben Umsetzungen denkbar.

Beispiele für die Verwendung von Left- bzw. Right-Joins (zwischen mehr als zwei Tabellen)

> Erstelle eine komplette Bücherliste ALLER Bücher.
> Zu jedem von Kunden vorgemerkten Buch sollen auch
> die zugehörigen Kundennachnamen angezeigt werden.

```
SELECT  B.Titel, K.Nachname
FROM    (  vormerken v RIGHT JOIN Buch B
           ON B.ID_Buch = v.ID_Buch  )
        LEFT JOIN Kunde K
        ON v.ID_Kunde = K.ID_Kunde;
```

```
SELECT  B.Titel, K.Nachname
FROM    Kunde K RIGHT JOIN
        (  Buch B LEFT JOIN vormerken v
           ON B.ID_Buch = v.ID_Buch  )
        ON v.ID_Kunde = K.ID_Kunde;
```

```
SELECT  B.Titel, K.Nachname
FROM    Kunde K RIGHT JOIN
        (  vormerken v RIGHT JOIN Buch B
           ON B.ID_Buch = v.ID_Buch  )
        ON v.ID_Kunde = K.ID_Kunde;
```

```
SELECT  B.Titel, K.Nachname
FROM    (  Kunde K RIGHT JOIN vormerken v
           ON K.ID_Kunde = v.ID_Kunde  )
        RIGHT JOIN Buch B
        ON v.ID_Buch = B.ID_Buch;
```

```
SELECT  B.Titel, K.Nachname
FROM    (  vormerken v LEFT JOIN Kunde K
           ON K.ID_Kunde = v.ID_Kunde  )
        RIGHT JOIN Buch B
        ON v.ID_Buch = B.ID_Buch;
```

```
SELECT  B.Titel, K.Nachname
FROM    Buch B LEFT JOIN
        (  Kunde K RIGHT JOIN vormerken v
           ON K.ID_Kunde = v.ID_Kunde  )
        ON v.ID_Buch = B.ID_Buch;
```

```
SELECT  B.Titel, K.Nachname
FROM    Buch B LEFT JOIN
        (  vormerken v LEFT JOIN Kunde K
           ON K.ID_Kunde = v.ID_Kunde  )
        ON v.ID_Buch = B.ID_Buch;
```

Abweichend von dem vorgestellten Schema gibt es noch weitere Möglichkeiten den Join zu formulieren. Hier folgt nur eines von vielen Beispielen.

```
SELECT  B.Titel, K.Nachname
FROM    Buch B
 LEFT JOIN
         (vormerken v, Kunde K)
    ON   (  B.ID_Buch = v.ID_Buch
      AND    v.ID_Kunde = K.ID_Kunde );
```

```
Ausgabe:  Leichter lachen , Blei
          Datenbanken     , Klein
          Datenbanken     , Block
          Finanzratgeber
          Haus und Garten
```

> Erstelle eine komplette Liste ALLER Kunden.
> Zu jedem von einem Kunden vorgemerkten Buch
> soll auch der zugehörige Buchtitel angezeigt werden.

```
SELECT  K.Nachname, B.Titel
FROM    (  Kunde K LEFT JOIN vormerken v
           ON K.ID_Kunde = v.ID_Kunde  )
        LEFT JOIN Buch B
        ON v.ID_Buch = B.ID_Buch;
```

```
Ausgabe:  Klein, Datenbanken
          Blei
          Ax
          Block, Leichter lachen
          Block, Datenbanken
```

> Erstelle eine komplette Liste ALLER Kunden, deren
> Nachnamen mit einem Buchstaben zwischen 'A' und
> 'D' beginnen. Zudem sollen die Titel zugehöriger,
> vorgemerkter Bücher angezeigt werden.

```
SELECT  K.Nachname, B.Titel
FROM    (  Kunde K LEFT JOIN vormerken v
           ON K.ID_Kunde = v.ID_Kunde  )
        LEFT JOIN Buch B
        ON v.ID_Buch = B.ID_Buch
WHERE   K.Nachname BETWEEN 'A' AND 'E';
```

```
Ausgabe:  Blei
          Ax
          Block, Leichter lachen
          Block, Datenbanken
```

Anmerkung

Auch bei den letzten beiden Beispielen sind wieder mehrere Formulierungen für diese SQL-Abfrage möglich.

10.6.3 Self-Join

Der Self-Join stellt eine Verknüpfung auf die eigene Tabelle dar. Ein Beispiel für diese Join-Art stellt die Tabelle 'Personal' dar, in der alle Mitarbeiter eines Unternehmens aufgeführt werden. Gleichzeitig wird in dieser Tabelle die Beziehung 'ist Vorgesetzter von' umgesetzt, die verdeutlicht, welcher Mitarbeiter der Vorgesetzte von welchen anderen Mitarbeitern ist.

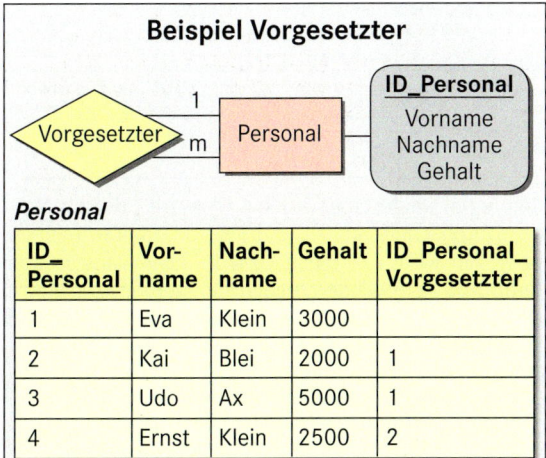

Bei diesen Beispieldatensätzen ist der Mitarbeiter 'Kai Blei' der Vorgesetzte von 'Ernst Klein'. Erstaunlicherweise hat aber der Vorgesetzte 'Kai Blei' mit 2000,- € ein geringeres Gehalt als sein Untergebener 'Ernst Klein' mit 2500,- €. Eine Tatsache, die sicherlich bei dem einen oder anderen Vorgesetzten nicht so sonderlich gut ankommt. Daher ist die Fragestellung

Welcher Mitarbeiter verdient mehr als sein Vorgesetzter ?

nicht uninteressant. Um diesen Abfragetyp mit SQL formulieren zu können, müssen zwei Referenzen auf ein und dieselbe Tabelle 'Personal' angelegt werden.

- Einmal muss man die Tabelle aus Sicht des Vorgesetzten und
- einmal aus Sicht des Mitarbeiters betrachten.

Unterschiedliche Referenzen bzw. unterschiedliche Aliasnamen lassen sich wieder im FROM-Teil der SQL-Anweisung festlegen.

FROM   Personal M, Personal V

Hierbei werden exemplarisch die Aliasnamen 'M' für Mitarbeiter und 'V' für Vorgesetzter verwendet.

Mit diesen Aliasnamen lassen sich nun die beiden benötigten Bedingungen formulieren. Die eine Bedingung ist, dass das Gehalt des Mitarbeiters (M.Gehalt) größer sein muss, als das Gehalt des Vorgesetzten (V.Gehalt).

WHERE   M.Gehalt > V.Gehalt

Die zweite Bedingung, die eigentliche Join-Bedingung, verlangt, dass der ID-Wert des Fremdschlüssels 'ID_Personal_Vorgesetzter', der bei jedem Mitarbeiter den Verweis zum Datensatz des Vorgesetzten realisiert, mit dem tatsächlichen ID-Wert 'ID_Personal' des Vorgesetzten zusammenpasst.

AND   M.ID_Personal_Vorgesetzter   = V.ID_Personal

Somit lautet die vollständige SQL-Anweisung:

Welcher Mitarbeiter verdient mehr als sein Vorgesetzter? Nenne die Nachnamen der Mitarbeiter und deren Vorgesetzten sowie deren Gehälter.

```
SELECT   M.Nachname, M.Gehalt
         V.Nachname, V.Gehalt
FROM     Personal M, Personal V
WHERE    M.Gehalt > V.Gehalt
  AND    M.ID_Personal_Vorgesetzter
         = V.ID_Personal;

Ausgabe: Ax,    5000, Klein, 3000
         Klein, 2500, Blei,  2000
```

Komplexes Beispiel

Basierend auf dem Beispiel von Seite 117 **Beispiel Bücherei**

Mit dem Trick der doppelten Referenz auf ein und dieselbe Tabelle lässt sich auch die folgende Datenbankanfrage in SQL formulieren.

Welche Bücher hat der Kunde vorgemerkt, der das Buch 'Haus und Garten' ausgeliehen hat? Zeige auch den Vor- und Nachnamen des Kunden mit an.

```
SELECT   B_vor.Titel, K.Nachname, K.Vorname
FROM     Kunde K, vormerken v,
         Buch B_aus, Buch B_vor
WHERE    B_aus.Titel = 'Haus und Garten'
  AND    B_aus.ID_Kunde = K.ID_Kunde
  AND    B_vor.ID_Buch = v.ID_Buch
  AND    v.ID_Kunde = K.ID_Kunde;
```

alternative Umsetzung mit Unterabfrage

```
SELECT   B.Titel, K.Nachname, K.Vorname
FROM     Kunde K, vormerken v, Buch B
WHERE    B.ID_Buch = v.ID_Buch
  AND    v.ID_Kunde = K.ID_Kunde
  AND    K.ID_Kunde =
         ( SELECT ID_Kunde
           FROM   Buch
           WHERE  Titel = 'Haus und Garten');
```

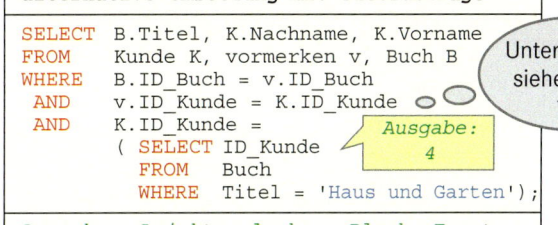

```
Ausgabe: Leichter lachen, Block, Ernst
         Datenbanken, Block, Ernst
Hinweis: B_aus verweist auf das ausge-
         liehene Buch. B_vor verweist
         auf die vorgemerkten Bücher.
```

12.10.5

10.7 Unterabfragen, INSERT-SELECT-Abfrage, VIEW

SQL-Abfragen können als Teil oder als Basis für weitere SQL-Anweisungen verwendet werden.

- So können Abfragen in Form von Unterabfragen zu neuen Abfragen zusammengefügt werden.
- Sie können aber auch die Basis für INSERT-SELECT-Abfragen oder
- für VIEW-Definitionen bilden.

Mit Abstand am häufigsten werden Unterabfragen im WHERE-Teil von SQL-Abfragen verwendet. Die nachfolgenden Kapitel zeigen einige sinnvolle Einsatzmöglichkeiten von Unterabfragen dieses Typs. Prinzipiell können Unterabfragen aber sowohl im SELECT- als auch FROM-Teil einer SQL-Abfrage vorkommen.

10.7.1 Unterabfragen (ein Rückgabewert)

Basierend auf dem Beispiel von Seite 111
Beispiel Mitarbeiter

Unterabfragen, die genau einen Rückgabewert als Ergebnis liefern, können direkt mit einem der Vergleichsoperatoren (=, <, >, <>, <=, >=) in eine übergeordnete Abfrage integriert werden.

Welcher Mitarbeiter verdient weniger als das Durchschnittsgehalt aller Mitarbeiter?

```
SELECT  Nachname, Vorname
FROM    Mitarbeiter
WHERE   Gehalt <
     (  SELECT  AVG(Gehalt)
        FROM    Mitarbeiter  );
```
Ausgabe: 2000

Ausgabe: Ax, Udo
*   Klein, Ernst*

Bei diesem Beispiel liefert die Unterabfrage das Durchschnittsgehalt aller Mitarbeiter.

Welcher Mitarbeiter verdient mehr als das Maximalgehalt, das in der Abteilung mit ID '2' gezahlt wird?

```
SELECT  Nachname, Vorname
FROM    Mitarbeiter
WHERE   Gehalt >
     (  SELECT  MAX(Gehalt)
        FROM    Mitarbeiter
        WHERE   ID_Abteilung = 2 );
```
Ausgabe: 2000

Ausgabe: Blei, Kai

Die Unterabfrage liefert hier das Maximalgehalt, das ein Mitarbeiter der Abteilung mit ID_Wert '2' bekommt.

10.7.2 Variablen

In SQL können auch Variablen definiert werden. Mit SQL-Variablen lassen sich komplexe Abfragen entzerren und vereinfachen. Eine Variable beginnt mit dem Zeichen '@' gefolgt von dem eigentlichen Variablennamen. Der Variablen kann mit dem Zuweisungsoperator ':=' oder über das Schlüsselwort SET ein Wert zugewiesen werden. Die beiden Anweisungen

```
SET @gehalt =
  ( SELECT  AVG(Gehalt)
    FROM    Mitarbeiter  );
```

und

```
SELECT  @gehalt := AVG(Gehalt)
FROM    Mitarbeiter;
```

definieren beide eine Variable '@gehalt', der als Wert das Durchschnittsgehalt (2000 €) aller Mitarbeiter zugewiesen wird. Auf diese Variable kann dann in späteren Abfragen wieder zugegriffen werden. Die Abfragen aus 10.7.1 lassen sich somit auch wie folgt mit Variablen formulieren:

Welcher Mitarbeiter verdient weniger als das Durchschnittsgehalt aller Mitarbeiter?

```
SET @gehalt =
  ( SELECT  AVG(Gehalt)
    FROM    Mitarbeiter  );

SELECT  Nachname, Vorname
FROM    Mitarbeiter
WHERE   Gehalt < @gehalt;
```
@gehalt = 2000

```
SELECT  @gehalt := AVG(Gehalt)
FROM    Mitarbeiter;

SELECT  Nachname, Vorname
FROM    Mitarbeiter
WHERE   Gehalt < @gehalt;
```
@gehalt = 2000

Ausgabe: Ax, Udo
*   Klein, Ernst*

Welcher Mitarbeiter verdient mehr als das Maximalgehalt, das in der Abteilung mit ID '2' gezahlt wird?

```
SET @gehalt =
  ( SELECT  MAX(Gehalt)
    FROM    Mitarbeiter
    WHERE   ID_Abteilung = 2 );

SELECT  Nachname, Vorname
FROM    Mitarbeiter
WHERE   Gehalt > @gehalt;
```
@gehalt = 2000

```
SELECT  @gehalt := MAX(Gehalt)
FROM    Mitarbeiter
WHERE   ID_Abteilung = 2;

SELECT  Nachname, Vorname
FROM    Mitarbeiter
WHERE   Gehalt > @gehalt;
```
@gehalt = 2000

Ausgabe: Blei, Kai

10.7.3 Unterabfragen (mehrere Rückgabewerte)

Basierend auf dem Beispiel von Seite 111
Beispiel Mitarbeiter

Man kann Abfragen formulieren, die nur ein Merkmal betreffen, aber mehrere Rückgabewerte besitzen. Derartige Abfragen können nicht mehr mit Hilfe der bekannten Vergleichsoperatoren als Unterabfragen in eine Abfrage integriert werden. Vielmehr muss mit zusätzlichen Mengenoperatoren angegeben werden, wie mit der Ergebnismenge der Unterabfrage zu verfahren ist. Generell können dazu folgende Befehle verwendet werden

IN	Wert muss in der Ergebnismenge der Unterabfrage enthalten sein.
	Kann mit **NOT** negiert werden.
ANY	Bedingung muss für irgendeinen Wert der Unterabfrage gelten.
	Wird mit Vergleichsoperator verwendet: =, <, >, <>, <=, >=
	= **ANY** entspricht **IN**
ALL	Bedingung muss für alle Werte der Unterabfrage gelten.
	Wird mit Vergleichsoperator verwendet: =, <, >, <>, <=, >=
	<> **ALL** entspricht **NOT IN**
EXISTS	Es wird lediglich die Existenz von Ergebnisdatensätzen einer Unterabfrage überprüft.
	Kann mit **NOT** negiert werden.

Beispiel ALL

Welcher Mitarbeiter verdient mehr als das Maximalgehalt in der Abteilung mit ID '2' ?

```
SELECT   Nachname, Vorname
FROM     Mitarbeiter
WHERE    Gehalt > ALL
   (  SELECT   Gehalt
      FROM     Mitarbeiter
      WHERE    ID_Abteilung = 2  );
```
Ausgabe: 2000 1500

Alternative Umsetzung

```
SELECT   Nachname, Vorname
FROM     Mitarbeiter
WHERE    Gehalt >
   (  SELECT   MAX(Gehalt)
      FROM     Mitarbeiter
      WHERE    ID_Abteilung = 2  );
```
Ausgabe: 2000

Ausgabe: Blei, Kai

Beispiel ANY

Welcher Mitarbeiter verdient mehr als das Minimalgehalt in der Abteilung mit ID '2' ?

```
SELECT   Nachname, Vorname
FROM     Mitarbeiter
WHERE    Gehalt > ANY
   (  SELECT   Gehalt
      FROM     Mitarbeiter
      WHERE    ID_Abteilung = 2  );
```
Ausgabe: 2000 1500

Alternative Umsetzung

```
SELECT   Nachname, Vorname
FROM     Mitarbeiter
WHERE    Gehalt >
   (  SELECT   MIN(Gehalt)
      FROM     Mitarbeiter
      WHERE    ID_Abteilung = 2  );
```
Ausgabe: 1500

*Ausgabe: Klein, Eva
         Blei, Kai*

Beispiel IN

Nenne die Vornamen aller Mitarbeiter, deren Nachname auch bei Mitarbeitern der Abteilung mit ID '2' vorkommt.

```
SELECT   Vorname
FROM     Mitarbeiter
WHERE    Nachname IN
   (  SELECT   Nachname
      FROM     Mitarbeiter
      WHERE    ID_Abteilung = 2  )
   AND   ID_Abteilung <> 2;
```
Ausgabe: Klein Ax

Alternative: IN entspricht = ANY

```
SELECT   Vorname
FROM     Mitarbeiter
WHERE    Nachname = ANY
   (  SELECT   Nachname
      FROM     Mitarbeiter
      WHERE    ID_Abteilung = 2  )
   AND   ID_Abteilung <> 2;
```
Ausgabe: Klein Ax

Ausgabe: Ernst

Nenne die Vornamen aller Mitarbeiter, deren Nachname nicht bei Mitarbeitern der Abteilung mit ID '2' vorkommt.

```
SELECT   Vorname
FROM     Mitarbeiter
WHERE    Nachname NOT IN
   (  SELECT   Nachname
      FROM     Mitarbeiter
      WHERE    ID_Abteilung = 2  )
   AND   ID_Abteilung <> 2;
```
Ausgabe: Klein Ax

Alternative: NOT IN entspricht <> ANY

```
SELECT   Vorname
FROM     Mitarbeiter
WHERE    Nachname <> ANY
   (  SELECT   Nachname
      FROM     Mitarbeiter
      WHERE    ID_Abteilung = 2  )
   AND   ID_Abteilung <> 2;
```
Ausgabe: Klein Ax

Ausgabe: Kai

10 SQL

Beispiel EXISTS

Mit EXISTS kann überprüft werden, ob eine Unterabfrage überhaupt einen Ergebnisdatensatz zurückliefert. Dabei ist völlig unwichtig, welche und wie viele Merkmale durch die Unterabfrage ausgegeben werden. Entscheidend ist lediglich die Existenz eines Ergebnisdatensatzes. Liefert eine Unterabfrage einen Datensatz, so wird EXISTS wahr und NOT EXISTS unwahr.

Beispiel Mitarbeiter/Kunde

Für die folgenden Beispiele wird neben der Mitarbeitertabelle (aus dem 'Beispiel Mitarbeiter' auf Seite 111) noch folgende Kundentabelle benötigt.
Die beiden Tabellen stehen in **keiner** Beziehung.

Kunde

ID_Kunde	Vorname	Nachname	Geburtstag
1	Jutta	Müller	1994-03-13
2	Bernd	Schulte	1988-11-28
3	Bärbel	Schmidt	1967-01-15
4	Ernst	Klein	1995-07-23

Nenne alle Mitarbeiter, deren Kombination aus Vor- und Nachnamen auch in der Kundentabelle vorkommt.

```
SELECT  M.Vorname, M.Nachname
FROM    Mitarbeiter M
WHERE   EXISTS
   ( SELECT  *
     FROM    Kunde K
     WHERE   M.Nachname = K.Nachname
     AND     M.Vorname  = K.Vorname   );
```

Ausgabe: Ernst, Klein

Nenne den Nachnamen und das Geburtsjahr aller Kunden, deren Geburtsjahr mit keinem Geburtsjahr eines Mitarbeiters übereinstimmt.

```
SELECT  K.Nachname, YEAR (Geburtsdatum)
FROM    Kunde K
WHERE   NOT EXISTS
   ( SELECT  *
     FROM    Mitarbeiter M
     WHERE   YEAR (M.Geburtsdatum) =
             YEAR (K.Geburtsdatum)   );
```

Ausgabe: Müller, 1994

Anmerkung

Üblicherweise beginnt eine EXISTS-Unterabfrage mit SELECT *. Sie könnte aber auch mit etwas ganz anderem anfangen, da MySQL die SELECT-Liste in einer solchen Unterabfrage ignoriert.
Auch zu diesen Abfragen gibt es alternative Umsetzungen zum Beispiel mit IN.

Komplexes Beispiel

Basierend auf dem Beispiel von Seite 117
Beispiel Bücherei

Das folgende Beispiel zeigt verschiedene Umsetzungsmöglichkeiten für eine komplexe SQL-Abfrage.

> Welche Bücher hat der Kunde vorgemerkt, der das Buch 'Haus und Garten' ausgeliehen hat?

ZWEI Unterabfragen (keine Variable)

```
SELECT   Titel
FROM     Buch
WHERE    ID_Buch IN                    Ausgabe:
   ( SELECT   ID_Buch                      2
     FROM     vormerken                     1
     WHERE    ID_Kunde =
       ( SELECT   ID_Kunde            Ausgabe:
         FROM     Buch                     4
         WHERE    Titel
              = 'Haus und Garten' ));
```

EINE Unterabfrage (mit Variable)

```
SELECT   @kunde := ID_Kunde
FROM     Buch                          @kunde =
WHERE    Titel                             4
     = 'Haus und Garten';

SELECT   Titel
FROM     Buch                          Ausgabe:
WHERE    ID_Buch IN                        2
   ( SELECT   ID_Buch                      1
     FROM     vormerken
     WHERE    ID_Kunde = @kunde   );
```

EINE Unterabfrage EIN Join

```
SELECT   B.Titel
FROM     Buch B, vormerken v
WHERE    B.ID_Buch = v.ID_Buch
AND      v.ID_Kunde =
   ( SELECT   ID_Kunde                Ausgabe:
     FROM     Buch                        4
     WHERE    Titel = 'Haus und Garten');
```

KEINE Unterabfrage ZWEI Joins

```
SELECT   B_vor.Titel
FROM     Buch B_vor, Buch B_aus,
         vormerken v
WHERE    B_vor.ID_Buch = v.ID_Buch
AND      v.ID_Kunde = B_aus.ID_Kunde
AND      B_aus.Titel = 'Haus und Garten';
```

*Ausgabe: Leichter lachen
         Datenbanken*

Anmerkung

Dieses Beispiel zeigt:
- Unterabfragen können auch mehrfach verschachtelt werden.
- Join-Verbindungen können auch durch Unterabfragen ausgedrückt werden.

10.7.4 INSERT-SELECT-Abfragen

Auch der INSERT-Befehl kann auf einer Abfrage basieren. Dadurch ist es beispielsweise möglich Daten aus unterschiedlichsten Tabellen neu zusammenzustellen und in eine beliebige Tabelle einzufügen.

Füge alle Mitarbeiter auch als Kunden in die Kundentabelle ein.

`INSERT INTO Kunde`
`       (Vorname, Nachname, Geburtstag)`
`SELECT Vorname, Nachname, Geburtstag`
`FROM   Mitarbeiter`

Anmerkung

Das Einfügen von Datensätzen durch Unterabfragen könnte problematisch werden, wenn dadurch doppelte Schlüsselwerte entstehen. Dies kann allerdings nicht vorkommen, wenn man konsequent mit eigenständigen ID-Werten arbeitet, die als datenbankinterne Identifikationsmerkmale dem Datenbankanwender verborgen bleiben. Diese ID-Werte können durch kollisionsfreie, automatische Nummerierungen erzeugt werden. Andernfalls kann man beispielsweise mit dem Schlüsselwort **IGNORE** in der INSERT-Anweisung fehlerverursachende Datensätze ignorieren lassen.

10.7.5 VIEW (Sicht)

Was ist ein View?

Ein View (Sicht oder auch Veränderliche genannt) ist ein über einen eigenen Namen ansprechbares Datenbankobjekt, das dem Datenbankanwender wie eine normale Tabelle erscheint und von ihm, zumindest für lesende Zugriffe, auch so behandelt werden kann. In Wirklichkeit verbirgt sich hinter einem View eine Datenbankabfrage. Ein View ist somit eine „virtuelle" Tabelle, deren Daten bei jedem Zugriff erst über die darunterliegende Abfrage ermittelt werden müssen.

Einsatzbeispiel

Views lassen sich unter anderem sehr gut zur Umsetzung der Generalisierung/Spezialisierung verwenden. Durch relativ einfache, (theoretisch) updatefähige Views kann man verbergen, dass die Daten für die spezialisierten Datensätze eigentlich aus mehreren Tabellen stammen. Dazu die Generalisierung/Spezialisierung des 'Beispiel Patienten' in der folgenden Spalte.

Vor- und Nachteile

Da die, einem View zugrunde liegende Abfrage beliebig komplex sein kann, gibt es schnell Probleme, wenn nicht nur lesend auf den View zugegriffen werden soll. Änderungs- und Einfügeoperationen sind häufig auf Views nicht ausführbar. Dennoch bieten Views den wesentlichen Vorteil der Vereinfachung von komplexen Abfragen, die sonst nur über mehrere Unterabfragen erzeugt und damit sehr schnell unübersichtlich würden.

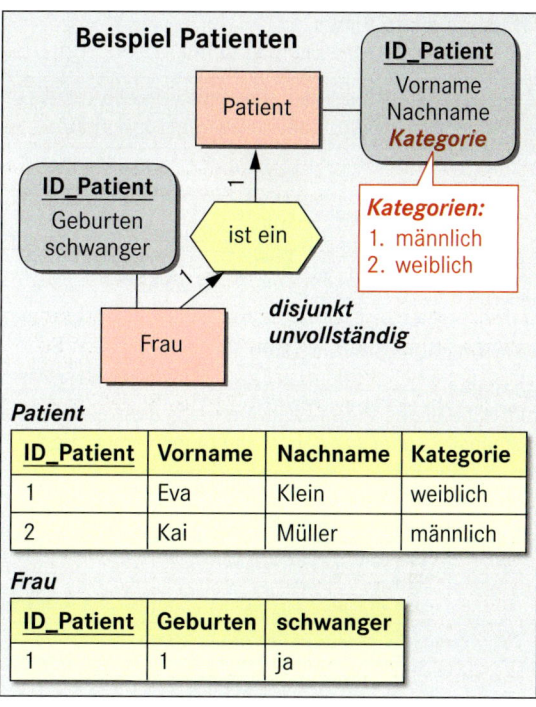

Patient

ID_Patient	Vorname	Nachname	Kategorie
1	Eva	Klein	weiblich
2	Kai	Müller	männlich

Frau

ID_Patient	Geburten	schwanger
1	1	ja

Die Generalisierung/Spezialisierung wird durch die beiden Tabellen 'Patient' und 'Frau' realisiert. Wenn man sich nun alle Informationen zu den weiblichen Patientinnen ansehen möchte, muss folgende SQL-Abfrage ausgeführt werden.

Zeige alle Informationen zu den weiblichen Patienten an.

`SELECT  P.ID_Patient, P.Vorname,`
`        P.Nachname,`
`        F.Geburten, F.schwanger`
`FROM    Patient P, Frau F`
`WHERE   P.ID_Patient = F.ID_Patient`
`AND     P.Kategorie = 'weiblich';`

Die Ergebnismenge dieser Abfrage zeigt die gewünschten Informationen zu allen weiblichen Patienten.

Ergebnismenge: Abfrage-Frauen

ID_Patient	Vorname	Nachname	Geburten	schwanger
1	Eva	Klein	2	ja

Wenn häufig auf diese Ergebnismenge zugegriffen werden muss, beispielsweise um die Vor- und Nachnamen aller schwangeren Frauen zu ermitteln, ist es sinnvoll, die Abfrage hinter einem View zu verbergen. Der Datenbankbenutzer kann dann auf und mit dieser Ergebnismenge 'Frauen Abfrage' so arbeiten, als wäre diese eine eigenständige Tabelle der Datenbank.

Erzeugen eines Views
Ein solcher View wird wie folgt definiert:

> Erzeuge den View 'Frau_View' als virtuelle Tabelle über den realen Tabellen 'Patient' und 'Frau'.
>
> ```
> CREATE VIEW Frau_View AS
> SELECT  P.ID_Patient, P.Vorname,
>         P.Nachname,
>         F.Geburten, F.schwanger
> FROM    Patient P, Frau F
> WHERE   P.ID_Patient = F.ID_Patient
>   AND   P.Kategorie = 'weiblich';
> ```

Vereinfachungen durch den View

Anzeigen
Mit Hilfe dieses Views kann man sich sehr einfach die Namensliste aller schwangeren Frauen verschaffen.

> Zeige die Vor- und Nachnamen aller schwangeren Frauen an.
>
> ```
> SELECT  Vorname, Nachname
> FROM    Frauen_View
> WHERE   schwanger = 'ja';
> ```
>
> *Alternative Umsetzung OHNE View*
>
> ```
> SELECT  P.Vorname, P.Nachname
> FROM    Patient P, Frau F
> WHERE   P.ID_Patient = F.ID_Patient
>   AND   P.Kategorie = 'weiblich'
>   AND   F.schwanger = 'ja';
> ```
>
> *Ausgabe: Eva, Klein*

Ändern
Auf diesem View können auch Updates ausgeführt werden. So ist es möglich den Nachnamen einer Patientin auf dem View 'Frau_View' zu ändern.

> Ändere den Nachnamen der Patientin 'Eva Klein' in 'Graf'.
>
> ```
> UPDATE  Frau_View
> SET     Nachname = 'Graf'
> WHERE   Vorname = 'Eva'
>   AND   Nachname = 'Klein';
> ```

Der Vorteil des Views besteht hier darin, dass der Datenbankbenutzer auch für Änderungsanweisungen nicht zu wissen braucht, wie die Daten von Patientinnen auf die realen Tabellen 'Frau' und 'Patient' aufgeteilt werden müssen.

Einfügen
Eine Einfügeoperation auf diesem View 'Frau_View' lässt sich in eine Einfügeoperation auf der Tabelle 'Frau' und in eine weitere Einfügeoperation auf der Tabelle 'Patient' aufteilen. Obwohl Einfügeoperationen auf diesem View eindeutig und einfach in zwei Einfügeoperationen zerlegt werden können, wird von den meisten RDMBS-Herstellern ein INSERT auf Join-Views (also Views, die mehrere Tabellen miteinander verbinden) nicht unterstützt. Möchte man beispielsweise die Patientin Silke Post, die zurzeit nicht schwanger ist und auch noch keine Kinder hat, in die Patientendatei aufnehmen, so wird man anstelle der Anweisung

```
INSERT INTO Frau_View
  (Vorname,Nachname,Geburten,schwanger)
VALUES ('Silke', 'Post', '0', 'nein';
```

doch wieder die beiden Einzelanweisungen

```
INSERT INTO Patient
  (ID_Patient,Vorname,Nachname,Kategorie)
VALUES ('3','Silke','Post','weiblich');

INSERT INTO Frau
  (ID_Patient, Geburten, schwanger)
VALUES ('3','0','nein');
```

vornehmen müssen.

Ändern eines Views
Die Definition eines Views kann mit dem Befehl

```
ALTER VIEW Viewname AS SELECT ...
```

beliebig verändert werden.

> Verändere den View 'Frau_View' als virtuelle Tabelle über den realen Tabellen 'Patient' und 'Frau'.
>
> ```
> ALTER VIEW Frau_View AS
> SELECT  P.ID_Patient, P.Vorname,
>         P.Nachname,
>         F.Geburten, F.schwanger
> FROM    Patient P, Frau F
> WHERE   P.ID_Patient = F.ID_Patient
> ```
>
> *Bedingung 'weiblich' entfernt*
>
> *Hinweis: In der Tabelle Frauen erfüllen alle Datensätze die Bedingung 'weiblich'!*

Erstellte Views anzeigen
Mit dem Befehl SHOW CREATE VIEW kann man sich anzeigen lassen, auf welcher Abfrage der View basiert und wie er definiert worden ist.

> Zeige die Definition des Views 'Frau_View'.
>
> ```
> SHOW CREATE VIEW Frau_View;
> ```
>
> *Ausgabe: Eine Tabelle mit Informationen zum gewünschten View*

View	Create
Frau_View	CREATE ALGORITHM=UNDEFINED DEFINER=`root`@`localhost` SQL SECURITY DEFINER VIEW `Frau_View` AS SELECT ... *SELECT-SQL-Anweisung folgt*

Löschen eines Views
Mit dem Befehl DROP können erstellte Views wieder gelöscht werden.

> Lösche den View 'Frau_View'.
>
> ```
> DROP VIEW Frau_View;
> ```

Teil 2: Informationen

10 SQL

Mitarbeiter

ID_Mitarbeiter	Vorname	Nachname	PLZ	Ort	Gehalt	Geschlecht	ID_Abteilung
1	Eva	Klein	11111	Berlin	2000	w	2
2	Kai	Blei	51111	Köln	3500	m	1
3	Udo	Ax	89077	Ulm	1500	m	2
4	Ernst	Klein	11111	Berlin	1000	m	3
5	Christa	Kurp	51111	Köln	2000	w	2
6	Ralf	Hohmann	51111	Köln	3500	m	3
7	Ute	Groß	89077	Ulm	1500	w	1
8	Silke	Specht	11111	Berlin	3000	w	2

Der Fremdschlüssel 'ID_Abteilung' realisiert die Beziehung 'arbeitet'.

Abteilung

ID_Abteilung	Bezeichnung
1	Planung
2	Fertigung
3	Versand

Beispiel Mitarbeiter/ Abteilung

ID_Abteilung
Bezeichnung

Abteilung 1 — arbeitet — m Mitarbeiter

ID_Mitarbeiter
Vorname
Nachname
PLZ
Ort
Gehalt
Geschlecht

10.8 Sortieren, Gruppieren, Kombinieren

Die SELECT-Abfrage besteht im Wesentlichen aus den drei Teilen SELECT, FROM und WHERE. In diesem Kapitel werden weitere Komponenten einer Abfrage vorgestellt. Zum einen ist eine Abfrage um die Angabe einer Sortierreihenfolge erweiterbar, zum anderen ist es möglich die Ergebnismenge der Abfrage in einzelne Gruppen aufzuteilen, für die wiederum separate Gruppen-Bedingungen formuliert werden können.

10.8.1 Sortieren ORDER BY

Mit dem Zusatz ORDER BY kann die Ergebnismenge nach bestimmten Merkmalen sortiert werden. Die Sortierreihenfolge wird dabei durch folgende Schlüsselwörter festgelegt:

ASC	aufsteigend (Standard)
DESC	absteigend

Die Sortierung kann auch nach mehreren Merkmalen erfolgen. Dafür werden alle Sortiermerkmale, durch Komma getrennt, hinter der ORDER BY Anweisung aufgelistet. Die Sortierung selbst erfolgt dann zunächst nach dem ersten Merkmal. Nur bei völliger Übereinstimmung in diesem Merkmal ist das zweite Merkmal für die feinere Sortierung maßgeblich usw.

Die ORDER BY-Anweisung muss die letzte Anweisung in einer SELECT-Abfrage sein.

Beispiele für die Verwendung von ORDER BY

Erzeuge eine Liste aller Mitarbeiter nach Nachnamen sortiert.

```
SELECT    Nachname, Vorname
FROM      Mitarbeiter
ORDER BY  Nachname ASC;
```

Ausgabe: Ax,   Udo
            Blei,   Kai
            Groß,   Ute
            Hohmann, Ralf
            Klein   Eva
            Klein,   Ernst
            Kurp,   Christa
            Specht,   Silke

Hinweis: Bei gleichen Nachnamen unsortierte Ausgabe

Erzeuge eine Liste aller Mitarbeiter. Sortiere diese Liste nach dem Ort absteigend, dann nach dem Nachnamen und anschließend nach dem Vornamen aufsteigend.

```
SELECT    Nachname, Vorname, Ort
FROM      Mitarbeiter
ORDER BY  Ort DESC,
          Nachname ASC, Vorname ASC;
```

Ausgabe: Ax,   Udo,   Ulm
            Groß,   Uta,   Ulm
            Blei,   Kai,   Köln
            Hohmann, Ralf,   Köln
            Kurp,   Christa, Köln
            Klein,   Ernst,   Berlin
            Klein,   Eva,   Berlin
            Specht,   Silke,   Berlin

10.8.2 Gruppieren GROUP BY

Zur Datenauswertung ist es oft notwendig, nicht jeden einzelnen Datensatz, sondern Gruppen von Datensätzen zu betrachten. Wenn man beispielsweise ermitteln möchte, in welcher Stadt die Mitarbeiter durchschnittlich am meisten verdienen, interessiert nicht mehr das konkrete Gehalt einzelner Mitarbeiter.

Gruppierung nach einem Merkmal

Eine solche Gruppenbildung kann mit der GROUP BY-Anweisung zu einer SQL-Abfrage hinzugefügt werden. Dadurch wird die Ergebnismenge der Abfrage nach dem angegebenen Merkmal in Gruppen aufgeteilt. Da für jede Gruppe nur ein Wert je Merkmal angezeigt werden kann, müssen für alle Merkmale, nach denen nicht gruppiert worden ist, Aggregationsfunktionen im SELECT-Teil der Abfrage dafür sorgen, dass genau ein eindeutiger Gruppenwert bestimmt werden kann.

> In welcher Stadt verdienen die Mitarbeiter durchschnittlich am meisten? Zeige mir die Stadt und das zugehörige Durchschnittsgehalt an.

```
SELECT    Ort, AVG(Gehalt)
FROM      Mitarbeiter
GROUP BY  Ort;

Ausgabe:  Berlin, 2000
          Köln,   3000
          Ulm,    1500
```

Die Anweisung

```
GROUP BY Ort
```

sorgt dafür, dass folgende Gruppen unterschieden werden:

Ort	Gehalt
	2000
Berlin	1000
	3000

Ort	Gehalt
	3500
Köln	2000
	3500

Ort	Gehalt
Ulm	1500
	1500

Durch die SELECT-Anweisung muss zu jedem Merkmal dieser drei Gruppen ein eindeutiger Wert für die Ausgabe bestimmt werden. Das Merkmal 'Ort' ist bereits eindeutig. Da nach diesem Merkmal gruppiert wurde, kommt in jeder Gruppe genau ein Ortsname vor. Für alle anderen Merkmale, wie hier das Merkmal 'Gehalt', muss dieser eindeutige Gruppenwert erst noch bestimmt werden. Deshalb wurde in dem Beispiel eine Aggregationsfunktion (hier AVG zur Durchschnittsberechnung) für das Merkmal 'Gehalt' verwendet.

Ort	AVG Gehalt
Berlin	2000

Ort	AVG Gehalt
Köln	3000

Ort	AVG Gehalt
Ulm	1500

> **Anmerkung**
> Bei Abfragen mit Gruppierungen dürfen nur die Gruppierungsmerkmale ohne Aggregationsfunktion im SELECT-Teil der Abfrage verwendet werden!
> Alle anderen Merkmale müssen mit einer (im Kapitel 10.5.3 vorgestellten) Aggregationsfunktion versehen werden.

Gruppieren nach mehreren Merkmalen

Es können auch mehrere Merkmale zur Gruppenbildung verwendet werden. In dem Fall werden alle Datensätze zu einer Gruppe zusammengefasst, deren Datenwerte bei allen angegebenen Gruppierungsmerkmalen übereinstimmen.

> Wie viele weibliche bzw. männliche Mitarbeiter arbeiten in derselben Stadt?

```
SELECT    Ort, Geschlecht,
          COUNT(ID_Mitarbeiter)
FROM      Mitarbeiter
GROUP BY  Ort, Geschlecht;

Ausgabe:  Berlin,  w,  2
          Berlin,  m,  1
          Köln,    w,  1
          Köln,    m,  2
          Ulm,     w,  1
          Ulm,     m,  1
```

In diesem Fall werden durch die Anweisung

```
GROUP BY Ort, Geschlecht
```

die folgenden sechs Guppen gebildet:

Ort	Geschlecht	ID_Mitarbeiter
Berlin	w	1
		8
Berlin	m	4
Köln	w	5
Köln	m	2
		6
Ulm	w	7
Ulm	m	3

Da hier nach den Merkmalen 'Ort' und 'Geschlecht' gruppiert wurde, ist die Ausgabe dieser Werte in der SELECT-Anweisung unproblematisch. Lediglich die unterschiedlichen Werte des Merkmals 'ID_Mitarbeiter' müssen noch durch eine passende Aggregationsfunktion sinnvoll zu einem Ausgabewert zusammengefasst werden. Da in dem Beispiel nur die Anzahl der Mitarbeiter interessierte, kann mit der Funktion COUNT der gewünschte Wert ermittelt werden.

> Die GROUP BY-Anweisung einer SELECT-Abfrage folgt nach der WHERE-Anweisung (wenn vorhanden, sonst direkt nach der FROM-Anweisung).

10 SQL

Gruppenbedingungen

Mit Hilfe der HAVING-Anweisung kann man Bedingungen definieren, die von der gesamten Gruppe erfüllt werden müssen. Die HAVING-Anweisung ist vergleichbar mit der WHERE-Anweisung, die ebenfalls Bedingungen definiert, allerdings für jeden einzelnen Datensatz und nicht für Gruppen.

> In welcher Stadt verdienen die Mitarbeiter durchschnittlich am meisten? Zeige die Stadt und das zugehörige Durchschnittsgehalt an.
> <u>Zusätzliche Bedingung:</u>
> Es interessieren nur die Städte, in denen mindestens drei Mitarbeiter beschäftigt sind!

```
SELECT    Ort, AVG(Gehalt)
FROM      Mitarbeiter
GROUP BY  Ort
HAVING    COUNT(ID_Mitarbeiter) >= 3;
```

Ausgabe: Berlin, 2000
            Köln,   3000

> Wie viele weibliche bzw. männliche Mitarbeiter arbeiten in derselben Stadt?
> <u>Zusätzliche Bedingung:</u>
> Die ermittelte Gruppe soll nur angezeigt werden, wenn das Durchschnittsgehalt der darin enthaltenen Mitarbeiter über 2000,- € liegt.

```
SELECT    Ort, Geschlecht,
          COUNT(ID_Mitarbeiter)
FROM      Mitarbeiter
GROUP BY  Ort, Geschlecht
HAVING    AVG(Gehalt) > 2000;
```

Ausgabe: Berlin, w, 2
            Köln,   m, 2

> Wie viele männliche Mitarbeiter arbeiten in den jeweiligen Abteilungen? Zeige den Namen der Abteilung und die Anzahl der männlichen Mitarbeiter an.
> <u>Zusätzliche Bedingung:</u>
> Es sollen nur die Gruppen angezeigt werden, deren Gehälter in der Summe 4000,- € übersteigen.

```
SELECT    A.Bezeichnung, COUNT(*)
FROM      Mitarbeiter M, Abteilung A
WHERE     M.Geschlecht = 'm'
  AND     M.ID_Abteilung = A.ID_Abteilung
GROUP BY  A.Bezeichnung
HAVING    SUM(M.Gehalt) > 4000;
```

Ausgabe: Versand, 2

Die HAVING-Anweisung muss direkt der GROUP BY-Anweisung folgen.

Komplexe Beispiele

Die folgenden komplexen Anfragen kombinieren Join-Abfragen und Unterabfragen mit Gruppierungen.

> In welcher Abteilung arbeiten die meisten Frauen? Zeige den Namen der Abteilung und die Anzahl der dort arbeitenden Frauen an.

```
SELECT    MAX(A.Bezeichnung), COUNT(*)
FROM      Mitarbeiter M, Abteilung A
WHERE     Geschlecht = 'w'
  AND     M.ID_Abteilung = A.ID_Abteilung
GROUP BY  A.ID_Abteilung
HAVING    COUNT(*) >= ALL           Ausgabe:
(   SELECT    COUNT(*)                  3
    FROM      Mitarbeiter                1
    WHERE     Geschlecht = 'w'
    GROUP BY  ID_Abteilung      );
```

Ausgabe: Fertigung, 3

Basierend auf dem Beispiel von Seite 117
Beispiel Bücherei

> Welcher Kunde hat das Buch ausgeliehen, das am häufigsten vorgemerkt worden ist?

```
SELECT    @buch_vor := ID_Buch
FROM      vormerken
GROUP BY  ID_Buch
HAVING    COUNT( * ) >= ALL         Ausgabe:
(   SELECT    COUNT( * )                2
    FROM      vormerken                 1
    GROUP BY  ID_Buch           );

SELECT    K.Vorname, K.Nachname     @buch_vor
FROM      Kunde K, Buch B               2
WHERE     K.ID_Kunde = B.ID_Kunde
AND       B.ID_Buch = @buch_vor;
```

Alternative Umsetzung OHNE Variable

```
SELECT    K.Vorname, K.Nachname
FROM      Kunde K, Buch B
WHERE     K.ID_Kunde = B.ID_Kunde
  AND     B.ID_Buch =
(   SELECT    ID_Buch                Ausgabe:
    FROM      vormerken                  2
    GROUP BY  ID_Buch
    HAVING COUNT( * ) >= ALL         Ausgabe:
    (   SELECT    COUNT( * )             2
        FROM      vormerken              1
        GROUP BY  ID_Buch ));
```

Ausgabe: Udo, Ax

10 SQL

10.8.3 Kombinieren

> Basierend auf dem Beispiel von Seite 126
> **Beispiel Mitarbeiter/Kunde**

Es kommt vor, dass verschiedene Tabellen teilweise identische Felder besitzen, z.B. den Vor- und den Nachnamen in einer Kunden- und in einer Mitarbeitertabelle. Will man die Vor- und Nachnamen von allen Kunden und allen Mitarbeitern als ein Abfrageergebnis ausgeben, so ist es notwendig je eine Abfrage auf der Kundentabelle und der Mitarbeitertabelle durchzuführen und diese miteinander zu kombinieren. Es gibt verschiedene Möglichkeiten die Ergebnismengen von unterschiedlichen, voneinander unabhängigen Abfragen zu einer neuen Ergebnismenge zu kombinieren. Prinzipiell kann man drei grundlegende Möglichkeiten unterscheiden, wie zwei Mengen kombiniert werden können.

Union (Vereinigung)
Die Ergebnismenge enthält die Datensätze beider Teilmengen.

Intersect (Durchschnitt)
Die Ergebnismenge enthält nur die Datensätze, die in beiden Teilmengen enthalten sind.

Except (Differenz)
Die Ergebnismenge enthält nur die Datensätze einer Teilmenge, die nicht in der anderen Teilmenge vorkommen.

UNION-Abfrage (Vereinigung)

Auf Grund der höheren Bedeutung der Mengenoperation 'Vereinigung' gegenüber der Durchschnitts- bzw. Differenzbildung wird oft nur die UNION-Abfrage als SQL-Anweisung zur Verfügung gestellt. Die anderen beiden Mengenoperationen lassen sich mit Hilfe von Unterabfragen und der IN- bzw. EXISTS-Anweisung relativ einfach umschreiben.

> Zeige eine Liste mit den Nachnamen und den Vornamen aller Kunden und Mitarbeiter an.

```
SELECT    Vorname, Nachname
FROM      Mitarbeiter
UNION
SELECT    Vorname, Nachname
FROM      Kunde;
```

Ausgabe: Eva, Klein
Kai, Blei
Udo, Ax
Klein, Ernst
Jutta, Müller
Bernd, Schulte
Bärbel, Schmidt
Ernst, Block

Anzahl und Datentypen der in den SELECT-Anweisungen der UNION-Teilabfragen verwendeten Merkmale müssen identisch sein.

INTERSECT-Abfrage (Durchschnitt)

In MySQL werden Intersect-Abfragen nicht direkt unterstützt. Sie können aber wie folgt formuliert werden.

> Bilde die Durchschnittsmenge aus den Vornamen der Kunden und aus den Vornamen der Mitarbeiter.

```
SELECT    Vorname
FROM      Kunde
WHERE     Vorname IN
(   SELECT     Vorname
    FROM       Mitarbeiter    );
```

Ausgabe: Ernst

> Nenne alle Mitarbeiter, deren Kombination aus Vor- und Nachnamen auch in der Kundentabelle vorkommt.

```
SELECT    M.Vorname, M.Nachname
FROM      Mitarbeiter M
WHERE     EXISTS
(   SELECT     *
    FROM       Kunde K
    WHERE      M.Nachname = K.Nachname
    AND        M.Vorname = K.Vorname    );
```

Ausgabe: Ernst

EXCEPT-Abfrage (Differenz)

In MySQL werden Except-Abfragen nicht direkt unterstützt. Sie können aber wie folgt formuliert werden.

> Nenne alle Vornamen der Kunden, die nicht als Vornamen bei einem Mitarbeiter auftreten.

```
SELECT    Vorname
FROM      Kunde
WHERE     Vorname NOT IN
(   SELECT     Vorname
    FROM       Mitarbeiter    );
```

Ausgabe: Jutta
Bernd
Bärbel

> Nenne alle Mitarbeiter, deren Kombination aus Vor- und Nachnamen nicht in der Kundentabelle vorkommt.

```
SELECT    M.Vorname, M.Nachname
FROM      Mitarbeiter M
WHERE     NOT EXISTS
(   SELECT     *
    FROM       Kunde K
    WHERE      M.Nachname = K.Nachname
    AND        M.Vorname = K.Vorname    );
```

Ausgabe: Eva, Klein
Kai, Blei
Udo, Ax

10.8.4 Reihenfolge und Bedeutung der Schlüsselwörter in einer SQL-Abfrage

Erweitert um die GROUP BY-, die HAVING- und die ORDER BY-Anweisung ergibt sich für SQL-Abfragen folgender prinzipieller Aufbau mit entsprechend fest vorgegebener Reihenfolge der Schlüsselwörter.

Reihen-folge	Schlüssel-wort	Beschreibung
1	SELECT	Einschränkung der Ausgabe
2	FROM	Angabe der Datenquelle
3	WHERE	Einzelbedingungen
4	GROUP BY	Gruppierung
5	HAVING	Gruppenbedingung
6	ORDER BY	Sortierreihenfolge
Kombiniert mehrere Abfragen		
-	UNION	Vereinigung

Es werden nicht immer alle Schlüsselwörter zum Formulieren einer SQL-Abfrage benötigt. Die verwendeten Schlüsselwörter müssen aber in der angegebenen Reihenfolge in der SQL-Abfrage angeordnet werden. Lediglich das Schlüsselwort UNION hat hier eine Sonderstellung, da es zwischen zwei Abfragen positioniert werden muss.

10.9 Trigger, Transaktionen und Indizes

Trigger, Transaktionen und Indizes sind Konzepte, die zur Kontrolle und Optimierung der Datenbank verwendet werden.

10.9.1 Trigger

Durch Trigger kann das Zugriffsverhalten der Datenbankbenutzer auf eine Datenbank genauestens untersucht werden. Die Untersuchungsergebnisse können zur Zugriffsoptimierung, z.B. mit Hilfe von Indizes, verwendet werden. Ein Trigger ist ein über einen eigenen Namen ansprechbares Datenbankobjekt, das fest mit einer Tabelle verbunden ist. Es wird aktiviert, wenn für diese Tabelle ein bestimmtes Ereignis eintritt. Dabei werden folgende Ereignisse unterschieden.

Ereignisse

INSERT	Einfügeoperation
DELETE	Löschoperation
UPDATE	Änderungsoperation

Auch der genaue Zeitpunkt der Triggeraktivierung kann über Schlüsselwörter festgelegt werden.

Zeitpunkt

BEFORE	vor dem Ereignis
AFTER	nach dem Ereignis

Dabei kann mit den Referenzen NEW und OLD auf die Werte der beobachteten Tabelle vor und nach der Änderung zugegriffen werden.

Referenzen

NEW	Datensatz NACH Änderung
OLD	Datensatz VOR Änderung

Beispiel Protokoll

Für die folgenden Beispiele wird neben der Mitarbeitertabelle (aus dem 'Beispiel Mitarbeiter' auf Seite 111) noch die folgende Protokoll-Tabelle benötigt.

Protokoll

ID_Protokoll	Vorname	Nachname

Trigger erzeugen

Bevor ein Mitarbeiter aus der Tabelle 'Mitarbeiter' gelöscht wird, sichere den Vor- und Nachnamen in die Tabelle 'Protokoll'. Lösche den Mitarbeiter, der im Jahr 1967 geboren wurde.

```
CREATE TRIGGER loesch_trigger
BEFORE DELETE ON Mitarbeiter FOR EACH ROW
  INSERT INTO Protokoll (Vorname, Nachname)
  VALUES (OLD.Vorname, OLD.Nachname);

DELETE FROM Mitarbeiter
WHERE YEAR (Geburtsdatum) = 1967;
```

Ausgabe: 1, Kai, Blei
Hinweis: wird in die Protokolltabelle eingefügt.

Nachdem ein Mitarbeiter in die Tabelle 'Mitarbeiter' eingefügt worden ist, sichere den Vor- und Nachnamen in die Log-Tabelle 'Protokoll'. Füge die neue Mitarbeiterin 'Uta Klee' in die Tabelle 'Mitarbeiter' ein.

```
CREATE TRIGGER einfueg_trigger
AFTER INSERT ON Mitarbeiter FOR EACH ROW
  INSERT INTO Protokoll (Vorname, Nachname)
  VALUES (NEW.Vorname, NEW.Nachname);

INSERT INTO Mitarbeiter VALUES
('','Uta','Klee',1992-04-12,1400,'w',3);
```

Ausgabe: 2, Uta, Klee
Hinweis: wird in die Protokolltabelle eingefügt.

Trigger löschen

Lösche den Trigger 'einfueg_trigger'.

```
DROP TRIGGER einfueg_trigger;
```

10.9.2 Transaktionsverwaltung

Der Begriff Transaktion wird oft mit Geld in Zusammenhang gebracht. Eine Geld-Transaktion ist eine Kapitalumbuchung von einem Konto auf ein anderes. Somit besteht eine Geldtransaktion immer aus mehreren einzelnen Aktionen, die aber als untrennbare atomare Einheit betrachtet werden müssen. Bei einer Geldtransaktion muss dem Abbuchen des Geldes von einem Konto zwangsläufig das Aufbuchen des Geldes auf ein anderes Konto folgen.

Bei relationalen Datenbanken erlauben die Transaktionen allgemein mehrere beliebige SQL-Befehle zu einer unteilbaren, atomaren Einheit zusammenzufassen. Neben der Unteilbarkeit müssen Transaktionen folgende Eigenschaften erfüllen.

Eigenschaften einer Transaktion
Die Eigenschaften einer Transaktion werden unter der Abkürzung **ACID** zusammengefasst. Diese Abkürzung steht für:

- *Atomicity (atomar)*
  Eine Transaktion umfasst mehrere SQL-Anweisungen, die entweder ganz oder gar nicht ausgeführt werden.

- *Consistency (konsistent)*
  Während einer Transaktion können inkonsistente (fehlerhafte) Datenbankzustände auftreten. Aber nach Abschluss einer Transaktion ist die Datenbank wieder in einem konsistenten Zustand.

- *Isolation (isoliert)*
  Parallel ausgeführte Transaktionen beeinflussen sich gegenseitig nicht! Eine Transaktion muss somit, isoliert auf einem eigenen System ausgeführt, zu denselben Änderungen führen wie bei einem Mehrbenutzersystem mit mehreren parallel laufenden Transaktionen.

- *Durability (dauerhaft)*
  Die Wirkung einer Transaktion wird dauerhaft gewährleistet auch bei einem späteren Systemausfall.

Diese Eigenschaften können bei Mehrbenutzersystemen von sehr hoher Bedeutung sein, da sich ansonsten die Aktionen der gleichzeitig auf demselben Datenbestand agierenden Benutzer gegenseitig beeinflussen und so zu inkonsistenten, fehlerhaften Datenbankzuständen führen können.

Befehle
Eine Transaktion wird gestartet mit dem Befehl

```
START TRANSACTION;
```

Danach können beliebig viele SQL-Befehle folgen.
Es gibt nun zwei Möglichkeiten die Transaktion zu beenden.

```
COMMIT;
```

beendet die aktuelle Transaktion und macht die entsprechenden Änderungen permanent.

```
ROLLBACK;
```

nimmt die laufende Transaktion wieder zurück und stellt den Datenbankzustand von vor der Transaktion wieder her (z.B. bei einem Systemausfall wichtig).

Beispiel Konto

Konto

ID_Konto	Kontonummer	Betrag
1	11111111	2500
2	22222222	1000

Beispiel

Überweise das Geld von Konto '11111111' auf das Konto '22222222'

```
START TRANSACTION;

SELECT    @geld_1 := Betrag
FROM      Konto
WHERE     Kontonummer = 11111111;

SELECT    @geld_2 := Betrag
FROM      Konto
WHERE     Kontonummer = 22222222;

UPDATE    Konto
SET       Betrag = Betrag - @geld_1
WHERE     Kontonummer = 11111111;

UPDATE    Konto
SET       Betrag = @geld_1 + @geld_2
WHERE     Kontonummer = 22222222;

COMMIT;
```

Ausgabe: Die Tabelle Konto wurde verändert.

Konto

ID_Konto	Kontonummer	Betrag
1	11111111	0
2	22222222	3500

10.9.3 Index

Durch das Anlegen von Indizes können die Zugriffszeiten für lesende Datenbankzugriffe deutlich verringert werden. Das Auffinden von Daten wird standardmäßig für das Schlüsselmerkmal optimiert. Werden häufig andere Merkmale bei SQL-Abfragen als Suchkriterien verwendet, sollte auf diese Merkmale ein Index, genauer ein Sekundärindex (siehe Kapitel 9.5.5), eingerichtet werden. Da sich dadurch aber das Einfügen von neuen Daten und auch das Ändern bestehender Daten verlangsamt, sollten Sekundärindizes sparsam und sehr gezielt eingesetzt werden.

Index erstellen

> Verbessere die Zugriffszeiten für Abfragen mit lesendem Zugriff auf die Tabelle 'Mitarbeiter', die als Suchkriterium das Merkmal 'Gehalt' verwenden.

```
CREATE INDEX gehalt_index
USING       BTREE
ON          Mitarbeiter(Gehalt);
```

> Verbessere die Zugriffszeiten für Abfragen mit lesendem Zugriff auf die Tabelle 'Mitarbeiter', die als Suchkriterium die Vornamen und Nachnamen der Mitarbeiter verwenden.

```
CREATE INDEX name_index
USING       BTREE
ON          Mitarbeiter(Vorname, Nachname);
```

Anmerkung

BTREE ist die verwendete Speicherstruktur B*-Baum. Es gibt noch weitere Speicherstrukturen (vergleiche Kapitel 9.5 Zugriffsoptimierung). In MySQL kann aber nur die Speicherstruktur BTREE für den Sekundärindex verwendet werden, sobald die Tabelle mit der Standardspeicherstruktur MyISAM erstellt worden ist.

Index anzeigen

> Zeige alle Indizes, die auf der Tabelle 'Mitarbeiter' definiert worden sind.

```
SHOW INDEX FROM Mitarbeiter;
```

Ausgabe: Eine Liste aller Indizes der Tabelle 'Mitarbeiter'.

Key_name	Column_name	Index_type	...
PRIMARY	ID_Mitarbeiter	BTREE	...
gehalt_index	Gehalt	BTREE	...
name_index	Vorname	BTREE	...
name_index	Nachname	BTREE	...

Index löschen

> Lösche den Index mit Namen 'name_index' auf der Tabelle 'Mitarbeiter'.

```
DROP INDEX name_index ON Mitarbeiter;
```

10.10 Prozeduren und Funktionen

Mit Hilfe von gespeicherten Prozeduren und Funktionen können mehrere SQL-Anweisungen zu einer Einheit zusammengefasst werden, die dann über den Prozedur- bzw. den Funktionsnamen angesprochen werden kann. Im Gegensatz zu Prozeduren liefert eine Funktion mit der RETURN-Anweisung einen Rückgabewert zurück. Erzeugt werden Funktionen mit dem Befehl CREATE FUNCTION und Prozeduren mit CREATE PROCEDURE. Des Weiteren werden sie mit den Anweisungen ALTER modifiziert bzw. DROP wieder gelöscht.

In Prozeduren und Funktionen können

- Variablen definiert aber auch
- Bedingungen und
- Schleifen als Kontrollstrukturen verwendet werden.

Dadurch können sehr komplexe Anforderungen umgesetzt werden. Die wesentlichen Schlüsselwörter und Anweisungen im Zusammenhang mit Prozeduren und Funktionen sind:

Prozeduren

CREATE PROCEDURE	erzeugt eine Prozedur.
CALL	ruft eine Prozedur auf.
ALTER PROCEDURE	modifiziert eine Prozedur.
DROP PROCEDURE	löscht eine Prozedur.

Funktionen

CREATE FUNCTION	erzeugt eine Funktion.
RETURN	Rückgabewert bei Funktionen.
ALTER FUNCTION	modifiziert eine Funktion.
DROP FUNCTION	löscht eine Funktion.

Anmerkung

Die Möglichkeiten, die Prozeduren und Funktionen bieten, sind so komplex, dass sie den Rahmen dieses Buches sprengen würden. Doch ist es wichtig von deren Existenz zu wissen, um sich im Bedarfsfall in das Thema einarbeiten zu können. In clientseitigen Datenbanksystemen (wie z. B. Microsoft Access) können in der Regel keine solchen SQL-Funktionen bzw. SQL-Prozeduren angelegt werden.

11 Benutzerschnittstelle

Daten, auf die mit Hilfe von SQL zugegriffen werden kann, müssen zur einfachen und anschaulichen Eingabe, Weiterverarbeitung und Darstellung für den Benutzer grafisch aufbereitet werden.

Für die Erzeugung und Gestaltung solcher Benutzerschnittstellen bieten die meisten Anbieter von RDBMS produktbezogene individuelle Möglichkeiten an. Auch clientseitige Datenbanken wie beispielsweise ACCESS bieten diverse Möglichkeiten der Formular- und Berichtgestaltung.

Wenn man eine Benutzerschnittstelle entwickeln möchte, die relativ unabhängig von der verwendeten Datenbanksoftware ist, kann man den Zugriff auf die Daten, beispielsweise von höheren Programmiersprachen wie C++ oder Java aus, über die Schnittstelle ODBC (Open Database Connectivity/„Offene Datenbank-Verbindungsfähigkeit") bzw. JDBC realisieren. Diese Umsetzung ist für LAN's (Lokal Area Network) gut geeignet, da dadurch dem Programmierer alle Möglichkeiten der Programmiersprache zur Verfügung stehen.

Datenbankanwendungen, auf die nicht nur innerhalb eines LAN sondern weltweit (evtl. sogar öffentlich) zugegriffen werden soll, werden in der Regel webbasierend realisiert. Zur Umsetzung der Benutzerschnittstelle wird bei webbasierenden Datenbankanwendungen häufig die serverseitige Skriptsprache PHP eingesetzt.

> Dieses Kapitel setzt Erfahrungen und Grundkenntnisse im Bereich PHP-Programmierung und HTML-Formular-Erstellung voraus.

13.10
13.11

Im Kapitel 13 Nachschlagen sind Zusammenfassungen und Befehlsübersichten zu diesen Themen zu finden.

11.1 LAMP / XAMPP

Die Skriptsprache PHP ist integraler Bestandteil von LAMP[1], WAMP[2] oder XAMP[3] aber auch in XAMPP[4] Systemen und wird zusammen mit dem Datenbankmanagementsystem MySQL verwendet.

In den folgenden beiden Abschnitten werden die prinzipiellen Arbeitsweisen und die Vor- und Nachteile von LAMP- und XAMPP-Systemen vorgestellt. Das Kapitel 11.2 zeigt anhand des einfachen Gästebuchbeispiels das grundsätzliche Zusammenspiel von HTML und PHP, bevor im Kapitel 11.3 auf Sicherheitsaspekte beim Betrieb eines öffentlichen und damit angreifbaren Webservers eingegangen wird.

11.1.1 LAMP

LAMP ist ein Akronym für:
- **L**inux   Betriebssystem
- **A**pache   Webserver
- **M**ySQL   Datenbank
- **P**HP   Skriptsprache

Komponenten

Linux
Linux ist das Betriebssystem, das die Basis eines LAMP-Systems bildet. Von ihm stammt das L aus der Abkürzung LAMP.

Apache
Apache ist der Webserver, der auf dem Betriebssystem läuft und der für die Bereitstellung der HTML- und PHP-Seiten zuständig ist.

MySQL
MySQL ist das relationale Datenbankmanagementsystem (RDBMS), das die Datenbanken und deren Zugriffsrechte verwaltet. Mit SQL als Datenbankschnittstelle kann auf das RDBMS, beispielsweise von PHP aus, zugegriffen werden.

PHP
PHP ist eine, als Modul in den Apache-Webserver integrierte Skriptsprache. Sie wird serverseitig ausgeführt und wird zur Erzeugung von HTML-Code verwendet. Mit PHP-Funktionen kann der Zugriff auf eine MySQL-Datenbank realisiert werden.

---

phpMyAdmin
phpMyAdmin ist ein in PHP geschriebenes, webbasiertes Verwaltungstool für MySQL-Datenbankserver. Es ist schnell und unkompliziert zu installieren und vereinfacht die Datenbankadministration erheblich.

---

[1] LAMP Abkürzung für Linux, Apache-Webserver, MySQL, PHP
[2] WAMP Abkürzung für Windows, Apache-Webserver, MySQL, PHP
[3] XAMP das X steht für die Betriebssystemunabhängigkeit sonst wie LAMP
[4] XAMPP wie XAMP, aber zusätzlich mit der Scriptsprache Perl

11 Benutzerschnittstelle

Arbeitsweise

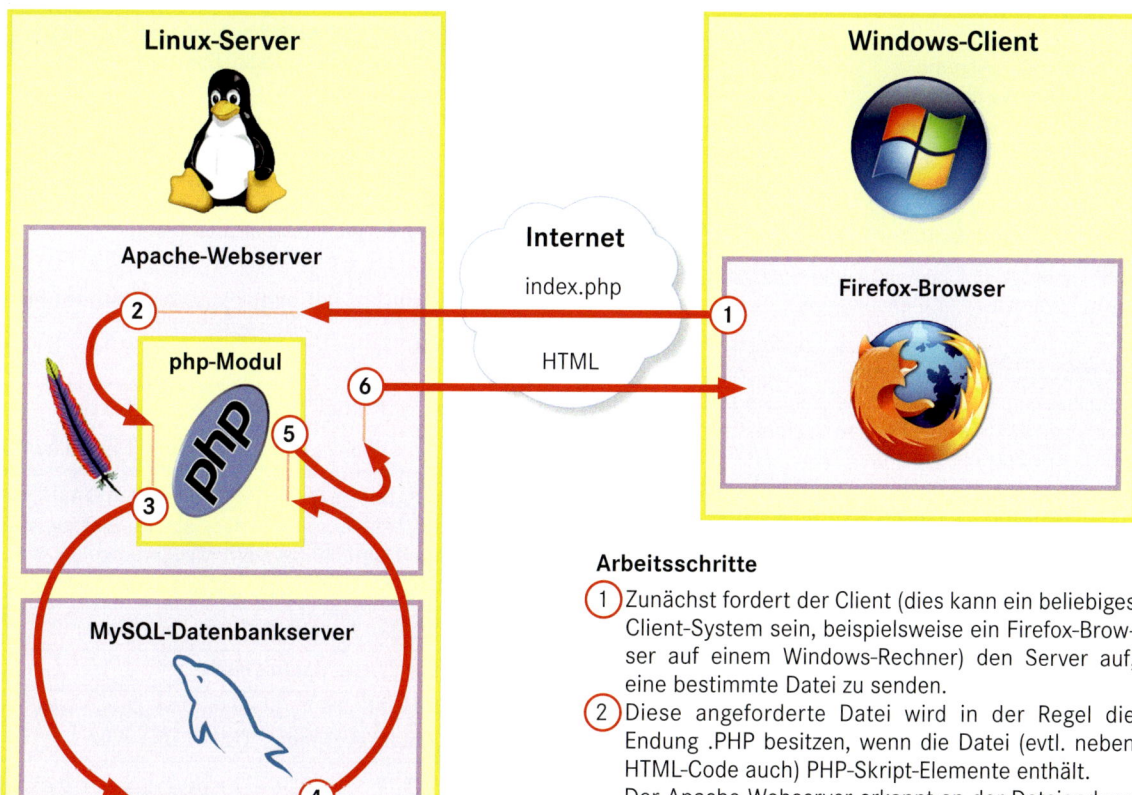

Der entscheidende Unterschied zwischen der Skriptsprache PHP und anderen Skriptsprachen (wie etwa JavaScript) besteht darin, dass die PHP-Programme vom Webserver ausgeführt werden. An den aufrufenden Browser werden nur die PHP-Programmausgaben (in der Regel reiner HTML-Code und nicht das eigentliche PHP-Programm) gesendet. Der Browser selbst muss lediglich diesen HTML-Code umsetzen und anzeigen. Mit der Programmausführung hat der Browser auf dem Client nichts zu tun[1].

Im Folgenden wird die Abarbeitung einer typischen Browseranfrage an einen Apache-Webserver anhand des obigen Schaubildes vorgestellt. Dabei ist die angeforderte Datei keine reine HTML-Datei (z.B. index.html) sondern eine HTLM Datei mit integrierten PHP Skripten. Diese Dateien haben üblicherweise die Endung PHP (z.B. index.php). PHP-Dateien Anfragen werden nicht vom Apache-Webserver direkt beantwortet, sondern müssen wie folgt abgearbeitet werden:

Arbeitsschritte

1. Zunächst fordert der Client (dies kann ein beliebiges Client-System sein, beispielsweise ein Firefox-Browser auf einem Windows-Rechner) den Server auf, eine bestimmte Datei zu senden.
2. Diese angeforderte Datei wird in der Regel die Endung .PHP besitzen, wenn die Datei (evtl. neben HTML-Code auch) PHP-Skript-Elemente enthält. Der Apache-Webserver erkennt an der Dateiendung .php, dass die Datei nicht direkt zurückgesendet werden darf, sondern dass die Datei zunächst an das PHP-Modul weitergereicht werden muss.
3. Das PHP-Modul übersetzt alle PHP-Skript-Anteile der Datei und führt diese aus. Das PHP-Skript kann nun wiederum Datenbankbefehle in Form von SQL-Anweisungen enthalten. In einem solchen Fall muss vom PHP-Modul aus die Verbindung zum Datenbankserver hergestellt und die SQL-Abfrage an den Datenbank-Server übergeben werden.
4. Der Datenbankserver MySQL nimmt die SQL-Abfrage entgegen, führt diese auf der angegebenen Datenbank aus und liefert die Ergebnismenge an das PHP-Skript zurück.
5. Das PHP-Skript bereitet die Ergebnismenge so auf, dass daraus reiner HTML-Code entsteht.
6. Die dynamisch erstellte Datei enthält jetzt ausschließlich HTML-Code und wird von dem Apache-Webserver an den aufrufenden Browser auf dem Client zurückgeschickt.

Vorteile

- Es müssen keine Annahmen oder Voraussetzungen bezüglich des Client-Browsers gemacht werden (jeder Standardbrowser zeigt die Seite an).
- Der Anwender bekommt von dem serverseitigen Programm nichts mit (Sicherheitsaspekt).

---

[1] Im Gegensatz zu z.B. JavaScript-Programmen.
Diese Programme werden direkt an den Browser gesendet, der dann für die Ausführung des Skripts verantwortlich ist.

Teil 2: Informationen

11 Benutzerschnittstelle

11.1.2 XAMPP

XAMPP ist ein Akronym für:

- **X**   Betriebssysteme
  - Windows oder
  - Unix (Linux)
- **A**pache   WEB-Server
- **M**ySQL   Datenbank
- **P**HP   Skriptsprache
- **P**erl   Skriptsprache

Auch phpMyAdmin ist als Datenbankverwaltungstool Bestandteil der XAMPP-Installation.

Bei dem XAMPP-System steht die besonders einfache Installation im Vordergrund. Beispielsweise existiert für Windows-Systeme eine Version mit Installationsroutine, für andere Betriebssysteme (Linux, Solaris, Mac OS X) sind Versionen mit ausführlicher Installationsanleitung vorhanden. Die ansonsten sehr aufwändige Konfiguration der Teilkomponenten entfällt. Das XAMPP-System ist in erster Linie für Entwickler geeignet, die möglichst schnell ein kompaktes Testsystem aufsetzen möchten. Zum Einsatz als Produktivsystem (z.B. als öffentlicher Webserver) ist ein XAMPP-System wegen der Einschränkungen in Hinblick auf die Sicherheit nicht zu empfehlen. Da ein XAMPP-System alle Komponenten eines LAMP-Systems (oder auch eines WAMP-Systems und zusätzlich die Skriptsprache PERL) enthält, ist die zuvor beschriebene Arbeitsweise des LAMP-Systems auf das XAMPP-System übertragbar.

Vorteile
- Wie beim LAMP-System!
- Leichte Installierbarkeit.
- Geringer Konfigurationsaufwand.
- Für unterschiedliche Betriebssysteme erhältlich.

Nachteil
- Sollte nicht als Produktivsystem verwendet werden. (Aufgrund von Sicherheitslücken)

> **Anmerkung**
> Aufgrund der einfacheren Installation und der Verfügbarkeit für unterschiedliche Betriebssysteme befindet sich auf der Buch-CD ein XAMPP-System.
>
> Da die Skriptsprache Perl in diesem Buch nicht verwendet wird, könnte aber ebenso gut ein LAMP oder WAMP-System aufgesetzt werden.

12.11.1

11.2   Beispiel Gästebuch

Für eine Webseite soll ein Gästebuch angelegt werden. Dieses Gästebuch soll für alle Besucher lesbar sein und soll ihnen ermöglichen, eigene Gästebucheinträge unter ihrem Namen mit Angabe ihrer E-Mail-Adresse zu hinterlassen. In einem zweiten Schritt müssen vom Administrator ungewollte Einträge ausgewählt und gelöscht werden können. Zur Erfüllung dieser Anforderungen genügt lediglich eine einzige Tabelle.

Tabelle
Die Tabelle 'Eintrag' hat beispielsweise folgendes Aussehen:

Eintrag

ID_Eintrag	Name	E_Mail	Text
1	Willi	willi@mail.de	Tolle Seiten!

Auf einem LAMP (bzw. XAMPP) -System kann die Datenbank 'Gaestebuch' mit der Tabelle 'Eintrag' wie folgt auf dem Datenbanksystem MySQL angelegt werden.

> Lege die Datenbank 'Gaestebuch' an.
>
> ```
> CREATE DATABASE Gaestebuch;
> ```
>
> Erzeuge die Tabelle 'Eintrag' mit den Merkmalen 'ID_Eintrag', 'Name', 'E-Mail' und 'Text'.
>
> ```
> CREATE TABLE Gaestebuch.Eintrag
> (   ID_Eintrag    BIGINT NOT NULL
>                   AUTO_INCREMENT
>                   PRIMARY KEY ,
>     Name          VARCHAR( 25 ),
>     E_Mail        VARCHAR( 25 ),
>     Text          TEXT                );
> ```

Testweise könnten auch erste Datensätze über SQL in die Tabelle 'Eintrag' eingefügt werden.

> Lege den Testdatensatz in der Tabelle 'Eintrag' an: '1, Willi, willi@mail.de, Tolle Seiten!'
>
> ```
> INSERT INTO Gaestebuch.Eintrag
> (Name, E_Mail, Text) VALUES
> ('Willi','willi@mail.de','Tolle Seiten!');
> ```

Benutzer
Zudem sollte ein eigener Datenbankbenutzer angelegt werden, der nur auf der Datenbank 'Gaestebuch' die notwendigen Rechte besitzt.

> Lege den Benutzer 'gb_user' mit Passwort '12345' an.
>
> ```
> CREATE USER gb_user@localhost
> IDENTIFIED BY '12345';
> ```
>
> Gib dem Benutzer 'gb_user' das Lese-, Einfüge- und Löschrecht auf der Tabelle 'Eintrag'.
>
> ```
> GRANT SELECT, INSERT, DELETE ON
> Gaestebuch.Eintrag * TO gb_user@localhost;
> ```

Mit 'localhost' wird der eigene, der lokale Rechner bezeichnet.

11.2.1 PHP Gästebuch anzeigen

PHP-Skriptdatei
Dateiname: 'anzeige.php'

```php
<html>
    <body bgcolor='#cccccc'>
        <h1> Gästebuch </h1>
        <hr>
        <table border='1'>
<?php
//Beginn des php-Skriptes
//Variablendefinition
    $dbserver   = "localhost";
    $dbuser     = "gb_user";
    $dbpasswort = "12345";                     ①
    $dbname     = "Gaestebuch";
//Verbindung zum DB-Server aufbauen            ②
    $dbh = mysql_connect($dbserver,$dbuser,
        $dbpasswort)                           ③
        or die ("Fehler bei CONNECT");
//Verbindung zur Datenbank aufbauen
    mysql_select_db ($dbname, $dbh)            ④
        or die ("Fehler bei SELECT_DB");
//SQL-Abfrage an die Datenbank senden          ⑤
    $sql = "SELECT * FROM Eintrag";
    $result = mysql_query ($sql, $dbh)
        or die ("Fehler bei QUERY");           ⑥
//Ergebnis der SQL-Abfrage verarbeiten
    while ($row=mysql_fetch_row($result))      ⑦
    {
        echo "<tr>\n";
        foreach ($row as $i)
        {
            echo "<td>$i</td>\n";              ⑧
        }
        echo "</tr>\n";
    }
//Datenbankverbindung schließen
    mysql_close($dbh);                         ⑨
// Ende des PHP-Skriptes
?>
        </table>
    </body>
</html>
```

Das HTML-Dokument beinhaltet einen PHP-Skript. PHP-Skripte beginnen mit dem Tag <?php und enden mit dem Tag ?>. In einer HTML-Datei können mehrere PHP-Skripte an den unterschiedlichsten Stellen eingefügt werden. Alle Programmzeilen zwischen dem beginnenden und dem endenden PHP-Tag werden vom PHP-Parser (engl. to parse „analysieren") übersetzt und ausgewertet. Nach der Auswertung bleibt ein HTML-Dokument übrig, das kein PHP mehr enthält.
Die Skriptsprache PHP stellt unterschiedliche MySQL-Befehle zur Verfügung, mit denen Verbindungen zu MySQL-Datenbanken aufgebaut, SQL-Befehle übertragen, Abfrageergebnisse entgegengenommen und Datenbankverbindungen abgebaut werden können. Einige dieser Befehle sind bereits in dem obigen Beispielprogramm zu finden.

Programmablauf

① Variablen definieren. Der Rechner, der Datenbankbenutzer, dessen Passwort und der Name der Datenbank werden als Variablen festgelegt.

② `mysql_connect()`
Die Verbindung zum Datenbankserver wird aufgebaut. Das Ergebnis der Funktion mysql_connect ist ein Zeiger auf die Datenbankserververbindung, ein so genannter „Datenbankhandler" (daher der Variablenname $dbh).

③ Die Anweisung `or die` wird im Fehlerfall ausgeführt und kann Fehlerinformationen zurückliefern.
In dem obigen Beispiel werden nur sehr ungenaue Fehlertexte angezeigt, die gerade mal erkennen lassen, bei welchem MySQL-Befehl ein Fehler aufgetreten ist.
Diese Fehlerangaben lassen sich mit den Funktionen `mysql_errno()` und `mysql_error()` erheblich präzisieren (siehe nächstes Kapitel).

④ `mysql_select_db()`
Der Befehl mysql_slect_db baut mit Hilfe des Datenbankhandlers und des Datenbanknamens die eigentliche Datenbankverbindung auf. Ab jetzt kann über den Datenbankhandler direkt auf die Datenbank zugegriffen werden.

⑤ SQL-Anweisung der Variablen `$sql` zuweisen.

⑥ `mysql_query()`
Der Befehl mysql_query führt mit Hilfe des Datenbankhandlers die SQL-Anweisung auf der ausgewählten Datenbank aus. Als Ergebnis wird die Ergebnismenge ($result) der SQL-Anweisung zurückgeliefert.

⑦ `mysql_fetch_row()`
Mit dem Befehl mysql_fetch_row können aus der Ergebnismenge ($result) einer SQL-Abfrage einzelne Datensätze ($row) separiert werden. Das Ergebnis dieses Befehls ist ein eindimensionales Array, in das der betreffende Datensatz abgelegt wird. Daher wird die `while`-Schleife für jeden Datensatz der Ergebnismenge einmal durchlaufen bis kein Datensatz mehr vorliegt.

⑧ Mit der `foreach`-Schleife werden alle Datenfelder ($i) aus dem jeweiligen Datensatz ($row) ausgelesen. Für jedes Datenfeld wird die foreach-Schleife genau einmal durchlaufen.

⑨ `mysql_close()`
Datenbankverbindung abbauen.

Anmerkung

Dieses Beispiel kann nur funktionieren, wenn die Datei ausgabe.php über den Apache-Webserver abgerufen und ausgewertet wird. Der Client kann mit den PHP-Skript-Elementen nichts anfangen. Öffnet man die Datei 'ausgabe.php' direkt im Browser führt dies nicht zum gewünschten Ergebnis.

11 Benutzerschnittstelle

Nur die Ausgabe des PHP-Skriptes (das sind alle Angaben hinter einem 'echo' Befehl) verbleiben nach der Auswertung in der Datei, so dass letztendlich folgende HTML-Datei entsteht und an den Client zurückgeschickt wird. In dieser HTML-Datei ist der Bereich, der durch das PHP-Skript erzeugt worden ist, rot hinterlegt.

HTML-Code, den man sich im Browser anzeigen lassen kann.

```html
<html>
   <body bgcolor='#cccccc'>
      <h1> Gästebuch </h1>
      <hr>
      <table border='1'>
         <tr>
            <td>1</td>
            <td>Willi</td>
            <td>willi@mail.de</td>
            <td>Tolle Seiten!</td>
         </tr>
      </table>
   </body>
</html>
```

Im Client-Browser selbst wird in etwa folgende Seite zu sehen sein.

11.2.2 PHP Include-Dateien/Funktionen

Einige Aufgaben, wie beispielsweise der Verbindungsaufbau zur Datenbank, werden innerhalb eines Projektes häufig an unterschiedlichsten Stellen und in unterschiedlichen Dateien verwendet. Derartige Aufgaben können in PHP durch eigenständige Funktionen realisiert werden. Diese Funktionen lassen sich zu separaten Include-Dateien zusammenfassen, die sich dann bei Bedarf an den entsprechenden Stellen in das Projekt einbinden (includieren) lassen. Da unabhängig davon, ob man das Gästebuch anzeigen, neue Datensätze in das Gästebuch einfügen oder aber bestehende Datensätze aus dem Gästebuch löschen möchte, immer wieder die Verbindung zur Datenbank 'Gaestebuch' aufgebaut und SQL-Anweisungen an die Datenbank gesendet werden müssen, kann man sich sehr viel Arbeit sparen, wenn auch hier mit einer solchen Include-Datei gearbeitet wird. Im Folgenden wird eine Include-Datei vorgestellt, die wesentliche Datenbankfunktionen repräsentiert.

PHP-Include-Datei 'db_funktionen.php'

```php
<?php
// Testmodus aktivieren / deaktivieren
   define ("TESTMODUS", true);                    ①

//Funktion zum Verbindungsaufbau
   function db_connect()
   {
      $dbserver    = "localhost";
      $dbuser      = "gb_user";                   ②
      $dbpasswort  = "12345";
      $dbname      = "Gaestebuch";
      $dbh = mysql_connect($dbserver,
         $dbuser, $dbpasswort)
         or die db_fehler("connect"));
      mysql_select_db ($dbname, $dbh)
         or die(db_fehler("select"));
      return $dbh;
   }

//Abfragefunktion mit Verbindungsaufbau
   function db_query($sql)
   {
      if (TESTMODUS) {echo $sql;}                 ③
      $dbh=db_connect();
      $result=mysql_query ($sql, $dbh)
         or die (db_fehler("query"));
      db_close();
      return $result;
   }

// Verbindungsabbau
   function db_close()
   {                                              ④
      mysql_close();
   }

//Fehlerbehandlung
   function db_fehler($fehler)
   {
      if(TESTMODUS)
      {                                           ⑤
         echo
            "Fehler beim MySQL-Befehl " .
            $fehler .
            "<li> Fehlernummer errno = " .
            mysql_errno() .
            "<li> Fehlertext error = " .
            mysql_error();
      }
   }
?>
```

Diese einmal geschriebene Includedatei enthält Funktionen, die jetzt an unterschiedlichen Stellen eines Projektes wiederverwendet werden können.

Beschreibung der Funktionen/Konstanten

① `TESTMODUS`
Die Konstante TESTMODUS kann während der Entwicklungsphase aktiviert werden (auf den Wert true gesetzt werden), um Kontroll- und Fehlerausgaben zu erhalten. Im Echtbetrieb sollte die Konstante auf den Wert false gesetzt sein.

② `db_connect()`
Die Funktion db_connect kann ohne Übergabeparameter verwendet werden, um die Verbindung zu einer fest vorgegebenen Datenbank herzustellen. Der Datenbankhandler wird als Ausgabewert zurückgegeben.

③ `db_query()`
Der Funktion wird lediglich die SQL-Anweisung übergeben. Der Verbindungsauf- und -abbau zur Datenbank wird von der Funktion automatisch erledigt. Als Return-Wert erhält man die Ergebnismenge der SQL-Abfrage.

④ `db_close ()`
Diese Funktion ist nur der Vollständigkeit halber hier aufgeführt. Sie macht nichts anderes als die MySQL-Funktion mysql_close() logisch auf die Include-Datei 'db_funktionen' abzubilden.

⑤ `db_fehler()`
Diese Funktion erlaubt das genauere Analysieren und Anzeigen von Datenbankfehlern. Dazu wird die Fehlernummer und auch der Fehlertext mithilfe der MySQL-Funktionen mysql_errno() und mysql_error() ermittelt und angezeigt.

In der ursprünglichen Datei 'anzeige.php' kann jetzt mit Hilfe des Befehls include_once() auf die Datei 'db_funktionen.php' und die darin enthaltenen Funktionen zurückgegriffen werden. In dem veränderten Anzeigeprogramm (siehe nächste Spalte!) sind die dafür notwendigen Änderungen rot unterlegt.

11.2.3 PHP Klassen und Objekte

Mit PHP kann auch objektorientiert programmiert werden. Anstelle der vorgestellten Include-Datei könnte z.B. auch ein 'Datenbankobjekt' angelegt und verwendet werden, das die vorgestellten Funktionen als Objektmethoden erhält. Als Objektvariablen sind die Verbindungsdaten wie Servername, Datenbankname, etc. denkbar. Da aber bereits Grundkenntnisse in PHP zum Verständnis der hier vorgestellten Beispiele vorausgesetzt werden, wird auf die objektorientierte Programmierung unter PHP nicht weiter eingegangen.

PHP-Skriptdatei
Dateiname: 'anzeige.php'

```php
<html>
  <body bgcolor='#cccccc'>
    <h1> Gästebuch </h1>
    <hr>
    <table border='1'>
<?php
// Beginn des php-Skriptes
// Include-Datei einbinden und nutzen.
  include_once ("db_funktionen.php");
  $sql = "SELECT * FROM Eintrag";
  $result = db_query($sql);
// Ergebnis der SQL-Abfrage verarbeiten
  while ($row=mysql_fetch_row($result))
  {
    echo "<tr>\n";
    foreach ($row as $i)
    {
      echo "<td>$i</td>\n";
    }
    echo "</tr>\n";
  }
// Ende des PHP-Skriptes
?>
    </table>
  </body>
</html>
```

11.2.4 PHP Dateneingabe

Als erste Erweiterung soll dem Benutzer die formulargestützte Eingabe neuer Gästebucheinträge ermöglicht werden. Die Dateneingabe kann über ein HTML-Formular erfolgen. Diese HTML-Formulardatei muss die eingegebenen Daten dann an ein PHP-Skript übertragen, welches die Eingabedaten in die MySQL-Datenbank speichert. Somit sind für diese zusätzlichen Anforderungen zwei weitere Dateien notwendig.

- 'eingabe1.html': Die HTML-Formulardatei
- 'eingabe2.php': Die Datei mit dem PHP-Skript, das die Daten von der Formulardatei 'eingabe1.html' erhält und in die Datenbank 'Gaestebuch' speichert.

11.2.5 HTML Formulardatei 'eingabe1.html'

Das Tag <form> leitet in HTML ein Formular ein. Durch unterschiedliche Attribute dieses Tags kann die Zieldatei und die Art der Parameterübergabe zu dieser Zieldatei festgelegt werden. Die Datei 'eingabe1.html' (auf der nächsten Seite) enthält ein HTML-Formular mit Eingabefeldern für den Namen, die E-Mailadresse und den eigentlichen Gästebucheintrag. Zudem werden zwei Schalter generiert. Ein Schalter zum Bestätigen und Absenden der Daten und ein weiterer, um die Formulareingaben zu löschen.

Teil 2: Informationen

11 Benutzerschnittstelle

HTML-Eingabeformular 'eingabe1.html'

```html
<html>
  <body bgcolor='#cccccc'>
    <h1> Gästebucheintrag</h1><hr>
    <form action='eingabe2.php'
          method='post'>                        (1)
      <table border='0'>
        <tr>
          <td>Name:</td>
          <td><input type='text'
              name='Name'></td>
        </tr>
        <tr>
          <td>E-Mail:</td>
          <td><input type='text'               (2)
              name='E_Mail'></td>
        </tr>
        <tr>
          <td>Text: </td>
          <td><textarea cols='16'              (3)
              rows='5' name='Text'>
              </textarea>
          </td>
        </tr>
        <tr>
          <td><input type='submit'
              name='OK'                        (4)
              value='speichern'>
          </td>
          <td><input type='reset'
              name='Reset'                     (5)
              value='zurücksetzen'>
          </td>
        </tr>
      </table>
    </form>
  </body>
</html>
```

Dieses HTML-Formular wird im Browser, zunächst noch ohne die gemachten Einträge, wie folgt dargestellt:

Programmablauf/Erläuterungen

(1) `<form>`

Mit dem `<form>`-Tag wird das HTML-Formular eingeleitet. Die dabei verwendeten Parameter haben folgende Bedeutung:

- `action='eingabe2.php'`
  Dieser Parameter legt fest, dass sobald der Absendeschalter ('submit' siehe Punkt 4) betätigt wird, die Formulardaten an die angegebene Folgedatei ('eingabe2.php') übergeben werden.

- `method='post'`
  Dieser Parameter bestimmt, wie die Formulardaten an die Folgedatei übergeben werden.

(2) `<input type='text'>`

Mit diesem HTML-Tag werden einfache Formular-Eingabefelder definiert. Die Option

- `name='E-Mail'`
  legt beispielsweise den Namen 'E-Mail' als Variablennamen fest, unter dem der Eingabetext später in der Zieldatei 'eingabe2.php' wieder abgerufen werden kann.

(3) `<textarea>`

Mit diesem HTML-Tag können Formular-Textbereiche festgelegt werden, die mehrere Zeilen (rows) und Spalten (columns) umfassen können. Dadurch wird aber nur die Größe des Textbereiches festgelegt und ist nicht im Sinne einer Tabelle zu verstehen.

(4) `<input type='submit'>`

Das HTML-Formular-Tag `<input type='submit'>` erzeugt einen Absendeschalter. Wird dieser Schalter aktiviert, werden die Formulardaten an die im `<form>`-Tag festgelegte Zieldatei übertragen. Der Parameter value erlaubt das Festlegen der Schalterbeschriftung.

(5) `<input type='reset'>`

Dieses HTML-Formular-Tag erzeugt einen Zurücksetzen-Schalter, der alle bisherigen Formulareingaben wieder löscht.

Anmerkung

- Die Tabelle, in HTML realisiert durch die Tags `<table> <tr> <td> </td> </tr></table>`, sind nur zur übersichtlicheren Gestaltung des Formulars eingefügt worden.
- Bei allen HTML-Formular-Tags ist der Parameter 'name' von besonderer Bedeutung, da sich dahinter der Variablenname verbirgt, über den das zugehörige Formularelement bzw. dessen Inhalt angesprochen werden kann.

11.2.6 Kontrolle der Übergabeparameter

Bevor man daran geht, die Eingabedaten, die aus dem Eingabeformular 'eingabe1.html' an die Datei 'eingabe2.php' übergeben werden, in der Datenbank zu speichern, sollte man zunächst überprüfen, ob die Datenübergabe zwischen den beiden Dateien fehlerfrei funktioniert. Dies kann mit Hilfe der PHP-Funktion phpinfo() geschehen, die sich sehr einfach in die Datei 'eingabe2.php' einbauen lässt.

> Die Datei 'eingabe2.php' mit PHP-Code zur Kontrolle der Übergabeparameter.
> ```
> <?php
>   phpinfo();
> ?>
> ```

Durch den Aufruf der Funktion phpinfo() werden sämtliche Umgebungsvariablen aufgelistet, auf die von PHP aus zugegriffen werden kann. Neben sehr vielen anderen (in diesem Zusammenhang unwichtigen) Informationen, sollte man (nach langem Suchen) im Abschnitt 'PHP Variables' das Array '_POST' wiederfinden.

Da das Formular 'eingabe1.html' die Formulardaten mit Hilfe der Methode 'post' übergibt, müssen hier unter den jeweiligen Namen der Formularelemente die eingegebenen Werte wiederzufinden sein.

PHP Variables

Variable	Value
_POST["Name"]	Walter
_POST["E-Mail"]	walter@gmx.de
_POST["Text"]	Ich finde die Seiten auch toll!
_POST["OK"]	speichern

Anmerkung

Erst wenn die richtigen Variablennamen als Arrayindex des Arrays _POST und die richtigen Eingabewerte angezeigt werden, macht es Sinn die eigentliche Datei 'eingabe2.php' zu erstellen, mit der dann die übergebenen Werte in die Datenbank übertragen werden.

11.2.7 Gästebucheintrag speichern 'eingabe2.php' (Speicherdatei)

Das tatsächliche Speichern der Datensätze gestaltet sich relativ einfach, da auf die Include-Datei 'db_funktionen.php' zurückgegriffen werden kann. Beispielsweise führt die Funktion 'db_query()' dieser Include-Datei neben der eigentlichen SQL-Abfrage auch den Verbindungsauf- und -abbau zur Datenbank durch.

> Speicherdatei 'eingabe2.php' speichert die Daten aus dem Eingabeformular in die Datenbank.
> ```
> <html>
>   <body bgcolor='#cccccc'>
>     <h1>   Neuer Gästebucheintrag </h1>
>     <hr>   Ein neuer Gästebucheintrag
>            wird gespeichert.
> <?php
> // Übergabeparameter einlesen
>   $Name   = $_POST['Name'];              ①
>   $E_Mail = $_POST['E_Mail'];
>   $Text   = $_POST['Text'];
> // Includedatei einbinden
>   include_once ("db_funktionen.php");
> // SQL-Anweisung zusammenstellen
>   $sql="INSERT INTO Eintrag
>     (Name, E_Mail, Text) Value           ②
>     ('$Name','$E_Mail', '$Text');";
> // SQL-Anweisung ausführen
>   db_query($sql);                        ③
> ?>
>   </body>
> </html>
> ```

Programmablauf/Erläuterungen

① `$_POST` (Parameter einlesen)
Aus dem Array $_POST können die Übergabeparameter ausgelesen und in lokale PHP-Variablen übertragen werden. Als Arrayindex wird der Name des jeweiligen Formularelementes (siehe Formulardatei 'eingabe1.html') verwendet.

② `$sql` (Zusammenbau der SQL-Anweisung)
Bei dem Zusammenbau der SQL-Anweisung kann auf die zuvor ausgelesenen Übergabeparameter in den Variablen $Name, $E_Mail und $Text Bezug genommen werden.

③ `db_query()`
Diese selbstgeschriebene Funktion ist Bestandteil der Includedatei 'db_funktionen.php', die zuvor über den Befehl 'include_once' eingebunden worden ist. Die Funktion 'db_query()' steuert den Verbindungsaufbau zur Datenbank, das Ausführen der SQL-Anweisung und den Abbau der Datenbankverbindung.

11 Benutzerschnittstelle

11.2.8 PHP Gästebucheinträge löschen 'loeschen1.php' (Formulardatei)

Zum Löschen ungewollter Gästebucheinträge werden wiederum zwei Dateien benötigt. Zum einen die Datei 'loeschen1.php', welche die Gästebucheinträge als Mehrfachauswahl in einem Formular darstellt und somit das Auswählen der zu löschenden Gästebucheinträge ermöglicht und zum anderen die Datei 'loeschen2.php', die dann die ausgewählten Datensätze aus der Datenbank 'Gaestebuch' löscht.

Besonderheiten dieser Aufgabenstellung:
- Das Eingabeformular muss erst mit Hilfe eines PHP-Skriptes aus den Datensätzen der Tabelle 'Eintrag' erzeugt werden.
- Es können mehrere Datensätze gleichzeitig ausgewählt und gelöscht werden. Daher müssen die ID-Werte der zu löschenden Datensätze mit Hilfe einer Arrayvariablen von der Formulardatei 'loeschen1.php' an die Löschdatei 'loeschen2.php' übergeben werden.

Programmablauf/Erläuterungen

Formulardatei 'loeschen1.php' ermöglicht das Auswählen der zu löschenden Gästebucheinträge.

```
<html>
  <body bgcolor='#cccccc'>
    <h1> Gästebucheinträge löschen </h1>
    <hr>
    <form action='loeschen2.php'      ①
       method='post'>
      <table border='1'>
<?php
// Includedatei einbinden und nutzen
  include_once ("db_funktionen.php");  ②
  $sql="SELECT * FROM Eintrag";
  $result = db_query($sql);
// Abfrageergebnis aufbereiten
  while ($row=mysql_fetch_row($result))
  {
    echo "<tr>\n";
// Zusätzliche Auswahlspalte integrieren
    echo "<td><input type='checkbox'
       name='loeschen[]'             ③
       value='$row[0]'></td>";
    foreach ($row as $i)
    {
      echo "<td>$i</td>\n";          ④
    }
    echo "</tr>\n";
  }
?>
      </table><br>
      <input type='submit'
         name='OK'
         value='löschen'>
      <input type='reset'             ⑤
         name='Reset'
         value='zurücksetzen'>
    </form>
  </body>
</html>
```

① `<form>`
Die Datei 'loeschen2.php' wird als Folgedatei bestimmt, welche die Formulardaten, mittels der POST-Methode, zugestellt bekommt.

② `include_once() / db_query()`
Die Includedatei 'db_funktionen.php' wird eingebunden und ermöglicht so das Nutzen der Funktion 'db_query()' zum vereinfachten Ausführen von SQL-Anweisungen.

③ `<input type='checkbox'>`
In einer zusätzlichen Spalte wird dem eigentlichen Datensatz das Formularelement 'checkbox' vorangestellt, um so eine Mehrfachauswahl zu ermöglichen. Wichtig sind hierbei die folgenden Attribute:

- `name='loeschen[]'`
Der Name 'loeschen' wird als Variablenname für dieses Formularelement festgelegt. Da mehrere Werte ausgewählt werden können, muss diese Variable (mit den eckigen Klammern) als Array definiert werden.

- `value='row[0]'`
Der Inhalt der Variablen wird auf den ersten Wert der jeweiligen Datensatzzeile festgesetzt. Diese entspricht dem ID-Wert des jeweiligen Gästebucheintrages.

④ `foreach ($row as $i)`
Die Gästebucheinträge werden in einer HTML-Tabelle aufbereitet.

⑤ `<input type='submit'>`
`<input type='reset'>`
Absende- und Zurücksetzschalter werden dem Formular hinzugefügt.

Teil 2: Informationen

11 Benutzerschnittstelle

11.2.9 PHP Gästebucheinträge löschen 'loeschen2.php' (Löschdatei)

Mit der Kontrollfunktion phpinfo() kann die Parameterübergabe überprüft werden.

> Die Datei 'loeschen2.php' mit PHP-Code zur Kontrolle der Übergabeparameter.
> ```
> <?php
>  phpinfo();
> ?>
> ```

Im Bereich 'PHP Variables' sollten jetzt die ID_Werte der ausgewählten Gästebucheinträge in der Arrayvariablen '$_POST['loeschen']' wiederzufinden sein.

PHP Variables

Variable	Value
_POST["loeschen"]	Array ([0] => 1 [1] => 2)
_POST["OK"]	löschen

Werden die Parameter richtig übergeben, so kann aus der Variablen '$_POST['loeschen']' abgelesen werden, dass im obigen Beispiel zwei Gästebucheinträge gelöscht werden sollen. Die beiden Gästebucheinträge lassen sich über die ID-Werte eindeutig bestimmen, so dass lediglich der folgende SQL-Befehl zum Löschen der Datensätze ausgeführt werden muss:

> Lösche die Gästebucheinträge aus der Tabelle 'Eintrag', deren ID-Wert einem ID-Wert der angegebenen Menge {1, 2} entspricht.
> ```
> DELETE FROM Eintrag
> WHERE ID_Eintrag IN (1,2);
> ```

Die Schwierigkeit für das nachfolgende Löschprogramm 'loeschen2.php' besteht also darin, aus den Übergabeparametern die obige SQL-Anweisung zusammenzustellen. Insbesondere die rot unterlegte Löschmenge muss aus den Übergabeparametern dynamisch ermittelt werden. Ansonsten unterscheidet sich dieses Programm nur unwesentlich von der Datei 'einfügen2.php'.

> Löschdatei 'loeschen2.php' löscht die ausgewählten Datensätze aus der Datenbank 'Gaestebuch'.
> ```
> <html>
>   <body bgcolor='#cccccc'>
>     <h1> Löschen von Einträgen </h1>
>     <hr> Ein oder mehrere Gästebuch
>          einträge werden gelöscht.
> <?php
> // Übergabeparameter einlesen
>   $loeschen=$_POST["loeschen"];     ①
> //Löschmenge zusammenstellen
>   $menge="(";
>   foreach ($loeschen as $i)
>   {
>     $menge=$menge ."$i,";            ②
>   }
>   $menge=substr($menge, 0, -1);
>   $menge=$menge . ")";
> // Includedatei einbinden
>   include_once ("db_funktionen.php"); ③
> // SQL-Anweisung zusammenstellen
>   $sql="DELETE FROM Eintrag
>     WHERE ID_Eintrag IN $menge;";    ④
> // SQL-Anweisung ausführen
>   db_query($sql);                    ⑤
> ?>
>   </body>
> </html>
> ```

Programmablauf/Erläuterungen

① `$_POST` (Parameter einlesen)
Das Array 'loeschen' wird als Übergabeparameter ausgelesen.

② `$menge`
Die Menge der ID-Werte wird zusammengebaut, im Beispiel der String „(1,2)". Dabei werden folgende Funktionen verwendet.
- `$menge = $menge . "$i,"`
  Mit dem Operator '.' (Punkt) können zwei Teilstrings zusammengefügt werden.
- `$menge = substring ($menge, 0, -1)`
  Mit dieser Anweisung wird das letzte überflüssige Zeichen (hier das Zeichen ',' (Komma)) aus dem String $menge entfernt.

③ `include_once ("db_funktionen.php")`
Die Includedatei wird eingebunden, um die Funktion 'db_query()' nutzen zu können.

④ `$sql` (Zusammenbau der SQL-Anweisung)
In die SQL-Anweisung wird der zuvor ermittelte String $menge eingebunden.

⑤ `db_query()`
Diese selbstgeschriebene Funktion aus der Includedatei regelt den Vebindungsauf- und -abbau zur Datenbank und führt die SQL-Anweisung aus.

12.11.2
12.11.3
12.11.4

145

11.3 Sicherheit

Das Thema Sicherheit und insbesondere die Websicherheit ist sehr komplex und wird gerne vernachlässigt. Auch das Beispiel 'Gästebuch' des vorangegangenen Kapitels ist NICHT angriffsicher programmiert und sollte so auf keinen Fall auf einem öffentlichen Webserver verwendet werden. Gerade „Einsteiger" sind froh, wenn eine Webanwendung überhaupt funktioniert. Diese Einstellung ändert sich meistens erst, wenn eigene Webserver durch Angreifer zerstört, für deren Zwecke missbraucht oder Daten manipuliert worden sind. Im schlimmsten Fall bekommt man von derartigen kriminellen Aktivitäten erst gar nichts mit. Das Kapitel 11.3.1 'SQL-Inclusions' (Einschließungen) sensibilisiert am Beispiel von böswilligen SQL-Manipulationen für das Thema Websicherheit, bevor im Kapitel 11.3.2 Sicherheitshinweise und Tipps zum Schutz eigener Anwendungen gegeben werden. Allerdings wird in diesem Buch das Thema Sicherheit nur angerissen werden.

11.3.1 SQL-Inclusions

Angenommen zur Autorisierung auf dem Web-Server soll eine Benutzerverwaltung angelegt werden. Jeder Benutzer soll sich in Zukunft mit seiner Kennung und seinem Passwort anmelden, bevor er Zugang zu den Web-Seiten erhält. In der Tabelle 'User' sind die dafür notwendigen Benutzerdaten auf einem MySQL-System hinterlegt.

User

ID_User	Kennung	Passwort
1	admin	hsk8iwz
2	mustermann	emma123

Anmeldeformular 'anmelden1.html'

Die Anmeldeinformationen werden mit der Methode POST aus dem Anmeldeformular 'anmelden1.html' an die folgende Anmeldekontrolle 'anmelden2.php' übertragen.

```
Anmeldekontrolle 'anmelden2.php'

<html>
   <body bgcolor='#cccccc'>
      <h1> Anmeldekontrolle</h1><hr>
<?php
// Übergabeparameter auslesen
   $Kennung    =$_POST["Kennung"];       ①
   $Passwort   =$_POST["Passwort"];
// Includedatei einbinden
   include_once ("db_funktionen.php");
//Kontrollabfrage zusammenstellen
   $sql=" SELECT  Kennung                 ②
          FROM    User
          WHERE   Kennung='$Kennung'
            AND   Passwort='$Passwort'";
// SQL-Abfrage ausführen
   $result=db_query($sql);                ③
// Wenn Datensatz gefunden,
// dann erfolgreiche Anmeldung!
   if ( mysql_num_rows($result) > 0 )     ④
   {
      $kennung=mysql_fetch_row($result);
      echo "Willkommen! ".$kennung[0].
           " Sie sind jetzt angemeldet.";
   }
   else
   {
      echo "Anmeldung fehlgeschlagen!"
   }
?>
   </body>
</html>
```

Programmablauf/Erläuterungen

① `$_POST` (Parameter einlesen)
Die Übergabeparameter 'Kennung' und 'Passwort' werden ausgelesen.

② `$sql` (Zusammenbau der SQL-Anweisung)
Aus den Übergabeparametern wird die SQL-Abfrage zur Überprüfung der Anmeldedaten zusammengestellt.

③ `db_query()`
Der Befehl regelt den Datenbankverbindungsaufund -abbau und das Ausführen der SQL-Anweisung.

④ `mysql_num_rows($result) > 0`
Die Funktion mysql_num_rows gibt die Anzahl der, in der Ergebnismenge $result enthaltenen, Datensätze zurück. Wurde eine entsprechende Kennung mit zugehörigem Passwort in der Tabelle 'User' gefunden, wird dieser Wert zwangsläufig größer als null sein. Auf diese Weise kann überprüft werden, ob eine Anmeldung erfolgreich war oder nicht.

Teil 2: Informationen
11 Benutzerschnittstelle

Wo liegt das Problem?
Gibt man in dem Anmeldeformular die Daten

```
Kennung: admin
Passwort: hsk8iwz
```

ein, dann werden in dem Programm 'anmelden2.php' diese Werte nach der Parameterübergabe an die Variablen '$Kennung' und '$Passwort' gebunden und somit zu folgender SQL-Anweisung zusammengesetzt:

```
$sql=" SELECT  Kennung
       FROM    User
       WHERE   Kennung='admin'
       AND     Passwort='hsk8iwz'";
```

Da sich in der Tabelle 'User' ein Benutzerdatensatz mit Kennung 'admin' und Passwort 'hsk8iwz' befindet, kann die Anmeldung wie erwartet korrekt durchgeführt werden.

Der Angreifer kennt das Passwort einer ihm bekannten Kennung nicht
Problematisch wird es erst, wenn der Anwender, wie bereits im Anmeldeformular angedeutet, die folgenden Daten eingibt:

```
Kennung: admin'#
Passwort:
```

In dem Fall entsteht durch die Parameterübergabe und das Zusammenfügen der Variablen $Kennung und $Passwort zur SQL-Abfrage folgende Anweisung:

```
$sql=" SELECT  Kennung
       FROM    User
       WHERE   Kennung='admin'#'
       AND     Passwort=''";
```

Leider wird beim Ausführen der SQL-Anweisung das Zeichen '#' als der Beginn eines Kommentars interpretiert, sodass alles nach dem '#' Zeichen ignoriert wird. Letztendlich entsteht die folgende SQL-Abfrage OHNE den rot hervorgehobenen Teil.

```
$sql=" SELECT  Kennung
       FROM    User
       WHERE   Kennung='admin'#'
       AND     Passwort=''";
```

Wenn ein Angreifer weiß, dass die Kennung 'admin' auf einem System existiert, dann kann er sich auf diese Weise, auch ohne Kenntnis des zugehörigen Passwortes, an dem System anmelden. Durch das Einschleusen des Kommentarzeichens in die SQL-Anweisung wird hier der Kontrollmechanismus ausgehebelt.

Dem Angreifer sind nicht nur die Passwörter, sondern auch die Kennungen unbekannt.
Selbst dann, wenn der Angreifer weder Kennungen noch Passwörter kennt, besteht durchaus die Möglichkeit sich bei einem ungeschützten System mit Hilfe von SQL-Inclusions unerlaubten Zutritt zu verschaffen. Sehr vielversprechend ist beispielsweise folgender Versuch:

Anmeldung

Kennung: ` ' OR '1' = '1`
Passwort: ` ' OR '1' = '1`

[anmelden] [zurücksetzen]

Die Formulardaten werden wieder an die Datei 'anmelden2.php' übertragen und dort zu folgender SQL-Abfrage zusammengesetzt:

```
$sql=" SELECT  Kennung
       FROM    User
       WHERE   Kennung=''OR '1'='1'
       AND     Passwort=''OR '1'='1'";
```

Da '1'='1' immer richtig ist und diese Bedingung mit der logischen Operation OR mit der eigentlichen Bedingung (Kennung =' ') verknüpft wird, entsteht ein Ausdruck der immer zu wahr ausgewertet wird. Diese SQL-Anweisung wird daher die Menge <u>aller</u> Kennungen als Ergebnismenge zurückliefern. Unglücklicherweise ist das Anmeldeskript 'anmelden2.php' so programmiert, dass in einem solchen Fall eine Anmeldung mit der ersten gefundenen Kennung erfolgt. In diesem Beispiel ist dies zufällig wieder die 'admin'-Kennung.

Fazit
SQL-Inclusions aber auch PHP-Inclusions bieten unzählige Anfriffsmöglichkeiten. Im Extremfall[1] können Eingaben wie

```
';DROP DATABASE;#
```

ganze Datenbanken zerstören. Deshalb ist eine der wichtigsten Grundregeln im Bezug auf sichere Webprogrammierung:
ALLE Benutzereingaben MÜSSEN richtig validiert (auf Zulässigkeit überprüft) werden, BEVOR sie weiterverarbeitet werden. Dabei spielt es keine Rolle, ob sie über GET[2] oder POST an den Server geschickt werden oder ob sich die Werte in Cookies[3] oder in 'hidden fields'[4] befinden.

---

1 Glücklicherweise nicht beim mysql_query-Befehl, da hierbei keine Mehrfach-SQL-Befehle zulässig sind.
2 Die GET-Methode bietet eine weitere Möglichkeit Eingabeparameter aus einem HTMLFormular zu übertragen. Dabei werden die Werte für den Benutzer sichtbar als Parameter übertragen. Im Allgemeinen ist die Methode POST dem GET vorzuziehen.
3 Cookies erlauben das clientseitige Speichern von beliebigen Informationen.
4 Versteckte Felder werden vom Browser ignoriert und sind für den Benutzer unsichtbar. In HTML-Formularen können so Zusatzinformationen versteckt und übertragen werden.

11.3.2 Sicherheitshinweise für Webserver

Im Folgenden werden einige Sicherheitshinweise gegeben, die zumindest einen Eindruck vermitteln, an welchen Stellen beim Betrieb eines Webservers Sicherheitsaspekte berücksichtigt werden müssen. Der erste und besonders wichtige Hinweis zur PHP-Sicherheit ist bereits aus dem vorangegangenen Kapitel bekannt.

Sicherheit PHP

- *Benutzereingaben*
  Alle Benutzereingaben vor der Weiterverarbeitung validieren!

- *Fehleranzeige deaktivieren*
  Fehler in Protokolldatei schreiben. Die Ausgabe von Fehlermeldungen sollte nur während der Programmentwicklung erfolgen.

- *Variablen initialisieren*
  Variablen sollten vor ihrer ersten Benutzung initialisiert werden!

- *Verwaltungstools entfernen*
  Verwaltungstools wie phpMyAdmin zum Anlegen und Verwalten von Datenbanken werden auf einem Produktivserver nicht mehr zwingend benötigt und sollten gelöscht (bzw. deaktiviert) werden.

- *Include-Dateien*
  Include-Dateien können systemkritische Informationen, wie beispielsweise die Verbindungsdaten zur Datenbank, enthalten. Daher sollten diese Dateien nicht im öffentlichen Bereich des Webservers (unterhalb des Verzeichnisses htdocs) sondern in einem nicht öffentlichen Bereich abgelegt werden. Die PHP-Skripte können Include-Dateien auch aus nichtöffentlichen Bereichen einbinden.

- *Systemsicherungen*
  Auch Kopien oder Systemsicherungen gehören nicht in den öffentlichen Bereich des Webservers (unterhalb des htdocs -Verzeichnisses).

Sicherheit HTML

- *HTML-Kommentare*
  Keine Kommentare in HTML-Dateien zurücklassen, die Angreifern ungewollt Informationen liefern.

Sicherheit Apache

- *Server-Banner verstecken*
  Es kann und sollte verhindert werden, dass der Webserver seine Identität und seine Version auf Anfragen oder bei Fehlermeldungen preisgibt.

- *Zugriff nur auf bestimmte Dateien erlauben*
  Der Web-Server kann mit Hilfe von .htaccess Dateien oder über die Konfigurationsdatei httpd.conf so eingestellt werden, dass er nur noch bestimmte Dateien (z.B nur noch Dateien mit der Dateiendung .php) anzeigt. Alle anderen Dateien werden vor dem direkten Zugriff geschützt und könnten ggf. über ein entsprechendes php-Skript dargestellt werden.

- *Das mod_spelling deaktivieren*
  Durch dieses Modul werden einfache Tippfehler bei der direkten Angabe von URL's korrigiert.

- *Das mod_autoindex deaktivieren*
  Durch dieses Modul wird ein Verzeichnisbaum angezeigt, wenn keine index.html oder index.php Datei gefunden wird.

Sicherheit Betriebssystem

- *HTTP-Port*
  Nur die Ports öffnen, die unbedingt für den Betrieb des Web-Servers notwendig sind.
  - HTTP (Port 80/8080)

- *HTTPS-Port*
  Anmeldungen und Passwörter nur über sichere Verbindungen (HTTPS) durchführen :
  - HTTPS (Port 443)

- *SSH*
  Wenn der Webserver von externen Clients aus gewartet und mit Daten versorgt werden muss, kann der SSH-Zugang verwendet werden. Ein FTP Zugang ist nicht notwendig! Ein Datentransfer kann z.B. über SSH mit dem Programm 'WinSCP' erfolgen
  - SSH (Port 22)
  - Evtl. SSH vom Standardport 22 auf einen unbekannten Port verlegen.
  - Anzahl möglicher Anmeldeversuche für SSH-Zugang heruntersetzen.
  - Der Root- oder Admin-Kennung keine direkte Anmeldung über SSH erlauben.
    - Besser eine separate sehr eingeschränkte SSH-Kennung anlegen. Von dieser Kennung aus kann dann zur Administratorkennung gewechselt werden.
  - Den SSH-Zugang nicht über Passwörter sondern über Schlüssel absichern.

Da gerade durch die Validierung der Benutzereingaben die Sicherheit eines Webservers entscheidend verbessert werden kann, folgt auf der nächsten Seite eine Funktion 'eingabeKontrolle()' mit der beliebige Sonderzeichen und Schlüsselwörter kontrolliert aus einer Benutzereingabe entfernt werden können. Auf diese Weise können SQL- und PHP-Inclusions verhindert werden.

Teil 2: Informationen

11 Benutzerschnittstelle

Programm zur Eingabevalidierung

```php
function eingabeKontrolle(&$eingabe)
//Die Funktion überprüft und verändert den Eingabeparameter direkt! (Seiteneffekt!!!)
//Sollte ein Eingabefehler vorliegen, wird:
// 1. Die Eingabe durch den Text "- Eingabefehler -" ersetzt!
// 2. Der boole'sche Wert true zurückgegeben!
{
//Liste der unzulässigen Steuerzeichen
    $tauschen = array("&&", "||", ";", "\\", "\"", "'");                    ①
//Liste der unzulässigen Schlüsselwörter (Achtung Großschreiben!)
    $finden   = array("AND", "OR", "SELECT", "DELETE", "INSERT", "UNION");  ②
    $alarm = "-"; //Variable wird beim Fund von Schüsselwörtern gesetzt.
    $eingabe = trim($eingabe); //entfernt führende und nachfolgende Leer-/Sonderzeichen
    $ausgabe = $eingabe;
    $ausgabe = strip_tags($ausgabe); //entfernt HTML-Tags
    $ausgabe = str_replace($tauschen, "_Sonderzeichen_", $ausgabe); //entfernt Sonderz.
    $eingabe_gross = strtoupper($ausgabe); //in Großbuchstaben umwandeln
//Schlüsselwörter suchen und $alarm bei Fund setzen
    foreach ($finden as $schluesselwort)
    {
        $regausdruck = "/$schluesselwort/";
        $ausgabe_teile = preg_split($regausdruck, $eingabe_gross); //Stringteilung
        $anfang = "A"; $ende= "E"; //A für Anfang; E für Ende
        foreach ($ausgabe_teile as $wert)
        {
            $anfang = substr($wert, 0,1); //Teilstringbildung
            if (   !preg_match("/^[A-Z0-9]+$/",$anfang) //Mustersuche
                && !preg_match("/^[A-Z0-9]+$/",$ende) ) {$alarm = $schluesselwort;}
            $ende = substr($wert, -1);
        }
    }
//Ursprüngliche Eingabe mit dem veränderten Ausgabewert vergleichen
    if ($ausgabe == $eingabe && $alarm == "-")
    { //Eingabe korrekt
        return false;
    }
    else
    { //Eingabe fehlerhaft
        $eingabe = "- Eingabefehler -";
        return true;
    }
}
```

Es gibt in PHP zahlreiche Funktionen, die das Validieren eines Strings ermöglichen und vereinfachen. Die hier vorgestellte Funktion hat den Vorteil, dass die Arrays

① `$tauschen` um beliebige Sonderzeichen und

② `$finden` um beliebige Schlüsselwörter erweitert werden können, die dann aus der Benutzereingabe herausgefiltert werden.

Wichtig ist, dass diese Funktion direkt mit dem Originalwert (auf der Referenz) arbeitet und diesen verändert. Die Funktion gibt den boole'schen Wert true zurück, wenn in der Benutzereingabe eines der Schlüsselwörter oder Sonderzeichen gefunden wurde.

11.3.3 Angriffe erkennen

Durch die im vorigen Abschnitt beschriebenen Maßnahmen lässt sich die Sicherheit eines Webservers maßgeblich erhöhen. Um Angriffe aber überhaupt rechtzeitig erkennen und angemessen darauf reagieren zu können, ist es sinnvoll ein **Intrusion Detection System** (**IDS** Einbruchserkennungssystem) auf dem Webserver zu installieren.

SNORT

Snort ist ein solches open source **network intrusion prevention and detection system (IDS/IPS)**, das sehr häufig zur Überwachung bei LAMP oder XAMPP-Systemen zum Einsatz kommt.

149

Teil 3: Aufgaben

12.1 Einführung/Grundlagen

Übungen & Aufgaben

12 Übungen und Aufgaben

In diesem Aufgabenteil sind besonders aufwändige oder schwierige Aufgaben mit einer Nuss gekennzeichnet.

12.1 Einführung /Grundlagen

Bei den Aufgaben dieses Abschnitts geht es um den grundsätzlichen Tabellenaufbau und um das Verständnis von Grundbegriffen.

12.1.1 Fehlerhafte Tabelle

In einem Unternehmen sollen der Name, die Adresse, das Alter und der direkte Vorgesetzte des jeweiligen Mitarbeiters in einer Tabelle gespeichert werden.

Mitarbeiter

Name	Adresse	Alter	Vorgesetzter
Ernst, Uwe	Weg 1, 51111 Köln	33	Kai, Müller
Müller, Kai	89107 Ulm, Straße 2	42	
Eva, Specht	Pfad 14, Kiel 24103	55	Müller, Kai

Aus dieser Tabelle ist beispielsweise erkennbar, dass 'Kai Müller' der direkte Vorgesetze der beiden Mitarbeiter 'Uwe Ernst' und 'Eva Specht' ist.

Aufgabe
1. Warum ist diese Tabelle für die Umsetzung auf einem relationalen Datenbanksystem ungeeignet?
2. Zu welchen Komplikationen kann es bei der Verwendung dieser Tabelle kommen?
3. Wie muss die Tabelle verändert werden, um diese Komplikationen zu vermeiden?

12.1.2 Datenbankmodelle

Neben dem relationalen Datenbankmodell gibt es weitere Datenmodelle. Das ...

- hierarchische Datenbankmodell
- Netzwerkdatenbankmodell
- objektrelationale Datenbankmodell
- objektorientierte Datenbankmodell

Aufgabe
Versuchen Sie durch eine Internetrecherche diese Datenbankmodelle gegenüber dem relationalen Datenbankmodell abzugrenzen. Ermitteln Sie dabei Informationen zu folgenden Punkten.

1. Geschichtliche Einordnung
2. Bedeutung
3. Struktur/Grundidee
4. Operationen/Beispiele für Operationen
5. Vorteile bzw. Nachteile im Vergleich zu relationalen Datenbanken

12.1.3 Schlüssel und Fremdschlüssel

Aufgabe
Beantworten Sie die folgenden Fragen:

1. Welche beiden Eigenschaften muss ein Schlüsselmerkmal erfüllen?
2. Welcher Zusammenhang besteht zwischen einem Fremdschlüssel und einem zugehörigen Schlüsselmerkmal?
3. Begründen Sie, ob die Werte eines Fremdschlüssels eindeutig sein müssen oder nicht.
4. Beschreibe die Bedeutung der Merkmale einer Beziehungstabelle.
    a) Welche Merkmale sind Fremdschlüssel?
    b) Welche Merkmale gehören zum Schlüssel?

Teil 3: Aufgaben

12.1.4 Grundbegriffe

Aufgabe

Beschriften Sie die folgende Grafik mit den in diesem Buch verwendeten Begriffen.

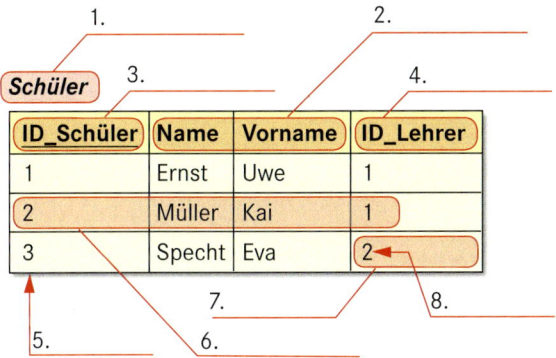

In vielen Fällen gibt es mehrere Bezeichnungsmöglichkeiten. Neben den in diesem Buch verwendeten Bezeichnungen sind auch die folgenden Begriffe gebräuchlich:

- Hauptschlüssel
- Relation
- Attribut
- Zelle
- Tupel
- Primärschlüssel

Aufgabe

Ordnen Sie diese Begriffe ebenfalls der Grafik zu. Nennen Sie weitere synonyme Begriffe!

12.2 Daten erheben

Die Anforderungsliste enthält alle für den Datenbankentwurf notwendigen Informationen. Diese Informationen müssen aus den Kundenbeschreibungen (Interview, Umfragen, Ablaufbeschreibungen etc.) extrahiert werden. Genau um das Anfertigen der Anforderungslisten geht es bei den folgenden Aufgaben.

12.2.1 Webanwendungen

Für einen Webprovider sollen unterschiedliche Webdienste erstellt werden.

Aufgabe

Erstellen Sie für jeden der folgenden vier Webdienste jeweils eine eigene Anforderungsliste:

1. Gästebuch
2. Blog
3. Chat
4. Kommunikationsplattform (ICQ)

Tipp: Untersuchen Sie die Funktionsweise im Internet!

12.2.2 Kindertagesstätte

Für eine Kindertagesstätte (kurz KiTa) soll eine Datenbank erstellt werden. Die Datenbank soll die folgenden Aufgaben unterstützen:

- Adressenverwaltung
- Einsatzplanung der Mitarbeiter
- Anwesenheitskontrollen
- Essenbestellung
- Raumplanung
- Gruppenzuordnung der Kinder

Eine Beschreibung der Arbeitsprozesse liegt Ihnen vor.

> **Beschreibung der Arbeitsabläufe**
>
> - Unsere Kindertagesstätte öffnet um 7:30 Uhr.
> - Bis ca. 9:00 Uhr müssen die Kinder bei uns abgegeben werden.
> - Die Kinder sind unterschiedlichen Gruppen zugeordnet. Wir haben beispielsweise die Maikäfer-, die Sonnenblumen- und die Grashüpfergruppe.
> - Um 9:00 Uhr gibt es ein erstes gemeinsames Frühstück. Dazu bringen die Kinder Brote oder Obst von zu Hause mit.
> - Dann schließt sich eine gemeinsame Bastel- und Spielaktion an.
> - Die Kinder der Grashüpfergruppe werden zwischen 12:00 und 13:00 Uhr abgeholt. Dabei ist wichtig, dass die Kinder nur „abholberechtigten" Personen anvertraut werden dürfen.
> - Die Kinder der Gruppen mit „über Mittagbetreuung" erhalten gegen 12:30 Uhr ein kindgerechtes Mittagessen. Dabei können die Eltern aus 3 verschiedenen Kategorien wählen; normal, vegetarisch oder vollwertig.
> - Von 13:00 bis 13:30 Uhr folgt die Mittagsruhe, in der die Kinder zur Ruhe kommen oder evtl. einen Mittagsschlaf machen.
> - Danach schließt sich eine aktive Sport- und Tobephase an.
> - Ab 15:00 Uhr bis 16:30 Uhr werden dann auch die Kinder der „über Mittagbetreuung" abgeholt.
> - Für den Notfall müssen die Eltern mehrere Adressen (Telefonnummern) hinterlegen, unter denen Sie oder nahe Verwandte bzw. Bekannte der Kinder zu erreichen sind.

Aufgabe

Extrahieren Sie aus der Beschreibung der Arbeitsabläufe die datenbankrelevanten Informationen und fassen Sie diese in einer Anforderungsliste zusammen.

Vergleichen Sie anschließend (!) Ihre Anforderungsliste mit Aufgabe 12.4.6

Teil 3: Aufgaben

12.3 Nominalextraktion

12.2.3 Sonne und Meer (mehr)

Das Unternehmen „Sonne und Meer (mehr)" ist eine Agentur, die Ferienhäuser und -wohnungen an der Deutschen Nord- und Ostsee vermittelt.

Privatanbieter, die Ferienwohnungen oder Ferienhäuser vermieten möchten, können ihre Ferienwohnungen bzw. -häuser bei der Agentur „Sonne und Meer (mehr)" melden. Gegen eine Vermittlungsprovision übernimmt die Agentur dann die Vermietung, Instandhaltung und Reinigung der Wohnungen.

Die Agentur „Sonne und Meer (mehr)" delegiert die Aufgaben teilweise auf Hausverwalter, die vor Ort für die Betreuung der Ferienwohnungen und Häuser zuständig sind.

Zu den Aufgaben der Hausmeister gehören:

- die Schlüsselübergabe an Feriengäste
- das Durchführen kleinerer Reparaturen
- die Koordination mit örtlichen Handwerkern (bei größeren Reparaturen)
- die Organisation und Kontrolle des Reinigungsdienstes

Ferienhaus
Watt-Kieker
4–8 Personen
Nichtraucherhaus
Keine Haustiere

Objekt 15427-Cux

Beschreibung/Lage:
Entfernung: Strand 800 m/Zentrum: 500 m
ca. 120 m² Wohnfläche/ca. 400 m² Garten
2 Autostellflächen am Haus
Luxuriöses Ferienhaus
in ruhiger Lage am
Stadtpark von Cuxhaven.

Zimmer:
4 Schlafzimmer (Doppelbetten)
2 Badezimmer (1x Wanne, 2x Dusche)
1 Küche mit Esstisch, 1 Wohnzimmer

Ausstattung:
Fernseher, Stereoanlage, Blue-Ray/DVD
Spülmaschine, Kühlschrank, Kühltruhe
Waschmaschine, Wäschetrockner

Preise, Buchung, weitere Infos auf Anfrage!

Die Vermarktung der Ferienwohnungen und -häuser erfolgte bislang durch das Schalten von Anzeigen (siehe vorherige Spalte unten) in den Informationsbroschüren und Internetportalen der jeweiligen Ferienorte.

Nun möchte die Agentur „Sonne und Meer (mehr)" eine eigene Internetpräsenz. Durch das eigene Portal soll dem Feriengast die komfortable Suche und Buchung von Ferienhäusern und Objekten der Agentur ermöglicht werden.

Aufgabe
Formulieren Sie eine Anforderungsliste für eine Datenbank, die alle notwendigen Informationen für das Online-Portal zur Verfügung stellt. Gleichzeitig müssen in der Datenbank Informationen abgelegt werden, die es der Agentur „Sonne und Meer (mehr)" erlaubt, sowohl mit den Besitzern als auch mit dem zuständigen Hausverwalter eines Ferienhauses bzw. einer Ferienwohnung in Kontakt zu treten. Auch mit dem Feriengast müssen, zumindest für eine Buchungsbestätigung, Kontaktdaten aufgenommen werden. Bedenken Sie, dass es sinnvoll sein kann für Werbezwecke die Kontaktdaten der Feriengäste dauerhaft zu speichern.

12.3 Nominalextraktion

Die folgenden Aufgaben dienen der Ermittlung von Entitäten und Merkmalen mit Hilfe der Nominalextraktion.

12.3.1 CD-Sammlung

Nach der folgenden Beschreibung soll eine Datenbank zur Archivierung einer CD-Sammlung angelegt werden.

> **Beschreibung**
>
> Auf einer CD sind mehrere Stücke. Ein Titel hat immer einen Namen, ein Erscheinungsjahr und eine Spieldauer. Auch ein Album (CD) hat einen Namen, ein Erscheinungsjahr und eine Gesamtspieldauer. Ein bestimmtes Lied wird eindeutig einem Interpreten oder einer Gruppe zugeordnet. Bei einem Interpret oder einer Musikband ist nur der Name von Bedeutung. Eine CD kann Stücke von verschiedenen Interpreten beinhalten. Ein Musiker oder eine Band wird in der Regel einer Musikrichtung zugeordnet.

Aufgabe
Verwenden Sie die Nominalextraktion, um aus der gegebenen Beschreibung die, für einen Datenbankentwurf, relevanten Entitäten und Merkmale zu ermitteln.

12.3.2 Anforderungslisten analysieren

Aufgabe
Verwenden Sie die Nominalextraktion, um aus den Anforderungslisten zu den Aufgaben 12.2.2 „Kindertagesstätte" und 12.2.3 „Sonne und Meer (mehr)" die relevanten Entitäten und Merkmale zu ermitteln.

12.4 ER-Modellerstellung

Im Folgenden werden mehrere Anforderungslisten zu unterschiedlichen Datenbanken vorgegeben. Die Abstimmungen zwischen Auftraggeber und Datenbankentwickler haben bereits stattgefunden. Die vom Auftraggeber „abgesegnete" Anforderungsliste liegt dem Datenbankentwickler zur Datenanalyse vor. Parallel dazu muss das ER-Modell entworfen werden.

Bei den folgenden Aufgaben versuchen Sie bitte gemäß dem beschriebenen Vorgehen aus Kapitel 4.4 parallel die Anforderungsliste zu analysieren (dies kann mit Hilfe der Nominalextraktion erfolgen) und das zugehörige ER-Modell zu entwickeln. Das Ergebnis dieser Aufgabe ist das vollständige ER-Modell, auf dessen Grundlage später die Datenbank umgesetzt werden kann.

12.4.1 Mietshaus

Der Vermieter eines Mietshauses möchte eine Datenbank erstellen lassen, in der er Informationen zu seinem Mietshaus ablegen kann.

Anforderungsliste

1. Welche Wohnungen gibt es in dem Mietshaus?
2. Zu der Wohnung sollen die Größe in m², die Anzahl der Personen, für die die Wohnung ausgelegt ist und die Angabe der Etage (EG, 1.OG, 2.OG) gespeichert werden.
3. Welche Personen leben in dem Mietshaus?
4. Welche Personen wohnen in den jeweiligen Wohnungen?
5. Es können mehrere Personen in einer Wohnung wohnen.
6. Eine Person kann nicht gleichzeitig in mehreren Wohnungen wohnen.
7. Wohnungen werden von Personen gemietet.
8. In jeder Wohnung gibt es genau eine Person, die als Ansprechpartner bzw. als „offizieller" Mieter auftritt.
9. Eine Person kann nicht gleichzeitig Mieter von mehreren Wohnungen sein.
10. Zu den Personen sollen der Vorname, der Nachname und das Geburtsdatum erfasst werden.
11. In der Datenbank soll auch eingetragen werden können, seit wann eine Wohnung vermietet wurde und zu welchem Zeitpunkt die Wohnung wieder frei wird (Kündigungsdatum).

12.4.2 Unternehmen (Teil I)

In einem Betrieb soll eine Datenbank eingeführt werden, die folgende Informationen enthalten soll:

Anforderungsliste

1. Welche Mitarbeiter sind in dem Unternehmen beschäftigt?
2. Zu den Mitarbeitern soll nur der Nachname und der Vorname gespeichert werden.
3. Welche Abteilungen hat das Unternehmen?
4. Bei den Abteilungen ist der Abteilungsname interessant.
5. Welcher Mitarbeiter leitet welche Abteilung?
6. Es gibt nur einen Abteilungsleiter je Abteilung.
7. Abteilungsleiter können immer nur eine Abteilung leiten.
8. Welche Mitarbeiter sind in den Abteilungen beschäftigt?
9. Ein Mitarbeiter kann nicht gleichzeitig in mehreren Abteilungen beschäftigt sein.
10. In einer Abteilung sind mehrere Mitarbeiter beschäftigt.
11. Welche Produkte werden im Unternehmen hergestellt?
12. Lediglich die Produktbezeichnung muss gespeichert werden.
13. Welche Produkte werden von welchen Mitarbeitern gefertigt?
14. Ein Mitarbeiter fertigt mehrere Produkte.
15. Ein Produkt wird von mehreren Mitarbeitern gefertigt.
16. Wie lange fertigt ein Mitarbeiter an einem Produkt?
17. Welche Abteilungen durchläuft ein Produkt?
18. Ein Produkt durchläuft mehrere Abteilungen.
19. Eine Abteilung wird von mehreren Produkten durchlaufen.
20. Wie lange verweilt ein Produkt in einer Abteilung?

12.4.3 Sonne und Meer (mehr)

Setzen Sie die Anforderungsliste zur Aufgabe 12.2.3 „Sonne und Meer (mehr)" entsprechend um.

Zusatzaufgabe

Wie verändert sich das ER-Modell, wenn die Daten der Feriengäste nicht dauerhaft gespeichert werden sollen?

Teil 3: Aufgaben

12.4 ER-Modellerstellung

12.4.4 Bücherei

In einer Bücherei soll ein datenbankgestütztes Auskunfts- und Ausleihsystem eingeführt werden. Die Kunden sollen mit Hilfe der Datenbank, z.B. zu einem gegebenen Autor, alle Bücher ermitteln können, an denen der Autor mitgeschrieben hat. Außerdem soll über die Datenbank das Bücherausleihen und Büchervormerken geregelt werden. Der Einfachheit halber wird in diesem Beispiel davon ausgegangen, dass jeder Buchtitel in der Bücherei nur einmal vorhanden ist. Des Weiteren wird die Information, welcher Kunde welches Buch ausgeliehen hat, nur bis zur Rückgabe des Buches gespeichert. Hier nun die Anforderungsliste an die Datenbank:

Anforderungsliste

1. Welche Bücher sind in der Bücherei vorhanden?
2. Vollständige Bücherlisten (aller Bücher der Bücherei) nach ISBN-Nummer und Titel sollen möglich sein.
3. Bücher von welchen Autoren sind in der Bücherei zu finden?
4. Vorname, Nachname und Spezialgebiet eines Autors sind wichtig.
5. Ein Autor kann mehrere Bücher geschrieben bzw. daran mitgewirkt haben.
6. Ein Buch kann von mehreren Autoren geschrieben worden sein.
7. Welche Kunden hat die Bücherei?
8. Nachname, Vorname, Telefon und Adresse der Kunden sind wichtig.
9. Welcher Kunde hat welches Buch ausgeliehen?
10. Ein Kunde kann mehrere Bücher ausleihen.
11. Ein Buch kann nur von einem Kunden ausgeliehen werden. (Jeder Buchtitel ist nur einmal in der Bücherei vorhanden.)
12. Seit wann hat ein Kunde ein Buch ausgeliehen?
13. Wann muss ein Kunde ein Buch zurückgeben?
14. Kunden können verliehene Bücher vormerken lassen.
15. Ein Kunde kann mehrere Bücher vormerken.
16. Ein Buch kann von mehreren Kunden vorgemerkt werden.
17. Bei Mehrfachvormerkung eines Buches soll der Kunde das Buch ausleihen dürfen, der es zuerst vormerken ließ. Daher muss mitprotokolliert werden, zu welchem Datum eine Vormerkung erfolgte.

12.4.5 Unternehmen (Teil II)

In dem Unternehmen wurde die Datenbank aus Aufgabe 12.4.2 mittlerweile erfolgreich eingeführt. Die Unternehmensleitung ist „auf den Geschmack" gekommen und ist von dem Nutzen einer Datenbankerweiterung überzeugt. Die bestehende Datenbank soll nun so erweitert werden, dass auch Kundendaten, Zuliefererdaten und Teile, die von den Zulieferern geliefert werden, ebenfalls in der Datenbank abgelegt werden.

Anforderungsliste

1. Die Funktionalität der ursprünglichen Datenbank soll erhalten bleiben.
2. Welche Zulieferer hat das Unternehmen?
3. Name und Adresse des Zulieferers sollen gespeichert werden.
4. Mitarbeiter verhandeln mit den Zulieferern.
5. Ein Mitarbeiter verhandelt mit mehreren Zulieferern.
6. Ein Zulieferer hat genau einen Mitarbeiter als Ansprechpartner im Unternehmen.
7. Welche Teile liefert ein Zulieferer?
8. Lediglich eine Bezeichnung, eine Beschreibung und evtl. die DIN-Angabe sollen zu den Teilen in der Datenbank abgelegt werden.
9. Ein Zulieferer kann mehrere Teile liefern.
10. Ein Teil kann von unterschiedlichen Zulieferern geliefert werden.
11. Die Teile werden zur Fertigung eines Produktes benötigt.
12. Ein Produkt benötigt mehrere Teile.
13. Ein Teil kann zur Fertigung unterschiedlichster Produkte notwendig sein.
14. Welche Kunden hat ein Unternehmen?
15. Name und Adresse des Kunden sind von Interesse.
16. Kunden werden von Mitarbeitern betreut.
17. Ein Mitarbeiter betreut mehrere Kunden.
18. Ein Kunde hat immer genau einen Mitarbeiter als Ansprechpartner im Unternehmen.
19. Kunden kaufen Produkte des Unternehmens.
20. Ein Kunde kann unterschiedliche Produkte des Unternehmens kaufen.
21. Ein Produkt wird in der Regel von unterschiedlichen Kunden gekauft.

Teil 3: Aufgaben

12.4 ER-Modellerstellung

12.4.6 Kindertagesstätte

In der örtlichen Kindertagesstätte (KiTa) soll zur Vereinfachung der Verwaltungsaufgaben eine neue Datenbank eingefügt werden. Die Mitarbeiter der KiTa haben bereits Beschreibungen der Tages- und Arbeitsabläufe angefertigt (in Anlehnung an die Aufgaben 12.2.2) aus denen die folgende Anforderungsliste extrahiert worden ist.

Anforderungsliste

1. Welche Gruppen gibt es?
2. Bei den Gruppen muss der Gruppenname und die Dauer der Betreuung vermerkt werden („über Mittag" oder „vormittags").
3. Welche Kinder gehen in die KiTa?
4. Name und Vorname sowie das Alter des Kindes und etwaige Besonderheiten (Allergien etc.) müssen gespeichert werden.
5. Welches Kind geht in welche KiTa-Gruppe?
6. Wird ein Kind einer Gruppe mit „über Mittagbetreuung" zugeordnet, so muss die Art des Mittagessens festgelegt werden (vollwert, vegetarisch, normal).
7. Welche Mitarbeiter arbeiten in der KiTa?
8. Name, Vorname, Adresse und Telefonnummer müssen zum Mitarbeiter angegeben werden.
9. Welcher Mitarbeiter arbeitet in welcher Gruppe?
10. Ein Mitarbeiter wird immer nur in einer Gruppe eingesetzt.
11. Welche Personen sind wichtig?
12. Von den Personen muss neben dem Vor- und Nachnamen auch die Handynummer abgelegt werden.
13. Welche Adressen gibt es?
14. Zusammen mit der Adresse werden auch die Festnetznummer und evtl. auch eine Faxnummer mit abgespeichert.
15. Welche Adresse ist welcher Person zugeordnet?
16. Dabei können einer Person durchaus mehrere Adressen zugeordnet sein. (Berufliche Erreichbarkeit, Privatadresse, Zweitwohnung etc.)
17. Eine Adresse kann auch die Adresse von mehreren Personen sein. (Eltern oder Verwandte unter derselben Adresse erreichbar.)
18. Welche Personen sind die Eltern eines Kindes?
19. Welche Personen sind für welches Kind „abholberechtigt"?
20. Welche Personen sind für welche Kinder im Notfall Ansprechpartner?

Fehlende Anzahlangaben können sehr einfach logisch ergänzt werden.

12.4.7 Fußball-Weltmeisterschaft

Für die Koordination und Durchführung der nächsten Fußballweltmeisterschaft soll eine Datenbank entwickelt werden, in der Informationen zu den Spielern, Betreuern und Schiedsrichtern abgelegt werden können. Es sollen auch Daten über die Mannschaften, Spielergebnisse, Stadien etc. gespeichert werden können.

Anforderungsliste

1. Welche Spieler gibt es?
2. Bei einem Spieler interessieren der Vor- und Nachname, die Anzahl erhaltener roter und gelber Karten, der Gesundheitszustand und die Funktion.
3. Welche Mannschaften gibt es?
4. Welche Spieler gehören zu einer Mannschaft?
5. Ein Spieler gehört zu einer Mannschaft.
6. Zu einer Mannschaft gehören mehrere Spieler.
7. Bei der Mannschaft ist die Nationalität und die Gruppenzuteilung (Vorrunde) interessant.
8. Welche Betreuer gibt es?
9. Bei dem Betreuer interessieren der Vor- und Nachname und die Funktion.
10. Welche Betreuer gehören zu einer Mannschaft?
11. Welcher Betreuer betreut welche Spieler?
12. Ein Betreuer gehört zu einer Mannschaft.
13. Eine Mannschaft hat mehrere Betreuer.
14. Ein Betreuer betreut mehrere Spieler.
15. Ein Spieler wird von mehreren Betreuern betreut.
16. Welche Schiedsrichter gibt es?
17. Bei einem Schiedsrichter interessieren der Vor- und Nachname, die Nationalität und die Funktion.
18. Welche Spiele werden ausgetragen?
19. Bei den Spielen interessiert das Spielergebnis, das Datum und die Uhrzeit des Spielbeginns.
20. Welche Schiedsrichter leiten welches Spiel?
21. Ein Schiedsrichter wird bei mehreren Spielen eingesetzt. Bei einem Spiel werden mehrere Schiedsrichter eingesetzt.
22. Welche Mannschaften bestreiten ein Spiel?
23. Ein Spiel wird von zwei (mehreren) Mannschaften bestritten. Eine Mannschaft bestreitet mehrere Spiele.
24. Welche Stadien gibt es?
25. Bei den Stadien interessiert der Ort, die Anzahl der Sitz- und Stehplätze und der Zustand des Rasens.
26. Welches Spiel findet in welchem Stadion statt?
27. Ein Spiel wird nur in einem Stadion ausgetragen.
28. In einem Stadion finden mehrere Spiele statt.

Teil 3: Aufgaben

12.4 ER-Modellerstellung

12.4.8 Krankenhausdatenbank

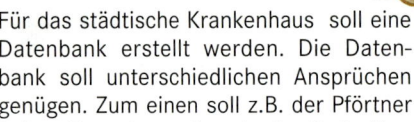

Für das städtische Krankenhaus soll eine Datenbank erstellt werden. Die Datenbank soll unterschiedlichen Ansprüchen genügen. Zum einen soll z.B. der Pförtner jedem Besucher sofort Auskunft darüber geben können, auf welchem Zimmer ein Patient zu finden ist. Ob der Patient vorher bereits auf einem anderen Zimmer untergebracht war oder in Zukunft noch auf ein anderes Zimmer verlegt wird, ist nicht von Interesse und muss daher nicht gespeichert werden. Anders sieht es bei den Operationssälen aus. Hier soll mit Hilfe der Datenbank die Belegung der Operationssäle koordiniert werden. Daher ist es beispielsweise möglich, dass ein Patient (natürlich nicht zeitgleich!) für Operationen in unterschiedlichen Operationssälen eingeplant wird. Daten externer Dienstleister sind für die Datenbank von untergeordneter Bedeutung. Deshalb werden unter diesem Sammelbegriff Reinigungskräfte, evtl. Essenslieferanten oder auch Gemeinde-Seelsorger usw. zusammengefasst. Konkret sollen in der Datenbank folgende Informationen abgelegt werden:

Anforderungsliste

1. Welche Patienten sind im Krankenhaus?
2. Postalische Anschrift, Krankenversicherung, Alter, Aufnahmedatum und das voraussichtliche Entlassungsdatum der Patienten sollen aufgenommen werden.
3. Welche Zimmer (Patientenzimmer, Operationssäle, ...) gibt es im Krankenhaus?
4. Die Zimmernummer, die Bettenzahl und die Etage eines Zimmers sollen gespeichert werden.
5. Welche Patienten liegen auf welchen Zimmern?
6. Ein Patient liegt auf einem Zimmer.
7. Auf einem Zimmer liegen mehrere Patienten.
8. Welche Dienstleister (Essenausgabe, Reinigungsdienst, ...) arbeiten im Krankenhaus?
9. Der Name, der Vorname und die Art der Dienstleistung muss angegeben werden.
10. Welche Dienstleister sind zuständig für welche Zimmer?
11. Ein Dienstleister ist zuständig für mehrere Zimmer.
12. Für ein Zimmer sind mehrere Dienstleister zuständig.
13. Wie oft wird ein Zimmer je Woche von einem Dienstleister gewartet/aufgesucht?
14. Welche Dienstleister versorgen welche Patienten?
15. Ein Patient wird von mehreren Dienstleistern versorgt.
16. Ein Dienstleister versorgt mehrere Patienten.
17. Welche Stationen gibt es in dem Krankenhaus?
18. Lediglich der Stationsname ist interessant.
19. Welches Zimmer gehört zu welcher Station?
20. Ein Zimmer gehört zu einer Station.
21. Zu einer Station gehören mehrere Zimmer.
22. Welche Ärzte sind in dem Krankenhaus beschäftigt?
23. Anschrift, Telefonnummer, Handynummer und Fachgebiet eines Arztes müssen speicherbar sein.
24. Welcher Arzt ist Chefarzt einer Station?
25. Eine Station hat immer nur einen Chefarzt.
26. Ein Chefarzt ist immer nur Leiter einer Station.
27. Welche Pfleger (Schwestern) arbeiten in dem Krankenhaus?
28. Anschrift, Telefonnummer und Handynummer sind beim Pflegepersonal wichtig.
29. Welcher Pfleger führt die Koordination einer Station (Oberschwester)?
30. Je Station gibt es genau einen Pfleger (Oberschwester), der die Koordination führt.
31. Die Koordinationsführung kann ein Pfleger (Oberschwester) nur auf einer Station wahrnehmen.
32. Welcher Arzt arbeitet auf welcher Station?
33. Auf einer Station arbeiten mehrere Ärzte.
34. Ein Arzt arbeitet nur auf einer Station.
35. Welcher Pfleger ist welcher Station zugeteilt?
36. Einer Station sind mehrere Pfleger zugeteilt.
37. Ein Pfleger ist nicht mehreren Stationen zugeteilt.
38. Welche Operationen werden ausgeführt?
39. Datum und Operationsbeginn sowie die Art der Operation und die voraussichtliche Operationsdauer sind bei Operationen von Interesse.
40. Welche Ärzte assistieren bei einer Operation?
41. Bei einer Operation assistieren in der Regel mehrere Ärzte.
42. Ein Arzt assistiert bei mehreren Operationen.
43. Welcher Arzt führt die Operation durch?
44. Neben den Assistenzärzten gibt es genau einen Arzt, der die Operation durchführt (bzw. leitet).
45. Ein Arzt führt mehrere Operationen durch (bzw. leiten).
46. Welche Aufgabe übernimmt ein Assistenzarzt bei einer Operation?
47. Welche Pfleger (bzw. Schwestern) helfen bei einer Operation?
48. Ein Pfleger kann bei mehreren Operationen helfen.
49. Bei einer Operation helfen mehrere Pfleger.
50. Welcher Patient wird bei der Operation operiert?
51. Bei einer Operation wird immer nur ein Patient operiert.
52. Ein Patient wird unter Umständen auch mehrfach operiert.

12.5 Überführungsregeln

Überführen Sie die folgenden vollständigen ER-Modelle mit Hilfe der Überführungsregeln in das Tabellenschema. Jede Entität wird als eigene Tabelle dargestellt! Jede m:m-Beziehung benötigt eine eigene Tabelle. Alle anderen Beziehungen werden in bereits vorhandenen Tabellen mit Hilfe von Fremdschlüsseln realisiert (siehe Kapitel 5). Auf diese Art und Weise kann man sehr schnell überprüfen, wie viele Tabellen tatsächlich benötigt werden. Zählen Sie einfach alle Entitäten und alle m:m-Beziehungen zusammen.

Tipp
Ermitteln Sie vorab, wie viele Tabellen erstellt werden müssen!

12.5.1 Mietshaus

1. Tabellen

Erstellen Sie mit Hilfe der Überführungsregeln die zugehörigen Tabellen zu dem ER-Modell, das Sie bei der Aufgabe 12.4.1 „Mietshaus" entwickelt haben.

2. Datenbank

Erzeugen Sie die Datenbank „Mietshaus" mit allen notwendigen Tabellen auf einem relationalen Datenbankmanagementsystem.

3. Datensätze

Tragen Sie anschließend folgende Datensätze in die Tabellen ein. Das Mietshaus hat 3 Etagen!

Erdgeschoss:
Die Wohnung im Erdgeschoss hat 120 m² und ist für maximal 4 Personen ausgelegt. Sie wurde von Heinz Neumann (geb. 15.4.1967) für sich und seine Familie, Gerda Neumann (geb. 8.10.1969) und die Kinder Tim (geb. 2.4.1995) und Hanna (geb. 5.8.1997) ab dem 01.01.1995 gemietet.

Erstes Obergeschoss:
Das erste Obergeschoss (1. OG) hat 70 m² und kann maximal von 3 Personen genutzt werden. Es wird von dem Ehepaar Werner (geb. 24.5.1937) und Monika Specht (geb. 6.8.1940) seit dem 01.05.1980 bewohnt. Weil den Spechts die Familie Neumann im EG zu laut ist, hat Werner Specht (Mieter) die Wohnung zum 01.01.2012 gekündigt.

Zweites Obergeschoss:
Die Wohnung im zweiten Obergeschoss (2. OG) hat 55 m² und bietet Platz für maximal 2 Personen. Sie steht zur Zeit leer.

12.5.2 Unternehmen (Teil I)

1. Tabellen

Erstellen Sie mit Hilfe der Überführungsregeln die zugehörigen Tabellen zu dem ER-Modell, das Sie bei der Aufgabe 12.4.2 „Unternehmen (Teil I)" entwickelt haben.

2. Datenbank

Erzeugen Sie die Datenbank „Unternehmen (Teil 1)" mit allen notwendigen Tabellen auf einem relationalen Datenbankmanagementsystem.

3. Datensätze

Tragen Sie anschließend folgende Datensätze in die Tabellen ein.

Mitarbeiter/Produkte:
Das kleine Schmiedeunternehmen, das Gartentore und Fenstergitter herstellt, hat 3 Mitarbeiter: Willi Ernst, Werner Vogel und Wilhelm Klein.

Abteilungen:
Willi Ernst ist in der Abteilung „Design" beschäftigt und zugleich deren Leiter. Die Mitarbeiter Werner Vogel und Wilhelm Klein sind beide in der Abteilung „Produktion" beschäftigt, die von Werner Vogel geleitet wird.

Arbeitszeiten und Verweildauer:
- Aufwändige Gartentore verbleiben ca. 5 Stunden in der Abteilung „Design", Fenstergitter lediglich 2 Stunden. Somit ist Willi Ernst zugleich mit 5 bzw. 2 Stunden an der Gesamtfertigungsdauer der beiden Produkte beteiligt.
- An einem Gartentor wird in der Abteilung „Produktion" ca. 16 Stunden gearbeitet, wobei davon 10 Stunden auf Werner Vogel und 6 Stunden auf Wilhelm Klein entfallen.
- An der Fertigung der Fenstergitter, die ca. 8 Stunden in der Abteilung „Produktion" verweilen, ist Werner Vogel nur mit 2, Wilhelm Klein hingegen mit 6 Stunden beteiligt.

12.5.3 Sonne und Meer (mehr)

1. Tabellen

Erstellen Sie mit Hilfe der Überführungsregeln die zugehörigen Tabellen zu dem ER-Modell aus Aufgabe 12.4.3 „Sonne und Meer (mehr)".

2. Datenbank

Erzeugen Sie die Datenbank „Sonne und Meer (mehr)" mit allen notwendigen Tabellen auf einem relationalen Datenbankmanagementsystem.

12.5 Überführungsregeln

12.5.4 Bücherei

1. Tabellen

Erstellen Sie mit Hilfe der Überführungsregeln die zugehörigen Tabellen zu dem ER-Modell, das Sie bei der Aufgabe 12.4.4 „Bücherei" entwickelt haben.

2. Datenbank

Erzeugen Sie die Datenbank „Bücherei" mit allen notwendigen Tabellen auf einem relationalen Datenbankmanagementsystem.

3. Datensätze

Tragen Sie anschließend folgende Datensätze in die Tabellen ein.

Autoren:

In der Bücherei sind Bücher der Autoren Darius Himmel (Spezialgebiet Datenbanken), Julia Grass (Spezialgebiet Betriebssysteme) und Eva Neubauer (Spezialgebiet Datenbanken) vorhanden.

Bücher:

In der Bücherei sind die Buchtitel „Datenbanken für Anfänger" (ISBN 1-234567-89-0), an dem die Autoren Himmel und Neubauer mitgewirkt haben, und das Buch „Abgründe der Betriebssysteme" (ISBN 0-987654-32-1), das von der Autorin Grass geschrieben wurde, vorhanden.

Kunden:

In der Bücherei sind bisher die Kunden Udo Kleist, wohnhaft Musterring 17 aus 44511 Kleindorf, Silke Printe, wohnhaft Vogelsang 12 aus 44517 Kleindorf und Karsten Müller, wohnhaft Postweg 19 aus 44657 Großstadt registriert.

Ausleihen/Vormerkungen:

Das Buch „Datenbanken für Anfänger" wurde am 1. Januar von Udo Kleist ausgeliehen und muss von ihm bis zum 1. März zurückgegeben werden. Silke Printe interessiert sich ebenfalls für diesen Titel und hat das Buch daher am 4. Februar vormerken lassen. Auch Karsten Müller möchte das Buch „Datenbanken für Anfänger" ausleihen. Seine Vormerkung erfolgte jedoch erst am 15. Februar. Das Buch „Abgründe der Betriebssysteme" ist zur Zeit nicht ausgeliehen.

12.5.5 Unternehmen (Teil II)

1. Tabellen

Erstellen Sie mit Hilfe der Überführungsregeln die zugehörigen Tabellen zu dem ER-Modell aus Aufgabe 12.4.5 „Unternehmen (Teil II)".

2. Datenbank

Erzeugen Sie die Datenbank „Unternehmen (Teil II)" mit allen notwendigen Tabellen auf einem relationalen Datenbankmanagementsystem.

12.5.6 Kindertagesstätte

1. Tabellen

Erstellen Sie mit Hilfe der Überführungsregeln die zugehörigen Tabellen zu dem ER-Modell aus Aufgabe 12.4.6 „Kindertagesstätte".

2. Datenbank

Erzeugen Sie die Datenbank „Kindertagesstätte" mit allen notwendigen Tabellen auf einem relationalen Datenbankmanagementsystem.

12.5.7 Fußball-Weltmeisterschaft

1. Tabellen

Erstellen Sie mit Hilfe der Überführungsregeln die zugehörigen Tabellen zu dem ER-Modell aus Aufgabe 12.4.7 „Fußballweltmeisterschaft".

2. Datenbank

Erzeugen Sie die Datenbank „Fußballweltmeisterschaft" mit allen notwendigen Tabellen auf einem relationalen Datenbankmanagementsystem.

12.5.8 Krankenhausdatenbank

1. Tabellen

Erstellen Sie mit Hilfe der Überführungsregeln die zugehörigen Tabellen zu dem ER-Modell aus Aufgabe 12.4.8 „Krankenhausdatenbank".

2. Datenbank

Erzeugen Sie die Datenbank „Krankenhaus" mit allen notwendigen Tabellen auf einem relationalen Datenbankmanagementsystem.

12.6 Erweiterungen

Zu den ER-Modell-Erweiterungen gehören die Beziehungen auf sich selbst, die Mehrfachbeziehungen und der Umbau von Beziehungen, die durch zusätzliche Merkmale zu eigenständigen Entitäten werden. Zu diesem Aufgabenkomplex folgen nun einige Aufgaben.

12.6.1 Anzahlangaben bei Dreifachbeziehungen

Bestimmen Sie die Anzahlangaben zu folgenden Dreifachbeziehungen. Wie müssen die Beziehungstabellen 'aufführen', 'operiert', 'prüft', 'kauft', 'füttert' und 'erreichbar' aussehen?

1. Orchester

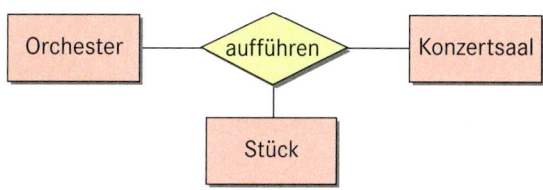

In der Datenbank soll die Information, welches Orchester welches Stück in welchen Konzertsälen spielt, für die nächste Spielzeit (ca. ½ Jahr) abgelegt werden.

2. Krankenhaus

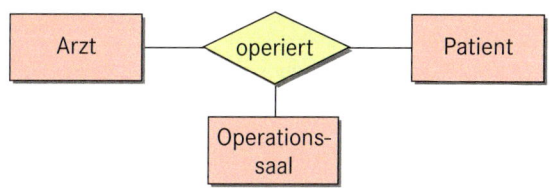

In der Datenbank soll die Information, welcher Arzt welchen Patienten in welchem Operationssaal operiert, abgelegt werden. Betrachtungszeitraum ca. ½ Jahr.

3. Diplomprüfung

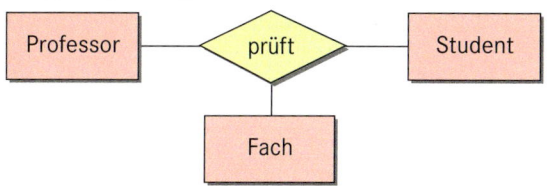

In der Datenbank sollen nur die aktuellen Diplomprüfungen abgelegt werden. Dabei werden die folgenden Rahmenbedingungen festgelegt: Ein Professor prüft nur in seinem Spezialgebiet, nicht in mehreren Fächern. An einer Diplomprüfung nimmt immer nur ein Professor teil.

4. Verkauf

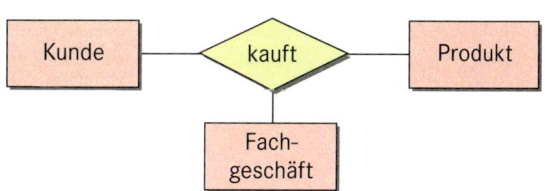

Unter Produkt sollen hier individuelle unterscheidbare Einzelexemplare, z.B. mit Seriennummern, oder kostbare Antiquitäten gemeint sein. Somit ist es nicht möglich, dass ein Kunde ein bestimmtes Produkt in unterschiedlichen Fachgeschäften kauft. Würde man unter einem Produkt eine Produktgruppe verstehen, wie etwa „Milch", so würden natürlich ganz andere Anzahlangaben entstehen. Vergleichen Sie die Anzahlangaben der Dreifachbeziehung mit denen, die bei Produktgruppen entstehen würden.

5. Zoo

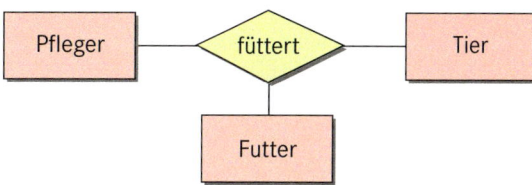

In der Entität 'Futter' sollen lediglich die unterschiedlichen Futterarten aufgeführt werden, wie z.B. Rindfleisch oder Gras. Welche Menge eines Futters von dem Pfleger an ein bestimmtes Tier verfüttert wird, könnte z.B. durch ein Beziehungsmerkmal 'Menge' an der Beziehung 'füttert' gespeichert werden.

6. Reiseunternehmen

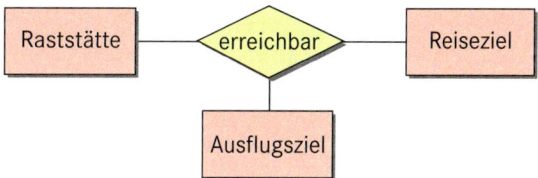

Ein Reiseunternehmen speichert in der Entität 'Reiseziel' Orte und Regionen zu denen mehrtägige Reisen angeboten werden. In der Entität 'Ausflugsziel' sind Ziele für Tagesausflüge hinterlegt, die von den unterschiedlichen Reisezielen aus angefahren werden können. In der Entität 'Raststätte' werden Raststätten und Pausenplätze aufgeführt, die auf dem Weg von einem Reiseziel zu einem Ausflugsziel aufgesucht werden können.

Teil 3: Aufgaben

12.6 Erweiterungen

12.6.2 Kaufverhalten (Teil I)

6.1
6.2

In dieser Aufgabe wird eine Anforderungsliste vorgegeben, die in Bezug auf die Anzahlangaben absichtlich nicht vollständig ist. Beim Lösen der Aufgabe gehen Sie bitte wie folgt vor:

1. Erstellen Sie das ER-Modell zur gegebenen Anforderungsliste.
2. Ergänzen Sie die Anzahlangaben sinnvoll.
3. Erzeugen Sie die Tabellen mit Hilfe des ER-Modells.

Beschreibung der Rahmenbedingungen
In einer Studie soll über einen Zeitraum von ca. 3 Monaten überprüft werden, ob miteinander verwandte Personen auch ein ähnliches Kaufverhalten haben. Dazu soll eine Datenbank erstellt werden, in der die Untersuchungsdaten abgelegt werden können.

Anforderungsliste

1. Welche Personen nehmen an der Untersuchung teil?
2. Vorname, Nachname, Geschlecht und Alter sollen zu den Personen gespeichert werden.
3. Welche Person ist mit welcher Person verheiratet?
4. Welche Person ist mit welcher Person verwandt?
5. Welche Produkte werden gekauft?
6. Bei dem Produkt ist die Marke, der Hersteller und eine Beschreibung von Interesse.
7. Welche Kaufhäuser werden aufgesucht?
8. Bei den Kaufhäusern soll der Name der Kaufhauskette (z.B. Kaufhof) und der Warenschwerpunkt angegeben werden (z.B. Textilien).
9. Welche Person kauft in welchem Kaufhaus welches Produkt?
(Unter einem Produkt wird z.B. das Produkt „Milch" verstanden. Ein Produkt kann von unterschiedlichen Personen in unterschiedlichen Kaufhäusern gekauft werden.)
10. Welche Großhändler gibt es?
11. Name und Adresse des Großhändlers soll gespeichert werden.
12. Welcher Großhändler liefert welches Produkt an welches Kaufhaus?
13. Ein Kaufhaus bezieht ein bestimmtes Produkt nicht von mehreren Großhändlern.
14. Welcher Großhändler beliefert welchen Großhändler?

Anmerkung
Es kann davon ausgegangen werden, dass sich die Verwandtschaftsverhältnisse innerhalb der Studienlaufzeit von drei Monaten nicht ändern. Es finden also in dem Zeitraum bei den betrachteten Personen keine Hochzeiten oder Scheidungen statt.

12.6.3 Fehlerhafte Tabellenkorrektur

Diese Aufgabe bezieht sich direkt auf das Beispiel 'Möbelhaus' aus Kapitel 6.3.2. Dort wird behauptet, dass die Tabelle 'kauft' NICHT korrigiert werden kann, indem man einfach auf Tabellenebene ein neues Schlüsselmerkmal 'ID_Kauf' an die Tabelle anfügt.

kauft

ID_Kauf	ID_Kunde	ID_Produkt	Anzahl	Datum

- Untersuchen Sie warum!
- Welches ER-Modell würde zu dieser Tabellenumsetzung passen?
- Welche Unterschiede bestehen zwischen dieser falschen und der richtigen Lösung aus Kapitel 6.3.2?

12.6.4 Kaufverhalten (Teil II)

Bei der Lösung der Aufgabe gehen Sie bitte wie folgt vor:

1. Erweitern Sie das ER-Modell aus Aufgabe 12.6.2 „Kaufverhalten (Teil I)" um die folgende zusätzliche Anforderungsliste.
2. Überprüfen Sie bei allen Beziehungen mit Merkmalen, ob diese evtl. eigenständige Entitäten repräsentieren.
3. Überführen Sie das ER-Modell mit Hilfe der Überführungsregeln in das Tabellenschema.

Zusätzliche Anforderungen

1. Das Datum der Hochzeit soll gespeichert werden.
2. Das Kaufdatum, an dem eine Person ein Produkt gekauft hat, soll mit abgelegt werden.
3. Es soll nachvollziehbar sein, welche Personen welche Kaufhäuser aufsuchen.
(Eine Person kann ein Kaufhaus aufsuchen ohne dort ein Produkt zu kaufen!)
4. Die Anzahl, wie häufig eine Person durchschnittlich im Monat ein Kaufhaus aufsucht, soll gespeichert werden.
5. Es soll auch das Lieferdatum festgehalten werden, an dem ein Großhändler von einem anderen Großhändler beliefert wird.

12.6 Erweiterungen

12.6.5 Berufskolleg Olsberg

Für das Berufskolleg Olsberg soll eine Datenbank erstellt werden. Mit der Schulleitung und dem Fachpersonal, das später mit der Datenbank arbeiten soll, sind erste Gespräche geführt worden, aus denen die folgende Anforderungsliste entstanden ist. In dieser Aufgabe wird eine Anforderungsliste vorgegeben, die in Bezug auf die Anzahlangaben absichtlich nicht vollständig ist. Beim Lösen der Aufgabe gehen Sie bitte wie folgt vor:

1. Erstellen Sie das ER-Modell zur gegebenen Anforderungsliste.
2. Ergänzen Sie die Anzahlangaben sinnvoll.
3. Erzeugen Sie die Tabellen mit Hilfe des ER-Modells.

Anforderungsliste

1. Welche Schüler gibt es an der Schule?
2. Der Name, der Vorname, die Adresse sowie das Geburtsdatum und der bisher erreichte schulische Abschluss müssen als Informationen für einen Schüler gespeichert werden.
3. Welche Klassen gibt es an der Schule?
4. Welche Ämter werden an der Schule ausgeübt?
5. Unter einem Amt versteht man zusätzliche Aufgaben wie Vertrauenslehrer oder Oberstufenkoordinator etc.
6. Für Ämter und auch für Klassen genügt die Angabe einer Bezeichnung als Information.
7. Welche Schüler sind Mitschüler welcher Klasse?
8. Eine Klasse kann in mehrere feste Laborgruppen aufgeteilt werden.
9. Die Information welcher Laborgruppe ein Schüler zugeteilt worden ist, soll ebenfalls in der DB hinterlegt werden.
10. Welcher Schüler ist Klassensprecher einer Klasse?
11. Welche Fächer werden an der Schule unterrichtet?
12. Für das Fach muss eine Fachbezeichnung und das Fachkürzel in der Datenbank gespeichert werden.
13. Welche Lehrer gibt es an der Schule?
14. Als Angaben zu einem Lehrer sind der Vor- und Nachname, seine Privatadresse, das Lehrerkürzel, sein Alter und das Dienstalter notwendig.
15. Welcher Lehrer ist Klassenlehrer einer Klasse?
16. Seit wann ist ein Lehrer Klassenlehrer einer Klasse?
17. Ein Lehrer kann Klassenlehrer von mehreren Klassen sein. Aber eine Klasse hat immer nur einen Klassenlehrer.
18. Welcher Lehrer lehrt welche Fächer?
19. Welcher Lehrer unterrichtet in welcher Klasse welches Fach?
20. Ein Fach wird in einer Klasse nur von einem Lehrer unterrichtet.
21. Welcher Lehrer prüft welchen Schüler in welchem Fach?
22. Ein Lehrer kann einen Schüler evtl. in mehreren Fächern prüfen.
23. Ein Schüler wird in einem Fach nur von einem Lehrer geprüft.
24. Ein Lehrer prüft in einem Fach mehrere Schüler.
25. Mit welchen Noten prüft der Lehrer einen Schüler in einem Fach und an welchem Datum? Mit welcher Gewichtung (z.B. 3 = Arbeit, 1 = Test, ...) geht das Prüfergebnis in die Endnote ein? Wie hat der Lehrer den Schüler in dem Fach geprüft (Art der Prüfung: Arbeit, Test, ...)?
26. Welches Fach ist Voraussetzung für welches Fach?
27. Ein Fach kann Voraussetzung für mehrere Fächer sein.
28. Ein Fach kann mehrere Fächer als Voraussetzung haben.
29. Welche Lehrer üben welches Amt aus?
30. Ein Lehrer kann mehrere Ämter ausüben.
31. Ein Amt kann von mehreren Lehrern ausgeübt werden.
32. Es soll jedes Datum gespeichert werden, an dem ein Lehrer ein Amt übernommen hat bzw. an dem er in diesem Amt bestätigt worden ist, so dass nachvollziehbar bleibt, wann welcher Lehrer welches Amt über die Jahre ausgeübt hat.

Anmerkung

Mit Ausnahme der Ämter, bei denen explizit gefordert wurde, dass nachvollziehbar bleibt, wann welcher Lehrer welches Amt übernommen hat, sind keine Historiendaten in der Datenbank erforderlich. Beispielsweise ist nicht wichtig, wer in der Vergangenheit schon mal Klassenlehrer einer bestimmten Klasse war. Die Datenbank repräsentiert, abgesehen von den Besetzungen der Ämter, lediglich den aktuellen Zustand im laufenden Schuljahr.

Die Schüler und Lehrer des Berufskolleg Olsberg kommen aus sehr unterschiedlichen, zum Teil auch weit entfernten Orten. Dennoch gibt es gerade in der näheren Umgebung des Berufskollegs Orte, die bei den Schüler- bzw. Lehreradressen besonders häufig vorkommen. Unterbreiten Sie dem Auftraggeber unterschiedliche Umsetzungen zu dieser Problematik und nennen Sie Vor- und Nachteile.

12.7 Objektorientierte Sicht

Der Softwareentwurf und der Datenbankentwurf ist in vielen Phasen sehr ähnlich. Oft werden nur andere Begriffe für dieselben Dinge verwendet. So entsprechen beispielsweise die Klassen beim Softwareentwurf den Entitäten beim relationalen Datenbankentwurf. Ebenso treten auch die unterschiedlichen Beziehungsarten 'ist-Teil'-Beziehung (Aggregation) und auch die 'ist-ein'-Beziehung (Generalisierung/Spezialisierung) in beiden Bereichen auf. Beim relationalen Datenbankmodell gibt es jedoch kein spezielles Konzept zur Umsetzung der Generalisierung/Spezialisierung. Wie man trotzdem diese 'ist-ein'-Beziehung am sinnvollsten in den Datenbankentwurf integrieren kann, wird im Kapitel 7 'Objektorientierte Sicht' gezeigt. Die nachfolgenden Aufgaben beschäftigen sich mit diesem Themenkomplex.

12.7.1 Vorteile der Generalisierung

7.1.1

Im Kapitel 7.1.1. werden die Tabellen 'Baum', 'Nadelbaum', 'Laubbaum' und 'Obstbaum' als Umsetzung einer Generalisierung/Spezialisierung vorgestellt. Versuchen Sie dieselben Informationen OHNE die Generalisierung/Spezialisierung in Tabellen abzulegen. Welche Vor- bzw. Nachteile haben die jeweiligen Umsetzungen?

12.7.2 Generalisierungsarten

7.1.3

Bei der Generalisierung/Spezialisierung werden unterschiedliche Generalisierungsarten unterschieden.

- disjunkt und vollständig
- disjunkt und unvollständig
- überlappend und vollständig
- überlappend und unvollständig

Bestimmen Sie bei den folgenden Generalisierungen/Spezialisierungen, um welche Generalisierungsart es sich handelt.

1. Mensch
Sowohl Männer als auch Frauen werden durch die Entität 'Mensch' repräsentiert.

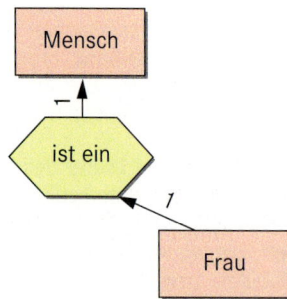

2. Kunde
Durch die Entität 'Kunde' werden sowohl die Privatkunden als auch die Geschäftskunden eines Geschäftes dargestellt. Dabei kann jedoch ein Privatkunde auch als Geschäftskunde auftreten.

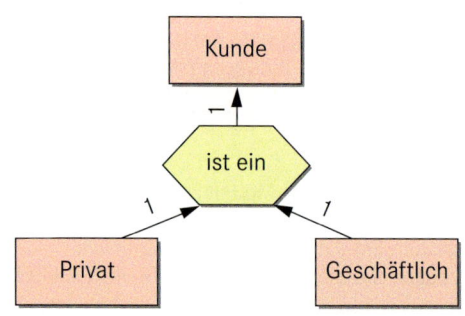

3. Baum
Die Entität 'Baum' ist die Generalisierung von Laub- und Nadelbäumen.

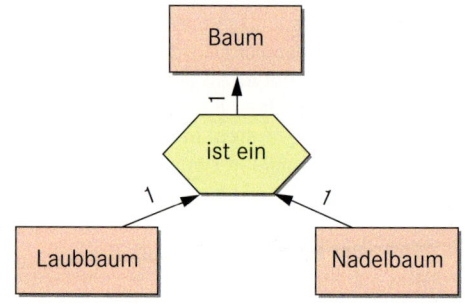

4. Kuchenrezepte
Die Entität 'Kuchen' ist die Generalisierung aller Kuchenrezepte einer Bäckerei. Es wird auch Kuchenrezepte geben, die sich nicht in die Spezialisierungen Nusskuchen bzw. Schokoladenkuchen einsortieren lassen. Auch gibt es Schokoladen-Nuss-Kuchen, deren Rezepte in beiden Spezialisierungen vorkommen müssen.

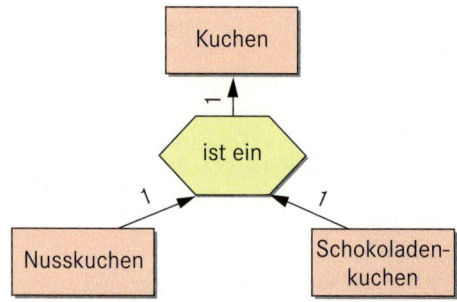

5. Tiere

In der Entität 'Tier' sollen alle Säugetiere und Vögel generalisiert werden. Leider gibt es das eierlegende Schnabeltier in Australien, das seine Jungen säugt. Auch solche Tiere müssen bei dieser Generalisierung/Spezialisierung berücksichtigt werden.

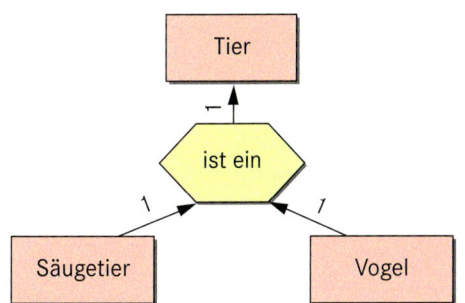

6. Würmer

Würmer lassen sich in die Gruppen Plattwürmer und Rundwürmer aufteilen. Es gibt keine Würmer, die sowohl platt als auch rund sind.

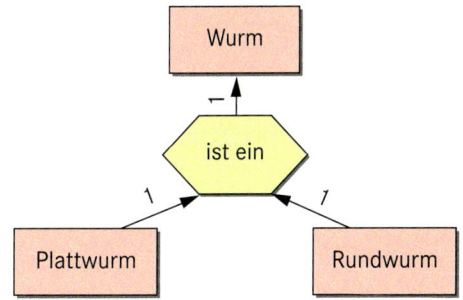

12.7.3 Fehlerhafte Tabellen

In den beiden folgenden Teilaufgaben wurde die Generalisierung/Spezialisierung nicht angewendet, obwohl es sinnvoll gewesen wäre. Dadurch sind Tabellen mit Merkmalen entstanden, deren Bedeutungen abhängig von den jeweiligen Datensätzen variierten.

1. Überlegen Sie wie eine Umsetzung mit Generalisierung/Spezialisierung ausgesehen hätte.
2. Zeichnen Sie das zugehörige ER-Modell.
3. Verwenden Sie das Merkmal 'Kategorie', wenn es sinnvoll ist.
4. Generieren Sie die Tabellen aus dem ER-Modell.
5. Tragen Sie die angegebenen Beispieldatensätze in die korrigierten Tabellen ein.

1. Haltbarkeitsdatum bei Produkten

In einer Tabelle 'Produkt' werden alle Informationen zu den Produkten abgelegt. Neben der Bezeichnung und dem Einkaufsdatum wird in der Tabelle auch noch das Haltbarkeitsdatum gespeichert.

- Bei schnell verderblicher Ware wird der Tag und der Monat im Haltbarkeitsdatum abgelegt.
  Format: TT.MM
- Bei Waren, die über mehrere Monate haltbar sind, wird nur der Monat und das Jahr gespeichert.
  Format: MM.JJJJ
- Bei Waren, deren Haltbarkeit nicht abläuft, bleibt das Feld leer.

Produkt

ID_Produkt	Bezeichnung	Einkauf	Haltbarkeit
1	Milch	1.2.2009	14.02.
2	Schokolade	1.2.2009	07.2010
3	Honig	1.2.2009	10.2030
4	Bleistift	1.2.2009	

2. Handynummer des Abteilungsleiters

In der Tabelle 'Personal' sollen die Vornamen und die Nachnamen aller Mitarbeiter einer Firma gespeichert werden. Zudem sollen bei allen Mitarbeitern, die eine Abteilung leiten (und nur bei denen), die Handynummern mit abgelegt werden.

Personal

ID_Mitarbeiter	Vorname	Nachname	Handynummer
1	Willi	Klein	017012343
2	Bernd	Groß	
3	Eva	Lang	016012343

Abteilung

ID_Abteilung	Bezeichnung	ID_Mitarbeiter
1	Produktion	1
2	Fertigung	3

> **Anmerkung**
>
> Bei dieser Teilaufgabe (Handynummer) ist es sicherlich sinnvoller, die Personaltabelle durch die G/S in weitere Untertabellen zu zerlegen, als es bei einer Personaltabelle zu belassen, die im Merkmal 'Handynummer' zwangsläufig sehr viele leere Datenfelder enthält. Dennoch ist dies nicht die optimale Lösung! Wie kann man den Anforderungen der Aufgabe genügen ohne Leerfelder in den Tabellen zu erzeugen und ohne die G/S anzuwenden?

Teil 3: Aufgaben

12.7 Objektorientierte Sicht

12.7.4 Krankenhausdatenbank

Der Entwurf der Krankenhausdatenbank ist fertig! Das zugehörige ER-Modell sieht so aus. Dieses ER-Modell wurde den Auftraggebern vorgelegt, die aber noch einige Änderungen in das ER-Modell eingebaut haben möchten.

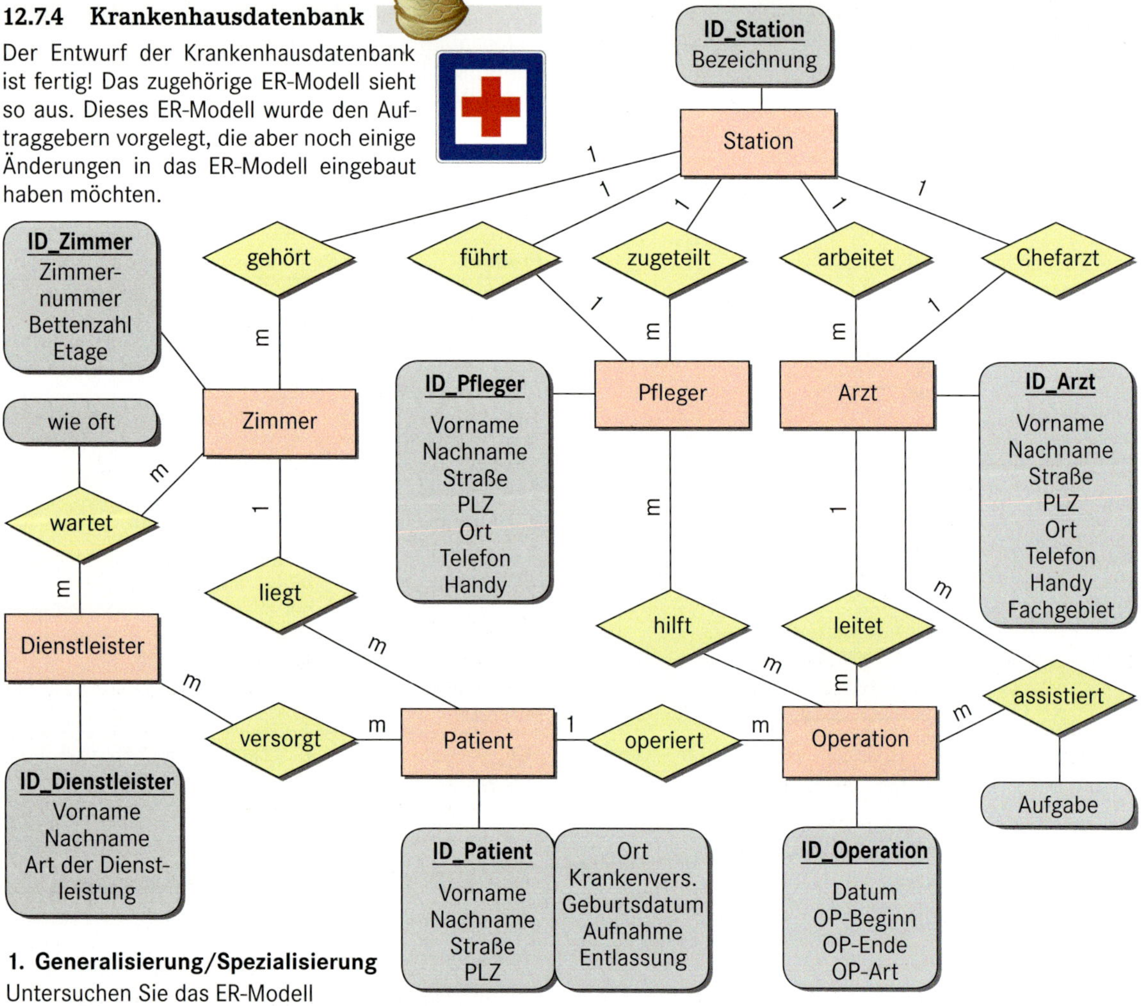

1. Generalisierung/Spezialisierung
Untersuchen Sie das ER-Modell

1. Wo sollte hier die Generalisierung/Spezialisierung angewendet werden?
2. Zeichnen Sie den Teil des ER-Modells neu, der von dieser Änderung betroffen ist!
3. In welchem Zusammenhang stehen die Entitäten 'Station' und 'Operation' mit der Generalisierung/Spezialisierung? Tragen Sie alle Beziehungen zwischen diesen Entitäten und der Generalisierung/Spezialisierung ein.

Sie haben dem Auftraggeber das ER-Modell zur Abstimmung vorgelegt. Der Auftraggeber zeigte sich im Großen und Ganzen zufrieden mit dem Entwurf, hatte aber noch die folgenden Änderungswünsche.

2. Änderungswünsche

1. Dienstleister sind neben dem Pflegepersonal (das Ärzte und Pfleger umfasst) auch Mitarbeiter des Krankenhauses, die eindeutig einer Station zugeordnet sind. Aus der Datenbank soll hervorgehen, auf welcher Station ein Dienstleister arbeitet.
2. Nicht jeder Arzt kann jeden anderen Arzt vertreten. Deshalb soll in der Datenbank die Information, welcher Arzt welche Ärzte vertreten kann, zusätzlich aufgenommen werden.
3. In der Datenbank soll nicht mehr mitprotokolliert werden, wie oft ein Dienstleister ein Zimmer wartet, sondern es soll das Datum gespeichert werden, an dem eine Wartung vorgenommen worden ist (Nicht nur die zeitlich letzte, sondern alle Wartungen sollen dabei berücksichtigt werden).
4. Bei den Operationen ist über das Ziel hinausgeschossen worden! Überlegen Sie, ob aufgrund der folgenden Änderungen a) – d) keine eigenständige Entität 'Operation' sondern lediglich eine Beziehung 'operiert' benötigt wird? (Begründung!)
   a) Den Auftraggeber interessiert doch nicht, welche Aufgabe ein Arzt bei der OP übernimmt.
   b) Selbst das Datum, der Beginn und die Dauer einer Operation sind unbedeutend!

Teil 3: Aufgaben
12.7 Objektorientierte Sicht

c) Wichtig ist lediglich die Information, welche Pfleger und welche Ärzte eine Operation durchführen und die Art der Operation.
d) Welcher Arzt die Operation leitet soll weiterhin ersichtlich bleiben.

5. Es soll gespeichert werden, seit wann ein Arzt Chefarzt einer Abteilung ist. (keine Historiedaten!)
6. Zeichnen Sie das veränderte ER-Modell neu!

3. Tabellenumsetzung
Erzeugen Sie aus dem veränderten ER-Modell die zugehörigen Tabellen.

12.7.5 Amtsgericht

Für das Amtsgericht Brilon soll eine Datenbank erstellt werden. Alle zivilrechtlichen Fälle mit einem Streitwert von <5000 € werden am Amtsgericht als Eingangsinstanz verhandelt. In der Datenbank sollen alle Fälle gespeichert werden. Zudem werden die Daten der beteiligten Konfliktparteien und deren Zeugen abgelegt. Außerdem soll die Datenbank auch die innergerichtliche Organisation abbilden. Beispielsweise müssen Informationen über zeitliche Abläufe in der Datenbank hinterlegt werden:

- Wann und wo wird welcher Fall verhandelt?
- Welche Zeugen werden zu welcher Verhandlung geladen (siehe Anforderungsliste)?

Die Daten sollen über einen Betrachtungszeitraum von ca. 5 Jahren in der Datenbank verbleiben. Dies ist notwendig, da selbst wenn ein Fall an das Landesgericht in Arnsberg weitergereicht wird, weiterhin das Amtsgericht Brilon für die Verfahrensabwicklung zuständig bleibt. Die im Vorfeld mit dem Auftraggeber erarbeiteten Anforderungen gilt es nun sinnvoll umzusetzen.

Anforderungsliste

1. Welche Richter gibt es?
2. Zu einem Richter sollen der Vor- und Nachname sowie sein Spezialgebiet und eine beliebige Bemerkung gespeichert werden können.
3. Welche Gerichtssäle gibt es?
4. Für einen Gerichtssaal müssen die Informationen über die Gebäudenummer und deren Raumnummer abgelegt werden.
5. Welche Verhandlungen gibt es?
6. Welcher Richter leitet welche Verhandlung?
7. Eine Verhandlung wird immer nur von einem Richter geleitet!
8. Datum, Uhrzeit und eine beliebige Bemerkung sollen zur Verhandlung angegeben werden.
9. Welche Verhandlung wird in welchem Gerichtssaal geführt?
10. Welche Fälle gibt es?
11. Zu einem Fall muss das Aktenzeichen, die Anklageschrift (Sachverhalt), das Urteil, der Streitwert und die Information, ob Berufung eingelegt worden ist, angegeben werden.
12. Zu welchem Fall wird welche Verhandlung angesetzt?
13. Zu einem Fall können mehrere Verhandlungen angesetzt werden. Eine Verhandlung betrifft aber immer nur einen Fall.
14. Welche Zeugen gibt es?
15. Welche Beklagten gibt es?
16. Welche Kläger gibt es?
17. Zu Zeugen, Beklagten und Klägern sollen jeweils die selben Merkmale: Name, Vorname, Adresse, Telefon, Fax und E-Mail abgelegt werden.
18. Welcher Zeuge wird zu welcher Verhandlung vorgeladen?
19. Welcher Beklagte wird in welchem Fall angeklagt?
20. Es gibt nur einen Beklagten je Fall.
21. Welcher Kläger klagt in welchem Fall?
22. Es gibt nur einen Kläger je Fall (Nebenkläger werden nicht berücksichtigt).
23. Welche Anwälte gibt es?
24. Name, Spezialgebiet und eine beliebige Bemerkung sollen zu einem Anwalt gespeichert werden.
25. Welche Kanzleien gibt es?
26. Welcher Anwalt arbeitet in welcher Kanzlei?
27. Zur Kanzlei sind deren Name, Adresse, Telefon, Fax und die E-Mail wichtig.
28. Ein Anwalt arbeitet nur für eine Kanzlei?
29. Welcher Anwalt vertritt welchen Beklagten?
30. Ein Anwalt kann mehrere Beklagte vertreten. Ein Beklagter kann sich von mehreren Anwälten vertreten lassen. (Anmerkung: Dies gilt nicht für einen einzelnen Fall. In einem Fall wird sich ein Beklagter nur von einem Anwalt vertreten lassen. Dennoch ist die Aussage für den Betrachtungszeitraum von ca. 5 Jahren sicherlich richtig, da ein und derselbe Beklagte dann auch in mehreren Fällen vor Gericht stehen kann!)
31. Welcher Anwalt vertritt welchen Kläger?
32. Ein Anwalt kann mehrere Kläger vertreten. Ein Kläger kann sich von mehreren Anwälten vertreten lassen. (Siehe Anmerkung bei 30.)

1. Datenbankentwurf
a) Setzen Sie die Anforderungsliste als ER-Modell um. Ergänzen Sie das ER-Modell um die Anzahlangaben und die Merkmale. In der Anforderungsliste werden nicht alle Anzahlangaben beschrieben! Ergänzen Sie diese selbstständig.

165

12.8 Normalformen

b) Wie viele Tabellen werden bei der Umsetzung des ER-Modells benötigt? Begründen Sie Ihre Behauptung mit Hilfe der Übersetzungsregeln.

2. Generalisierung/Spezialisierung
Untersuchen Sie das entstandene ER-Modell.
a) Nennen Sie Bedingungen, unter denen allgemein die Generalisierung/Spezialisierung angewendet werden sollte! Kann Sie in diesem konkreten ER-Modell sinnvoll angewendet werden?
b) Zeichnen Sie den von den Änderungen betroffenen Teil des ER-Modells inklusive Merkmalen und Anzahlangaben neu.
c) Wann sollte allgemein in der Generalisierung/Spezialisierung das Merkmal 'Kategorie' aufgenommen werden? Ist es im konkreten Fall der Amtsgerichtsdatenbank sinnvoll (Begründung)?

3. Entität oder Beziehung?
Erweitern bzw. korrigieren Sie das bisherige ER-Modell um folgende Zusatzanforderungen:

> **Zusatzanforderungen**
> 1. Das „Datum der Anklageerhebung" und das „Datum der Urteilsverkündung" sollen in die Datenbank aufgenommen werden.
> 2. Es sollen die „Aussagen" mitprotokolliert werden, die von den Zeugen während einer Verhandlung gemacht werden. Dabei muss nachvollziehbar bleiben, zu welchem Zeitpunkt (Uhrzeit) die Aussage gemacht wurde.
> 3. Es soll nachvollziehbar werden, welcher Anwalt welchen Beklagten bzw. Kläger in welchem Fall vertritt! Dabei muss gewährleistet werden, dass ein Anwalt in einem Fall immer nur einen Beklagten oder einen Kläger, aber nicht beide gleichzeitig vertritt. Ebenso kann sich ein Beklagter oder ein Kläger in einem Fall nur von einem Anwalt und nicht von mehreren vertreten lassen.

a) Nennen Sie allgemein die Bedingungen, unter denen eine Beziehung zur Entität umgewandelt werden muss. Ist ein solcher Umbau im konkreten Fall der Amtsgerichtsdatenbank notwendig?
b) Zeichnen Sie den von den Änderungen betroffenen Teil des ER-Modells inklusive Merkmalen und Anzahlangaben neu.

4. Tabellenumsetzung
Erzeugen Sie aus dem veränderten ER-Modell die zugehörigen Tabellen.

12.7.6 UML-Darstellung

Versuchen Sie die um die G/S ergänzten ER-Modelle zu den Aufgaben Krankenhaus-Datenbank (Kapitel 12.7.4) und Amtsgericht (Kapitel 12.7.5) mit Mitteln der UML-Klassendiagramme darzustellen.

12.8 Normalformen

Die Normalformen werden ausschließlich auf Tabellen angewendet. Sie bieten somit die Möglichkeit das Tabellenschema zu kontrollieren und gegebenenfalls zu korrigieren. Das ist von besonderer Bedeutung, wenn man eine Datenbank überarbeiten muss, deren ER-Modell nicht mehr existiert oder nie existiert hat. Wie mit Hilfe der Normalformen fehlerhafte Tabellen korrigiert werden können, ist das Thema des Kapitels 8.

12.8.1 Anomalien und Redundanzen 1NF (Erste Normalform)

1. Fragen

a) Welche Anomalien gibt es?
b) Nennen Sie Beispiele für die unterschiedlichen Anomalien.
c) Wie kann es zu diesen Anomalien kommen?
d) Wie viele Normalformen werden unterschieden?
e) In welchem Zusammenhang stehen die Normalformen zueinander?
f) Wie lautet die Definition der ersten Normalform?
g) Wie kann eine unnormalisierte Tabelle in die erste Normalform überführt werden?

2. Tabellenüberführung
Überführen Sie folgende Tabellen in die erste Normalform:

Klasse–Schüler

ID_Klasse	Bezeichnung	ID_Schüler	Name
1	IF1A	1	Ernst
		2	Specht
		3	Müller
2	IF3A	4	Schulte

belegt

ID_Schüler	ID_Fach	Noten
1 (Ernst)	1 (Englisch)	1
		5
		2
2 (Specht)	2 (Deutsch)	4
		3

Anmerkung
Die Tabelle 'belegt' ist eine Beziehungstabelle zwischen den Entitäten 'Schüler' und 'Fach'. Hinter den ID-Werten sind in Klammern Beispieldatensätze angegeben, um die Verständlichkeit zu erhöhen.

12.8 Normalformen

12.8.2 2NF (Zweite Normalform)

Die zweite Normalform stellt sicher, dass alle Nichtschlüsselmerkmale voll funktional abhängig sind von einem zusammengesetzten Schlüssel. Das bedeutet, dass es kein Teilschlüsselmerkmal geben darf, das für sich alleine genommen bereits Nichtschlüsselmerkmale bestimmt.

1. Fragen

a) Wie lautet die Definition der zweiten Normalform?
b) Wie lautet die Überführungsregel zur zweiten Normalform?
c) Was versteht man unter dem Begriff 'funktional abhängig'?
d) Wie lautet die exakte Definition der vollen funktionalen Abhängigkeit?

2. Funktionale Abhängigkeit

Anmerkung

Die Beispieldatensätze in den Tabellen sind so gewählt, dass alle funktionalen Abhängigkeiten erkennbar sind.

Gelten, bezogen auf die folgende Tabelle, die daneben gezeigten funktionalen Abhängigkeiten?

A	B	C	D
1	1	1	1
2	1	2	1
2	1	2	2
3	2	1	2

A → B   B → A
A → C   B → C
A → D   B → D
C → A   D → A
C → B   D → B
C → D   D → C

3. Volle funktionale Abhängigkeit

Gelten, bezogen auf die folgende Tabelle, die daneben gezeigten vollen funktionalen Abhängigkeiten?

S1	S2	A	B	C
1	1	1	1	2
1	2	2	1	2
2	1	1	1	1
2	2	3	2	1

(S1, S2) ⇒ A
(S1, S2) ⇒ B
(S1, S2) ⇒ C

Die nachfolgenden Teilaufgaben basieren auf der Beispieltabelle 'Produkt-Mitarbeiter'.

Produkt–Mitarbeiter

ID_Mitarbeiter	ID_Produkt	Name	Produkt	Fertigungs-dauer
1	2	Huber	Stuhl	3 Stunden
2	1	Ernst	Tisch	4 Stunden
1	1	Huber	Tisch	5 Stunden

4. Funktionale Abhängigkeit

Überprüfen Sie die funktionale Abhängigkeit:

a) ID_Mitarbeiter → Name
b) ID_Mitarbeiter → Produkt
c) ID_Mitarbeiter → Fertigungsdauer
d) ID_Produkt → Name
e) ID_Produkt → Produkt
f) ID_Produkt → Fertigungsdauer
g) (ID_Mitarbeiter, ID_Produkt) → Name
h) (ID_Mitarbeiter, ID_Produkt) → Produkt
i) (ID_Mitarbeiter, ID_Produkt) → Fertigungsdauer

5. Volle funktionale Abhängigkeit

Zeichnen Sie das Pfeildiagramm zur Definition „Volle funktionale Abhängigkeit".

Überprüfen Sie (mit Hilfe des Schaubildes) die volle funktionale Abhängigkeit:

a) (ID_Mitarbeiter, ID_Produkt) ⇒ Name
b) (ID_Mitarbeiter, ID_Produkt) ⇒ Produkt
c) (ID_Mitarbeiter, ID_Produkt) ⇒ Fertigungsdauer

6. Schlussfolgerungen

Überprüfen und begründen Sie folgende Aussagen:

a) Sobald in einer Tabelle kein zusammengesetzter Schlüssel auftritt, sind alle Merkmale funktional abhängig vom Schlüssel.
b) Sobald in einer Tabelle kein zusammengesetzter Schlüssel auftritt, befindet sie sich automatisch in der 2NF!
c) Wenn im obigen Beispiel der Herr Huber zufällig für die Fertigung eines Tisches ebenfalls 4 Stunden benötigt, ist dann damit gezeigt, dass folgendes gilt: ID_Produkt → Fertigungsdauer?

7. Überführung in die 2NF

Überführen Sie die Tabelle 'Produkt-Mitarbeiter' in die 2NF.

12.8 Normalformen

12.8.3 3NF (Dritte Normalform)

Die dritte Normalform garantiert, dass es in einer Tabelle keine Merkmale gibt, die bereits von einem Nichtschlüsselmerkmal abhängig sind.

1. Fragen

a) Wie lautet die Definition der dritten Normalform?
b) Wie lautet die Überführungsregel zur dritten Normalform?
c) Was versteht man unter dem Begriff der transitiven Abhängigkeit?

2. Transitive Abhängigkeit

Anmerkung

Die Beispieldatensätze in den Tabellen sind so gewählt, dass alle funktionalen Abhängigkeiten erkennbar sind.

Begründen Sie, ob die Merkmalkombinationen, basierend auf der folgenden Tabelle, transitive Abhängigkeiten beschreiben oder nicht.

S	A	B	C
1	1	1	1
2	2	2	2
3	2	2	2
4	3	2	1

(S,A,B)
(S,B,A)
(S,C,A)
(S,A,C)
(S,B,C)
(S,C,B)

Die nachfolgenden Teilaufgaben basieren auf der Beispieltabelle 'Abteilungsmitarbeiter'.

Abteilungsmitarbeiter

ID_Mitarbeiter	Name	ID_Abteilung	Bezeichnung	Bereich
1	Huber	1	Planung	Nutzfahrzeuge
2	Müller	1	Planung	Nutzfahrzeuge
3	Ernst	2	Fertigung	PKW
4	Klein	3	Fertigung	Nutzfahrzeuge

3. Funktionale Abhängigkeit

Überprüfen Sie die funktionale Abhängigkeit:

a) ID_Mitarbeiter → Mitarbeitername
b) ID_Mitarbeiter → ID_Abteilung
c) ID_Mitarbeiter → Bezeichnung
d) ID_Mitarbeiter → Bereich
e) Name → ID_Mitarbeiter
f) ID_Abteilung → Bezeichnung
g) Bezeichnung → ID_Abteilung
h) ID_Abteilung → ID_Mitarbeiter
i) Bereich → Bezeichnung

4. Transitive Abhängigkeit

Zeichnen Sie das Pfeildiagramm zur Definition „transitive Abhängigkeit".

Überprüfen Sie (mit Hilfe des Pfeildiagramms) die transitive Abhängigkeit:

a) (ID_Mitarbeiter, Bezeichnung, Bereich)
b) (ID_Abteilung, Bereich, Bezeichnung)
c) (ID_Mitarbeiter, ID_Abteilung, Mitarbeitername)
d) (Mitarbeitername, ID_Abteilung, Bezeichnung)

Welche Merkmale sind transitiv abhängig von ID_Mitarbeiter? Begründen Sie.

5. Schlussfolgerungen

Überprüfen und begründen Sie folgende Aussagen:

a) Die transitive Abhängigkeit kann nur in einer Tabelle auftreten, die mindestens einen Fremdschlüssel enthält.
b) Tabellen, die einen zusammengesetzten Schlüssel haben, können keine transitiven Abhängigkeiten enthalten.

6. Überführung in die 3NF

Überführen Sie die Tabelle 'Abteilungsmitarbeiter' in die 3NF.

12.8 Normalformen

12.8.4 Normalformen und ER-Modell

Wer den Datenbankentwurf mit Hilfe der ER-Modelle durchführt, wird in der Regel zu korrekten, normalisierten Tabellen gelangen. Hier nun folgen zwei fehlerhafte ER-Modelle. Mit den Normalformen können diese Fehler auf Tabellenebene behoben werden. Kontrollieren Sie dies, indem Sie bei allen drei ER-Modellen wie folgt vorgehen:

Arbeitsschritte

1. Überführen Sie die fehlerhaften ER-Modelle, so falsch wie sie sind, gemäß den Übersetzungsregeln in das Tabellenschema.
2. Fügen Sie aussagekräftige Beispieldatensätze in die fehlerhaften Tabellen ein.
3. Untersuchen Sie die entstandenen fehlerhaften Tabellen mit Hilfe der Normalformen und wandeln Sie sie so um, dass sie der 3NF genügen.
4. Welche (welcher) Fehler des ER-Modelles bleiben (bleibt) dabei unentdeckt und warum?

2. ER-Modell Auktionshaus

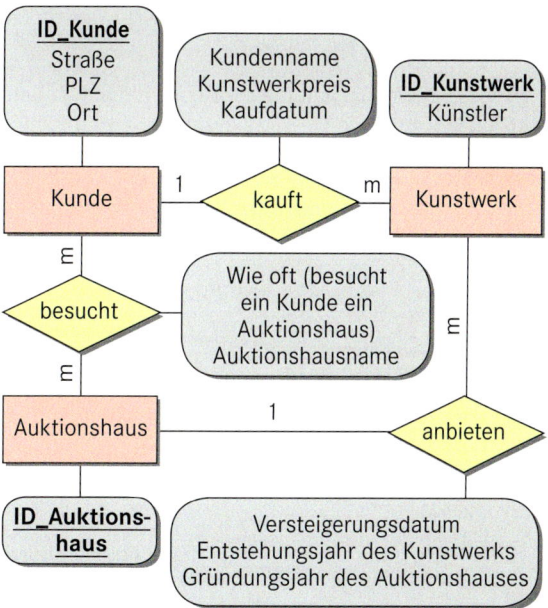

1. ER-Modell Prüfung

3. ER-Modell Softwarefirmen

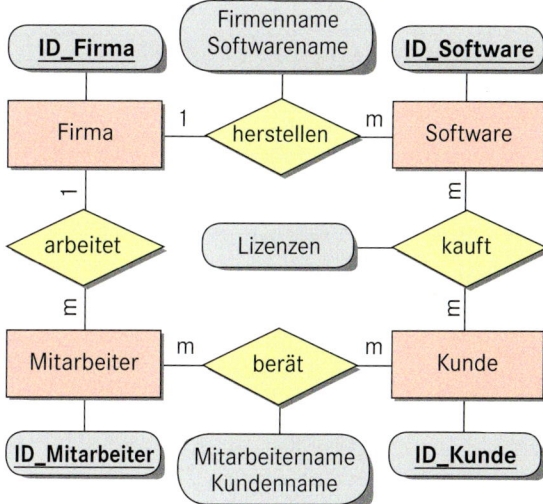

12.8 Normalformen

12.8.5 Unnormalisierte Tabellen

Bei dieser Aufgabe liegen drei völlig unnormalisierte Tabellen vor, die schrittweise in die dritte Normalform überführt werden müssen.

8.6 Versuchen Sie bitte nicht, diese Tabellen in einem Schritt zu normalisieren, sondern überführen Sie diese Tabellen wirklich erst in die erste Normalform. Achten Sie darauf, dass nach der Umwandlung zur 1NF von Ihnen der richtige Schlüssel bestimmt wird. Der Schlüssel muss eindeutig aber auch minimal sein! Anschließend wandeln Sie die entstandene Tabelle in die zweite Normalform um. Dabei ist wichtig, dass Sie funktionale Abhängigkeiten von den Teilschlüsseln richtig erkennen. Erst dann wenden Sie auf die entstandenen Tabellen die Umwandlung zur dritten Normalform an.

1. Kunde

ID_Kunde	Name	Ort	Rechnung					
			ID_Rechnung	Datum	Artikel			
					ID_Artikel	Bezeichnung	Menge	Preis
1	Meier	Olsberg	1	1.2.2009	1	Halterung	1	5.00
					2	Schalter	5	9.95
			2	1.5.2009	2	Schalter	3	10.00
2	Schulte	Werl	3	5.2.2009	1	Halterung	2	5.00
					2	Schalter	3	9.95

2. Prüfung

ID_Fach	Bezeichnung	Schüler						
		ID_Schüler	Name	Geb.	Ort	ID_Bereich	Bereich	Leiter	Note
1	DB	1	Willi	10.02.95	Olsberg	1	Inf.	Göbel	3
		2	Anton	01.12.93	Meschede	1	Inf.	Göbel	2
2	Programmieren	1	Willi	10.02.95	Olsberg	1	Inf.	Göbel	2
		2	Anton	01.12.93	Meschede	1	Inf.	Göbel	1
3	E-Technik	1	Willi	10.02.95	Olsberg	1	Inf.	Göbel	2
		3	Otto	25.07.00	Meschede	2	ET	Weber	5

3. Abteilung

ID_Abteilung	Abteilungsname	Mitarbeiter					
		ID_Mitarbeiter	Name	Vorname	Produkt		
					ID_Produkt	Bezeichnung	Dauer
1	Fertigung	1	Specht	Uwe	1	Bett	2
					2	Stuhl	3
		2	Müller	Kurt	2	Stuhl	4
					3	Schrank	5
					4	Tisch	2
		3	Schulte	Erwin	4	Tisch	8
2	Planung	4	Klein	Eva	3	Schrank	4

Teil 3: Aufgaben

12.8 Normalformen

12.8.6 BCNF
Überprüfen Sie alle Beziehungstabellen der Mehrfachbeziehungen aus Aufgabe 12.6.1 mit Hilfe der BCNF.

12.8.7 4NF (Vierte Normalform)

Nicht immer reichen die ersten drei Normalformen zum Normalisieren der Tabellen aus. Dazu folgende Aufgabe, die im Kapitel 8.7.2 ausführlich erörtert wird.

Beispiel:
In dem folgenden Beispiel werden neben den Autoren und den von ihnen geschriebenen Büchern auch noch die Kunden eines Buchladens in einer einzigen Tabelle geführt. Natürlich kann ein Kunde von einem bestimmten Buch mehrere Exemplare erwerben. So hat z.B. der Kunde „Meier" drei und der Kunde „Schulte" zwei Exemplare des Buches mit dem Titel „Glück" gekauft. Dieses Buch „Glück" haben die beiden Autoren „Boll" und „Gräss" gemeinsam verfasst. All diese Zusammenhänge werden in der völlig unnormalisierten Tabelle „Autor" vereint.

Autor

ID_Autor	Autor Name	Buch				
		ID_Buch	Titel	Kunde		
				ID_Kunde	Name	Anzahl
1	Gräss	1	Leben	1	Specht	5
				2	Meier	4
		2	Glück	2	Meier	3
				3	Schulte	2
		3	Trauer	4	Klein	1
2	Boll	2	Glück	2	Meier	3
				3	Schulte	2

Aufgaben
1. Überführen Sie diese Tabelle zunächst schrittweise in die 3NF.
2. Fertigen Sie ein unabhängiges ER-Modell an!
3. Welche Tabellen lassen sich aus dem ER-Modell ableiten?
4. Vergleichen Sie die Tabellen mit denen, die die Normalformen 1NF bis 3NF liefern!
5. Korrigieren Sie die noch fehlerhafte Tabelle mit Hilfe der 4NF.
6. Warum wird der Fehler nicht von den Normalformen 1NF – 3NF gefunden?

12.8.8 5NF (Fünfte Normalform)

Gegeben sind die drei Tabellen 'verkauft', 'vertritt' und 'herstellen'. Diese Tabellen sind m:m-Beziehungstabellen zwischen den Entitäten 'Händler', 'Hersteller' und 'Produkt'.

8.7.3

1. Zu welcher Tabelle gelangt man, wenn man die beiden Tabellen 'herstellen' und 'verkauft' durch einen Join miteinander verbindet?
2. Zu welcher Tabelle gelangt man, wenn man die beiden Tabellen 'herstellen' und 'vertritt' durch einen Join miteinander verbindet?
3. Verknüpfen Sie die entstanden Join-Tabellen mit der jeweils noch fehlenden dritten Tabelle ebenfalls durch einen Join!
4. Überprüfen Sie ihre Ergebnistabellen mit der Tabelle 'anbieten' aus Kapitel 8.7.3

verkauft

ID_Händler	ID_Produkt
1 (Meier)	1 (Auto)
1 (Meier)	2 (LKW)
2 (Bauer)	2 (LKW)

herstellen

ID_Händler	ID_Produkt
1 (VW)	1 (Auto)
2 (Mercedes)	1 (Auto)
2 (Mercedes)	2 (LKW)

vertritt

ID_Händler	ID_Hersteller
1 (Meier)	1 (VW)
1 (Meier)	2 (Mercedes)
2 (Bauer)	2 (Mercedes)

12.8.9 Allgemeine Aufgaben zum Thema Normalformen

Beantworten Sie folgende Fragen:
Weitere Normalformen
1. Wofür steht die Abkürzung BCNF?
2. Zwischen welchen Normalformen wird die BCNF einsortiert?
3. Welche Normalformen beschäftigen sich mit Abhängigkeiten innerhalb eines zusammengesetzten Schlüssels?
4. Was versteht man unter der Join-Abhängigkeit?
5. Bei welcher Normalform spielt die Join-Abhängigkeit eine Rolle?

8.7
8.8

Probleme trotz bzw. wegen der Normalisierung
6. Was wird unter dem Begriff „Denormalisierung" verstanden?
7. Wann sollte man für PLZ und Ort eine eigene Ortstabelle in die Datenbank mit aufnehmen?

171

12.9 Phasen des DB-Entwurfs

Der Datenbankentwurf kann in drei Phasen unterteilt werden. Die Planungsphase, die Umsetzungsphase und die Optimierungsphase. Während allen drei Phasen sind unterschiedliche Arbeitsschritte auszuführen. Die nachfolgenden Aufgaben beschäftigen sich mit diesen unterschiedlichen Arbeitsschritten.

12.9.1 Arbeitsschritte

Ordnen Sie die folgenden Arbeitsschritte den drei Datenbankentwurfsphasen

1. Planungsphase
2. Umsetzungsphase
3. Optimierungsphase

zu und bringen Sie sie in die richtige Reihenfolge.

- Realisierung
- Zugriffsoptimierung
- Normalisierung
- Datenanalyse
- Referenzielle Integrität bestimmen
- Konsistenzbedingungen festlegen
- Integration und Abstimmung
- Zugriffsanalyse
- Tabellenumsetzung
- ER-Modell erstellen

12.9.2 Referenzielle Integrität

1. Was versteht man unter referenzieller Integrität?
2. Erklären Sie den Unterschied zwischen
   a) referenzieller Integrität mit und
   b) referenzieller Integrität ohne Löschweitergabe.
3. In welchen Fällen sollte man zwischen zwei Tabellen die referenzielle Integrität mit und wann ohne die Löschweitergabe vereinbaren?
4. Nennen Sie ein Beispiel, bei dem die Überprüfung der referenziellen Integrität zwischen zwei in Beziehung stehenden Tabellen nicht sinnvoll ist.
5. Sollten bei einer Generalisierung/Spezialisierung die Tabellen
   a) ohne referenzielle Integritätskontrolle,
   b) mit referenzieller Integrität ohne Löschweitergabe oder
   c) mit referenzieller Integrität mit Löschweitergabe angelegt werden?

12.9.3 Konsistenzbedingungen

1. Nennen Sie Beispiele für Konsistenzbedingungen.
2. Wie können Konsistenzbedingungen überprüft werden?

12.9.4 Sekundärindex

1. Was ist ein Sekundärindex?
2. Welche der Speicherstrukturen wird man in der Regel für einen Sekundärindex verwenden?
3. In welcher Situation wird man einen Sekundärindex generieren und warum?

12.9.5 Speicherstrukturen

Es gibt unterschiedlichste Speicherstrukturen, die sich in ihrer Effizienz bezüglich der Einfüge-, Lösch-, Änderungs- und Leseoperationen erheblich unterscheiden.

Betrachten Sie die vier Speicherstrukturen

- Heap-Datei
- Hash-Verfahren
- ISAM-Verfahren
- B*-Baum

1. Effizienz

Sortieren Sie diese vier Speicherstrukturen nach ihrer Effizienz bezüglich
a) lesendem Zugriff und
b) Einfügeoperationen.

2. Verwaltungsaufwand

Welche der vier Speicherstrukturen verursacht den größten Verwaltungsaufwand? Welche den geringsten?

3. Hash-File

Wovon hängt hauptsächlich die Effizienz und die Güte einer Hash-Funktion ab?

4. ISAM

Erläutern Sie mit eigenen Worten die Arbeitsweise des ISAM-Verfahrens.

5. B*-Baum

Was unterscheidet einen B*-Baum von einem binären Baum? Nennen Sie weitere Eigenschaften eines B*-Baumes.

12.10 SQL

Die nachfolgenden Aufgaben basieren auf zwei Beispielen, einem sehr einfachen Beispiel, das nur aus einer einzigen Tabelle besteht und einem komplexeren Beispiel mit 11 Tabellen. Bei allen Aufgaben wird die Ergebnismenge der Abfrage angegeben, um so eine sinnvolle Selbstkontrolle zu ermöglichen.

Erstes Beispiel: Tabelle 'Produkt'

Das erste Beispiel besteht lediglich aus einer einzigen Tabelle, der Tabelle 'Produkt' deren Struktur angelegt, verändert und deren Datensätze eingefügt, verändert, gelöscht und abgefragt werden müssen. Diese eine Tabelle bildet die Grundlage für die Kapitel

- 12.10.1 Datenbank- und Tabellenstruktur
- 12.10.2 Benutzerverwaltung
- 12.10.3 Datenmanipulation
- 12.10.4 Abfragen auf einer Tabelle

Die Tabelle 'Produkt' enthält neben einer datenbankinternen Produkt-ID und der Produktbezeichnung auch die Angaben über Einkaufsdatum, den Einkaufspreis, den Verkaufspreis und die Anzahl verkaufter Produkte.

Zweites Beispiel: Schuldatenbank

Das zweite komplexere Beispiel 'Schuldatenbank' bildet die Grundlage für die Aufgaben in den Kapiteln

- 12.10.5 Abfragen auf mehreren Tabellen
- 12.10.6 Unterabfragen, Änderungsabfragen, Views
- 12.10.7 Sortieren, Gruppieren, Kombinieren
- 12.10.8 Transaktion, Trigger, Index

Dieses Beispiel ist so komplex, dass es nicht mehr sinnvoll ist, alle Tabellen und Beispieldatensätze „von Hand" anzulegen. Daher finden Sie auf der Begleit-CD zum Buch folgende Dateien

- `schule.mdb / schule.accdb`
  Die Schuldatenbank als Microsoft-Access Datenbank in unterschiedlichen Access-Versions-Formaten.
- `schule.sql`
  Eine SQL-Skript Datei, mit der auf einem MySQL-Server die Schuldatenbank angelegt werden kann.

ER-Modell

Um sinnvoll mit dieser Beispieldatenbank SQL-Abfragen formulieren zu können, ist es nützlich, den Aufbau der Datenbank zu kennen. Aus dem folgenden ER-Modell wird dieser Aufbau deutlich.

Produkt

ID_Produkt	Bezeichnung	Einkaufsdatum	Einkaufspreis	Verkaufspreis	Anzahl
1	Stuhl	26.02.2001	150.00	200.00	20
2	Tisch	03.09.2008	500.00	750.00	4
3	Schrank	17.11.2008	1500.00	2050.00	2

ER-Modell Schuldatenbank

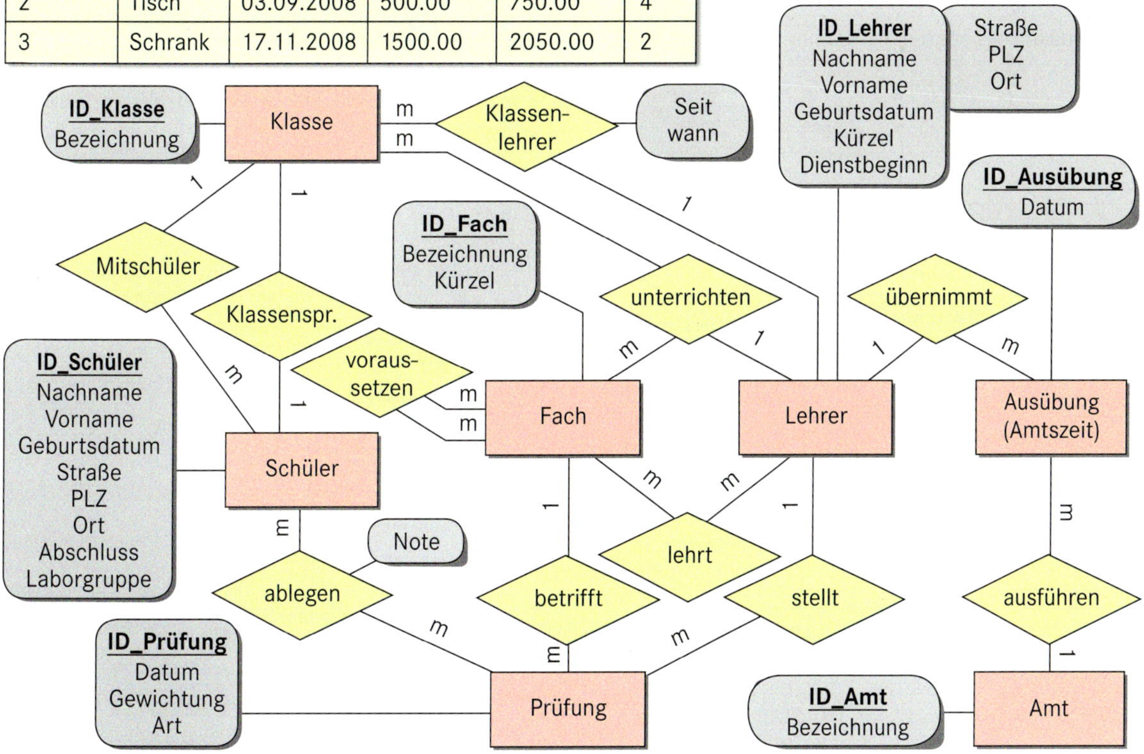

12.10 SQL

Tabellen
Für die Tabellenumsetzung werden insgesamt 11 Tabellen benötigt.

- 7 Tabellen aufgrund der Entitäten 'Klasse', 'Schüler', 'Fach', 'Lehrer', 'Ausübung', 'Amt', 'Prüfung'.
- 3 Tabellen aufgrund der m:m-Beziehungen 'ablegen', 'unterrichtet', 'lehrt'.
- 1 Tabelle aufgrund der Mehrfachbeziehung 'unterrichtet'.

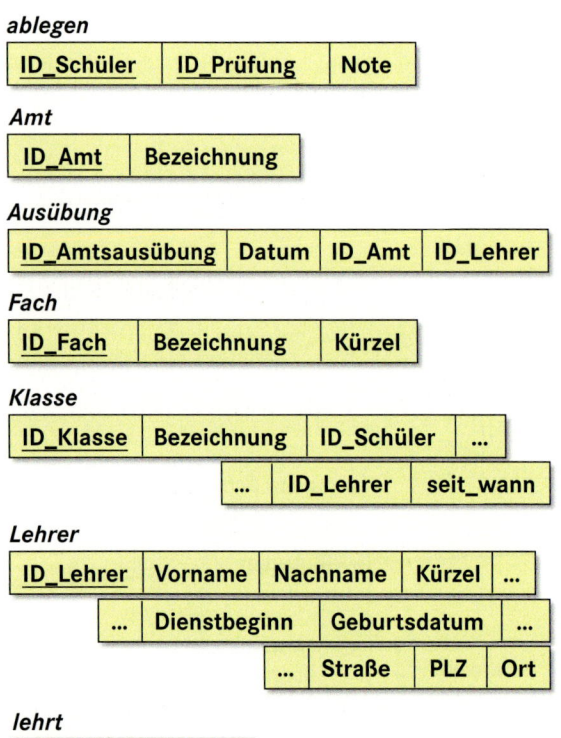

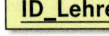

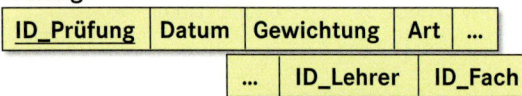

Setzen Sie die nachfolgenden Aufgaben IMMER mit SQL um und nicht mit QBE etc. Wenn Sie die Aufgaben nicht mit MySQL, sondern beispielsweise mit Microsoft ACCESS ausführen möchten, bedenken Sie bitte:

- Nicht alle Aufgaben sind in Access mit SQL-lösbar! Manche Aufgaben sind auch gar nicht mit ACCESS lösbar!
- ACCESS verwendet ein anderes Datumsformat und andere Datumsfunktionen.
- Auf der Lösungs-CD sind Lösungen für ACCESS und MySQL enthalten.

12.10.1 Datenbank- und Tabellenstruktur

Aufgabe 1-1
Erstellen Sie die Datenbank 'Firma'.

Aufgabe 1-2
Legen Sie in der Datenbank 'Firma' die Tabelle 'Waren' an. Diese Tabelle soll folgende Merkmale bekommen:

- ID_Waren
  Datenbankinterne Datensatz-ID, die automatisch fortlaufend erzeugt werden soll und den Schüssel der Tabelle bildet.
- Bezeichnung
  Dieses Merkmal nimmt den Namen bzw. die Bezeichnung des Produktes auf. Sie können davon ausgehen, dass eine Produktbezeichnung nicht mehr als 25 beliebige Zeichen lang sein wird.
- Einkaufspreis
  Hier soll der Einkaufspreis, also eine Zahl mit maximal 8 Vorkomma- und genau 2 Nachkommazahlen abgelegt werden.
- Verkaufspreis
  Entspricht dem Verkaufspreis der Produkte und hat dasselbe Format wie die E_Preise (Einkaufspreise).
- Anzahl
  Einfacher ganzzahliger Wert, der 10.000 nicht übersteigen wird und die Anzahl der verkauften Produkte angibt.

Aufgabe 1-3
Nennen Sie die Tabelle 'Waren' in 'Produkt' und das Merkmal 'ID_Waren' in 'ID_Produkt' um.

Aufgabe 1-4
Fügen Sie anschließend an die Tabelle 'Produkt' zwei weitere Merkmale an.

- Gewinn
  Das Merkmal soll gerundet und ganzzahlig den erwirtschafteten Gewinn je Produkt speichern.
- Einkaufsdatum
  In diesem Merkmal (im Datumsformat!) soll das Datum gespeichert werden, an dem ein Produkt das letzte Mal eingekauft worden ist.

12.10 SQL

Aufgabe 1-5
Verändern Sie den Datentyp des Merkmals 'Gewinn' so ab, dass korrekte Geldbeträge, mit genau zwei Nachkommastellen und nicht nur ganzzahlige Werte gespeichert werden können.

Aufgabe 1-6
Nennen Sie die Spalten 'Einkaufsdatum', 'Einkaufspreis' und 'Verkaufspreis' in 'E_Datum', 'E_Preis' bzw. 'V_Preis' um.

Aufgabe 1-7
Da der Gewinn aus den anderen Datensatzwerten berechnet werden kann, macht es keinen Sinn diese redundante Information zusätzlich zu speichern. Um die Konsistenz der Daten zu erhöhen, löschen Sie das Merkmal 'Gewinn' wieder aus der Tabelle 'Produkt'.

Kontrolle
Nachdem Sie die Aufgaben 1-1 bis 1-7 bearbeitet haben, sollte folgender Zustand erreicht sein.
- Die Datenbank 'Firma' existiert.
- Die Tabelle 'Produkt' ist vorhanden.
- Die Tabelle 'Produkt' hat folgende Merkmale:

Produkt

ID_Produkt	Bezeichnung	E_Datum	E_Preis	V_Preis	Anzahl

12.10.2 Benutzerverwaltung

Aufgabe 2-1
Erstellen Sie den Datenbankbenutzer 'Benutzer1', der das SELECT-Recht auf die gesamte Datenbank 'Firma' erhalten soll.

Aufgabe 2-2
Richten Sie den Datenbankbenutzer 'Benutzer2' mit vollem SELECT-, INSERT-, DELETE-, und UPDATE- Recht auf die Tabelle 'Produkt' ein. Legen Sie für diesen Benutzer das Passwort 'Rz_ST13bZ' fest.

Aufgabe 2-3
Löschen Sie den 'Benutzer1' wieder.

Kontrolle
Nachdem Sie die Aufgaben 2-1 bis 2-3 bearbeitet haben, sollte folgender Zustand erreicht sein.
- Ein Datenbankbenutzer mit den Rechten SELECT, INSERT, UPDATE, DELETE auf die Tabelle 'Produkt' mit einem Passwort ist angelegt.

12.10.3 Datenmanipulation

10.4

Aufgabe 3-1
Fügen Sie folgende Datensätze in die Tabelle 'Produkt' ein.

1	Stuhl	26.02.2001	180.00	199.00	20
2	Tisch	03.09.2008	500.00	750.00	4
3	Schrank	17.11.2008	1500.00	2050.00	2
4	Bett	15.09.2007	570.00	650.00	5

Aufgabe 3-2
Fügen Sie auch noch den folgenden unvollständigen Datensatz in die Tabelle 'Produkt' ein.

5	Sofa				

Bei dem Produkt 'Sofa' ist lediglich die Produktbezeichnung bekannt.

Aufgabe 3-3
Ändern Sie den Einkaufspreis des Produktes 'Stuhl' auf 150,- € und den Verkaufspreis desselben Produktes auf 200,- € ab.

Aufgabe 3-4
Löschen Sie das Produkt 'Sofa' und das Produkt mit ID 4 wieder aus der Tabelle 'Produkt'.

Kontrolle
Nach dem Sie die Aufgaben 3-1 bis 3-4 bearbeitet haben, sollte die Tabelle 'Produkt' wie folgt aussehen:

Produkt

ID_Produkt	Bezeichnung	E_Datum	E_Preis	V_Preis	Anzahl
1	Stuhl	26.02.2001	150.00	200.00	20
2	Tisch	03.09.2008	500.00	750.00	4
3	Schrank	17.11.2008	1500.00	2050.00	2

Teil 3: Aufgaben
12.10 SQL

12.10.4 Abfragen auf einer Tabelle

Mit einer Bedingung

Aufgabe 4-1
Lassen Sie sich den Einkaufspreis des Produktes 'Tisch' ausgeben.

E_Preis
500,00 €

Aufgabe 4-2
Ermitteln Sie die Produktbezeichnungen aller Produkte, deren Einkaufspreis über 1000,- € liegt.

Bezeichnung
Schrank

Aufgabe 4-3
Bestimmen Sie alle Bezeichnungen und den Verkaufspreis aller Produkte, deren Produktbezeichnungen mit einer Bezeichnung von A bis einschließlich S beginnen. (kann und sollte ohne IN, BETWEEN oder LIKE gelöst werden!)

Bezeichnung	V_Preis
Stuhl	200,00 €
Schrank	2.050,00 €

Mit mehreren Bedingungen

Aufgabe 4-4
Ermitteln Sie die Produktbezeichnungen der Produkte, deren Bezeichnung mit dem Buchstaben 'S' beginnen und deren Verkaufspreis < 1000,- € ist. (kann ohne IN, BETWEEN oder LIKE gelöst werden!)

Bezeichnung
Stuhl

Aufgabe 4-5
Lassen Sie sich die Bezeichnungen aller Produkte anzeigen, deren Einkaufspreis > 200,- € und deren Verkaufspreis < 2000,- € sind.

Bezeichnung
Tisch

Rechenoperationen

Aufgabe 4-6
Wie viel Geld wurde beim Einkauf je Produktgruppe ausgegeben? Lassen Sie sich die Produktbezeichnung und den Gesamtpreis anzeigen.

Bezeichnung	Einkaufspreis gesamt
Stuhl	3.000,00 €
Tisch	2.000,00 €
Schrank	3.000,00 €

Aufgabe 4-7
Wie viel Geld wurde beim Verkauf je Produktgruppe eingenommen? Lassen Sie sich die Produktbezeichnung und den Gesamtpreis ausgeben.

Bezeichnung	Verkaufspreis gesamt
Stuhl	4.000,00 €
Tisch	3.000,00 €
Schrank	4.100,00 €

Aufgabe 4-8
Wie hoch war der Gewinn je Produktgruppe? Lassen Sie sich die Produktgruppe und den Gewinn anzeigen.

Bezeichnung	Gewinn
Stuhl	1.000,00 €
Tisch	1.000,00 €
Schrank	1.100,00 €

Aggregation

Anmerkung
Zur Bearbeitung der Aufgaben 4-10, 4-11, 4-12 und 4-15 sind einfache Unterabfragen mit nur einem Rückgabewert notwendig (vgl. Beispiel auf S. 113). Die Aufgaben lassen sich auch ohne Unterabfragen bearbeiten, wenn auf die Ausgabe der Produktbezeichnung verzichtet wird.

Aufgabe 4-9
Wie viele Produkte wurden insgesamt verkauft? Lassen Sie sich nur die Gesamtzahl ausgeben.

Gesamtzahl
26

Aufgabe 4-10
Welches ist die teuerste Produktgruppe bezogen auf den Verkaufspreis? Lassen Sie sich die Produktbezeichnung und den Verkaufspreis anzeigen.
(Achtung! Unterabfrage oder Gruppierung notwendig!)

Bezeichnung	V_Preis
Schrank	2.050,00 €

Aufgabe 4-11
Welches ist die günstigste Produktgruppe bezogen auf den Einkaufspreis? Lassen Sie sich die Produktbezeichnung und den Einkaufspreis ausgeben.
(Achtung! Unterabfrage oder Gruppierung notwendig!)

Bezeichnung	E_Preis
Stuhl	150,00 €

Aufgabe 4-12
Bei welcher Produktgruppe ist der Gewinn am größten? Lassen Sie sich die Produktbezeichnung und die Gewinnspanne ausgeben.

Bezeichnung	Gewinnspanne
Schrank	550,00 €

Aufgabe 4-13[1]
Wie hoch ist der durchschnittliche Verkaufspreis eines Produktes, bezogen auf alle verkauften Einzelprodukte. Lassen Sie sich nur den Durchschnittswert anzeigen.

Durchschnittswert
426,92 €

Aufgabe 4-14
Wie hoch ist der Gesamtgewinn? Zeigen Sie nur den Gesamtgewinn an.

Gesamtgewinn
3.100,00 €

Aufgabe 4-15
Bei welchem Produkt wurde der größte Gewinn erzielt? Zeigen Sie die Produktbezeichnung und den Gewinn an.

Bezeichnung	Gewinn
Schrank	1.100,00 €

---

[1] Hinweis zu Aufgabe 4-13: gewichteter arithmetischer Mittelwert: (200*20+750*4+2050*2)/(20+4+2)

Datums- und Zeitfunktionen

Beachten Sie die abweichenden Datumsformate und die unterschiedliche Syntax von Datumsfunktionen unterschiedlicher Hersteller von Datenbankmanagementsystemen.

Aufgabe 4-16
Lassen Sie sich die Produktbezeichnung und das Einkaufsdatum aller Produkte anzeigen, die im Jahr 2008 eingekauft worden sind.

Bezeichnung	E_Datum
Tisch	03.09.2008
Schrank	17.11.2008

Aufgabe 4-17
Welche Produkte wurden im Februar eines beliebigen Jahres gekauft? Lassen Sie sich die Produktbezeichnung und das Einkaufsdatum ausgeben.

Bezeichnung	E_Datum
Stuhl	26.02.2001

Aufgabe 4-18
Lassen Sie sich die Produktbezeichnung und das Einkaufsdatum aller Produkte anzeigen, die vor dem 1.10.2008 eingekauft worden sind.

Bezeichnung	E_Datum
Stuhl	26.02.2001
Tisch	03.09.2008

Aufgabe 4-19
Wie viele Tage sind seit dem Einkauf der jeweiligen Produkte bis heute vergangen? Lassen Sie sich für jedes Produkt die Bezeichnung und die Anzahl der vergangenen Tage ausgeben.
(Die Ausgabe verändert sich täglich!)

Aufgabe 4-20
Welcher Einkauf liegt am längsten zurück? Lassen Sie sich das Einkaufsdatum und die zugehörige Produktbezeichnung anzeigen.
(Achtung! Unterabfrage oder Gruppierung notwendig!)

Bezeichnung	E_Datum
Stuhl	26.02.2001

Aufgabe 4-21
An welchem Wochentag wurde der zeitlich letzte Einkauf vorgenommen? Lassen Sie sich die Produktbezeichnung, das Einkaufsdatum und den Wochentag anzeigen.
(Achtung! Unterabfrage oder Gruppierung notwendig!)

Bezeichnung	E_Datum	Wochentag
Stuhl	26.02.2001	Monday

Vergleichsfunktionen

Lösen Sie die folgenden Aufgaben ausschließlich mit den Vergleichsfunktionen IN, LIKE und BETWEEN.

Aufgabe 4-22
Lassen Sie sich die Bezeichnungen aller Produkte ausgeben, deren Bezeichnung an beliebiger Stelle den Buchstaben 'c' enthält.

Bezeichnung
Tisch
Schrank

Aufgabe 4-23
Ermitteln Sie die Bezeichnungen und das Einkaufsdatum aller Produkte, deren Einkaufsdaten zwischen dem 1.1.1995 und dem 1.1.2008 liegen.

Bezeichnung	E_Datum
Stuhl	26.02.2001

Aufgabe 4-24
Lassen Sie sich den Einkaufsmonat und die Bezeichnungen aller Produkte ausgeben, deren Einkauf entweder im Februar, im August oder im November erfolgte.

Bezeichnung	Monat
Stuhl	2
Schrank	11

Teil 3: Aufgaben
12.10 SQL

10.6

12.10.5 Abfragen auf mehreren Tabellen

Alle nachfolgenden Aufgaben basieren auf dem zweiten Beispiel, der Schuldatenbank (siehe Seite 173). Die zu den Aufgaben angegebenen Ergebnismengen beziehen sich auf die Datensätze, die in der Beispiel-Schuldatenbank auf der Begleit-CD vorhanden sind.

Equi-Join

Aufgabe 5-1
Welche Aufgaben/Ämter bekleiden die Lehrer? Lassen Sie sich den Nachnamen und das Kürzel des Lehrers und die Bezeichnung des Amtes ausgeben.

Nachname	Kürzel	Bezeichnung
Blotzek	BLO	Vertrauenslehrer
Blotzek	BLO	Vertrauenslehrer
Blotzek	BLO	Vertrauenslehrer
Schmidt	SCA	Vertrauenslehrer
Schmidt	SCA	Vertrauenslehrer
Schneider	SCK	Schulleiter
Nierbes	NIE	Systemadministration
Nierbes	NIE	Systemadministration
Jakob	JAK	Systemadministration
Kramer-Giese	KRA	Systemadministration

Aufgabe 5-2
Lassen Sie sich den Klassenlehrer und den Klassensprecher der Klassen ausgeben. Dabei sind der Nachname des Klassenlehrers sowie dessen Kürzel, der Nachname des Klassensprechers und die Bezeichnung der Klasse wichtig.

L.Nachname	Kürzel	S.Nachname	Bezeichnung
Jakob	JAK	Schmidt	IF2B
Jakob	JAK	Janssen	IF2C
Kramer-Giese	KRA	Drees	IF2A

Aufgabe 5-3
Ermitteln Sie, welcher Mitarbeiter eine Prüfung in welchem Fach gestellt hat. Lassen Sie sich dazu das Kürzel des Faches und des Mitarbeiters sowie das Datum und die Gewichtung der Prüfung anzeigen.

F.Kürzel	L.Kürzel	Datum	Gewichtung
DAT	JAK	15.10.2001	3
DAT	JAK	20.11.2001	1
DAT	JAK	27.11.2001	2
DAT	JAK	10.12.2001	3
E	BAR	02.10.2001	3
E	BAR	03.11.2001	1
E	BAR	20.12.2001	2
PRO	SCJ	27.09.2001	3
PRO	SCJ	10.01.2002	3

Aufgabe 5-4
Bestimmen Sie, welcher Lehrer in welcher Klasse welches Fach unterrichtet. Lassen Sie sich das Lehrer- und Fachkürzel und die Klassenbezeichnung anzeigen.

L.Kürzel	Bezeichnung	F.Kürzel
BAR	IF2B	E
BAR	IF2C	E
BAR	IF2A	E
SCJ	IF2B	PRO
SCJ	IF2C	PRO
SCJ	IF2A	PRO
JAK	IF2B	DAT
JAK	IF2C	DAT
JAK	IF2A	DAT

Aufgabe 5-5
Welcher Lehrer lehrt (nicht unterrichtet!) welches Fach? Lassen Sie sich den Nachnamen und das Kürzel des Lehrers sowie die Bezeichnung des Faches anzeigen.

Nachname	Kürzel	Bezeichnung
Wilnsdorf	WIL	Rechner und Systemtechnik
Schnettler	SNE	Elektrotechnik
Jakob	JAK	Datenbanken
Blotzek	BLO	Deutsch
Bartos	BAR	Englisch
Kramer-Giese	KRA	Mathematik
Kramer-Giese	KRA	Betriebssysteme
Schnürmann	SCJ	Programmieren Grundlagen
Kloske	KLO	Mathematik
Nierbes	NIE	Programmieren Grundlagen
Meißner	MEI	Sport
Schmidt	SCA	Wirtschaftslehre
Urban	URB	Physik
Paffler	PAF	PC und Automatisierungstechnik
Leiner	LEI	Elektrotechnik
Leiner	LEI	Physik
Vogel	VOG	Wirtschaftslehre
Becker	BEC	Sport
Wilnsdorf	WIL	Elektrotechnik
Schnettler	SNE	Physik
Jakob	JAK	Betriebsysteme
Breder	BRE	Wirtschaftslehre

178

Aufgabe 5-6 (siehe Self-Join)
Ermitteln Sie die Kürzel aller Lehrer, die ein Fach lehren, das Voraussetzung für ein anderes Fach ist. Lassen Sie sich das Lehrerkürzel, aber auch die beiden Fachbezeichnungen ausgeben. (Zwei Referenzen auf die Tabelle 'Fach' sind notwendig!)

Kürzel	vor.Bezeichnung	nach.Bezeichnung
KRA	Mathematik	Physik
KLO	Mathematik	Physik
SCJ	Programmieren Grundlagen	Java
NIE	Programmieren Grundlagen	Java

Aus der Ergebnismenge wird beispielsweise ersichtlich, dass der Lehrer mit Kürzel 'NIE' das Fach 'Programmieren Grundlagen' lehrt, das zwingende Voraussetzung für das Fach 'Java-Programmierung' ist.

Left- und Right-Join
Aufgabe 5-7
Erstellen Sie eine vollständige Schülerliste mit Klassenzuteilung. Dabei sollen ALLE Schüler in der Liste enthalten sein, auch diejenigen, die zurzeit noch keiner Klasse zugeordnet sind.
(Es werden 19 Datensätze angezeigt, inklusive des Schülers 'Kurp, Udo')

Aufgabe 5-8
Ermitteln Sie, welcher Lehrer welches Fach lehrt. Bei dieser Abfrage sollen ALLE Fächer angezeigt werden, auch solche, für die zurzeit kein Lehrer eine Lehrbefähigung besitzt. Lassen Sie sich das Lehrer- und die entsprechenden Fachkürzel ausgeben.
(Es werden 25 Datensätze angezeigt, inklusive der Fächer 'L' (Latein), 'GR' (Griechisch), und 'JAVA')

Aufgabe 5-9
Ermitteln Sie, welcher Lehrer welches Fach lehrt. Bei dieser Abfrage sollen ALLE Lehrer angezeigt werden, auch solche, für die zurzeit noch keine Lehrbefähigung in der Datenbank eingetragen worden ist.
(Es werden 23 Datensätze angezeigt, inklusive des Lehrers 'SCK' (Schneider, Klaus))

12.10.6 Unterabfragen, INSERT-SELECT-Abfrage, VIEW

Unterabfrage (mit einem Rückgabewert)
Führen Sie die Abfragen 6-1 bis 6-3 mit und ohne die Verwendung von Variablen aus.

10.7

Aufgabe 6-1
Bestimmen Sie den Nachnamen und den Vornamen des ältesten Schülers.

Nachname	Vorname
Janssen	Marc

Aufgabe 6-2
Bestimmen Sie die Nachnamen aller Lehrer, die das Fach lehren können (nicht unbedingt unterrichten!), das nach Fachkürzel alphabetisch sortiert an letzter Stelle steht. Lassen Sie sich zusätzlich das Fachkürzel anzeigen.

Nachname	Vorname	Kürzel
Schmidt	Andrea	WL
Vogel	Eva	WL
Breder	Silke	WL

Aufgabe 6-3
Ermitteln Sie die Nachnamen und Vornamen der Schüler, die älter sind als das Durchschnittsalter aller Schüler der Klasse 'IF2C'.

Nachname	Vorname
Janssen	Marc
Meier	Ilyas
Müller	Steffen

Unterabfragen (mit mehreren Rückgabewerten)
Aufgabe 6-4
Bestimmen Sie die Vor- und Nachnamen und die Geburtsdaten aller Schüler, die jünger sind als alle Schüler der Klasse 'IF2A'.

- Verwenden Sie einen 'Join', um auf die Klassenbezeichnung 'IF2A' abzuprüfen.
- Formulieren Sie die Abfrage mit der ALL- oder ANY-Anweisung.
- Wie kann diese SQL-Anfrage ohne ALL- oder ANY-Anweisung realisiert werden?

Vorname	Nachname	Geburtsdatum
Simon	Müller	07.06.1995

Aufgabe 6-5
Welcher Lehrernachname kommt auch als Nachname bei den Schülern vor?

- Formulieren Sie die Abfrage mit der IN-Anweisung.
- Kann die Abfrage auch ohne die IN-Anweisung umgesetzt werden?

Nachname
Schmidt
Vogel

12.10 SQL

Aufgabe 6-6
Ermitteln Sie die Vor- und Nachnamen aller Lehrer, die ein Amt ausüben oder schon mal ausgeübt haben, das mit dem Buchstaben 'S' beginnt.
- Formulieren Sie die Abfrage mit der IN-Anweisung
- Formulieren Sie die Abfrage mit der ALL- oder der ANY- Anweisung.
- Wie kann die Abfrage ohne geschachtelte SQL-Abfrage umgesetzt werden?

Vorname	Nachname	Bezeichnung
Klaus	Schneider	Schulleiter
Kuno	Nierbes	Systemadministration
Kuno	Nierbes	Systemadministration
Volker	Jakob	Systemadministration
Britta	Kramer-Giese	Systemadministration

INSERT-SELECT-Abfrage
Aufgabe 6-7
Als weiteres Amt soll für jedes Unterrichtsfach ein Lehrer als Hauptansprechpartner benannt werden. Beispielsweise muss ein Sprecher der Fachschaft 'Mathematik' ernannt werden. Deshalb lassen Sie mit Hilfe der INSERT-SELECT-Abfrage alle Fachbezeichnungen der Tabelle 'Fach' automatisiert in die Tabelle 'Amt' als Wert des Merkmals 'Bezeichnung' eintragen.
(Nach dem Ausführen der Abfrage hat die Tabelle Amt 22 Datensätze.)

VIEW
Aufgabe 6-8
Erzeugen Sie einen View 'Stundenplan', der auf einer Abfrage basiert.

View erstellen
Erstellen Sie als Basis für den View eine Abfrage, die anzeigt, welcher Lehrer in welcher Klasse welches Fach unterrichtet. Dabei werden vom Lehrer die Daten Vorname, Nachname und Kürzel, vom Fach das Kürzel und die Bezeichnung und von der Klasse ebenfalls die Bezeichnung benötigt. Erzeugen Sie auf dieser Abfrage nun den View 'Stundenplan'.

View anwenden
Verwenden Sie nun den View 'Stundenplan', um den Vor- und Nachnamen des Lehrers zu ermitteln, der in der Klasse IF2B das Fach Datenbanken unterrichtet.

Vorname	Nachname
Volker	Jakob

12.10.7 Sortieren, Gruppieren, Kombinieren

Sortieren
Aufgabe 7-1
Lassen Sie sich die Vornamen und Nachnamen der Schüler anzeigen. Die Ausgabe soll nach Nachnamen aufsteigend sortiert erfolgen.
(Die Ergebnismenge hat 19 Datensätze)

Aufgabe 7-2
Ermitteln Sie die Nachnamen und die Geburtsdaten aller Schüler. Die Ausgabe soll nach Geburtsdatum aufsteigend sortiert erfolgen.
(Die Ergebnismenge hat 19 Datensätze. Der Datensatz vom Schüler 'Kurp' ist der erste.)

Aufgabe 7-3
Lassen Sie sich die Nachnamen der Lehrer, nach Lehrerkürzel absteigend sortiert, anzeigen.
(Die Ergebnismenge hat 18 Datensätze und beginnt mit dem Lehrer 'Wilnsdorf')

Gruppieren
Aufgabe 7-4
Ermitteln Sie die Anzahl der Schüler, die aus dem selben Ort kommen. Lassen Sie sich den Ortsnamen und die Schüleranzahl anzeigen.

Ort	Anzahl
	1
Arnsberg	5
Bestwig	1
Brilon	2
Ense	1
Eslohe	1
Marsberg	1
Medebach	1
Meschede	1
Schmallenberg	1
Winterberg	4

Aufgabe 7-5
Ermitteln Sie das Durchschnittsalter aller Schüler, die aus einem Ort mit derselben Postleitzahl kommen. Lassen Sie sich die Postleitzahl und das Durchschnittsalter (in Jahren) ausgeben.

- Wie ermittelt man das aktuelle Datum?
- Ziehen Sie vom heutigen Datum das Geburtsdatum ab.
- Die Anzahl an Tagen kann dann in Jahre umgerechnet werden.
- Schaltjahre brauchen nicht berücksichtigt werden.

(Die Ergebnismenge enthält 13 Datensätze.)

Gruppen mit Gruppenbedingung

Aufgabe 7-6
Ermitteln Sie bei allen Orten, aus denen mindestens drei Schüler kommen, die Anzahl der Schüler. Lassen Sie sich den Ortsnamen und die Schüleranzahl anzeigen.

Ort	Anzahl
Arnsberg	5
Winterberg	4

Aufgabe 7-7
Bestimmen Sie das Geburtsdatum des ältesten Schülers eines Ortes. Es sollen dabei nur Orte betrachtet werden, deren Postleitzahlen durchschnittlich größer als 59000 sind (Arnsberg hat z.B. mehrere Postleitzahlen!). Lassen Sie sich die Ortsnamen und die Geburtsdaten des jeweils ältesten Schülers ausgeben.

Ort	Datum
Arnsberg	08.11.1993
Bestwig	14.04.1995
Brilon	23.02.1995
Ense	19.02.1992
Eslohe	13.03.1992
Medebach	21.02.1993
Meschede	24.07.1994
Winterberg	22.02.1992

Kombination UNION

Aufgabe 7-8
Lassen Sie sich die Vor- und Nachnamen aller Schüler und Lehrer durch eine Abfrage anzeigen.
(Die Ergebnismenge hat 37 Datensätze)

Aufgabe 7-9
Lassen Sie sich alle Kürzel der Tabelle 'Fach' und die Fachbezeichnung, sowie alle Kürzel der Tabelle 'Lehrer' und deren Nachnamen ausgeben.

- Fächer und Lehrer ohne Kürzel sollten in dieser Auflistung nicht erscheinen!
- Verwenden Sie zum Ausblenden dieser Datensätze die Funktionen IS NULL und NOT().

(Die Ergebnismenge hat 33 Datensätze.)

Gemischte schwierige Aufgaben

> Bei den folgenden Aufgaben sollten Sie immer mit Joins arbeiten und auf die angegebenen Werte prüfen! Verwenden Sie keine manuell ermittelten ID-Werte zugehöriger Datensätze zum Formulieren der Abfragen.

Aufgabe 7-10
Ermitteln Sie die Durchschnittsgewichtungen aller Prüfungen in einem Fach. Lassen Sie sich das Fachkürzel und den Durchschnittswert, absteigend sortiert nach Fachkürzel, ausgeben.

Kürzel	Durchschnittsgewichtung
PRO	3
E	2
DAT	2,25

Aufgabe 7-11
Ermitteln Sie, wie viele Schüler ein Lehrer insgesamt unterrichtet. Lassen Sie sich das Kürzel des Lehrers und die Anzahl der Schüler, aufsteigend sortiert nach dem Lehrerkürzel, ausgeben.

Kürzel	Anzahl Schüler
BAR	18
JAK	18
SCJ	18

Aufgabe 7-12
Ermitteln Sie die Anzahl der Schüler in den Laborgruppen der jeweiligen Klassen. Lassen Sie sich die Klassenbezeichnung, die Laborgruppe und die Anzahl der Schüler, aufsteigend sortiert nach Klassenbezeichnung und absteigend sortiert nach Laborgruppe, anzeigen.

Bezeichnung	Laborgruppe	Anzahl Schüler
IF2A	B	3
IF2A	A	3
IF2B	B	3
IF2B	A	3
IF2C	B	3
IF2C	A	3

Aufgabe 7-13
Wie Aufgabe 6-12, aber es sollen jetzt nur noch Laborgruppen angezeigt werden, in denen mindestens ein Schüler ist, der vor dem 1.1.94 geboren wurde.

Bezeichnung	Laborgruppe	Anzahl Schüler
IF2B	B	3
IF2B	A	3
IF2C	B	3
IF2C	A	3

12.10 SQL

12.10.8 Trigger, Transaktion und Indizes

Trigger

10.9

Aufgabe 8-1
Sie möchten alle Änderungsoperationen auf der Tabelle 'Schüler' mitprotokollieren. Dazu wird die zusätzliche Tabelle 'Schülerlog' mit folgenden Merkmalen benötigt.

Schülerlog

ID_Schülerlog	Operation	Vorname	Nachname	Datum	Zeit

- Das Merkmal 'ID_Schülerlog' ist die interne automatische Durchnummerierung aller Logeinträge.
- Im Merkmal 'Operation' soll der Text INSERT, DELETE oder UPDATE gespeichert werden, je nachdem, welche Operation auf der Tabelle 'Schüler' ausgeführt wurde.
- Die Merkmale 'Vorname' und 'Nachname' geben an, welchen Schüler diese Operation betrifft.
- Die Merkmale 'Datum' und 'Zeit' speichern die Informationen zum Zeitpunkt der Operation.

Legen Sie zunächst die Tabelle 'Schülerlog' an. Definieren Sie anschließend drei Trigger auf die Tabelle 'Schüler',

- einen für das INSERT-,
- einen für das DELETE- und
- einen für das UPDATE-Ereignis.

Alle drei Trigger sollen, bevor das Ereignis eintritt, einen entsprechenden Eintrag in der Logtabelle erzeugen.

Transaktion

Aufgabe 8-2
Der neue Mathematiklehrer 'Udo Kurp' wurde versehentlich in die Schülertabelle eingetragen. Um diesen Fehler zu korrigieren, muss der Datensatz zum einen aus der Schülertabelle gelöscht und zum anderen in die Lehrertabelle aufgenommen werden. Um ganz sicher zu gehen, dass diese beiden Aktionen entweder komplett oder gar nicht ausgeführt werden, gehen Sie wie folgt vor.

- *Transaktion starten*
  Starten Sie zunächst eine Transaktion.

- *SQL-Abfragen*
  Löschen Sie nun den Datensatz aus der Tabelle 'Schüler'. Fügen Sie anschließend den Datensatz in die Tabelle 'Lehrer' ein.

- *Transaktion beenden*
  Nehmen Sie nun die Transaktion ZURÜCK! Kontrollieren Sie, ob der Ausgangszustand wieder hergestellt worden ist. Ist also der Datensatz 'Udo Kurp' wieder in der Tabelle 'Schüler'?

Aufgabe 8-3
Wie Aufgabe 8-2 mit dem Unterschied, dass Sie nun die Transaktion nicht zurücknehmen.

- *Transaktion beenden*
  Beenden Sie nun die Transaktion, indem Sie sie „festschreiben" und somit die Änderung dauerhaft übernehmen. Kontrollieren Sie, ob nun der Datensatz 'Udo Kurp' in der Tabelle 'Lehrer' zu finden ist.

Indizes

Aufgabe 8-4
Bei der Datenanalyse hat sich herausgestellt, dass viele SQL-Abfragen suchend auf das Merkmal 'Nachname' der Tabelle 'Schüler' zugreifen.

- Erstellen Sie deshalb einen Sekundärindex auf dieses Merkmal.
- Verwenden Sie als Datenstruktur für diesen Index den B*-Baum.

12.11 Benutzerschnittstelle

Zur Bearbeitung der folgenden Aufgaben finden sich Zusammenfassungen und Befehlsübersichten in den Kapiteln 13.10 HTML-Formulare und 13.11 PHP-Befehlsübersicht.

12.11.1 XAMPP-System installieren

Installieren Sie das XAMPP-System von der Buch-CD auf einem Rechner. Testen Sie die Funktionalität des Systems mit einer eigenen 'index.html' -Seite.

http://www.apachefriends.org/de/xampp.html

12.11.2 Gästebuch

Vollziehen Sie das Beispiel 'Gästebuch' aus Kapitel 11.2 nach.
1. Installieren Sie die dafür notwendigen Dateien auf dem XAMPP-System (Buch-CD).
2. Machen Sie einige Gästebucheinträge.
3. Löschen Sie einige Gästebucheinträge wieder aus dem Gästebuch.

12.11.3 WEB-Umfrage

Es soll eine Onlineumfrage durchgeführt werden, bei der die Schüler jederzeit und anonym Bewertungen zu ihren Lehrern abgeben können.

1. Datenbank
Erstellen Sie eine Datenbank mit den beiden Tabellen 'Lehrer' und 'Umfrage'
- In der Tabelle 'Lehrer' werden das Lehrerkürzel, der Vor- und der Nachname der Lehrer abgelegt.
- In der Tabelle 'Umfrage' müssen die Umfrageergebnisse gespeichert werden. Da die Umfrage lehrerbezogen erfolgt, muss auch die 'ID_Lehrer' als Fremdschlüssel in diese Tabelle.

2. Eingabeformular
Erstellen Sie nebenstehendes HTML-Formular.
- Es darf immer nur eine Note innerhalb einer Kategorie ausgewählt werden. (keine Mehrfachauswahl oder Zwischennoten)
- Die Daten für die Lehrer-Auswahlliste müssen der Datenbanktabelle 'Lehrer' entnommen und dynamisch generiert werden.
- Die Umfrage erfolgt lehrerbezogen. Daher muss das Merkmal 'ID_Lehrer' des ausgewählten Lehrers vom Eingabeformular an das Speicherskript übergeben werden.

3. Speicherskript
Legen Sie eine weitere Datei an, die die Formulardaten als Übergabeparameter vom Eingabeformular erhält und diese dann in der Tabelle 'Umfrage' speichert.

4. Auswertung
Erstellen Sie eine Datei zur Anzeige der Durchschnittsnote, die vom jeweiligen Lehrer in den Kategorien erreicht wurde. Zudem sollte die Anzahl der Stimmabgaben je Lehrer angezeigt werden.

12.11.4 WEB-Shop

Erstellen Sie einen Webshop. Genauere Angaben zu dieser sehr umfangreichen Aufgabe finden Sie auf der Buch-CD.

12.11.5 Sicherheit

Sichern Sie das Gästebuch aus Aufgabe 12.11.2 gegen Angriffe ab, indem Sie alle Benutzereingaben auf Zulässigkeit überprüfen.

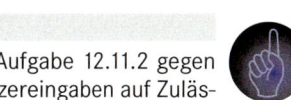

11.3

Teil 4: Nachschlagewerk

13.1 Begriffe

Nachschlagen

13 Nachschlagen

In diesem Teil sind wichtige Definitionen und Merksätze zum schnellen Nachschlagen zusammengefasst. Zudem sind hier Befehlsübersichten zu den Themen SQL, HTML-Formulare und PHP angefügt.

13.1 Begriffe

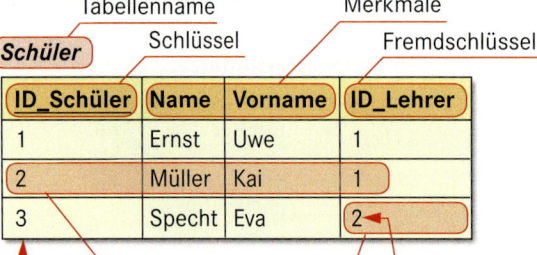

Merkmal (Attribut)
Spaltenüberschriften werden als Merkmal bezeichnet.

Datensatz (Tupel)
Die Zeilen einer Tabelle werden als Datensätze bezeichnet.

Datenfeld (Zelle)
Eine einzelne Zelle einer Tabelle wird als Datenfeld bezeichnet. Es wird durch den Datensatz (Zeile) und das Merkmal (Spalte) bestimmt.

Datenfeldwert
Ein Datenfeldwert ist der konkrete Dateninhalt eines Merkmals in einem bestimmten Datensatz.

Datenbank
Eine Datenbank ist eine Sammlung von Daten, die miteinander in Beziehung stehen.

Schlüssel (Primärschlüssel, Hauptschlüssel)
Ein Schlüssel muss folgende beiden Bedingungen erfüllen:
- **Eindeutigkeit:** Ein Schlüssel identifiziert eindeutig die Datensätze der Tabelle.
- **Minimal:** Wird ein Schlüssel aus mehreren Merkmalen kombiniert, dürfen nicht mehr Merkmale als unbedingt notwendig an der Kombination beteiligt werden.

Tabelle (Relation)
Eine Tabelle ist eine Menge von Datensätzen, die tabellenförmig angeordnet werden und folgende eindeutige Eigenschaften erfüllen:
- **Tabellenname:** Eine Tabelle besitzt einen, innerhalb der Datenbank, eindeutigen Namen.
- **Merkmalsnamen:** Der Name eines Merkmals ist innerhalb der Tabelle eindeutig.
- **Schlüssel:** Jede Tabelle besitzt einen Schlüssel.
- Zudem gilt, dass die Anzahl und Reihenfolge der Merkmale und der Datensätze einer Tabelle beliebig sind.

Fremdschlüssel
Als Fremdschlüssel einer Tabelle wird ein Merkmal oder eine Kombination von Merkmalen bezeichnet, die in einer anderen Tabelle als Schlüssel vorkommen. Mit Hilfe von Fremdschlüsseln werden die Beziehungen zwischen Tabellen realisiert.

Tabellenschema
Die Gesamtheit aller Tabellen einer Datenbank wird als Tabellenschema bezeichnet.

Beziehungstabelle
Eine Tabelle, die der Umsetzung einer Beziehung dient, nennt man Beziehungstabelle. Der Schlüssel der Beziehungstabelle wird aus der Kombination der Fremdschlüssel gebildet.

13.2 Datenanalyse

Der Prozess der Datenanalyse gliedert sich in zwei Arbeitsschritte. Im ersten Schritt, dem **Daten erheben**, müssen alle projektrelevanten Informationen wie
- die Beschreibung von Arbeitsprozessen,
- die Auflistung der an den Arbeitsprozessen beteiligten Personen und Objekte und
- die für die Abwicklung der Arbeitsprozesse notwendigen Daten

zusammengetragen werden. Im zweiten Schritt werden aus der Anforderungsliste die für den Datenbankentwurf notwendigen Informationen extrahiert.

13.2.1 Daten erheben

Das Erheben der Daten kann mit Hilfe von Interviews, Bedarfsanalysen etc. erfolgen. Als Ergebnis der Datenerhebung muss eine mit dem Auftraggeber abgestimmte **Anforderungsliste** erstellt werden. Sie dient als verbindliche Vorgabe für den weiteren Datenbankentwurf.

13.2.2 Daten analysieren

Begriffe

Entität (Entitätsmenge)
Unter einer Entität versteht man eine Menge von ähnlichen Objekten.

Beziehung
Eine Beziehung beschreibt das Verhalten von Objekten verschiedener Entitäten zueinander.

Anzahlangabe (Vielfachheit, Assoziationstyp, Multiplizitätsangabe, Kardinalität)
Durch die Anzahlangabe wird bestimmt, wie viele Objekte einer Entität durch die Beziehung von einem Objekt der anderen Entität beeinflusst werden. Es werden dabei die Anzahlangaben vom Typ 1: „kein oder ein" und Typ m: „kein, ein oder mehrere" unterschieden.

Beziehungsarten (Assoziation)
1:1-Beziehung: Eine Beziehung mit den Anzahlangaben vom Typ 1 und Typ 1 ist eine 1:1-Beziehung. **1:m-Beziehung:** Eine Beziehung mit den Anzahlangaben vom Typ 1 und Typ m ist eine 1:m-Beziehung. **m:m-Beziehung:** Eine Beziehung mit den Anzahlangaben vom Typ 1 und Typ m ist eine 1:m-Beziehung.

Merkmale (Attribut), Beziehungsmerkmal
Die Merkmale beschreiben Eigenschaften von Entitäten und Beziehungen. (Sie entsprechen den Spaltenüberschriften der Tabellen.) Merkmale, die einer Beziehung zugeordnet worden sind, werden auch als Beziehungsmerkmal bezeichnet.

Analyse
Die Anforderungsliste wird nun auf Entitäten, Beziehungen, Anzahlangaben und Merkmale untersucht.

Bestimmen von Entitäten
Nomen (Hauptwörter) in den Anforderungslisten, die zudem durch weitere Merkmale genauer bestimmt werden, sind mögliche Kandidaten für Entitäten.

Bestimmen von Merkmalen
Nomen, die selbst keine eigenen Merkmale besitzen und lediglich ein Objekt genauer beschreiben, sind in der Regel Merkmale.

Nominalextraktion
Es sind im Allgemeinen die Nomen einer Anforderungsliste, die als Entitäten oder Merkmale für den Datenbankentwurf in Frage kommen. Allerdings müssen folgende Punkte beachtet werden:
- Entitäten und Merkmale können sich auch aus Umschreibungen ergeben.
- Unterschiedliche Nomen können für den Datenbankentwurf dieselbe Bedeutung haben.
- Dieselben Nomen können für den Datenbankentwurf unterschiedliche Bedeutungen haben.
- Nomen können unterschiedliche Teilinformationen implizieren.
- Nomen können Tätigkeiten, Aufgaben und Funktionen beinhalten.
- Nomen können für den Datenbankentwurf bedeutungslos sein.

Nominalextraktion
Entitäten und Merkmale können aus einer Anforderungsliste mit Hilfe der Nominalextraktion wie folgt bestimmt werden: 1. Beseitigen Sie Umschreibungen von Nomen durch Umformulierung. 2. Unterstreichen Sie alle (relevanten) Nomen. 3. Fassen Sie bedeutungsgleiche Nomen zusammen. 4. Trennen Sie gleiche Nomen mit unterschiedlichen Bedeutungen. 5. Ersetzen Sie Nomen, die mehrere Teilinformationen enthalten, durch unterschiedliche Nomen für jede Teilinformation. 6. Beseitigen Sie durch Umformulierung Nomen, die Tätigkeiten, Aufgaben oder Funktionen implizieren. 7. Bestimmen Sie aus der Menge der Nomen die Entitäten und Merkmale.

Bestimmen von Beziehungen
Beziehungen beschreiben den Zusammenhang zwischen Entitäten. Dies entspricht häufig den Verben der Anforderungsliste. Aber auch Aufgaben oder Funktionen können Beziehungen repräsentieren.
Diese Hinweise liefern nur Indizien für die Analyse von Anforderungslisten. Daher kommt es beim Datenbankentwurf häufig zu folgenden Problemen.

Teil 4: Nachschlagewerk

13.3 ER-Modell

6.3

Beziehung oder Entität?
Entitäten und Beziehungen mit Beziehungsmerkmalen können leicht verwechselt werden. Spätestens beim Eintragen von Datensätzen in die unkorrekten Tabellen fallen derartige Fehler auf und müssen korrigiert werden.

Entscheidungshilfe – Beziehung oder Entität
Immer dann, wenn einer Beziehung Merkmale zugewiesen werden, muss untersucht werden, ob die Merkmale lediglich der genaueren Charakterisierung der Beziehung dienen. Sollte sich dabei herausstellen, dass die Merkmale eigenständige Objekte beschreiben[1], muss das ER-Modell und somit der Datenbankentwurf wie folgt verändert werden:

Schritte zur Umwandlung einer Beziehung:
1. Aus der Beziehung wird eine eigenständige Entität gemacht.
2. Zwischen der neuen und den alten Entitäten werden weitere Beziehungen eingefügt.
3. Die Anzahlangaben der Beziehungen werden neu bestimmt!
4. Die Merkmale, die der alten Beziehung zugewiesen waren, werden sinnvoll den neuen Beziehungen und der neuen Entität zugeordnet.

6.4

Merkmal oder Entität?
Ob es sich bei einem Nomen (Hauptwort) der Anforderungsliste um eine Entität handelt, kann häufig daran erkannt werden, wie viele weitere Merkmale diesem Nomen zugeordnet werden können.

Entscheidungshilfe – Merkmal oder Entität
Tabellen (Entitäten) mit wenigen Merkmalen
Tabellen mit sehr wenigen oder nur einem Nichtschlüsselmerkmal sind nur dann sinnvoll, wenn sie mindestens eine der folgenden Bedingungen erfüllen:
1. Die Datensätze der Tabelle beschreiben eigenständige datenbankrelevante Objekte.
2. Die Tabelle enthält nur relativ wenige Datensätze, die zu sehr vielen Datensätzen in anderen Tabellen in Beziehung stehen.
3. Die Tabelle ist eine Beziehungstabelle.

Tabellen (Entitäten) mit vielen Merkmalen
Wenn eine Tabelle mehr als ein oder maximal zwei Nichtschlüsselmerkmale besitzt, beschreiben die Datensätze der Tabelle mit ziemlicher Sicherheit eigenständige, datenbankrelevante Objekte. Für Objekte, die in dem Datenbankkontext bedeutungslos sind, wird man selten bereit sein noch weitere Merkmale mitzuführen.

Generelle Regeln für den Datenbankentwurf

Atomare Werte
In Tabellenspalten dürfen nur eindeutige, atomare Werte eingetragen werden. Keine Mengen, Listen oder Aufzählungen als Werte verwenden.

Dauerhaft gültige Werte
In Tabellen sollten möglichst keine Daten abgelegt werden, die ständigen Änderungen unterworfen sind. (Z.B. lieber das Geburtsdatum als das Alter speichern.)

Keine Redundanzen
Es dürfen keine Werte in Tabellen gespeichert werden, die sich aus bereits gespeicherten Informationen herleiten lassen.

Datenanalyse zuerst
Ein sinnvoller und fehlerfreier Datenbankentwurf kann nicht ohne Datenanalyse durchgeführt werden.

13.3 ER-Modell

Im Datenmodell (ER-Modell: Entity-Relationship; auf deutsch: Entitäten – Beziehungs – Modell) werden Entitäten, Beziehungen und Merkmale grafisch veranschaulicht. Es wird als Hilfsmittel parallel zur Datenanalyse eingesetzt.

13.3.1 Darstellungen

Entität: Beziehung: Merkmale:

Schüler   belegt   ID_Schüler / Vorname

Anzahlangaben:
Anzahlangaben vom Typ 1 werden als „1";
Anzahlangaben vom Typ m werden als „m"
auf den Verbindungslinien vermerkt.

Jeder Entität wird zusätzlich ein Identitätsmerkmal (ID) zugeordnet. Dieses Merkmal wird im ER-Modell unterstrichen, da es das Schlüssel-Merkmal ist.

13.3.2 Vorgehensweise

Schritt 1:
Ermitteln der Entitäten in der Anforderungsliste (z. B. mit Hilfe der Nominalextraktion).

Schritt 2:
Ermitteln der Beziehungen in der Anforderungsliste.

Schritt 3:
Aus den Entitäten und Beziehungen wird ein vorläufiges ER-Modell erstellt.

---

[1] Eigenständige Objekte werden durch die Merkmale dann beschrieben, wenn der zusammengesetzte Schlüssel der Beziehungstabelle nicht mehr ausreicht, um alle möglichen Datensätze der Beziehungstabelle eindeutig zu identifizieren.

Teil 4: Nachschlagewerk

13.4 Überführungsregeln

Beispiel:
Entitäten: *Lehrer, Klasse*
Beziehung: *„ist Klassenlehrer"*

13.4 Überführungsregeln

Mit Hilfe von Überführungsregeln lassen sich aus dem ER-Modell die Tabellen der Datenbank generieren:

Schritt 4:
Ermitteln aller Anzahlangaben aus der Anforderungsliste.

Schritt 5:
Erweitern des ER-Modells um die Anzahlangaben.

Regel 1: Entitäten
Jede Entität wird als eigenständige Tabelle mit eindeutigem Schlüssel (ID) definiert. Alle Merkmale der Entität werden in diese Tabelle aufgenommen.

Regel 2: 1:m-Beziehung
Eine 1:m-Beziehung wird mit Hilfe von Fremdschlüsseln und somit ohne eigene Tabelle realisiert! In der Tabelle mit Anzahlangabe 'm' wird der Schlüssel der Tabelle mit Anzahlangabe '1' als Fremdschlüssel aufgenommen. Alle weiteren Merkmale der Beziehung werden ebenfalls in die Tabelle mit Anzahlangabe „m" überführt.

Beispiel:
Typ m: *„Ein Lehrer kann Klassenlehrer mehrerer Klassen sein."*
Typ 1: *„Eine Klasse hat immer nur einen Klassenlehrer."*

Regel 3: 1:1-Beziehung
Eine 1:1-Beziehung wird mit Hilfe von Fremdschlüsseln und somit ohne eigene Tabelle realisiert! In eine der beiden Tabellen wird der Schlüssel der anderen Tabelle als Fremdschlüssel aufgenommen. Dabei ist darauf zu achten, dass keine (bzw. möglichst wenige) leere Datenfelder entstehen. Alle weiteren Merkmale der Beziehung werden ebenfalls in diese Tabelle überführt.

Schritt 6:
Ermitteln aller Merkmale zu den Entitäten und Beziehungen.

Schritt 7:
Erweitern des ER-Modells um die Merkmale!
Dabei für jede Entität ein ID-Merkmal festlegen.

Regel 4: m:m-Beziehung
Eine m:m-Beziehung muss als eigenständige Tabelle realisiert werden. In diese „Beziehungstabelle" müssen die Schlüssel der zugehörigen Entitäten als Fremdschlüssel aufgenommen werden. Der Schlüssel der Beziehungstabelle wird aus der Kombination der Fremdschlüssel gebildet. Alle weiteren Merkmale der Beziehung werden ebenfalls in die Beziehungstabelle überführt.

Beispiel:
Merkmale zur Entität Lehrer:
- Nachname
- Vorname

Merkmale zur Entität Klasse:
- Beschreibung
- Kürzel

Merkmal zur Beziehung „ist Klassenlehrer":
- seit wann

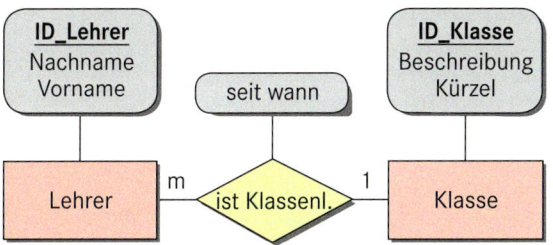

13.5 ER-Modellerweiterungen

6

Beziehungen auf einer Entität und Mehrfachbeziehungen lassen sich ebenfalls direkt aus dem ER-Modell in das Tabellenschema überführen. Dazu sind die folgenden Überführungsregeln notwendig.

13.5.1 Beziehungen auf einer Entität

6.1

Für den Spezialfall, dass eine Beziehung auf einer einzigen Entität definiert ist, werden die Überführungsregeln um die folgende Regel erweitert.

> **Regel 5: Beziehungen auf einer Entität**
> Bei Beziehungen, die auf einer Entität definiert sind, können die bereits bekannten Überführungsregeln für 1:1-Beziehungen, 1:m-Beziehungen und m:m-Beziehungen genauso angewendet werden. Dabei ist jedoch darauf zu achten, dass keine Spalten mit gleichem Namen entstehen! Die Fremdschlüssel müssen durch sinnvolle Zusätze umbenannt werden.

13.5.2 Mehrfachbeziehungen

6.2

Eine Mehrfachbeziehung wird als Erweiterung der m:m-Zweifachbeziehung behandelt. Fast immer wird für die Mehrfachbeziehung eine zusätzliche Tabelle als Beziehungstabelle benötigt. Jedoch werden beispielsweise bei einer 1:m:m-Dreifachbeziehung nicht alle Fremdschlüssel zur Bildung des Schlüssels der Beziehungstabelle benötigt.

Allgemein müssen Fremdschlüssel, die aus Entitäten mit Anzahlangabe „m" stammen, zur Bildung des Schlüssels der Beziehungstabelle herangezogen werden. Somit gelangt man zu folgender Überführungsregel für Mehrfachbeziehungen:

> **Regel 6: Mehrfachbeziehungen**
> Mehrfachbeziehungen werden in der Regel[1] durch eine eigenständige Tabelle realisiert. In die Beziehungstabelle müssen die Schlüssel der zugehörigen Entitäten als Fremdschlüssel aufgenommen werden. Der Schlüssel der Beziehungstabelle wird aus einer Kombination der Fremdschlüssel gebildet. Fremdschlüssel, die aus Entitäten mit Anzahlangabe '1' stammen, sind nicht zwingend für die Schlüsselbildung notwendig. Alle weiteren Merkmale der Beziehung werden ebenfalls in die Beziehungstabelle überführt.

Schlüsselbildung bei Mehrfachbeziehungen

m:m:m-Beziehung oder Mehrfachbeziehungen, bei der nur Anzahlangaben 'm' auftreten
Eine eigene Beziehungstabelle wird benötigt! Der Schlüssel der Beziehungstabelle wird aus der Kombination aller Fremdschlüssel gebildet, die an der Beziehung beteiligt sind.

1:m:m-Beziehung oder Mehrfachbeziehungen, bei denen die Anzahlangabe '1' nur einmal auftritt
Eine eigene Beziehungstabelle wird benötigt! Der Schlüssel der Beziehungstabelle wird aus der Kombination der Fremdschlüssel gebildet, die aus Entitäten mit der Anzahlangabe 'm' stammen.

1:1:m-Beziehungen und 1:1:1-Beziehungen oder Mehrfachbeziehungen, bei denen die Anzahlangabe '1' mehrfach auftritt

Fall 1: Es müssen mehrere Merkmale zu einem Schlüssel kombiniert werden.

Eine eigene Beziehungstabelle wird benötigt! Der Schlüssel der Beziehungstabelle wird gebildet aus allen Fremdschlüsseln, die zu den Entitäten mit der Anzahlangabe 'm' gehören. Es werden solange Fremdschlüssel, die zu Entitäten mit der Anzahlangabe '1' gehören ergänzt, bis der zusammengesetzte Beziehungstabellenschlüssel eindeutig ist. Welche Fremdschlüssel dabei auszuwählen sind, ist abhängig von den Rahmenbedingungen. Die Umsetzung ist nicht optimal, da unzulässige Datensätze einfügbar sind.

Fall 2: Ein einziges Merkmal bildet den Schlüssel der Beziehungstabelle.

Sobald die Mehrfachbeziehung nur einen Fremdschlüssel besitzt, der zu einer Entität mit der Anzahlangabe 'm' gehört, wird dieses Merkmal zwangsläufig zum Schlüssel der Beziehungstabelle. Besitzt die Mehrfachbeziehung lediglich Anzahlangaben vom Typ '1' muss, abhängig von den Rahmenbedingungen, das Schlüsselmerkmal bestimmt werden.
Eine eigene Beziehungstabelle ist nicht zwingend notwendig, kann aber zur Vermeidung von leeren Datenfeldern sinnvoll sein. Alternativ können sämtliche Fremdschlüssel der Beziehung in die Tabelle der Entität überführt werden, die zum festgelegten Schlüsselmerkmal gehört.

ACHTUNG: Es gibt Mehrfachbeziehungen, die sich alternativ in mehrere Tabellen zerlegen lassen. Beachten Sie daher die Ausnahmen gemäß den Normalformen BCNF, 4NF und 5NF im Kapitel 8.7.

---

[1] Sie wird nicht durch eine eigenständige Tabelle realisiert, wenn sie durch mehrere Zweifachbeziehungen ersetzt werden kann oder wenn die Beziehungstabelle der Mehrfachbeziehung nur ein Schlüsselmerkmal besitzt.

13.6 Objektorientierte Sicht

Zwischen dem objektorientierten Softwareentwurf und dem relationalen Datenbankentwurf gibt es viele Parallelen. Jedoch haben sich für ähnliche bzw. gleiche Sachverhalte unterschiedliche Begriffe eingebürgert.

Entsprechung der Begriffe

Begriff des objektorientierten Softwareentwurfs	Begriff des relationalen Datenbankentwurfs
Klasse	Entität
Beziehung	Beziehung
(Instanz) Objekt	Datensatz
(Instanz-) Objektvariablen	Merkmale
(Instanz-) Objektmethoden	**Gibt es nicht!**

Beim relationalen Datenbankentwurf werden keine vollständigen, sondern auf ihre Daten reduzierten Objekte betrachtet. Die unterschiedlichen Beziehungsarten

- Assoziation/Aggregation (ist Teil)
- Generalisierung/Spezialisierung (ist ein)

spielen aber in beiden Welten eine Rolle.

13.6.1 Assoziation/Aggregation

Assoziation
Eine Assoziation beschreibt die Bedeutung und die Art der Beziehung zwischen den verschiedenen Objekten einer oder mehrerer Entitäten (bzw. Klassen).

Aggregation („ist Teil" Beziehung)
Eine Aggregation ist eine Assoziation, die eine 'Ganzes-Teil-Hierarchie' darstellt. Eine Aggregation soll beschreiben, wie sich etwas 'Ganzes' aus seinen 'Teilen' logisch zusammensetzt.

Aggregationen und Assoziationen sind lediglich andere und genauere Begriffe für gängige Beziehungen die beim relationalen Datenbankentwurf identisch umgesetzt werden.

13.6.2 Generalisierung/Spezialisierung

Die Generalisierung/Spezialisierung (kurz G/S) ist eine Beziehung, die durch Gleichsetzungen der Schlüsselmerkmale umgesetzt werden kann. Sie bedarf einer eigenen Darstellung im ER-Modell.

Generalisierung/Spezialisierung („ist ein" Bez.)
Eine Generalisierung/Spezialisierung ist eine Beziehung zwischen einer generellen (übergeordneten Vater-) Entität (bzw. Klasse), in der alle generell benötigten Merkmale enthalten sind, und einer spezielleren (untergeordneten Kind-) Entität (bzw. Klasse), die weitere spezielle Merkmale zu denen der generellen Entität hinzufügt.

Darstellung

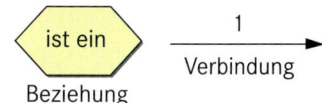

Generalisierungsarten

disjunkt/überlappend
Eine Generalisierung/Spezialisierung heißt disjunkt, wenn ein Wert der übergeordneten Entität nur in einer untergeordneten Entität spezialisiert werden darf. Überlappend ist sie hingegen, wenn die Einträge der übergeordneten Entität in mehreren untergeordneten Entitäten vorkommen können.

vollständig/unvollständig
Eine Generalisierung/Spezialisierung ist dann vollständig, wenn alle Einträge der übergeordneten Entität mindestens in einer untergeordneten Entität spezialisiert werden. Ansonsten wird sie als unvollständig bezeichnet.

Generalisierungsarten
- disjunkt und vollständig
- disjunkt und unvollständig
- überlappend und vollständig
- überlappend und unvollständig

Übersetzungsregel Generalisierung

Regel 7: Generalisierung/Spezialisierung
Jede Entität einer Generalisierung/Spezialisierung erfordert eine eigene Tabelle. Das Schlüsselmerkmal der übergeordneten Entität ist zugleich das Schlüsselmerkmal der untergeordneten Entitäten.

Das Merkmal Kategorie
Bei allen <u>disjunkten</u> Generalisierungen wird die Forderung, dass jedes Element der übergeordneten Entität in höchstens einer untergeordneten Entität spezialisiert werden darf, durch ein zusätzliches Merkmal 'Kategorie' in der übergeordneten Entität sichergestellt.
Bei <u>disjunkten unvollständigen</u> Generalisierungen müssen zudem alle zulässigen Werte für das Merkmal Kategorie im ER-Modell angegeben werden, da diese nicht aus den untergeordneten Spezialisierungen abgeleitet werden können.

Anwendungsregel Generalisierung
Es ist nicht einfach zu entscheiden, ob die Generalisierung/Spezialisierung angewendet werden sollte oder nicht. Die folgenden Indizien für sich allein betrachtet reichen nicht aus, um den Einsatz der Generalisierung/Spezialisierung zu rechtfertigen:

Gemeinsame Merkmale allein reichen als Bedingung für den Einsatz der Generalisierung/Spezialisierung nicht aus.

Ein logischer Zusammenhang zwischen Entitäten rechtfertigt allein noch nicht deren Generalisierung.

Eine mögliche Gruppenbildung innerhalb einer Entität rechtfertigt allein noch nicht deren Spezialisierung.

Teil 4: Nachschlagewerk

13.6 Objektorientierte Sicht

Generalisierungkriterien

Die Generalisierung/Spezialisierung sollte nur dann angewendet werden, wenn zwischen den Entitäten ein tatsächliches „ist ein"-Beziehungsverhältnis existiert und folgendes gilt:

Generelle Entität
Eine generelle übergeordnete Entität ist notwendig, wenn von ihr weitere Beziehungen zu anderen Entitäten der Datenbank existieren.
Ansonsten kann auf die Generalisierung verzichtet werden und die speziellen Entitäten werden als eigenständige, unabhängige Entitäten umgesetzt.

Spezielle Entität
Eine spezielle untergeordnete Entität wird dann zwingend benötigt,
- wenn von ihr aus Beziehungen zu anderen Entitäten der Datenbank existieren oder
- die untergeordnete spezielle Entität eigene Merkmale besitzt, die nicht bereits in der generellen Entität vorkommen.

Andernfalls kann auf die untergeordnete spezielle Entität verzichtet werden, da all ihre Datensätze problemlos durch die generelle übergeordnete Entität repräsentiert werden können.

Beispiel einer Generalisierung/Spezialisierung

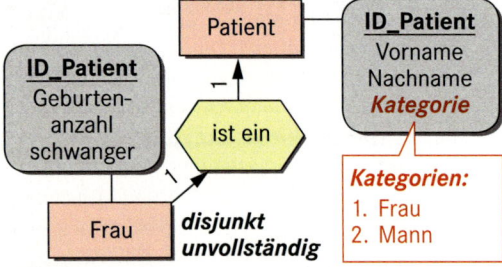

Patient

ID_Patient	Vorname	Nachname	Kategorie
1	Ernst	Müller	Mann
2	Eva	Klein	Frau

Frau

ID_Patient	Geburtenanzahl	schwanger
2	1	Nein

Anmerkung:
- Die G/S ist **disjunkt**, da jeder Patient entweder ein Mann oder eine Frau ist.
- Über das Merkmal **Kategorie** kann sichergestellt werden, dass jeder Datensatz einer der beiden Kategorien 'Mann' oder 'Frau' zugeordnet werden muss.
- Sie ist **unvollständig**, da die Datensätze der männlichen Patienten nicht in einer untergeordneten Entität spezialisiert werden.

13.6.3 UML-Diagramme

Definition: UML (Unified Modeling Language)
UML ist eine vereinheitlichte Modellierungssprache für die objektorientierte Software-Entwicklung.

Diagramme in UML
Durch die UML werden unterschiedlichste Diagramme definiert und unterschieden:

Strukturdiagramme

1. *Klassendiagramm*
   zeigt Klassen und deren Beziehungen zueinander.

2. *Paketdiagramm*
   stellt die Aufteilung des Modells zu größeren logischen Einheiten (Pakete) dar.

3. *Objektdiagramm*
   entspricht einem Klassendiagramm zu einem bestimmten Zeitpunkt mit konkreten Objekten.

4. *Kompositionsstrukturdiagramm*
   beschreibt das Innenleben einer Klasse oder Komponente.

5. *Komponentendiagramm*
   fasst Klassen zu verwaltbaren und wiederverwendbaren Komponenten zusammen.

6. *Verteilungsdiagramm*
   zeigt die Verteilung der Komponenten auf unterschiedliche Systeme (Server, Datenbanken, etc.).

Verhaltensdiagramme

1. *Anwendungsfalldiagramm (Use-Case-Diagramm)*
   veranschaulicht das Zusammenspiel zwischen System und Umwelt (Akteuren und Anwendungsfällen).

2. *Aktivitätsdiagramm*
   beschreibt den Ablauf von Prozessen oder Algorithmen.

3. *Zustandsdiagramm (Zustandsautomat)*
   stellt präzise die Zustände von Objekten bei bestimmten Ereignissen dar.

4. *Interaktionsdiagramme*
   beschäftigen sich (mit jeweils unterschiedlichem Schwerpunkt) mit der Frage: „Wer kommuniziert wann mit wem?"
   a) *Sequenzdiagramm*
   b) *Kommunikationsdiagramm*
   c) *Timing-Diagramm (Zeitdiagramm)*

5. *Interaktionsübersichtsdiagramm*
   ist eine Mischform aus Aktivitäts- und Interaktionsdiagrammen und dient der Strukturierung von Interaktionsdiagrammen.

Anmerkung:

Das ER-Modell kann mit Hilfe einiger Komponenten des UML-Klassendiagramms umgesetzt werden.

Darstellung ER-Modell in UML

ER-Modelle lassen sich durch Modellelemente der UML-Klassendiagrammelemente darstellen:

Entität (Klasse):
Klasse 'Lehrer' mit dem Merkmal 'Nachname' stellt die Entität 'Lehrer' dar.

Lehrer
ID_Lehrer
Nachname
Vorname

Beziehungen:
Die 1:m-Beziehung 'Klassenlehrer'.

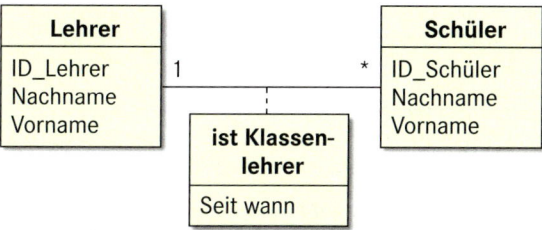

Beziehungsmerkmal:
Die Beziehung „Klassenlehrer" mit dem Beziehungsmerkmal „seit wann".

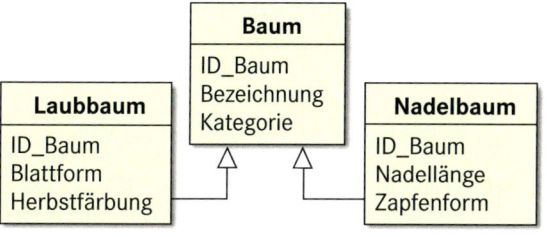

Vererbung G/S:
Zeichen für Generalisierung/Spezialisierung. Der Pfeil zeigt in Richtung der übergeordneten Entität.

Fazit
Der Einsatz der UML beim Datenbankentwurf anstelle von ER-Modellen hat deutliche Vorteile. Die wesentlichen Vorteile sind die hohe Verbreitung und Standardisierung der UML. Allerdings hat sie sich als Datenbankentwurfswerkzeug, trotz wachsender Beliebtheit, noch nicht durchsetzen können. Dies vor allem wegen der für diesen Zweck völligen Überdimensionierung und der unterschiedlichen Interpretationsmöglichkeiten.

> **Anmerkung**
> Bei der Datenanalyse des Datenbankentwurfs können auch UML-Anwendungsfalldiagramme eingesetzt werden, um beispielsweise Akteure, Anwendungsfälle und ihre Beziehungen zueinander zu untersuchen.

13.7 Normalformen

Normalformen werden zur Überprüfung von Tabellen verwendet. Es werden insgesamt 6 Normalformen unterschieden. Die Normalformen werden immer spezieller, das heißt, es werden immer weniger Tabellen betrachtet.

Alle Tabellen
Beliebige unnormalisierte Tabellen

1. **Normalform 1NF**
Wertebereiche der Merkmale sind atomar (Keine Listen)

2. **Normalform 2NF**
Merkmale sind voll funktional abhängig vom zusammengesetzten Schlüssel

3. **Normalform 3NF**
Keine transitiven Abhängigkeiten

Boyce-Codd-Normalform
Nur Abhängigkeiten vom Schlüssel zulassen

4. **Normalform 4NF**
Keine Mehrwertabhängigkeit

5. **Normalform 5NF**
Nur triviale Verbundabhängigkeiten

> **Anmerkung**
> Die ersten drei Normalformen (1NF–3NF) dienen der Überprüfung von Nichtschlüsselmerkmalen einer Tabelle.
>
> Die Normalformen BCNF, 4NF und 5NF werden zur Kontrolle von Schlüsselmerkmalen bei zusammengesetzten Schlüsseln benötigt. Da kritische Schlüsselmerkmale in der Regel erst bei Mehrfachbeziehungen auftreten, spielen diese Normalformen in der Praxis nur eine untergeordnete Rolle.

Teil 4: Nachschlagewerk

13.7 Normalformen

2.4
8.1

13.7.1 Redundanz/Anomalie

Redundanzen innerhalb einer Tabelle führen zu Anomalien und diese wiederum zwangsläufig zu inkonsistenten Daten. Mit den Normalformen können Redundanzen aus den Tabellen eliminiert werden.

Redundanz
Wiederholung der selben Daten ohne Informationsgewinn.

Mutationsanomalie
(Mutation der Daten):
Die Mutationsanomalie tritt auf, wenn die redundanten Daten (z.B. durch versehentliches Falschschreiben) verändert werden („mutieren").

Einfügeanomalie
(ungewolltes Dateneinfügen):
Von einer Einfügeanomalie spricht man, wenn durch das Einfügen von Daten ungewollt weitere Daten eingefügt werden müssen.

Löschanomalie
(unbeabsichtigtes Datenlöschen):
Eine Löschanomalie liegt vor, wenn durch das Löschen von Daten weitere Informationen verloren gehen, die aber gar nicht gelöscht werden sollen.

Änderungsanomalie
(Datenänderung macht Folgeänderungen notwendig):
Wenn das Ändern eines Datensatzes zwangsläufig das Ändern weiterer Datensätze nach sich zieht, spricht man von einer Änderungsanomalie.

8.2

13.7.2 Erste Normalform 1NF

Die erste Normalform bildet die Ausgangsbasis für alle weiteren Normalformen.

Erste Normalform (1NF)
Eine Tabelle befindet sich in der erster Normalform, falls die Wertebereiche der Merkmale atomar[1] sind.

Überführungsregel zur 1NF
Um eine unnormalisierte Tabelle in die erste Normalform zu überführen, muss man:
1. Merkmale, deren Wertebereiche unterschiedliche Informationseinheiten enthalten auf mehrere Merkmale mit atomaren Wertebereichen aufteilen.
2. Listen sinngleicher Informationseinheiten aus den Wertebereichen der Merkmale entfernen.

Vorgehensweise zum Entfernen von Listen:
1. Für jedes Element einer Liste im Wertebereich eines Merkmals muss ein eigener Datensatz in der Tabelle erzeugt werden.
2. Der Schlüssel der Tabelle muss neu bestimmt werden.

13.7.3 Zweite Normalform 2NF

Die zweite Normalform untersucht die volle funktionale Abhängigkeit der Nichtschlüsselmerkmale vom zusammengesetzten Schlüssel.

Funktionale Abhängigkeit
Ein Merkmal A ist funktional abhängig von einem Merkmal S, wenn zu jedem möglichen Wert von S genau ein Wert aus A existiert.
Schreibweise: $S \rightarrow A$

Volle funktionale Abhängigkeit
Ein Merkmal A ist voll funktional abhängig von einem aus S1 und S2 zusammengesetzten Schlüssel, wenn A funktional abhängig vom Gesamtschlüssel, nicht aber von seinen Teilschlüsseln ist.
Schreibweise: $(S1, S2) \Rightarrow A$

Schaubild zur vollen funktionalen Abhängigkeit:

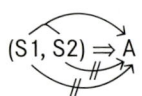

Zweite Normalform (2NF)
Eine Tabelle ist in zweiter Normalform, wenn sie die 1NF erfüllt und wenn <u>alle</u> Nichtschlüsselmerkmale vom zusammengesetzten Schlüssel voll funktional abhängig sind.

Überführungsregel zur 2NF
Eine Tabelle, die der 1NF genügt, aber nicht die 2NF erfüllt, muss in Teiltabellen zerlegt werden. Dabei fasst man alle Merkmale, die von einem Teilschlüssel funktional abhängig sind, und diesen Teilschlüssel zu einer eigenständigen Tabelle zusammen.

Dieses kann in drei Schritten erfolgen:
1. Bestimme alle Nichtschlüsselmerkmale, die bereits von einem Teilschlüssel funktional abhängig sind.
2. Bilde aus den Teilschlüsseln und allen von ihnen funktional abhängigen Nichtschlüsselmerkmalen eigene Tabellen.
3. Entferne aus der ursprünglichen Tabelle alle nicht voll funktional abhängigen Nichtschlüsselmerkmale.

---

[1] Unter „atomar" wird hier eine „unteilbare" Informationseinheit verstanden. Das heißt, dass Listen oder mehrere unterschiedliche Informationen nicht als Inhalte von Tabellenzellen zugelassen werden.

13.7 Normalformen

13.7.4 Dritte Normalform 3NF

Die dritte Normalform stellt sicher, dass es keine transitiv abhängigen Nichtschlüsselmerkmale in einer Tabelle geben kann.

Transitivität
Wenn man aus „S bestimmt A" und „A bestimmt B" folgern kann, dass zwangsläufig auch „S bestimmt B" gilt, dann ist die Transitivität gegeben.

Transitive Abhängigkeit
Ein Merkmal B ist transitiv abhängig von einem Merkmal S, wenn es ein Merkmal A gibt, so dass gilt:
- B ist funktional abhängig von A $A \longrightarrow B$
- A ist funktional abhängig von S $S \longrightarrow A$
- S ist nicht funktional abhängig von A $A \not\longrightarrow S$

Schaubild zur transitiven Abhängigkeit

$$S \rightarrow A \rightarrow B$$
$$S \not\leftarrow A$$

Dritte Normalform (3NF)
Eine Tabelle ist in dritter Normalform, wenn sie die 2NF erfüllt und <u>kein</u> Nichtschlüsselmerkmal vom Schlüssel transitiv abhängig ist.

Überführungsregel zur 3NF
Eine Tabelle, die der 1NF und der 2NF genügt, aber nicht die 3NF erfüllt, muss in Teiltabellen zerlegt werden. Dabei müssen alle vom Schlüssel transitiv abhängigen Nichtschlüsselmerkmale zusammen mit den Nichtschlüsselmerkmalen, von denen sie funktional abhängig sind, zu eigenen Tabellen zusammengefasst werden.

Dieses kann in drei Schritten erfolgen:
1. Bestimme alle vom Schlüssel transitiv abhängigen Nichtschlüsselmerkmale.
2. Bilde aus diesen transitiv abhängigen Nichtschlüsselmerkmalen und den Nichtschlüsselmerkmalen, von denen sie funktional abhängig sind, eigene Tabellen.
3. Entferne aus der ursprünglichen Tabelle alle transitiv abhängigen Nichtschlüsselmerkmale.

Anmerkung:
Mitunter kommt es vor, dass aus Gründen der Praktikabilität auf die strikte Umsetzung der 3NF verzichtet wird. Beispielsweise ist es nicht in jedem Fall sinnvoll die Informationen 'Postleitzahl' und 'Ort' durch eine eigene Orts-Tabelle umzusetzen, sondern sie als Merkmale einer Entität anzusehen.
(Siehe Kapitel 6.4 und 8.8.2)

13.7.5 Weitere Normalformen

BCNF

8.7

Boyce-Codd-Normalform (BCNF)
Eine Tabelle erfüllt die BCNF, wenn jede Kombination von Merkmalen, von der andere Merkmale funktional abhängig sind[1], die Bedingungen eines Schlüssels (Minimalität und Eindeutigkeit) erfüllen.

Vierte Normalform 4NF

Vierte Normalform (4NF)[2]
Eine Tabelle ist in der vierten Normalform, wenn sie die BCNF erfüllt und für jedes vom Merkmal S mehrwertig abhängige Merkmal A gilt:
- Es gibt keine weitere mehrwertige Abhängigkeit von S oder
- bereits das Merkmal S erfüllt die Bedingungen eines Schlüssels.

Fünfte Normalform 5NF

Join[3]
Von einem Join spricht man, wenn Tabellen kombiniert werden, indem man jede mögliche Kombination von Zeilen bildet, bei der die Werte in den gemeinsamen Spalten übereinstimmen.

Join-Abhängigkeit
Immer dann, wenn sich eine Tabelle durch Joins aus Teiltabellen generieren lässt, spricht man von einer Join-Abhängigkeit.

Fünfte Normalform (5NF)[4]
Eine Tabelle ist in fünfter Normalform, wenn sie in vierter Normalform ist und keine Join-Abhängigkeit der Tabelle von Teiltabellen existiert. Von dieser Forderung werden lediglich folgende Spezialfälle ausgenommen:
- Eine der Teiltabellen entspricht der Tabelle selbst oder
- jede Teiltabelle entspricht Merkmalen in der Tabelle, die die Schlüsselbedingungen erfüllen.

---

[1] Die hier beschriebene Menge von Merkmalen wird auch als „Determinante" bezeichnet.
[2] Die Definition der 4NF gilt genau genommen auch für Kombinationen von Merkmalen.
[3] Dieser Join wird oft auch als „natürlicher" oder „Gleichheits"-Join bezeichnet.
[4] Die 5NF wird auch als „Project-Join-Normalform" (PJNF) bezeichnet.

13.8 Phasen des DB-Entwurfs

Planungsphase
1. Datenanalyse
2. ER-Modell erstellen
3. Integration und Abstimmung

Umsetzungsphase
4. Tabellenumsetzung
5. Normalisierung
6. referenzielle Integrität bestimmen
7. Konsistenzbedingungen festlegen
8. Realisierung

Optimierungsphase
8. Zugriffsanalyse
9. Zugriffsoptimierung

13.8.1 Referenzielle Integritäten

Mit Hilfe der referenziellen Integrität kann sichergestellt werden, dass zu jedem Fremdschlüsseleintrag auch wirklich der zugehörige Primärschlüsseleintrag existiert.

Referenzielle Integrität
Ob zwischen einer Haupt- und einer Detailtabelle eine referenzielle Integrität oder gar eine referenzielle Integrität mit Löschweitergabe vereinbart werden sollte, muss in jedem Einzelfall überprüft werden. Die folgenden Empfehlungen sollen lediglich als Entscheidungshilfe dienen.
1:1-Beziehung
Bei einer 1:1-Beziehung eines ER-Modells sollte zwischen der zugehörigen Haupt- und Detailtabelle die referenzielle Integrität gefordert werden. In Ausnahmefällen kann es jedoch sinnvoll sein auf die Kontrolle der referenziellen Integrität ganz zu verzichten.
1:m-Beziehung
Bei einer 1:m-Beziehung eines ER-Modells sollte zwischen der zugehörigen Haupt- und Detailtabelle auf jeden Fall die referenzielle Integrität gefordert werden. Mitunter kann es sogar sinnvoll sein, zusätzlich die Löschweitergabe zu verwenden.
m:m-Beziehung und Mehrfachbeziehung
Bei einer m:m-Beziehung oder Mehrfachbeziehung eines ER-Modells sollte zwischen den zugehörigen Haupt- und Detailtabellen ausnahmslos die referenzielle Integrität mit Löschweitergabe gefordert werden.
Generalisierung/Spezialisierung
Bei der Generalisierung / Spezialisierung sollte immer mit referenzieller Integrität und Löschweitergabe gearbeitet werden, so dass ein Datensatz, der in der generellen Entität gelöscht wird, auch in den spezialisierten Tabellen entfernt wird.

13.8.2 Speicherstrukturen

Die Zugriffszeiten auf Tabellen und Daten sind auch von der gewählten Speicherstruktur abhängig. Die Eignung der Speicherstrukturen ist abhängig von der Art der Operationen, die auf den Daten ausgeführt werden.

Heap-Datei
Bei einer Heap-Datei werden die Datensätze unsortiert hintereinander (sequentiell) geschrieben.
Hash-Verfahren
Bei dem Hash-Verfahren werden die Datensätze unterschiedlichen Bereichen zugeordnet. Innerhalb der Bereiche sind die Datensätze wieder ungeordnet. Die Zuordnung der Datensätze zu den Bereichen erfolgt über eine Funktion (Hashfunktion).
ISAM-Verfahren
Bei dem ISAM-Verfahren (**I**ndex **S**equential **A**ccess **M**ethod) wird neben der eigentlichen Datendatei, die die Datensätze in sortierter Reihenfolge enthält, eine weitere Datei, die so genannte Index-Datei gepflegt. Diese Indexdatei ermöglicht einen beschleunigten Zugriff auf die Daten.
Baumartige Struktur
Betrachtet man die Indexdateien des ISAM-Verfahrens wiederum als Datensätze, so kann zu diesen Datensätzen wiederum eine Indexdatei generiert werden. Durch diese Verschachtelung von Indexdateien kommt man zu einer baumartigen Struktur.
Merkmale eines B*-Baumes:
• Jeder Knoten des Baumes kann mehrere Kindknoten haben (Mehrwegbaum).
• Der Baum ist ausgeglichen (balancierter Baum).
• Die Knoten enthalten nur Verweise und nicht die eigentlichen Daten.
B*-Bäume werden als **Sekundärindex** eingesetzt.

Eignung der Speicherstrukturen für Lese- und Einfügeoperationen

LESE-Operation	EINFÜGE-Operation	Geeignete Datenorganisation
viel	wenig	**B*-Baum** Indexdateien auf Indexdateien
		ISAM Sortierte Datei mit Indextabelle
		Hashing Aufteilung in unsortierte Bereiche
wenig	viel	**Heap-Datei** Einfache sequentielle Datei

13.9 SQL-Übersicht

Structured
Query
Language

13.9.1 DB- und Tabellenstruktur

Datenbank

erzeugen	`CREATE DATABASE datenbank`
löschen	`DROP DATABASE datenbank`

Datentypen

Ganzzahlige Datentypen	
TINYINT	(1 Byte) Sehr kleiner Integer
SMALLINT	(2 Byte) kleiner Integer
MEDIUMINT	(3 Byte) mittelgroßer Integer
INTEGER (INT)	(4 Byte) Integer normaler Größe
BIGINT	(8 Byte) großer Integer
Fließkommazahl	
FLOAT	(4 Byte) Kleine Fließkommazahl
DOUBLE	(8 Byte) Große Fließkommazahl
DECIMAL	Gepackte „exakte" Festkommazahl
Datentypen für Datum und Zeitangaben	
DATE	Datum. Format 'YYYY-MM-DD'
TIME	Zeitangabe. Format 'HH:MM:SS'
TIMESTAMP	Zeitstempel. (Aktuelle Systemzeit)
DATETIME	Kombination aus Datum und Uhrzeit
YEAR	Jahr. Format 'YYYY'
Mengendatentypen	
ENUM	Definition einer Liste zulässiger Werte
SET	Def. einer Menge zulässiger Werte

Datentyp für Zeichenketten und Bytefolgen		
Zeichen	Binär	Beschreibung
CHAR	BINARY	Zeichenkette/Bytefolge
VARCHAR	VARBINARY	Zeichenkette/Bytefolge
TINYTEXT	TINYBLOB	Kurzer Text/Bytefolge
TEXT	BLOB	Normaler Text/Bytefolge
MEDIUMTEXT	MEDIUMBLOB	Mittler Text/Bytefolge
LONGTEXT	LONGBLOB	Langer Text/Bytefolge

Tabelle

erzeugen	`CREATE TABLE tabelle`
	`( merkmal1 datentyp1,`
	`  merkmal2 datentyp2 )`

UNSIGNED	vorzeichenlose Zahl
UNIQUE	keine doppelten Werte möglich
NOT NULL	keine Nullwerte möglich
AUTO_INCREMENT	erzeugt eine fortlaufende automatische Durchnummerierung
PRIMARY KEY	definiert Tabellenschlüssel.
SERIAL	das Schlüsselwort ist ein Alias für: `BIGINT, UNSIGNED, NOT NULL AUTO_INCREMENT, UNIQUE`

umbenennen	`RENAME TABLE tabelle_alt` `TO Tabelle_neu`
löschen	`DROP TABLE tabelle`

Tabellenspalte

hinzufügen	`ALTER TABLE tabelle`
	`ADD merkmal datentyp`
	`AFTER position`

modifizieren	`ALTER TABLE tabelle` `MODIFY merkmal datentyp`

umbenennen	`ALTER TABLE tabelle`
	`CHANGE merkmal_alt`
	`merkmal_neu datentyp`

löschen	`ALTER TABLE tabelle` `DROP merkmal`

13.9.2 Benutzerverwaltung

Benutzer

anlegen	`CREATE USER benutzer`
	`CREATE USER benutzer` `IDENTIFIED BY passwort`
Passwort einstellen	`SET PASSWORD FOR benutzer =` `PASSWORD (passwort)`
löschen	`DROP USER benutzer`

10.3

Zugriffsrechte erteilen

Es gibt verschiedene Rechte, die man auf unterschiedlichen Ebenen einem Datenbankbenutzer zuweisen kann. Die wichtigsten Rechte sind:

INSERT	Einfügerecht
DELETE	Löschrecht
UPDATE	Änderungsrecht
SELECT	Abfragerecht
ALL PRIVILEGES	Alle Rechte gleichzeitig

Teil 4: Nachschlagewerk
13.9 SQL-Übersicht

Ebenen

global	`GRANT RECHT ON *.*` `TO benutzer`
Datenbank	`GRANT RECHT ON datenbank.*` `TO benutzer`

Tabelle	`GRANT RECHT`
	`ON datenbank.tabelle`
	`TO benutzer`

Spalte	`GRANT RECHT (merkmal)`
	`ON datenbank.tabelle`
	`TO benutzer`

Rechte entziehen
Analog zum Erteilen der Rechte jedoch mit dem Befehl

`REVOKE`

13.9.3 Datenmanipulation

Daten

einfügen vollständig	`INSERT INTO tabelle` `VALUES(wert1, wert2, ...)`

einfügen teilweise	`INSERT INTO tabelle`
	`(merkmal1, merkmal2)`
	`VALUES(wert_1, wert_2)`

manipulieren	`UPDATE tabelle`
	`SET merkmal = wert`
	`WHERE bedingung`

löschen	`DELETE FROM tabelle` `WHERE bedingung`

`NULL`   Leere Referenz

13.9.4 Abfragen auf einer Tabelle

Bedingungen

Eine Bedingung
Die Bedingung ist ein Vergleich zwischen dem Merkmalswert und einem Vergleichswert. Mögliche Vergleichsoperatoren sind:

`=, <, >, <>, <=, >=`

```
SELECT  merkmal_1, ..., merkmal_n
FROM    tabelle
WHERE   bedingung
```

Mehrere Bedingungen
Bei mehreren Bedingungen können diese mit folgenden logischen Operatoren verknüpft werden:
`AND, OR, NOT`

```
SELECT  merkmal_1, ..., merkmal_n
FROM    tabelle
WHERE                bedingung_1
  VERKNÜPFUNG        bedingung_2 ...
```

Aggregationsfunktionen
Aggregationsfunktionen dienen dazu, aus den unterschiedlichen Merkmalswerten einer Ergebnismenge bzw. der Gruppe einen einzelnen Wert zu ermitteln.

Maximum	`MAX(merkmal)`
Minimum	`MIN(merkmal)`
Anzahl	`COUNT(*)`
Anzahl	`COUNT(merkmal)` *Anzahl ohne NULL-Werte*
Anzahl	`COUNT ( DISTINCT (merkmal))` *Nur unterschiedliche Werte!*
Summe	`SUM(merkmal)`
Durchschnitt	`AVG(merkmal)`

Einfache Rechenoperationen
In SQL-Abfragen können einfache Rechnungen ausgeführt werden. Mögliche Rechenoperatoren sind:
`+, -, *, /`

Datumsfunktionen
Es werden unterschiedliche Datentypen für Datums- und Zeitangaben unterschieden. Die wichtigsten sind:
`TIME`   (HH:MM:SS **Zeit**)
`DATE`   (YYYY-MM-DD **Datum**)
`DATETIME`   (YYYY-MM-DD HH:MM:SS **Datum + Zeit**)
`TIMESTAMP` (YYYY-MM-DD HH:MM:SS **Datum + Zeit**)

Datums-/Zeitformate aus Einzelwerten

Datum	`MAKEDATE(jahr, tag_des_jahres)`
Zeit	`MAKETIME(std, min, sek)`

Datums-/Zeitformate aus aktueller Systemzeit

Zeitstempel	`NOW()`
Datum	`CURDATE()`
Zeit	`CURTIME()`

Teilinformationen extrahieren

Monatsname	`MONTHNAME(datum)`
Wochentag-Name	`DAYNAME(datum)`
Wochentag-Nummer	`DAYOFWEEK(datum)`
Quartal	`QUARTER(datum)`
Kalenderwochennummer	`WEEKOFYEAR(datum)`

Teilinformationen extrahieren zu Zahlenwerten

Datum	`DATE(zeitstempel)`
Zeit	`TIME(zeitstempel)`
Jahr	`YEAR(datum)`
Monat	`MONTH(datum)`
Tag	`DAY(datum)`
Stunde	`HOUR(zeit)`
Minute	`MINUTE(zeit)`
Sekunde	`SECOND(zeit)`

Rechnen mit Datum und Zeit

Es können unterschiedliche Zeiteinheiten auf ein bestehendes Datum bzw. auf eine Zeitangabe addiert bzw. davon subtrahiert werden. Die wichtigsten Zeiteinheiten sind:

`DAY, MONTH, YEAR, HOUR, MINUTE, SECOND`

```
date + INTERVAL anzahl EINHEIT
```

Die Differenz zwischen zwei Datumsangaben in Tagen bzw. zwischen zwei Zeitangaben kann wie folgt ermittelt werden.

```
DATEDIFF(date1, date2)
```
```
TIMEDIFF(time1, time2)
```

Vergleichsfunktionen
LIKE
Als Bedingung im WHERE-Teil einer SQL-Anweisung kann ein Merkmal mit einem Suchmuster verglichen werden. Bei der Angabe des Suchmusters dürfen die folgenden Jokerzeichen verwendet werden:
`%` beliebig viele beliebige Zeichen ('*' bei MS-Access)
`_` ein beliebiges Zeichen ('?' bei MS-Access)

```
... merkmal LIKE muster
```

BETWEEN
Diese Bedingung wird wahr, wenn der Wert des Merkmals zwischen dem angegebenen 'start'- und 'ende'-Wert liegt oder dem 'start'- bzw. 'ende'-Wert entspricht.

```
... merkmal BETWEEN start AND ende
```

IN
Diese Bedingung wird wahr, wenn der Wert des Merkmals einem der Werte 'wert 1' bis 'wert n' entspricht.

```
... merkmal IN (wert_1, ...wert_n)
```

13.9.5 Abfragen auf mehreren Tabellen
Equi-Join (Inner-Join)
Die Beziehung zwischen zwei Tabellen (und auch mehreren Tabellen) wird durch die Gleichsetzung des Schlüssel-/Fremdschlüsselpaares erreicht

10.6

```
SELECT  t1.merkmal_1, ..., t1.merkmal_n
        t2.merkmal_1, ..., t2.merkmal_n
FROM    tabelle1 t1, tabelle2 t2
WHERE   t1.schlüssel=t2.fremdschlüssel
```

```
SELECT  t1.merkmal_1, ..., t1.merkmal_n
        t2.merkmal_1, ..., t2.merkmal_n
FROM    tabelle1 t1 INNER JOIN
        tabelle2 t2
ON      t1.schlüssel=t2.fremdschlüssel
```

Left-Join/Right-Join
Wenn alle Datensätze einer Tabelle (Haupttabelle ht) angezeigt werden sollen, auch dann, wenn nicht zu jedem Datensatz ein zugehöriger Datensatz in der Verknüpfungstabelle (Nebentabelle nt) vorhanden ist, so muss mit den Schlüsselwörtern LEFT (links) bzw. RIGHT (rechts) die Position der Haupttabelle angegeben werden.

```
SELECT  ht.merkmal_1, ..., ht.merkmal_n
        nt.merkmal_1, ..., nt.merkmal_n
FROM    haupttabelle ht LEFT JOIN
        nebentabelle nt
ON      join-bedingung ht-nt
```

```
SELECT  ht.merkmal_1, ..., ht.merkmal_n
        zt.merkmal_1, ..., zt.merkmal_n
        nt.merkmal_1, ..., nt.merkmal_n
FROM    ( haupttabelle ht LEFT JOIN
        zwischentabelle zt
        ON  join-bedingung ht-zt )
        LEFT JOIN nebentabelle nt
        ON join-bedingung zt-nt
```

Self-Join
Der Self-Join stellt eine Verknüpfung auf die eigene Tabelle dar und wird durch zwei Referenzen auf dieselbe Tabelle aufgelöst.

```
SELECT  t1.merkmal_1, ..., t1.merkmal_n
        t2.merkmal_1, ..., t2.merkmal_n
FROM    tabelle t1, tabelle t2
WHERE   join-bedingung t1-t2
```

Teil 4: Nachschlagewerk
13.9 SQL-Übersicht

10.7

13.9.6 Unterabfragen, INSERT-SELECT-Abfragen, VIEW

Unterabfragen (ein Rückgabewert)

Unterabfragen, die genau einen Rückgabewert als Ergebnis liefern, können direkt mit den folgenden Vergleichsoperatoren in einer Abfrage verwendet werden.

`=, <, >, <>, <=, >=`

Variablen

SQL-Variablen erlauben das Zwischenspeichern von Werten. Variablen können zur Programmierung von Funktionen und Prozeduren, aber auch zum Entzerren von verschachtelten Abfragen verwendet werden.

Variablennamen

Name	`@variable`
Wert-zuweisung	`@variable := wert`
	`SET @gehalt = wert`

Unterabfragen (Rückgabemenge)

Unterabfragen mit mehreren Rückgabewerten müssen mit den folgenden Mengenoperatoren in die Abfrage integriert werden.

`ANY`   gilt für irgendein Element
`ALL`   gilt für alle Element
`IN`   Element in Menge enthalten
`EXISTS` Ergebnismenge existiert

INSERT-SELECT-Abfragen

Unterabfragen können im Zusammenhang mit der INSERT-Anweisung zum automatisierten Einfügen von Datensätzen verwendet werden.

VIEW

Ein View (Sicht oder auch Veränderliche genannt) ist eine, über einen eigenen Namen ansprechbare, virtuelle Tabelle, die auf einer Abfrage basiert.

erzeugen	`CREATE VIEW viewname AS ...`
modifizieren	`ALTER VIEW viewname AS`
anzeigen	`SHOW CREATE VIEW viewname`
löschen	`DROP VIEW viewname`

13.9.7 Sortieren, Gruppieren, Kombinieren

Sortieren

Am Ende einer Abfrage können mit dem Befehl ORDER BY ein oder mehrere Merkmale angegeben werden, nach denen die Ausgabe aufsteigend oder absteigend sortiert werden soll. Die Sortierreihenfolge wird mit den folgenden Schlüsselwörtern festgelegt:

`ASC`   (ascending) aufsteigend
`DESC` (descending) absteigend

```
... ORDER BY merkmal1, merkmal2 DESC
```

Gruppieren

Mit der GROUP BY-Anweisung können ein oder mehrere Merkmale angegeben werden, gemäß derer die Ergebnismenge einer Abfrage in Gruppen aufgeteilt wird. Je Merkmal und Gruppe kann nur ein Wert ausgegeben werden. Daher müssen Merkmale, nach denen nicht gruppiert wird, in der SELECT-Anweisung mit Aggregationsfunktionen angegeben werden.

```
... GROUP BY merkmal1, ..., merkmal_n
```

Auf die Gruppen können mit der HAVING-Anweisung Gruppenbedingungen definiert werden, die von den Datensätzen einer Gruppe erfüllt werden müssen. Damit ergibt sich für SQL-Abfragen der folgende prinzipielle Aufbau.

```
SELECT    anzeigemerkmale
FROM      quelltabellen
WHERE     einzelbedingungen
GROUP BY  gruppiermerkmale
HAVING    gruppenbedingungen
ORDER BY  sortiermerkmale
```

Kombinieren von Abfragen

Die Ergebnismengen unterschiedlicher Abfragen können zu einer einzigen Ergebnismenge mittels des folgenden Schlüsselwortes zusammengefasst werden, wenn Sie in der Anzahl und den Datentypen der Ausgabemerkmale übereinstimmen.

`UNION`   Vereinigungsmenge

UNION-Abfragen

```
SELECT ...          1. SQL-Abfrage
UNION
SELECT ...          2. SQL-Abfrage
```

| Anmerkung

Die Mengenoperationen INTERSECT (Durchschnitt) und EXCEPT (Differenz) sind im SQL-Sprachumfang von MySQL nicht enthalten, können aber durch einfache Abfragen mit IN oder EXISTS nachgebildet werden (siehe Seite 132)

13.9.8 Trigger, Transaktionen und Indizes

Trigger
Ein Trigger ist ein über einen eigenen Namen ansprechbares Datenbankobjekt, das fest mit einer Tabelle verbunden ist. Es wird aktiviert, wenn für diese Tabelle ein bestimmtes Ereignis eintrifft.

erzeugen	`CREATE TRIGGER triggername`
	`zeitpunkt ereignis`
	`ON tabelle`
	`FOR EACH ROW`
	`   sql-Anweisung`

- Der Zeitpunkt kann entweder
  `BEFORE` oder `AFTER` sein.
- Als Ereignisse werden unterschieden:
  `UPDATE`, `INSERT`, `DELETE`
- Zugriff auf bestehende oder neue Datensätze:
  `NEW`, `OLD`

löschen	`DROP TRIGGER triggername`

Transaktionsverwaltung
Mit Hilfe von Transaktionen können mehrere SQL-Befehle zu einer unteilbaren, atomaren Einheit zusammengefasst werden. Nach dem Start einer Transaktion können beliebig viele SQL-Befehle folgen. Es gibt abschließend zwei Möglichkeiten die Transaktion zu beenden. Entweder die Transaktion zurücknehmen oder das Transaktionsergebnis endgültig festschreiben. Eine Transaktion erfüllt die ACID-Eigenschaften:

- Atomicity   atomar
- Consistency   konsistent
- Isolation   isoliert
- Durability   dauerhaft

starten	`START TRANSACTION`
festschreiben	`COMMIT`
zurücknehmen	`ROLLBACK`

Index
Durch das Anlegen von Indizes können die Zugriffszeiten für lesende Datenbankzugriffe auf bestimmte Merkmale deutlich verringert werden. Als Datenstruktur für den INDEX kann beim Erzeugen beispielsweise BTREE (B*-Baum) festgelegt werden.

erzeugen	`CREATE INDEX indexname`
	`   USING datenstruktur`
	`   ON tabelle(merkmal)`

anzeigen	`SHOW INDEX FROM tabelle`
löschen	`DROP INDEX indexname` `ON tabelle`

Prozeduren und Funktionen
Mit Hilfe von gespeicherten Prozeduren und Funktionen können mehrere SQL-Anweisungen zu einer Einheit zusammengefasst werden, die dann über den Prozedur- bzw. den Funktionsnamen angesprochen werden kann. Im Gegensatz zu Prozeduren kann eine Funktion mit der RETURN-Anweisung einen Rückgabewert zurückliefern.

10.10

Prozeduren

erzeugen	`CREATE PROCEDURE`
aufrufen	`CALL`
verändern	`ALTER PROCEDURE`
löschen	`DROP PROCEDURE`

Funktionen

erzeugen	`CREATE FUNCTION`
aufrufen	`CALL`
Rückgabe	`RETURN`
verändern	`ALTER FUNCTION`
löschen	`DROP FUNCTION`

13.9.9 SQL im Internet

MySQL-Referenzhandbuch
Ein sehr gutes SQL-Referenzhandbuch (auch in deutscher Sprache) findet sich im Internet unter:

`http://www.mysql.com/`

Hinweis: Stellen Sie auf der Seite die Sprache auf 'Deutsch' ein und suchen Sie nach dem Begriff:
Referenzhandbuch

Teil 4: Nachschlagewerk
13.10 HTML-Formulare

13.10 HTML-Formulare

Hyper-
Text
Markup
Language

13.10.1 Formular-Definition

Einfache Formular-Definition

`<form  action  = 'URI'`
`        method  = 'Methode'`
`        enctype = 'Mime-Type'>`
`<!-- Formularelemente -->`
`</form>`

`URI`
Web-Adresse oder Ziel, das die Daten verarbeiten soll.
z.B. ein CGI-Script, eine HTML-Datei mit PHP-Code oder eine E-Mail-Adresse mailto:wer@wo.

`Methode`
get oder post (bei mailto-Formularen immer post).
Bei get werden die Übergabeparameter an die URL sichtbar angefügt. Bei post werden die Übergabeparameter im HTML-Header übergeben.

`Mime-Type`
Bei mailto-Formularen immer text/plain

Weitere Optionen

`<form  target = 'Zielfenster' ...`

`Zielfenster`
Name eines definierten Framefensters oder einer der folgenden Namen:
_self   = Antwort im gleichen Fenster
_parent   = aktuelles Frameset für Antwort sprengen
_top   = alle Framesets für Antwort sprengen

`<form accept-charset = 'Zeichensatz' ...`

`Zeichensatz`
Beispiel: ISO-8859-1, ISO-8859-2

13.10.2 Eingabefelder (einzeilig)

Einzeilige Eingabefelder

`<input type      = 'text'`
`       size      = 'Länge'`
`       maxlength = 'MaxLänge'`
`       name      = 'Name'>`

`Länge` (optional)
Anzeigebreite in Anzahl der Zeichen
`MaxLänge` (optional)
Maximalanzahl von Eingabezeichen
`Name`
Name des Formularelementes.

Weitere Optionen

`<input value = 'Wert' ...`

`Wert`
Vorbelegung für dieses Formulareingabefeld.

`<input readonly ...`

Nur lesender Zugriff auf dieses Eingabefeld

`<input type = 'password' ...`

Passworteingabe-Anzeige wird durch * dargestellt

13.10.3 Eingabefelder (mehrzeilig)

Mehrzeilige Eingabefelder

`<textarea  cols = 'Spalten'`
`           rows = 'Reihen'`
`           name = 'Name'>`
` Textvorbelegung`
`</textarea>`

`Spalten`
Anzeigebreite in Anzahl der Zeichen pro Zeile
`Reihen`
Anzeigehöhe in Anzahl der Zeilen
`Name`
Name des Formularelementes.

Weitere Optionen

`<textarea readonly ...`

Nur lesender Zugriff auf dieses Eingabefeld

13.10.4 Auswahllisten

Auswahlliste mit festen Werten

`<select  size = 'Höhe'`
`         name = 'Name'>`
`<option> Eintrag </option>`
`<option> anderer Eintrag </option>`
`</select>`

`Höhe`
Anzeigehöhe der Auswahlliste in Anzahl der Zeilen
`Name`
Name des Formularelementes.

Weitere Optionen

`<select multiple ...`

Mehrfachauswahl

`<option selected ...`

Eintrag vorauswählen (selektieren)

`<option value = 'Wert' ...`

Mehrfachauswahl

13.10 HTML-Formulare

13.10.5 Menüstruktur

Menüstruktur

`<select size = 'Höhe'>`
  `<optgroup label = 'Menütext'>`
    `<option>` Eintrag `</option>`
    `<option>` anderer Eintrag `</option>`
  `</optgroup>`
  `<optgroup label = 'Menütext'>`
    `<option>` Eintrag `</option>`
    `<option>` anderer Eintrag `</option>`
  `</optgroup>`
`</select>`

`Höhe`
Anzeigehöhe in Anzahl der Zeilen
`Menütext`
Beschriftung des Untermenüs

13.10.6 Radiobutton / Checkboxen

Radiobutton (Auswahl einer von mehreren)

`<input type    = 'radio'`
`       name    = 'Name'`
`       value   = 'Wert'> Text`

Checkbox (Auswahl mehrere von mehreren)

`<input type    = 'checkbox'`
`       name    = 'Name'`
`       value   = 'Wert'> Text`

`Name`
Name des Formularelementes.
Zusammengehörige Radiobuttons bzw. Checkboxen müssen den gleichen Namen bekommen.
`Wert`
Vorbelegung für dieses Formularelement.
`Text`
Beschriftungstext

Weitere Optionen

`<input checked ...`

Vorselektion

13.10.7 Verstecktes Eingabefeld

Verstecktes Eingabefeld

`<input type    = 'hidden'`
`       name    = 'Name'`
`       value   = 'Wert'> Text`

`Name`
Name des Formularelementes.
`Wert`
Wert bzw. Inhalt der Variablen bzw. des versteckten Eingabefeldes.

13.10.8 Formularupload

Formularfeld für Datei-Upload

`<input type      = 'file'`
`       name      = 'Name'`
`       maxlength = 'Größe'`
`       accept    = 'Mime-Type'>`

`Name`
Name des Formularelementes.
`Größe`
Maximale Bytegröße der Datei
`Mime-Type`
z.B. 'text' für Texte

> Wichtig: Im <form>-Tag notieren:
> enctype = 'multipart/form-data'

13.10.9 Schalter (Startet Skript)

Klick-Button (1)

`<input type    = 'button'`
`       name    = 'Name'`
`       value   = 'Beschriftung'`
`       onClick = 'Aktion'>`

Klick-Button (2)

`<button type    = 'button'`
`        name    = 'Name'`
`        value   = 'Alternative'`
`        onClick = 'Aktion'>`
  Beschriftung
`</button>`

`Name`
Name des Formularelementes.
`Beschriftung`
Anzeigefläche des Buttons, auch mit Grafiken
`Aktion`
Auszuführende Aktion, beispielsweise eine JAVA-Skript-Anweisung
`Alternative`
Beschriftungstext, falls kein Elementinhalt notiert wird

13.10.10 Absende- und Resetschalter

Absendeschalter

`<input type    = 'submit'`
`       name    = 'Name'`
`       value   = 'Beschriftung'`

Resetschalter

`<input type    = 'reset'`
`       name    = 'Name'`
`       value   = 'Beschriftung'`

`Name`
Name des Formularelementes.
`Beschriftung`
Anzeigetext auf dem Schalter und Übergabewert.

13.10 HTML-Formulare

Grafischer Absendeschalter

```
<input type = 'image'
       src  = 'URI'>
```

URI
Webadresse oder Pfad und Name einer Grafikdatei.

13.10.11 Allgemeine Funktionen

Die folgenden Funktionen sind bei unterschiedlichsten Formularelementen verwendbar. Die Schreibweise *[Formularelement]* verweist auf die Definitionen der unterschiedlichen Formularelemente und muss entsprechend ersetzt werden.

Gruppieren

```
<fieldset>
  <legend> Gruppenüberschrift </legend>
  <!-- Formularelemente -->
</fieldset>
```

Unterschiedlichste Formularelemente können zu einer Gruppe zusammengefasst werden.

Labels (Sprungmarken)

```
<label for = 'idName'>
  Beschriftung: </label>
<[Formularelement] id = 'idName'>
```

idName
Der Labelname muss beim for-Attribut des <label>-Tags und beim id-Attribut des zugehörigen Formular-Elements übereinstimmen.

Tabulatorreihenfolge

```
<[Formularelement]
       tabindex = 'indexnummer'>
```

Indexnummer
Bei jedem Formularelement muss für die Indexnummer eine Zahl notiert werden. Die niedrigste Nummer wird zuerst angesprungen, die höchste zuletzt.

Tastenkombination

```
<[Formularelement]
       accesskey = 'Buchstabe'>
```

Buchstabe
Bei dem jeweiligen Formularelement kann für 'Buchstabe' ein beliebiger Buchstabe angegeben werden. Dieser Buchstabe in Kombination mit der [Alt]-Taste aktiviert direkt das Formularelement.

Formularelement deaktivieren

```
<[Formularelement] disabled>
```

Das jeweilige Formularelement wird deaktiviert.

13.10.12 Parameterübergabe

An den folgenden beiden Dateien wird gezeigt, wie das HTML-Eingabeformular 'beispiel.html' die eingegebenen Formulardaten mittels der Methode 'post' an eine PHP-Skriptdatei 'beispiel.php' übergibt.

HTML-Eingabeformular 'beispiel.html'

```
<html>
  <body>
    <form action = 'beispiel.php'
          method = 'post'>
      Eingabe:
      <input type = 'text'
             name = 'eingabe' > <br>
      <!-- Eingabetext -->
      <!-- Absenden -->
      <input type = 'submit'>
      <!-- Zurücksetzen -->
      <input type = 'reset'>
    </form>
  </body>
</html>
```

PHP-Skript-Datei „beispiel.php"

```
<html>
  <body>

<?php   // PHP-Skript
  $text = $_POST['eingabe'];
  // Die Übergabevariable 'eingabe'
  // wird in die PHP-Variable
  // '$text' ausgelesen
  echo "Eingabe = $text";
?>

  </body>
</html>
```

WICHTIG

Der rot unterlegte Variablenname (hier z.B. 'eingabe') der Übergabevariablen muss in der PHP-Datei mit dem Namen in der Formulardatei übereinstimmen.

13.10.13 HTML im Internet

Eine sehr gute HTML-Referenz in deutscher Sprache findet sich im Internet unter:

 http://de.selfhtml.org/

13.11 PHP-Befehlsübersicht

PHP   **P**ersonal
Hypertext   **H**ome
Preprocessor   **P**age

13.11.1 Variablen

Einfache Beispiele

Notation	Beschreibung
$a = "String";	String
$b = "4";	String
$c = 4;	Integer
$d = 4.837;	Fließkommazahl

Stringsteuerzeichen

Notation	Beschreibung
"String"	Stringbegrenzer (Variablen im String werden ausgewertet)
'String'	Stringbegrenzer (Variablen im String werden nicht ausgewertet)
$	Variablenzeichen (Variablen werden im "String" ausgewertet, in 'String' aber nicht!)
\	Maskierungszeichen (z. B. um Zeichen wie " oder $ im String zu verwenden)
<<<EOQ String EOQ;	Hinter <<< wird eine beliebige Endemarke festgelegt, bei der der String endet. Der String kann beliebige Zeichen enthalten. Lediglich die Endemarke darf im String nicht vorkommen. *Beispiel:* $a = <<<Ende <Dies "ist"/ein$Text. Ende; echo $a; → <Dies"ist"/ein$Text.

Typkonvertierung

Automatische Typkonvertierung

Notation	Beschreibung
$a = 2; $b ="4"; $c = $a + $b; →$c = 6	Ergebnis vom Typ Integer
$a = 2; $b ="4 Autos"; $c = $a + $b; →$c = 6	Ergebnis vom Typ Integer
$a = 2; $b = 4.123; $a = $a + $b; →$a = 6.123	Die Integervariable wird durch die Berechnung zur Fließkommazahl.

Explizite Typkonvertierung (Cast)

Beispiel	Bedeutung
$a = 1; $b = (String) $a;	Umwandlung durch Typcastoperator (Datentyp in Klammern)
$a = 1; settype ($a, "string");	Umwandlung durch settype-Funktion
intval(), doubleval(), stringval()	Wandelt Variable in gewünschten Datentyp um

Referenz

Beispiel	Bedeutung
$a = 'b'; $$a = 'c' →$b = 'c'	Variablen für Variablen (Referenzen) können angelegt werden mit $$

13.11.2 Array

Beispiel

Es soll ein eindimensionales Feld $a mit den Werten "Kreis", "Rot" und dem Integerwert 13 gefüllt werden.

Definition

Definition	Beschreibung
$a = array ("Kreis", "Rot", 13);	Array-Definition mit Indexnummerierung. Wird kein Index angegeben, wird am Ende des Arrays angefügt. (Unterschiedliche Datentypen im selben Array sind möglich.)
$a = array(); $a[0] = "Kreis"; $a[1] = "Rot"; $a[2] = 13;	
$a = array(); $a[] = "Kreis"; $a[] = "Rot"; $a[] = 13;	
$a = array ("Form" => "Kreis", "Farbe" => "Rot", "Groesse" => 13);	Der Index kann durch „Schlüssel" ersetzt werden (assoziatives Array). Neue Elemente können diesem Array hinzugefügt werden durch: $a["Groesse"] = 17;

Ausgabe

Definition	Ausgabe	Anmerkung
$a = array ("Kreis", "Rot");	for ($i = 0; $i<count($a), $i++) { echo "$a[$i]"; }	Ausgabe eines indizierten Arrays
$a = array ("form" => "Kreis", "farbe" => "Rot");	foreach ($a as $key => $value) { echo "Schlüssel : $key, Wert: $value" ; }	Schlüssel und Werte eines assoziativen Arrays werden ausgegeben
	while (list ($key, $value) = each($a)) { echo "Schlüssel : $key, Wert: $value" ; }	Schlüssel und Werte eines assoziativen Arrays werden ausgegeben
	while (list (, $value) = each($a)) { echo "Wert: $value" ; }	Nur die Werte eines assoziativen Arrays werden ausgegeben
	while (list ($key) = each($a)) { echo "Schlüssel : $key"; }	Nur die Schlüssel eines assoziativen Arrays werden ausgegeben

13.11 PHP-Befehlsübersicht

Mehrdimensionale Arrays

Definition	Ausgabe

$a = array
(
  "kreis" => array
  (
    "farbe" = "Rot",
    "groesse" = 15
  ),
  "quadrat" => array
  (
    "farbe" =
    "Blau",
    "groesse" = 14
)
);
	echo $a["kreis"]["farbe"];
	    → „Rot"
	
	while (list ($figur, $figur_daten)
	  = each($a))
	{
	  while (list ($merkmal, $wert)
	  = each($figur_daten))
	  {
	    echo " Figur: $figur,
	        Merkmal: $merkmal,
	        Wert: $wert";
	  }
	}

13.11.3 Prüfen von Variablen

Beispiel	Bedeutung
isset()	true, wenn Variable gesetzt
empty()	true, wenn Variablenwert = 0 bei Integer true, wenn Variablenwert = "" bei String
is_int() is_long()	true, wenn Variable einen ganzzahligen Wert enthält
is_double() is_float()	true, wenn Variable eine Fließkommazahl enthält
is_array()	true, wenn Variable ein Array ist
is_bool()	true, wenn Variable boole'schen Wert enthält
is_object()	true, wenn Variable ein Objekt ist
gettype()	liefert den Datentyp einer Variablen zurück

Beispiel für die Verwendung der Funktion gettype()

Datentypbestimmung mit gettype()
| ```
$str = "Ich bin ein String";
$typ = gettype($str);

if ($typ == "string")
{
  echo "Die Variable enthält einen
  String";
}
``` |

13.11.4 Umgebungsvariablen

Vordefinierte Umgebungsvariablen können mit der Funktion phpinfo( ) abgefragt werden. Für die Verwendung in PHP gibt es einige globale Arrays, in denen die unterschiedlichsten Informationen abgelegt sind, beispielsweise liefert der Aufruf $_SERVER[PHP_SELF] den Pfad und den Dateinamen der aktiven Datei.

PHP-Variablen

Variable	Bedeutung
$_SERVER	Serverinformationen
HTTP_HOST	IP-Adresse eigener Rechner
HTTP_USER_AGENT	Info aufrufender Browser
HTTP_COOKIE	Session-ID
REMOTE_ADDR	IP-Adr. aufrufender Rechner
DOCUMENT_ROOT	Öffentliches Webverzeichnis
PHP_SELF	Aktives Dokument
$_POST	Übergabeparameter
$_COOKIE	Cookie-Informationen
$_REQUEST	Anfrageinfo
$_SESSION	Sitzungsvariablen

13.11.5 Operatoren

Vergleichsoperatoren

Operator	Bezeichnung	Bedeutung
==	gleich	gleicher Wert
===	identisch	gleicher Wert und Daten-Typ
!=	ungleich	ungleiche Werte
<, >		kleiner, größer,
<=, >=		kleiner oder gleich, größer oder gleich

Logische Operatoren

Operator	Bezeichnung	Bedeutung
and, &&	und	beide Bedingungen wahr (&& bindet stärker)
or, ||	oder	mindestens eine Bedingung wahr (|| bindet stärker)
xor		genau eine der Bedingungen wahr
!	nicht	logische Negation

13.11.6 Anweisungen
Elementare Anweisungen

Leere Anweisung	;	keine Auswirkung

Block	{
	Anweisung1;
	Anweisung2;
	...
	}
		Zusammenfassung von Anweisungen

Ausdruck	Ausdruck;	Ausdrucksanweisungen dienen dazu, Ausdrücke in einem Anweisungskontext auszuführen. Ausdrücke können sein: – Zuweisung – Inkrement und Dekrement – Methodenaufruf – Instanzerzeugung
```

13.11 PHP-Befehlsübersicht

Verzweigungen

if-Verzweigungen

Syntax	Bedeutung
if (Ausdruck) {Anweisung;}	Wenn der Ausdruck = true ist, dann führe die Anweisung aus.

if (Ausdruck)
    {Anweisung1;}
 else
    {Anweisung2;}
 (Ausdruck) ?
    Anweisung1:
    Anweisung2;
	Wenn der Ausdruck = true ist, dann führe die Anweisung1 aus. Sonst führe die Anweisung2 aus.

if (Ausdruck1)
    {Anweisung1;}
 elseif (Ausdruck2)
    {Anweisung2;}
 else
    {Anweisung3;}
	Wenn der Ausdruck1 = true ist, dann führe die Anweisung1 aus. Sonst prüfe den Ausdruck2. Wenn der Ausdruck2 = true ist, dann führe die Anweisung2 aus. Sonst führe die Anweisung3 aus.

switch-Verzweigung

Syntax	Bedeutung

switch (Ausdruck)
 {
   case Konstante1:
     Anweisung1;
     break;
   case Konstante2:
     Anweisung2;
     break;
 }
	Zunächst wird der Ausdruck (der vom Typ byte, short, char, int und string sein darf) ausgewertet. Ab dem entsprechenden case-Fall werden alle nachfolgenden case-Fälle ausgeführt, wenn die Ausführung nicht mit dem break-Befehl unterbrochen wird.

Schleifen

while-Schleife

Syntax	Bedeutung
while (Ausdruck) {Anweisung;}	Solange der Ausdruck = true ist, führe die Anweisung aus.

do-Schleife

Syntax	Bedeutung
do (Ausdruck) {Anweisung;} while (Ausdruck);	Führe zunächst die Anweisung aus. Wiederhole die Anweisung solange der Ausdruck = true ist.

for-Schleife

Syntax	Bedeutung
for (init, test, update) {Anweisung;}	Wiederhole update und die Anweisung beginnend bei init bis die Bedingung test erfüllt ist.

foreach-Schleife

Syntax	Bedeutung
foreach (array as Einzelwert) {Anweisung;}	Wiederhole die Anweisung für jedes Array-Element aus array. Dabei kann auf den jeweiligen Einzelwert zugegriffen werden.

break

Die break-Anweisung in einer Schleife bewirkt das Verlassen der Schleife. Das Programm wird mit der ersten Anweisung nach der Schleife fortgesetzt.

continue

Bei einer continue-Anweisung in einer Schleife springt das Programm an das Ende des Schleifenrumpfs und beginnt mit der nächsten Iteration.

Beispiele

Es soll das Array $a = array („Kreis", „Rot", 13) mit Hilfe von Schleifen ausgegeben werden.

while-Schleife

```$i = 0;```
 ```while ($i <= 2)```
 ```{```
    ```echo "Ausgabe: $a[i]"; i++;```
 ```}```

do-while-Schleife

```$i = 0;```
 ```do```
 ```{```
    ```echo "Ausgabe: $a[i]"; i++;```
 ```} while ($i < 2)```

for-Schleife

```for ($i = 0; $i <= 2; $i++)```
 ```{```
    ```echo "Ausgabe: $a[i]";```
 ```}```

foreach-Schleife

```foreach ($a as $i)```
 ```{```
    ```echo "Ausgabe: $i";```
 ```}```

Beispiele

Es soll das Array $a = array("form" => "Kreis", "farbe" => "Rot") mit Hilfe von Schleifen ausgegeben werden.

while-Schleife

```while (list($schluessel,$wert)=each($a))```
 ```{```
    ```echo "Ausgabe: $schluessel $wert";```
 ```}```

foreach-Schleife

```foreach ($a as $schluessel => $wert)```
 ```{```
    ```echo "Ausgabe: $schluessel $wert";```
 ```}```

13.11 PHP-Befehlsübersicht

13.11.7 MySQL-Funktionen in PHP

Funktion/und deren Bedeutung
int mysql_connect (str[1] host, str benutzer, str passwort)
Baut Verbindung zum DB-Server auf
int mysql_select_db(str db_name[, int verbindungsk.])
Auswählen der Datenbank
int mysql_query (string anfrage [, int verbindungsk.])
Sendet eine SQL-Anfrage an einen Datenbankserver. Wird der optionale Parameter der Verbindungskennung nicht angegeben, so wird versucht, eine Verbindung ohne Angaben von Argumenten (siehe mysql_connect) aufzubauen.
array mysql_fetch_array (int ergebnisk. [, int erg.typ])
Liefert anhand einer Ergebnis-Kennung Datensätze in einem assoziativen Array zurück. Dabei werden die Feldnamen innerhalb der Tabelle als Schlüssel des Arrays genutzt. Im Erfolgsfall liefert diese Funktion den aktuellen Datensatz, sonst wird false zurückgegeben. Der zweite Parameter ist optional und kann folgende Konstanten als Wert enthalten:
MYSQL_ASSOC: Ergebnis ist ein assoziatives Array.
MYSQL_NUM: Ergebnis ist ein numerisch indiziertes Array.
MYSQL_BOTH: Ergebnis ist ein Array, das die Elemente des Ergebnisdatensatzes sowohl assoziativ als auch numerisch indiziert enthält. Dies ist der Default-Wert.
array mysql_fetch_row (int ergebniskennung)
Wie mysql_fetch_array, aber das Ergebnis ist immer ein numerisches Array.
int mysql_insert_id ([int verbindungskennung])
Liefert anhand einer Verbindungskennung die Kennung des Datensatzes zurück, der bei einer vorangegangenen INSERT-Operation angelegt wurde.
int mysql_num_rows (int ergebnis)
Anzahl der Zeilen, die durch eine Abfrage zurückgeliefert wurden.
int mysql_affected_rows ([int link_identifier])
Anzahl der Zeilen, die durch eine Abfrage (auch INSERT, DELETE, ...) betroffen sind.
int mysql_close ([int verbindungskennung])
Schließt eine Verbindung zu einer MySQL-Datenbank. Kann in der Regel weggelassen werden, da Verbindungen automatisch beendet werden.
int mysql_errno ([int verbindungskennung])
Liefert die Fehlernummer einer zuvor ausgeführten Operation zurück.
string mysql_error ([int verbindungskennung])
Liefert den Fehlertext einer zuvor ausgeführten Operation zurück.

Mit dem Zusatz or die können Anweisungen den Funktionen hinzugefügt werden, die im Fehlerfall ausgeführt werden sollen.

---

[1] str steht für String (Zeichenkette)

Beispiel

Es werden die Werte der Tabelle 'Eintrag' der Datenbank 'Gaestebuch' ausgegeben.

PHP-Skriptdatei
Dateiname: 'anzeige.php'

```
<html>
  <body bgcolor='#cccccc'>
    <h1> Gästebuch </h1>
    <hr>
    <table border='1'>
<?php
//Beginn des php-Skriptes
//Variablendefinition
  $dbserver   = "localhost";
  $dbuser     = "gb_user";
  $dbpasswort = "12345";
  $dbname     = "Gaestebuch";
//Verbindung zum DB-Server aufbauen
  $dbh = mysql_connect($dbserver,$dbuser,
     $dbpasswort)
     or die ("Fehler bei CONNECT");
//Verbindung zur Datenbank aufbauen
  mysql_select_db ($dbname, $dbh)
     or die ("Fehler bei SELECT_DB");
//SQL-Abfrage an die Datenbank senden
  $sql = "SELECT * FROM Eintrag";
  $result = mysql_query ($sql, $dbh)
     or die ("Fehler bei QUERY");
//Ergebnis der SQL-Abfrage verarbeiten
  while ($row=mysql_fetch_row($result))
  {
     echo "<tr>\n";
     foreach ($row as $i)
     {
        echo "<td>$i</td>\n";
     }
     echo "</tr>\n";
  }
//Datenbankverbindung schließen
  mysql_close($dbh);
// Ende des PHP-Skriptes
?>
    </table>
  </body>
</html>
```

Beispiel

Alternative Ergebnisanzeige ohne HTML-Tabelle (vergleichen Sie mit dem rot hinterlegten Bereich im obigen Beispiel).

Anzeige der Ergebnismenge $result einer SQL-Abfrage mit Hilfe der Funktion mysql_fetch_array.

```
//Ergebnis der SQL-Abfrage verarbeiten
while (list($n,$e,$t)
     = mysql_fetch_array($result))
{
  echo "Name: $n, E-Mail: $e, Text: $t";
}
```

13.11.8 Strukturiertes Programmieren

Include/require

Funktion	Bedeutung
include_once()	bindet noch nicht eingebundene Dateien wenn notwendig ein.
require_once()	bindet noch nicht eingebundene Dateien auch wenn nicht notwendig ein.
include()	bindet Dateien ein (nur wenn notwendig)
require()	bindet Datei immer ein.

include_once

```
//Datei a.php
<?php
  ...
?>
```

```
//Datei b.php
<?php
  include_once("a.php");
  ...
?>                           ①
```

```
//Datei c.php
<?php
  include_once("a.php");
  include_once("b.php");
  ...
?>
```

```
//Datei Start.php
<?php
  include_once("a.php");
  include_once("b.php");

  $a = 0;
  if ($a == 1)
  {
    include_once ("c.php");
  }
?>                           ②
```

require_once

```
//Datei a.php
<?php
  ...
?>
```

```
//Datei b.php
<?php
  require_once("a.php");
  ...
?>                           ③
```

```
//Datei c.php
<?php
  require_once ("a.php");
  require_once ("b.php");
  ...
?>                           ③
```

```
//Datei Start.php
<?php
  require_once ("a.php");
  require_once ("b.php");

  $a = 0;
  if ($a == 1)
  {
    require_once ("c.php");
  }
?>                           ④
```

include

```
//Datei a.php
<?php
  ...
?>
```

```
//Datei b.php
<?php
  include("a.php");   ⑤
  ...
?>
```

```
//Datei c.php
<?php
  include("a.php");
  include("b.php");
  ...
?>
```

```
//Datei Start.php
<?php
  include("a.php");
  include("b.php");

  $a = 0;
  if ($a == 1)
  {
    include ("c.php");   ⑥
  }
?>
```

require

```
//Datei a.php
<?php
  ...
?>
```

```
//Datei b.php
<?php
  require("a.php");   ⑦
  ...
?>
```

```
//Datei c.php
<?php
  require ("a.php");   ⑦
  require ("b.php");
  ...
?>
```

```
//Datei Start.php
<?php
  require ("a.php");
  require ("b.php");

  $a = 0;
  if ($a == 1)
  {
    require ("c.php");   ⑧
  }
?>
```

① Bereits eingebundene Dateien werden nicht noch mal eingebunden (hier durchgestrichen).

② Ein include-once-Befehl in einer nicht erfüllten Bedingung wird nicht ausgeführt.

③ Bereits eingebundene Dateien werden nicht noch mal eingebunden (hier durchgestrichen)

④ Ein require-once-Befehl wird in jedem Fall ausgeführt, selbst wenn er sich in einer nicht erfüllten Bedingung befindet.

⑤ Dateien werden selbst dann eingebunden, wenn sie bereits eingebunden worden sind.

⑥ Ein include-Befehl in einer nicht erfüllten Bedingung wird nicht ausgeführt.

⑦ Dateien werden selbst dann eingebunden, wenn sie bereits eingebunden worden sind.

⑧ Ein require-Befehl wird in jedem Fall ausgeführt, selbst wenn er sich in einer nicht erfüllten Bedingung befindet.

Die Datei **a.php** wird **1x** eingebunden.

Die Datei **a.php** wird **1x** eingebunden.

Die Datei **a.php** wird **2x** eingebunden.

Die Datei **a.php** wird **4x** eingebunden.

Teil 4: Nachschlagewerk

13.11 PHP-Befehlsübersicht

Funktionen

Funktion	Aufruf/Ausgabe	Beschreibung

`function ausgabe()`
`{`
`  echo "Ich gebe was aus";`
`}`
	`ausgabe();`
	➜ Ich gebe was aus
		parameterlose Funktion ohne Rückgabewert.

`function berechne ($a, $b)`
`{`
`  $c = $a * $b;`
`  echo "Ergebnis: $c";`
`}`
	`berechne (2, 3);`
	➜ Ergebnis: 6
		Funktion mit 2 Parametern ohne Rückgabewert.

`function berechne ($a, $b)`
`{`
`  $c = $a * $b;`
`  return $c;`
`}`
	`$d = berechne (2, 3);`
	`echo "Ergebnis: $d";`
	➜ Ergebnis: 6
	
	`echo "Ergebnis: ", berechne (2, 3);`
	➜ Ergebnis: 6
		Funktion mit 2 Parametern und mit einem Rückgabewert.

`function berechne ($a = 1, $b = 2)`
`{`
`  $c = $a * $b;`
`  return $c;`
`}`
	`$d = berechne ()`
	`echo "Ergebnis: $d";`
	➜ Ergebnis: 2
	
	`$d = berechne (3)`
	`echo "Ergebnis: $d";`
	➜ Ergebnis: 6
	
	`$d = berechne (3, 4)`
	`echo "Ergebnis: $d";`
	➜ Ergebnis: 12
		Funktion mit 2 optionalen Parametern und mit einem Rückgabewert.
		
		Die optionalen Parameter müssen von links nach rechts „gefüllt" werden. So ist es in dem Beispiel nicht möglich, nur den Parameter $b anzugeben ohne auch den Parameter $a zu bestimmen.

`function berechne ()`
`{`
`  $args = func_get_args();`
`  $erg = 0;`
`  foreach ($args as $i)`
`  {`
`    $erg = $erg + $i;`
`  }`
`  return $erg;`
`}`
	`$d = berechne (1)`
	`echo "Ergebnis: $d";`
	➜ Ergebnis: 1
	
	`$d = berechne (1, 5, 7)`
	`echo "Ergebnis: $d";`
	➜ Ergebnis: 13
		Funktion mit beliebig vielen Parametern und mit einem Rückgabewert.
		
		`func_get_args();`
		liest Argumente in ein Array
		`func_num_args();`
		liefert die Anzahl der Parameter

Grundsätzlich kann in PHP nur ein Wert mit return aus einer Funktion zurückgegeben werden. Da dieser Rückgabewert auch ein ganzes Array sei kann, ist somit auch die Rückgabe unterschiedlichster Werte aus einer Funktion möglich.

> **Anmerkung**
> Diese PHP-Befehlsübersicht ist keinesfalls vollständig! PHP bietet für diverse Anforderungen und Problemstellungen unterschiedlichste vordefinierte Funktionen, die hier nicht alle vorgestellt und erörtert werden können. Deshalb ist folgender Hinweis sehr nützlich.

> Bevor man eigene Funktionen schreibt, IMMER erst nachsehen, ob nicht bereits eine entsprechende PHP-Funktion existiert.

13.11.9 PHP im Internet

PHP-Befehlsreferenz

Eine sehr gute PHP-Befehlsreferenz (auch in deutscher Sprache) findet sich im Internet unter:

`http://www.php.net/`

Hinweis: Im Bereich Dokumentation kann das deutschsprachige Handbuch ausgewählt werden.

Datenbanken
Stichwortverzeichnis/Index

! (PHP) / ! (PHP) 204
$_COOKIE (PHP) / $_COOKIE (PHP) 204
$_POST (PHP) / $_POST (PHP) 204
$_REQUEST (PHP) / $_REQUEST (PHP) 204
$_SERVER (PHP) / $_SERVER (PHP) 204
$_SESSION (PHP) / $_SESSION (PHP) 204
% (SQL Jokerzeichen) / % (SQL wildcard) 116, 197
&& (PHP) / && (PHP) 204
:= (SQL Zuweisungsoperator) /
   := (SQL assignment operator) 124
? (PHP) / ? (PHP) 205
_ (SQL Jokerzeichen) / _ (SQL wildcard) 116, 197
|| (PHP) / || (PHP) 204

1

1:1:1-Beziehung (Schlüsselbildung) /
   1:1:1-relationship (key generation) 49, 188
1:1:m-Beziehung (Schlüsselbildung) /
   1:1:m relationship (key generation) 49, 188
1:1-Beziehung / 1:1-relationship 36
1:1-Beziehung (Tabellen) / 1:1-relationship (tables) 41
1:1-Beziehung referenzielle Integrität /
   1:1-relationship (referential integrity) 96, 194
1:m:m-Beziehung (Schlüsselbildung) /
   1:m:m relationship (key generation) 49, 188
1:m-Beziehung / 1:m relationship 36
1:m-Beziehung (Beziehung oder Entität) /
   1:m relationship (relationship or entity) 49
1:m-Beziehung (Tabellen) / 1:m relationship (tables) 41
1:m-Beziehung referenzielle Integrität /
   1:m-relationship referential integrity 96, 194
1NF / first normal form 73, 192
1NF (Aufgabe) / first normal form (task) 166
1NF Überführungsregel /
   first normal form transfer rule 73, 192

2

2NF / second normal form 73, 192
2NF (Aufgabe) / second normal form (task) 167
2NF Überführungsregel /
   second normal form transfer rule 76, 192

3

3NF / third normal form 77, 193
3NF (Aufgabe) / third normal form (task) 168
3NF Überführungsregel / third normal form
   transfer rule 79, 193

4

4NF / fourth normal form 86, 193
4NF (Aufgabe) / fourth normal form (task) 171

5

5NF / fifth normal form 89, 193
5NF (Aufgabe) / fifth normal form (task) 171

A

Absendeschalter (HTML) / submit button 201
Accesskey (HTML) / accesskey (HTML) 202
ACID (SQL Transaktion) / ACID (SQL transaction) .. 134, 199
AFTER (SQL Trigger) / AFTER (SQL Trigger) 133, 199
Aggregation / aggregation 68, 189
Aggregationsfunktion (SQL) / aggregation function 113, 196
Akteur (UML) / actor 70
Aktivitätsdiagramm (UML) / activity diagram (UML) 70, 190
Aliasnamen (SQL) / alias names (SQL) 113
ALL (SQL) / ALL (SQL) 125, 198
ALTER FUNCTION (SQL) / ALTER FUNCTION (SQL) 135, 199
ALTER PROCEDURE (SQL) /
   ALTER PROCEDURE (SQL) 135, 199
ALTER TABLE (SQL) / ALTER TABLE (SQL) 109, 195
ALTER VIEW (SQL) / ALTER VIEW (SQL) 128, 198
Amtsgericht (Aufgabe) / district court (task) 165
Analyse / analysis 35, 185
And (PHP) / and (PHP) 204
AND (SQL) / AND (SQL) 112, 196
Änderungsanomalie / changing anomaly 29, 72, 192
Anforderungsliste / requirement list 35
Anomalie / anomaly 29, 72, 192
Anomalie (Aufgabe) / anomaly (task) 166
Anweisung (PHP) / instruction (PHP) 204
Anwendungsfall (UML) / use-case (UML) 70
Anwendungsfalldiagramm (UML) /
   use-case diagram (UML) 70, 190
ANY (SQL) / ANY (SQL) 125, 198
Anzahlangabe / relationship cardinality 35, 185
Anzahlangabe (ER-Modell) /
   cardinality notation (ER model) 38, 186
Anzahlangabe (Mehrfachbeziehungen) /
   cardinality notation (multi-relationships) 46
Apache / Apache 136, 148
Array (PHP Datentyp) / array (PHP data type) 203
As (PHP) / as (PHP) 205
AS (SQL) / AS (SQL) 113
ASC (SQL) / ASC (SQL) 129, 198
Assoziation / association 36, 68, 185, 189
Assoziationstyp (siehe Anzahlangabe) /
   association type 36, 185
Atomar / atomicity (SQL transaction) 134, 199
Attribut (siehe Merkmal) / attribute 27, 184, 185
Aufrufbeziehung / association 68
Auswahlliste (HTML) / selection list (HTML) 200
AUTO_INCREMENT (SQL) / AUTO_INCREMENT
   (SQL) 109, 195
AVG (SQL) / AVG (SQL) 113, 196

B

B*-Baum (Speicherstruktur) /
   B*-tree (storage structure) 102, 194
Balanciert (Speicherstruktur Baum) /
   balanced (storage structure tree) 102
Baum (Speicherstruktur) / tree (storage structure) 194
B-Baum (Speicherstruktur) /
   B-tree (storage structure) 102
BCNF / BCNF 85, 193
BCNF (Aufgabe) / BCNF (task) 171
BEFORE (SQL Trigger) / BEFORE (SQL Trigger) 133, 199
Benutzerschnittstelle / user interface 136
Benutzerschnittstelle (Aufgabe) / user interface (task) .. 183
Benutzerverwaltung (SQL Aufgabe) /
   user administration (SQL task) 175
Benutzerverwaltung (SQL) / user administration (SQL) .. 109
Berufskolleg Olsberg (Aufgabe) /
   vocational college Olsberg (task) 161
Betriebssystem / operating system 148

209

Stichwortverzeichnis/Index

BETWEEN (SQL) / BETWEEN (SQL) 116, 197
Beziehung / relationship 35, 185
Beziehung (Analyse) / relationship (analysis) 28
Beziehung (ER-Modell) / relationship (ER model) 38, 186
Beziehung (Objektorientiert) /
   relationship (object oriented) 68
Beziehung (UML) / relationship (UML) 70, 191
Beziehung in Entität umwandeln /
   relationship to entity conversion 53
Beziehung oder Entität / relationship or entity ... 37, 49, 186
Beziehungen auf einer Entität /
   relationships to an entity 42, 188
Beziehungen bestimmen / defining relationships 37
Beziehungsart / type of relationship 35, 185
Beziehungsmerkmal (siehe Merkmal) /
   relationship attribute (see attributes) 33, 36, 185
Beziehungsmerkmal (UML) /
   relationship attribute (UML) 71, 191
Beziehungstabelle / relationship table 31, 184
BIGINT (SQL Datentyp) / BIGINT (SQL data type) ... 108, 195
Bildnachweis / picture credits 216
Binärbaum (Speicherstruktur) /
   binary tree (storage structure) 102
BINARY (SQL Datentyp) / BINARY (SQL data type).. 108, 195
Blatt (Speicherstruktur Baum) /
   leaf (storage structure tree) 102
BLOB (SQL Datentyp) / BLOB (SQL Data type) 108, 195
Boyce-Codd-Normalform (siehe BCNF) /
   Boyce-Codd normal form (see BCNF) 85, 193
Break (PHP) / Break (PHP) 205
Buch-CD / book CD 216
Bücherei (Aufgabe) / library (task) 154, 158

C

CALL (SQL) / CALL (SQL) 135, 199
Case (PHP) / case (PHP) 205
CHANGE (SQL) / CHANGE (SQL) 109, 195
CHAR (SQL Datentyp) / CHAR (SQL data type) 108, 195
Checkboxen (HTML) / check boxes (HTML) 201
Checked (HTML) / checked (HTML) 201
COMMIT (SQL) / COMMIT (SQL) 134, 199
Continue (PHP) / continue (PHP) 205
COUNT (SQL) / COUNT (SQL) 113, 196
CREATE DATABASE (SQL) /
   CREATE DATABASE (SQL) 108, 195
CREATE FUNCTION (SQL) /
   CREATE FUNCTION (SQL) 135, 199
CREATE INDEX (SQL) / CREATE INDEX (SQL) 135, 199
CREATE PROCEDURE (SQL) /
   CREATE PROCEDURE (SQL) 135, 199
CREATE TABLE (SQL) / CREATE TABLE (SQL) 109, 195
CREATE TRIGGER (SQL) / CREATE TRIGGER (SQL) . 133, 199
CREATE USER (SQL) / CREATE USER (SQL) 109, 195
CREATE VIEW (SQL) / CREATE VIEW (SQL) 128, 198
CURDATE (SQL) / CURDATE (SQL) 114, 196
CURTIME (SQL) / CURTIME (SQL) 114, 196

D

DATE (SQL Datentyp) / DATE (SQL data type) 108, 195
DATE (SQL) / DATE (SQL) 114, 197
DATEDIFF (SQL) / DATEDIFF (SQL) 115, 197
Datenanalyse / data analysis 34, 185

Datenbank / database 30, 184
Datenbankmanagementsystem (siehe RDBMS) /
   database management system (see RDBMS) 30
Datenbankmodell / database model 30
Datenbankmodell (Aufgabe) /
   database model (task) 150
Datenbankstruktur / database structure 69
Datenbankstruktur (SQL Aufgabe) /
   database structure (SQL task) 174
Datenbankstruktur (SQL) /
   database structure (SQL) 108, 195
Datenfeld / data field 27, 184
Datenfeldwert / data field value 27, 184
Datenmanipulation (SQL Aufgabe) /
   data manipulation (SQL task) 175
Datenmanipulation (SQL) /
   data manipulation (SQL) 110, 196
Datensatz / tuple 27, 184
Datentyp (SQL) / data type (SQL) 108, 195
DATETIME (SQL Datentyp) /
   DATETIME (SQL data type) 108, 195
Datumsfunktionen (SQL) / date function (SQL) 114, 196
Dauerhaft / durability (SQL transaction) 134, 199
DAY (SQL) / DAY (SQL) 114, 197
DAYNAME (SQL) / DAYNAME (SQL) 115, 196
DAYOFWEEK (SQL) / DAYOFWEEK (SQL) 115, 196
DB-Entwurf / DB design 26, 94, 194
DB-Entwurf (Aufgabe) / DB design (task) 172
DECIMAL (SQL Datentyp) /
   DECIMAL (SQL data type) 108, 195
DELETE (SQL) / DELETE (SQL) 110, 196
Denormalisierung / denormalisation 91
DESC (SQL) / DESC (SQL) 129, 198
Deskriptiv (SQL Eigenschaft) /
   descriptive (SQL property) 105
Detailtabelle (referenzielle Integrität) /
   detail table (referential integrity) 95
Diagramm (UML) / diagram (UML) 70, 190
Differenz (SQL) / except 132
Disjunkt (Generalisierungsart) /
   disjunct (type of generalisation) 58, 189
DISTINCT (SQL) / DISTINCT (SQL) 113, 196
Do (PHP) / Do (PHP) 205
DOCUMENT_ROOT (PHP) /
   DOCUMENT_ROOT (PHP) 204
DOUBLE (SQL Datentyp) /
   DOUBLE (SQL Datentyp) 108, 195
Doubleval (PHP) / Doubleval (PHP) 203
Dreifachbeziehung (siehe Mehrfachbeziehung) /
   ternary relationship (see multi-relationship) 43
Dritte Normalform (siehe 3NF) /
   third normal form (see 3NF) 77, 193
DROP DATABASE (SQL) / DROP DATABASE (SQL) .. 108, 195
DROP FUNCTION (SQL) / DROP FUNCTION (SQL) . 135, 199
DROP INDEX (SQL) / DROP INDEX (SQL) 135, 199
DROP PROCEDURE (SQL) /
   DROP PROCEDURE (SQL) 135, 199
DROP TABLE (SQL) / DROP TABLE (SQL) 109, 195
DROP TRIGGER (SQL) / DROP TRIGGER (SQL) 133, 199
DROP USER (SQL) / DROP USER (SQL) 109, 195
DROP VIEW (SQL) / DROP VIEW (SQL) 128, 198
Dummy / dummy 29
Durchschnitt (SQL) / average (AVG) 132

Stichwortverzeichnis/Index

E

Each (PHP) / Each (PHP) 203, 205
Eigenschaftswerte (UML) / properties (UML) 70
Eindeutigkeit (Schlüsseleigenschaft) /
  uniqueness (key property) 28
Einfügeanomalie / insert anomaly 29, 72, 192
Eingabefeld (HTML) / input field 200
Else (PHP) / Else (PHP) 205
Elseif (PHP) / Elseif (PHP) 205
Empty (PHP) / Empty (PHP) 204
ENGINE (SQL) / ENGINE (SQL) 109
Entität / entity 35, 185
Entität (ER-Modell) / entity (ER model) 38, 186
Entität (Tabellen) / entity (table) 41
Entität (UML) / entity (UML) 70, 191
Entität oder Merkmal / entity or attribute 37, 54
Entitäten bestimmen / defining entities 36
Entitätsmenge / entity set 35, 185
ENUM (SQL Datentyp) / ENUM (SQL data type) 108, 195
Equi-Join (SQL) / Equi-Join (SQL) 118, 197
ER-Modell / ER modell 38, 186
ER-Modell erstellen (Aufgabe) /
  designing ER model (task) 153
ER-Modell vorläufiges / ER model (primary) 38
ER-Modellerweiterungen / ER model extensions 42, 188
ER-Modellerweiterungen (Aufgabe) /
  ER model extension (task) 159
Erste Normalform (siehe 1NF) /
  first normal form (see 1NF) 73, 192
EXISTS (SQL) / EXISTS (SQL) 125, 198

F

Fieldset (HTML) / fieldset (HTML) 202
Fließkommazahl (PHP Datentyp) /
  floating point number (PHP data type) 203
Fließkommazahl (SQL Datentyp) /
  floating point number (SQL data type) 108, 195
FLOAT (SQL Datentyp) / FLOAT (SQL data type) 108, 195
For (PHP) / for (PHP) 205
Foreach (PHP) / foreach (PHP) 205
Form (HTML) / form (HTML) 200
Formular-Definition (HTML) / form definition (HTML) 200
Formularupload (HTML) / form upload (HTML) 201
Fremdschlüssel / foreign key 30, 184
FROM (SQL) / FROM (SQL) 111, 133, 196
FTP / FTP 148, 216
Func_get_args (PHP) / func_get_args (PHP) 208
Func_num_args (PHP) / func_num_args (PHP) 208
Function (PHP) / function (PHP) 208
Fünfte Normalform (siehe 5NF) /
  fifth normal form (see 5NF) 89, 193
Funktion / function 169
Funktion (HTML) / function (HTML) 202
Funktion (PHP) / function (PHP) 208
Funktion (SQL) / function (SQL) 135, 199
Funktionale Abhängigkeit (2NF) /
  functional dependency (2NF) 74, 192
Fußball-Weltmeisterschaft (Aufgabe) /
  soccer world cup (task) 155, 158

G

G/S / generalisation / specialisation 57, 68, 189
G/S (UML) / generalisation / specialisation (UML) 71, 191
G/S Anwendungsregel /
  generalisation / specialisation application rules 61, 189
G/S ER-Modell /
  generalisation / specialisation ER model 58
G/S Fehler / generalisation / specialisation error 64
G/S Fehlerhafte Tabellen (Aufgabe) /
  generalisation / specialisation faulty tables (task) 163
G/S referenzielle Integrität /
  generalisation / specialisation referential integrity 97, 194
Gästebuch (Aufgabe) / guestbook (task) 183
Generalisierung / Spezialisierung (siehe G/S) /
  generalisation / specialisation (see G/S) 57
Generalisierungkriterien / generalisation criteria 63, 190
Generalisierungsart / type of generalisation 189
Generalisierungsart (Aufgabe) /
  type of generalisation (task) 162
Gettype (PHP) / Gettype (PHP) 204
GRANT (SQL) / GRANT (SQL) 110, 196
GROUP BY (SQL) / GROUP BY (SQL) 130, 133, 198
Gruppenbedingung (SQL) / HAVING (SQL) 131, 198
Gruppieren (SQL Aufgabe) /
  group generation (SQL task) 180
Gruppieren (SQL) / group generation (SQL) 130, 198

H

Handlungssituation / action situation 8
Hash-Verfahren (Speicherstruktur) /
  hash principle (memory structure) 100, 194
Hauptschlüssel (siehe Schlüssel) /
  primary key (see key) 28, 184
Haupttabelle (referenzielle Integrität) /
  main table (referential integrity) 95
Haupttabelle (SQL) / main table (SQL) 119
HAVING (SQL) / HAVING (SQL) 131, 133, 198
Heap-Datei (Speicherstruktur) /
  heap-file (storage structure) 100, 194
Hierarchisches Datenbankmodell /
  hierarchical database model 30
HOUR (SQL) / HOUR (SQL) 114, 197
HTML / HTML 148, 200, 216
HTML Formular / HTML form 141
HTTP / HTTP 148, 216
HTTP_COOKIE (PHP) / HTTP_cookie (PHP) 204
HTTP_HOST (PHP) / HTTP_HOST (PHP) 204
HTTP_USER_AGENT (PHP) / HTTP_USER_AGENT (PHP) 204
HTTPS / HTTPS 148, 216

I

ID (Schlüsselmerkmal) / ID (key attribute) 39
IDENTIFIED BY (SQL) / IDENTIFIED BY (SQL) 109, 195
Identifikationsmerkmal / identification attribute 39
IDS / IDS 149, 216
If (PHP) / ilf (PHP) 205
Is_long (PHP) / is_long (PHP) 204
IN (SQL) / IN (SQL) 116, 125, 197, 198
Include (PHP) / include (PHP) 207
Include_once (PHP) / include_once (PHP) 207
Index (SQL Aufgabe) / Index (SQL task) 182
Index (SQL) / Index (SQL) 135, 199

Datenbanken

Stichwortverzeichnis/Index

INNER JOIN (SQL) / INNER JOIN (SQL) 119, 197
Input type = 'button' (HTML) /
   input type = 'button' (HTML) 201
Input type = 'checkbox' (HTML) /
   input type = 'checkbox' (HTML) 201
Input type = 'file' (HTML) / input type = 'file' (HTML) 201
Input type = 'hidden' (HTML) /
   input type = 'hidden' (HTML) 201
Input type = 'image' (HTML) /
   input type = 'image' (HTML) 202
Input type = 'passwort' (HTML) /
   input type = 'passwort' (HTML) 200
Input type = 'radio' (HTML) /
   input type = 'radio' (HTML) 201
Input type = 'reset' (HTML) /
   input type = 'reset' (HTML) 201
Input type = 'submit' (HTML) /
   input type = 'submit' (HTML) 201
Input type = 'text' (HTML) /
   input type = 'text' (HTML) 200
INSERT INTO (SQL) / INSERT INTO (SQL) 110, 196
INSERT-SELECT-Abfrage (SQL Aufgabe) /
   INSERT-SELECT enquiry (SQL task) 179
INSERT-SELECT-Abfrage (SQL) /
   INSERT-SELECT-enquiry (SQL) 127, 198
Instanz (siehe Objekt) / instance (see object) 67
Instanzmethode (siehe Objektmethode) /
   instance methods (see object methods) 67
Instanzvariable (siehe Objektvariable) /
   instance variables (see object varibles) 67
INT (SQL Datentyp) / INT (SQL data type) 108, 195
Integer (PHP Datentyp) / Integer (PHP data type) 203
INTEGER (SQL Datentyp) /
   INTEGER (SQL data type) 108, 195
Integration und Abstimmung (DB-entwurf) /
   integration and fine tuning database design) 95
Interaktionsdiagramme (UML) /
   interaction diagrams (UML) 70, 190
Interaktionsübersichtsdiagramm (UML) /
   interaction overview diagram (UML) 70, 190
INTERVAL (SQL) / INTERVAL (SQL) 115, 197
Interview (Daten erheben) / interview (data collecting) 34
Intval (PHP) / intval (PHP) 203
IPS / IPS 149, 216
Is_a (siehe ist ein -Beziehung) /
   is_a (see is_a relationship) 57
is_array (PHP) / is_array (PHP) 204
is_bool (PHP) / is_bool (PHP) 204
is_double (PHP) / is_double (PHP) 204
is_float (PHP) / is_float (PHP) 204
is_int (PHP) / is_int (PHP) 204
is_object (PHP) / is_object (PHP) 204
ISAM (Speicherstruktur) /
   ISAM (storage structure) 101, 194, 216
Isoliert / Isolation (SQL Transaktion) 134, 199
Isset (PHP) / isset (PHP) 204
Ist ein -Beziehung / is_a relationship 57, 68, 189
Ist Teil -Beziehung / is_part_of relationship 68, 189

J

JDBC / JDBC 107, 136, 216
Join (5NF) / Join (5NF) 90, 193
Join (SQL) / Join (SQL) 118, 197

Join-Abhängigkeit (5NF) / Join dependency (5NF) 90, 193
Jokerzeichen (SQL) / wildcard (SQL) 116, 197

K

Kardinalität (siehe Anzahlangabe) /
   cardinality (see relationship cardinality) 36, 185
Kategorie-Merkmal (G/S) /
   category property (G/S) 59, 189
Kaufverhalten Teil 1 (Aufgabe) /
   buying behaviour part 1 (task) 160
Kaufverhalten Teil 2 (Aufgabe) /
   buying behaviour part 2 (task) 160
Kindertagesstätte (Aufgabe) /
   child daycare center (task) 151, 155, 158
Kindknoten (Speicherstruktur Baum) /
   childknote (storage structure) 102
Klasse / class 56, 67
Klasse (UML) / class (UML) 191
Klassendiagramm (UML) / class diagram (UML) 70, 190
Kombinieren (SQL Aufgabe) / combining (SQL task) 180
Kombinieren (SQL) / combining (SQL) 132, 198
Kommunikationsdiagramm (UML) /
   communication diagram (UML) 70, 190
Komponentendiagramm (UML) /
   component diagram (UML) 70, 190
Kompositionsstrukturdiagramm (UML) /
   composite structure diagram (UML) 70, 190
Konsistent / consistency (SQL transaction) 134, 199
Konsistenzbedingung / consistency condition 99
Konsistenzbedingung (Aufgabe) /
   consistency condition (task) 172
Krankenhausdatenbank (Aufgabe) /
   hospital database (task) 156, 158, 164

L

Label (HTML) / label (HTML) 202
LAMP / LAMP 136, 216
LAN / LAN 136, 216
LEFT JOIN (SQL) / LEFT JOIN (SQL) 120, 197
Legend (HTML) / legend (HTML) 202
LIKE (SQL) / LIKE (SQL) 116, 197
LINUX / LINUX 136, 216
List (PHP) / list (PHP) 205
LONGBLOB (SQL Datentyp) /
   LONGBLOB (SQL data type) 108, 195
LONGTEXT (SQL Datentyp) /
   LONGTEXT (SQL data type) 108, 195
Löschanomalie / delete anomaly 29, 72, 192

M

M:m-Beziehung / M:m relationship 36
M:m-Beziehung (Beziehung oder Entität) /
   M:n relationship (relationship or entity) 51
M:m-Beziehung (referenzielle Integrität) /
   M:n relationship (referential integrity) 97, 194
M:m-Beziehung (Tabellen) / M:n relationship (tables) 41
MAKEDATE (SQL) / MAKEDATE (SQL) 114, 196
MAKETIME (SQL) / MAKETIME (SQL) 114, 196
MAX (SQL) / MAX (SQL) 113, 196
MEDIUMBLOB (SQL Datentyp) /
   MEDIUMBLOB (SQL data type) 108, 195

Datenbanken
Stichwortverzeichnis/Index

MEDIUMINT (SQL Datentyp) /
  MEDIUMINT (SQL data type) 108, 195
MEDIUMTEXT (SQL Datentyp) /
  MEDIUMTEXT (SQL data type) 108, 195
Mehrfachbeziehung / multi-relationship 43, 188
Mehrfachbeziehung (Aufgabe) /
  multi-relationship (task) 159
Mehrfachbeziehung (Beziehung oder Entität) /
  multi-relationship (relationship or entity) 53
Mehrfachbeziehung referenzielle Integrität /
  multi-relationship referential integrity 97, 194
Mehrwertige Abhängigkeit (4NF) /
  multi-valued dependency (4NF) 88, 193
Mengendatentyp (SQL Datentyp) /
  value data type (SQL data type) 108, 195
Mengenorientiert (SQL Eigenschaft) /
  set-orientated (SQL feature) 105
Menüstruktur (HTML) / menu structure (HTML) 201
Merkmal / attribute 36, 184, 185
Merkmal (Definition-Tabelle) / attribute (definition table) . 27
Merkmal (ER-Modell) / attribute (ER model) 39
Merkmal (UML) / feature (UML) 70
Merkmal in eigene Entität umwandeln /
  converting attribute to entity 55
Merkmal oder Entität / attribute or entity 186
Merkmale bestimmen / defining attributes 36
Merkmalsnamen (Tabelleneigenschaft) /
  attribute names (table feature) 28
Methode / method 67
Methode (UML) / method (UML) 70
Mietshaus (Aufgabe) / apartment building (task) ... 153, 157
MIN (SQL) / MIN (SQL) 113, 196
Minimal (Schlüsseleigenschaft) /
  minimum (key property) 28
MINUTE (SQL) / MINUTE (SQL) 114, 197
MODIFY (SQL) / MODIFY (SQL) 109, 195
MONTH (SQL) / MONTH (SQL) 114, 197
MONTHNAME (SQL) / MONTHNAME (SQL) 115, 196
Multiplizitätsangabe (siehe Anzahlangabe) /
  multiplicity indication (see relationship cardinality) 36, 185
Mutationsanomalie / mutation anomaly 29, 72, 192
MySQL / mysql 106, 136
Mysql_affected_rows (PHP) /
  mysql_affected_rows (PHP) 206
Mysql_close (PHP) / mysql_close (PHP) 206
Mysql_connect (PHP) / mysql_connect (PHP) 206
Mysql_errno (PHP) / mysql_errno (PHP) 206
Mysql_error (PHP) / mysql_error (PHP) 206
Mysql_fetch_array (PHP) / mysql_fetch_array (PHP) ... 206
Mysql_fetch_row (PHP) / mysql_fetch_row (PHP) 206
Mysql_insert_id (PHP) / mysql_insert_id (PHP) 206
Mysql_num_rows (PHP) / mysql_num_rows (PHP) 206
Mysql_query (PHP) / mysql_query (PHP) 206
Mysql_select_db (PHP) / mysql_select_db (PHP) 206
MySQL-Funktionen (PHP) / mysql functions (PHP) 206

N

Nebentabelle (SQL) / secondary table (SQL) 119
Netzwerkdatenbankmodell / network database model 30
NEW (SQL Trigger) / NEW (SQL trigger) 133, 199
NF / NF 72, 191
NF (Aufgabe) / NF (task) 166

NF ER-Modell / NF ER model 80
NF ER-Modell (Aufgabe) / NF ER model (task) 169
NF unnormalisierte Tabellen / none first NF tables 82
NF unnormalisierte Tabellen (Aufgabe) /
  none first NF table (task) 170
Nichtschlüsselmerkmale / none key attributes 27
Nominalextraktion / nominal extraction 36, 185
Normalform (siehe NF) / normal form (see NF) 72, 191
NOT (SQL) / NOT (SQL) 112, 125, 196
NOT NULL (SQL) / NOT NULL (SQL) 109, 195
NOW (SQL) / NOW (SQL) 114, 196
NULL (SQL) / NULL (SQL) 110, 196

O

Objekt / object 67
Objektdiagramm (UML) / object diagram (UML) 70, 190
Objektmethode / object method 67
Objektorientierte Sicht / object oriented view 56
Objektorientierte Sicht (Aufgabe) /
  object oriented view (task) 162
Objektorientierter Softwareentwurf /
  object oriented software design 56
Objektorientiertes Datenbankmodell /
  object oriented database model 30
Objektorientierung / object orientation 67, 189
Objektrelationales Datenbankmodell /
  object-relational database model 30
Objektvariable / object variable 67
ODBC / ODBC 107, 136, 216
OLD (SQL Trigger) / OLD (SQL trigger) 133, 199
Operator (PHP) / operator (PHP) 204
Optgroup (HTML) / optgroup (HTML) 201
Optimierungsphase (DB-entwurf) /
  optimisation phase (DB design) 94, 194
Option (HTML) / option (HTML) 201
Or (PHP) / or (PHP) 204
OR (SQL) / OR (SQL) 112, 196
ORDER BY (SQL) / ORDER BY (SQL) 129, 133, 198

P

Paketdiagramm (UML) / package diagram (UML) 70, 190
Parameterübergabe (HTML) / parameter passing (HTML) 202
PDF / PDF 8, 216
PERL / PERL 138, 216
PHP / PHP 136, 203
PHP Daten löschen / PHP data delete 144
PHP Daten speichern / PHP data storing 143
PHP Datenanzeige / PHP data visualisation 139
PHP Dateneingabe / PHP data input 141
PHP Include-Datei / PHP include file 140
PHP Klassen und Objekte / PHP classes and objects 141
PHP Parameter-Kontrolle / PHP parameter control 143
PHP Sicherheitshinweise / PHP security advice 148
PHP Übergabeparameter aus HTML-Formular /
  PHP passing parameter from HTML 143
PHP_SELF (PHP) / PHP_SELF (PHP) 204
PhpMyAdmin / PhpMyAdmin 107, 136
PJNF (entspricht 5NF) / PJNF (equivalent 5NF) . 90, 193, 216
Planungsphase (DB-entwurf) /
  planning phase (DB design) 94, 194
Primärschlüssel (siehe Schlüssel) /
  primary key (see key) 28, 184

Datenbanken

Stichwortverzeichnis/Index

PRIMARY KEY (SQL) / PRIMARY KEY (SQL) 109, 195
Programmstruktur / program structure 68
Project-Join-Normalform (PJNF entspricht 5NF) /
   Project-Join-Normalform (PJNF equivalent 5NF) 90, 193
Prozedur (SQL) / PROCEDURE (SQL) 135, 199

Q

QBE / QBE 107, 216
QUARTER (SQL) / QUARTER (SQL) 115, 196
Query By Example (siehe QBE) /
   Query By Example (see QBE) 107

R

Radiobutton (HTML) / radio button (HTML) 201
RDBMS / RDBMS 30, 216
Readonly (HTML) / readonly (HTML) 200
Rechenoperation (SQL) /
   mathematical operation (SQL) 114, 196
Redundanz / redundancy 29, 72, 192
Redundanz (Aufgabe) / redundancy (task) 166
Redundanz tabellenübergreifend /
   redundancy table overlapping 93
Referenzielle Integrität / referential integrity 95, 194
Referenzielle Integrität (Aufgabe) /
   referential integrity (task) 172
Referenzielle Integrität Außnahmen /
   referential integrity exceptions 98
Regel 1: Entität / rule 1: entity 41
Regel 1: Entität (Tabellen) / rule 1: entity (table) 187
Regel 2: 1:m-Beziehung / rule 2: 1:m relationship 41, 187
Regel 3: 1:1-Beziehung / rule 3: 1:1 relationship 41, 187
Regel 4: m:m-Beziehung / rule 4: m:m relationship ... 41, 187
Regel 5: Beziehungen auf einer Entität /
   rule 5: relationship to one entity 43, 188
Regel 6: Mehrfachbeziehung /
   rule 6: multi-relationship 46, 188
Regel 7: G/S / rule 7: G/S 189
Regel 7a: G/S / rule 7a: G/S 58
Regel 7b: Merkmal 'Kategorie' /
   rule 7a: attribute 'category' 59
Relation (siehe Tabelle) / relation (see table) 28, 30, 184
Relationale Datenbank / relational database 30
Relationales Datenbankmanagementsystem (siehe RDBMS) /
   Relational Database Management System (see RDBMS) 30
REMOTE_ADDR (PHP) / REMOTE_ADDR (PHP) 204
RENAME TABLE (SQL) / RENAME TABLE (SQL) 109, 195
Require (PHP) / require (PHP) 207
Require_once (PHP) / require_once (PHP) 207
Resetschalter (HTML) / reset button (HTML) 201
Return (PHP) / return (PHP) 208
RETURN (SQL) / RETURN (SQL) 135, 199
REVOKE (SQL) / REVOKE (SQL) 110, 196
RIGHT JOIN (SQL) / RIGHT JOIN (SQL) 120, 197
ROLLBACK (SQL) / ROLLBACK (SQL) 134, 199

S

Schalter (HTML) / button (HTML) 201
Schleifen (PHP) / loops (PHP) 205
Schlüssel / keys 27, 184
Schlüssel (Mehrfachbeziehungen) /
   keys (multi-relationships) 47
Schlüssel (Tabelleneigenschaft) / keys (table attribute) ... 28

SECOND (SQL) / SECOND (SQL) 114, 197
Sekundärindex (Aufgabe) / secondary index (task) 172
Sekundärindex (Speicherstruktur) /
   secondary index (storage structure) 103, 194
Select (HTML) / select (HTML) 200
SELECT (SQL) / SELECT (SQL) 111, 133, 196
Self-Join (SQL) / Self-Join (SQL) 123, 197
Sequenzdiagramm (UML) / sequence diagram 70, 190
SERIAL (SQL) / SERIAL (SQL) 109, 195
SET (SQL Datentyp) / SET (SQL data type) 108, 195
SET (SQL) / SET (SQL) 124, 198
SET PASSWORD (SQL) / SET PASSWORD (SQL) 109, 195
Settype (PHP) / settype (PHP) 203
SHOW CREATE VIEW (SQL) /
   SHOW CREATE VIEW (SQL) 128, 198
SHOW INDEX (SQL) / SHOW INDEX (SQL) 135, 199
Sicherheit (Aufgabe) / security (task) 183
Sicherheit (PHP) / security (PHP) 146
Sicherheitshinweise für WEB-Server /
   security advise for WEB server 148
SMALINT (SQL Datentyp) /
   SMALINT (SQL Datentyp) 108, 195
Sortieren (SQL Aufgabe) / sorting (task) 180
Sortieren (SQL) / sorting (SQL) 129, 198
Speicherstruktur / storage structure 99, 194
Speicherstruktur (Aufgabe) / storage structure (task) 172
Spezialisierung (NF) / specialising (NF) 72
SQL / SQL 105, 195
SQL (Aufgabe) / SQL (task) 173
SQL Abfragen / SQL queries 111, 196
SQL Abfragen (SQL Aufgabe) / SQL queries (SQL task) . 176
SQL Aufgaben von SQL / SQL tasks of SQL 106
SQL Befehlsdatei / SQL command file 107
SQL Dialekte / SQL dialects 106
SQL Eigenschaften / SQL features 105
SQL Werkzeuge / SQL tools 107
SQL-Inclusions / SQL inclusions 146
SSH / SSH 148, 216
START TRANSACTION (SQL) /
   START TRANSACTION (SQL) 134, 199
String (PHP Datentyp) / string (PHP data tape) 203
Stringval (PHP) / stringval (PHP) 203
Structured Query Language (Siehe SQL) /
   Structured Query Language (see SQL) 105
Strukturdiagramm (UML) / structure diagram (UML) 70, 190
Strukturiertes Programmieren (PHP) /
   structured programming (PHP) 207
SUM (SQL) / SUM (SQL) 113, 196
Switch (PHP) / switch (PHP) 205

T

Tabelle / table 28, 184
Tabellen erstellen / table generating 40
Tabellenname (Tabelleneigenschaft) /
   table name (table features) 28
Tabellenschema / table scheme 30, 184
Tabellenstruktur (SQL Aufgabe) /
   table structure (SQL task) 174
Tabellenstruktur (SQL) / table structure (SQL) 108, 109, 195
Tabellenübergreifende Redundanz /
   table overlapping redundancy 93
Tabindex (HTML) / tabindex (HTML) 202
Teilschlüssel / part key 31

214

Datenbanken
Stichwortverzeichnis/Index

Telefonladen / telephon shop 13
TEXT (SQL Datentyp) / TEXT (SQL data type) 108, 195
Textarea (HTML) / textarea (HTML) 200
TIME (SQL Datentyp) / TIME (SQL data type) 108, 195
TIME (SQL Funktion) / TIME (SQL function) 114, 197
TIMEDIFF (SQL) / TIMEDIFF (SQL) 115, 197
TIMESTAMP (SQL Datentyp) /
   TIMESTAMP (SQL data type) 108, 195
Timing-Diagramm (UML) / timing-diagram (UML) 70, 190
TINYBLOB (SQL Datentyp) /
   TINYBLOB (SQL data type) 108, 195
TINYINT (SQL Datentyp) / TINYINT (SQL data type) 108, 195
TINYTEXT (SQL Datentyp) /
   TINYTEXT (SQL data type) 108, 195
Transaktion (SQL Aufgabe) / Transaction (SQL task) 182
Transaktion (SQL) / Transaction (SQL) 134, 199
Transitive Abhängigkeit (3NF) /
   transitive dependency (3NF) 78, 193
Transitivität / transitivity 77, 193
Trigger (SQL Aufgabe) / Trigger (SQL task) 182
Trigger (SQL) / Trigger (SQL) 133, 199
True (PHP) / true (PHP) 205
Tupel (siehe Datensatz) / tuple (see data set) 27, 184
Typkonvertierung (PHP) / type conversion (PHP) 203

U

Überführungsregel / converting rule 41, 187
Überführungsregel (Aufgabe) / converting rule (task) 157
Übergeordnete Entität (G/S) / higher entity (G/S) 57
Überlappend (Generalisierungsart) /
   overlapping (type of generalisation) 58, 189
Umgebungsvariable (PHP) / environment variable (PHP) 204
UML / UML 70, 190, 216
UML Diagramm / UML diagram 70, 190
UML-Darstellung (Aufgabe) / UML representation (task) 166
Umsetzungsphase (DB-entwurf) /
   realisation phase (DB design) 94, 194
Unified Modeling Language (siehe UML) /
   Unified Modeling Language (see UML) 70, 190
UNION (SQL) / UNION (SQL) 132, 133, 198
UNIQUE (SQL) / UNIQUE (SQL) 109, 195
UNIX (Abkürzung) / UNIX (abbreviation) 216
UNSIGNED (SQL) / UNSIGNED (SQL) 109, 195
Unterabfrage (SQL Aufgabe) / sub-query (SQL task) 179
Unterabfrage (SQL) / sub-query (SQL) 124, 198
Untergeordnete Entität (G/S) / lower entity (G/S) 57
Unternehmen Teil 1 (Aufgabe) /
   companies part 1 (task) 153, 157
Unternehmen Teil 2 (aufgabe) /
   companies part 2 (task) 154, 158
Unvollständig (Generalisierungsart) /
   incomplete (type of generalisation) 58, 189
UPDATE (SQL) / UPDATE (SQL) 110, 196
URL / URL 148, 216
Use-Case-Diagramm (UML) /
   Use-Case-Diagram (UML) 70, 190

V

Value (HTML) / value (HTML) 200
VALUES (SQL) / VALUES (SQL) 110, 196
VARBINARY (SQL Datentyp) /
   VARBINARY (SQL data type) 108, 195

VARCHAR (SQL Datentyp) /
   VARCHAR (SQL data type) 108, 195
Variable (PHP) / variable (PHP) 203
Variable (SQL) / VARIABLE (SQL) 124, 198
Variable prüfen (PHP) / checking variables (PHP) 204
Vereinigung (SQL) / UNION 132
Vererbung (siehe G/S) / inheritance (see G/S) 57, 191
Vergleichsfunktion (SQL) /
   comparison function (SQL) 116, 197
Verhaltensdiagramm (UML) /
   behaviour diagram (UML) 70, 190
Verstecktes Eingabefeld (HTML) / hidden input field 201
Verteilungsdiagramm (UML) /
   deployment diagram (UML) 70, 190
Verzweigungen (PHP) / branches (PHP) 205
Vielfachheit (siehe Anzahlangabe) /
   multiplicitity (see cardinality) 36, 185
Vierte Normalform (siehe 4NF) /
   fourth normal form (q.v: 4NF) 86, 193
VIEW (SQL Aufgabe) / VIEW (SQL task) 179
VIEW (SQL) / VIEW (SQL) 127, 198
Volle funktionale Abhängigkeit (2NF) /
   complete functional dependency 75, 192
Vollständig (Generalisierungsart) /
   complete (type of generalisation) 58, 189

W

WAMP / WAMP 136, 216
WEB-Shop (Aufgabe) / Web shop (task) 183
WEB-Umfrage (Aufgabe) / Web survey (task) 183
WEEKOFYEAR (SQL) / WEEKOFYEAR (SQL) 115, 196
WHERE (SQL) / WHERE (SQL) 111, 133, 196
While (PHP) / while (PHP) 205
Wurzel (Speicherstruktur Baum) /
   root (storage structure tree) 102

X

XAMP / XAMP 136, 216
XAMPP / XAMPP 138, 216
XAMPP (Aufgabe) / XAMPP (task) 183
Xor (PHP) / xor (PHP) 204

Y

YEAR (SQL Datentyp) / YEAR (SQL data type) 108, 195
YEAR (SQL) / YEAR (SQL) 114, 197

Z

Zeichenkette (SQL Datentyp) /
   string (SQL data type) 108, 195
Zeitdigramm (UML) / timing diagram (UML) 70, 190
Zelle (siehe Datenfeld) / cell (see data field) 27, 184
Zerlegung (Entität oder Merkmal) /
   decomposition (entity or property) 54
Zugriffsanalyse / access analysis 99
Zugriffsoptimierung / access optimisation 99
Zugriffsrechte (SQL) / access rights (SQL) 110, 195
Zusammengesetzter Schlüssel / multipler key 31
Zustandsautomat (UML) / state machine (UML) 70, 190
Zustandsdiagramm (UML) / state diagram (UML) 70, 190
Zweite Normalform (siehe 2NF) /
   second normal form 73, 192

215

Inhalte der Buch-CD

- Präsentationen und Kapiteleinführungen
- Ergänzende Hinweise zu komplexen Aufgaben
- Weiterführende komplexe Aufgaben
- Vorlagedatenbanken für SQL-Aufgaben
- Webserver XAMPP
- Acrobat-Reader
- Flash-Player

Zu den meisten Kapiteln finden sich Präsentationen auf der Buch-CD, mit deren Hilfe in neue Themen eingeführt werden kann.

Für das Kapitel 10 'SQL' sind MS-Access und MySQL-Vorlagedatenbanken beigefügt, auf denen die SQL-Aufgaben des Kapitels 12.10 bearbeitet werden können.

Die Aufgabe 12.11.4 'Webshop' und einige weitere Aufgaben sind so umfangreich, dass sie auf die Buch-CD ausgelagert werden mussten.

Die beigefügte Software: XAMPP, Acrobat-Reader und Flash-Player ist frei verfügbar. Die jeweils aktuelle Version wird kostenlos auf den Herstellerseiten im Internet zum Download bereitgestellt.

| Anmerkung
Zu diesem Buch kann eine Lösungs-CD erworben werden. Diese beinhaltet Lösungen für alle gestellten Übungsaufgaben und Aufträge. Zusätzlich werden Arbeitsblätter zu den jeweiligen Aufgaben einschließlich deren Lösungen auf dieser CD bereitgestellt.

Bildnachweis

Die in diesem Buch verwendeten Icons, Piktogramme und Bilder sind zum großen Teil vom Autor selbst erstellt bzw. basieren auf modifizierten Bild-Dateien die der GNU-Lizenz unterliegen. Die Ausgangsgrafiken sind der folgenden Web-Seite entnommen:

http://commons.wikimedia.org/

Abkürzungen

Abkürzung	Bedeutung
ACID	**A**tomicity **C**onsistency **I**solation **D**urability
BCNF	**B**oyce-**C**odd-**N**ormal**f**orm
DB	**D**ata **B**ase (**Datenb**ank)
ER (-Modell)	**E**ntity-**R**elationship
FTP	**F**ile **T**ransfer **P**rotocol
HTML	**H**yper**t**ext **M**arkup **L**anguage
HTTP	**H**yper**t**ext **T**ransfer **P**rotocol
HTTPS	**H**yper**t**ext **T**ransfer **P**rotocol **S**ecure
IDS	**I**ntrusion **D**etection **S**ystem
IPS	**I**ntrusion **P**revention **S**ystem
ISAM	**I**ndex **S**equential **A**ccess **M**ethod
JDBC	**J**AVA-**D**ata**b**ase **C**onnectivity
LAMP	**L**inux; **A**pache; **M**ySQL; **P**HP
LAN	**L**ocal **A**rea **N**etwork
LINUX	**L**inus **T**orvalds **U**NIX
NF	**N**ormal**f**orm
NF1-NF5	Erste – fünfte **N**ormalform
ODBC	**O**pen **D**ata**b**ase **C**onnectivity
PDF	**P**ortable **D**ocument **F**ormat
PERL	Mehrere Deutungen möglich: **P**ractical **E**xtraction and **R**eport **L**anguage **P**athologically **E**clectic **R**ubbish **L**ister
PHP	Rekursive Abkürzung für: **P**HP: **H**ypertext **P**reprocessor darin steht PHP für: **P**ersonal **H**ome **P**age
PJNF	**P**roject-**J**oin **N**ormal**f**orm
QBE	**Q**uery **B**y **E**xample
RDBMS **S**ystems	**R**elational **D**atabase **M**anagement
SQL	**S**tructured **Q**uery **L**anguage
SSH	**S**ecure **Sh**ell
UML	**U**nified **M**odeling **L**anguage
UNIX	(Ursprünglich UNICS) **Uni**plexed **I**nformation and **C**omputing **S**ervice
URL	**U**niform **R**esource **L**ocator
WAMP	**W**indows; **A**pache; **M**ySQL; **P**HP
XAMP	**L**inux/**W**indows; **A**pache; **M**ySQL; **P**HP
XAMPP **P**HP/**Perl**	**L**inux/**W**indows; **A**pache; **M**ySQL;